U0596516

文化启蒙 薪火相传

中国文化书院四〇年回顾

守常

马明方 刘若邻 主编

中国出版集团 东方出版中心

图书在版编目（CIP）数据

文化启蒙　薪火相传 ： 中国文化书院 40 年回顾 ／ 马
明方，刘若邻主编 . -- 上海 ： 东方出版中心，2024.
11. -- ISBN 978-7-5473-2600-8

I. G649.299-53

中国国家版本馆 CIP 数据核字第 2024ZU4199 号

文化启蒙　薪火相传：中国文化书院40年回顾

主　　编　马明方　刘若邻
策　　划　郭银星
责任编辑　朱荣所
助理编辑　荣玉洁　王睿明
封面设计　钟　颖　余佳佳

出 版 人　陈义望
出版发行　东方出版中心
地　　址　上海市仙霞路345号
邮政编码　200336
电　　话　021-62417400
印 刷 者　山东韵杰文化科技有限公司

开　　本　710mm×1000mm　1/16
印　　张　32.75
字　　数　476千字
版　　次　2025年1月第1版
印　　次　2025年1月第1次印刷
定　　价　180.00元

目录

体验历史

——《文化启蒙　薪火相传——中国文化书院 40 年回顾》序

陈越光

一

中国文化书院是 80 年代有重要影响的民间文化团体中唯一保持活动至今的，它在今天象征着 80 年代精神和思想的延续；中国文化书院是 80 年代文化热中唯一提出以中国文化为本位的全国性文化团体，它代表历史认知的一个维度；中国文化书院汇聚了一批五四以来历尽动荡与政治风霜的学术老人和老中青三代学者，它体现了中国知识分子对学术尊严的坚守与梦想的传承。

20 世纪的几代中国人文学人的学术传承背后的时代命题是什么？是传统文化创造性转化的现代性转型问题，是通人之学到分科立学的学术范式转型问题，是传统士人到现代知识分子的身份转型问题。

创院院长汤一介先生和他的前辈们面对过的问题，今天依然直指人心。汤先生他们留给我们最重要的东西不是他们的结论，而是让我们看到在这荆棘丛生的荒野里，有前行者探索的足迹。对于新一代学人来说，唯有对未知的探索、唯有对已知的质疑、唯有对过去和未来的大历史视野，才可以和我们内心的不安同步。

二

中国文化书院 1984 年 12 月宣布成立，1986 年 2 月通过其挂靠单位北京市高等学校哲学教学协会，获得北京市成人教育局的批文，解决了机构合法性问题并获得非学历教育的办班资格。[1] 因此，在 80 年代，中国文化书院的性质是民办文化研究和教育培训机构。1989 年 6 月后，相关社会力量办学办班的政策收紧，中国文化书院无法按新的管理办法重新登记，所以汤一介先生曾说："从 1989 年春到 1992 年夏，在相当长的时间里书院虽然没有合法地位，但是实际上我们并没有停止活动。"[2] 1993 年 6 月，经文化部批准中国文化书院挂靠在北京图书馆，[3] 并于 1993 年 10 月在民政部登记为"中华人民共和国社会团体"——名称：中国文化书院；类别：学术性团体；宗旨：继承和发扬中国文化；业务范围：学术交流、咨询服务；活动地域：全国；会址：北京；负责人：汤一介。[4] 此后，一直是文旅部业务主管，民政部注册登记。

按国家的相关法规，依法注册的非营利性社会组织分为社团、基金会、民办非企业单位三种类别，中国文化书院在 80 年代属于民办非企业单位，90 年代后就属于社团。按照全国性社会团体的管理规则，目前书院已建立了会员制度，会员代表大会为书院的最高权力机构，会员代表大会选举产生理事会，也按照文旅部、民政部的政策要求建立分支机构：中国文化书院跨文化研究分院、中国文化书院文化经济分院、中国文化书院科学人文分院和中国文化书院大众传播专业委员会。

但是，"让中国文化走向世界，让世界文化走向中国"的追求没有变，"继承和阐扬中国的优秀文化，促进中国文化现代化"的宗旨没有

1　北京市成人教育局给北京市高等学校哲学教学协会的批复函，1986 年 2 月 25 日。

2　汤一介：《我与中国文化书院（二）》，载汤一介《我们三代人》，北京：中国大百科全书出版社，2016 年，第 316 页。

3　文化部"文办函（1993）1113 号"关于同意"中国文化书院"申请登记的复函，1993 年 6 月 10 日。

4　中国文化书院社团登记证（"社证字第 1516 号"），1993 年 10 月 25 日。

变，以理论研究、学术交流、书刊编辑、专业培训为主的业务模式没有变。

我们还在努力，还在成长中。

三

为了庆祝中国文化书院创建40周年，书院院务会议决定编辑出版一本以"我与中国文化书院"为主题的文集，由马明方、刘若邻主编，收编稿件50余篇，作者为书院发起人和创院时导师，历年所聘导师，80年代的学员、员工，书院的支持者、合作者，主编确定书名为《文化启蒙　薪火相传——中国文化书院40年回顾》。

历史不是过去发生的完全消逝的事，而是可以在今天的人心中复活的过去，就如伽达默尔（Hans-Georg Gadamer，德国哲学家，1900—2002）强调的历史的真实和历史理解的真实并存。对于历史事件的亲历者、参与者甚至创造者来说，把这种心中复活的过去、这种历史理解的真实着墨于笔下的过程，无异于体验历史。但这种最真切、最激动人心、最富有人性的历史记叙，也有极强的主观色彩。费尔南·布罗代尔（Fernand Braudel，法国历史学家，1902—1985）担心历史被重构，主张"压制观察者"，"因为历史仿佛以某种方式存在于我们的重构之外，处于纯粹事实的原始状态，由此也处于由天然的材料组成的状态"。[1] 我想，机构历史记叙中的机构"官方视角"，是最容易成为那个"观察者"的，而当事人的多元叙述有可能存在偏颇、不准确、互相矛盾，但恰恰有原始材料的性质。所以，这本由中国文化书院出面组织编辑的书，放弃了"官方视角"的审定，除了编者和出版社，没有人审稿。

马明方和刘若邻两位编者都是书院的会员，目前都未在理事会或秘书处任职，但她们都很早参与了书院的事业，尤其刘若邻从1987年来书院

---

1 ［法］费尔南·布罗代尔：《论历史（上）》，刘北成、周立红译，北京：北京大学出版社，2021年，第9页。

工作，一直到不久前退休。所以，书院的历史她们并不陌生，但又不代表书院"官方"意见。在她们需要的时候，书院理事会和秘书处成员，尽力给予了帮助和支持，主要是提建议和约请作者。

希望这本书的出版能使我们重温一个时代的激荡岁月，体验历史。

2024 年 9 月 12 日

中国文化的现代化

张岱年

张岱年（1909—2004），北京大学哲学系教授，中国文化书院学术委员会主席。本文选自《文化的回顾与展望——中国文化书院建院十周年纪念文集》，北京大学出版社，1994年12月。

中国文化书院成立十年了。这十年正是国内兴起"文化热"的十年。经过十年的讨论，学术界对于中国传统文化的认识以及对于中国文化发展的方向都达到比较明确的认识。在这十年之中，"反传统"的思潮曾经一度高涨，"全盘西化论"一度达到高潮，甚至有人赞美西方的殖民主义，愿当殖民地的顺民。经过反复思考，人们终于认识到，民族虚无主义不是文化建设的正确方向，于是提出了弘扬中国文化的优秀传统的任务，新中国的文化建设终于有了正确的方针。

现在人们已经认识到，欧洲中心论是错谬的，华夏中心论也是不可取的，世界文化是多元的。中国文化是世界文化中的一个重要典型。中国文化屹立于亚洲东方已几千年之久，对于东亚地区有广远的影响，是东亚地区文化的中心。而且中国文化对于东亚地区的影响不是靠武力的征服，而是靠文化的传播，靠榜样的作用。近代以来，与西方相比，中国落后了，但是仍能自力更生，保持民族的独立，没有成为西方文化的附庸。这表明中国文化具有充沛的内在生命力。

经过十年的广泛讨论，许多问题比较明确了：必须承认中国文化中有优秀传统，应加以发扬；必须承认西方近代文化有先进成就，必须加以吸取；必须承认各国文化既有时代性又有民族性，其民族性只能加以改变发展而不应消除；必须反对欧美中心论与华夏中心论，承认东西文化各有短长。

但是，直到今天，仍有少数人坚持全盘西化论，也有少数人坚持尊孔崇儒。"物之不齐，物之情也"，不必强求一致。但是大多数人，大多数头脑清晰的人士，已经达到相对的共识。

也还有许多问题尚待深入探讨。"五四"新文化运动有两大功劳，一是提倡新文学反对旧文学，二是提倡新道德反对旧道德。文学革命完全成功了，白话文代替了文言文的正统地位。但是，道德革命方面，旧道德被打倒了，新道德却没有真正建立起来。如何建立符合时代精神的道德规范体系，还是一个亟待解决的问题。改革开放必然引起观念转变，观念转变主要是价值观的转变，而价值观的转变包含一系列的实际问题和理论问题。价值观的问题与道德建设的问题是密切相关的，都需要进一步的探索。这些都是建设具有中国特色的社会主义新文化必须研究的问题。

现在中国文化仍在继续发展，中国文化的继续发展一方面要发扬中国文化中具有生命力的精粹内容，一方面要吸取西方近代文化的先进成就，这也就是中国文化现代化的道路。

在中国历史上，书院是学者讲学之所，与官方所办的学府有一定区别。宋元明清时代，每一书院都是某一学派传授生徒的点。例如白鹿洞书院是朱熹讲学之处，岳麓书院是张栻讲学之处。每一书院各有特色。清初颜元主持漳南书院，所立规模与理学家的书院有所不同，表现了一定的特色，虽然因受水灾未能维持，但在教育史上有一定意义。书院讲学不仅传授知识，王阳明论讲学时说，有讲之以身心者，有讲之以口耳者。讲学以身心即重视身心修养，这是儒学教育的一个传统。我们今天办书院，须对于社会主义文化建设有一定的裨益。

希冀中国文化书院继续发展，继续前进。

柳暗花明又一村

季羡林

季羡林（1911—2009），北京大学东方语言系教授，中国文化书院院务委员会主席。本文选自《文化的回顾与展望——中国文化书院建院十周年纪念文集》，北京大学出版社，1994年12月。

回忆有的甜蜜，有的痛苦；有的令人兴奋，有的令人消沉；有的令人欢欣鼓舞，有的令人垂头丧气；有的令人觉得"山重水复疑无路"，有的令人感到"柳暗花明又一村"。

对中国文化书院的回忆，我却只有甜蜜，只有兴奋，只有欢欣鼓舞，只感到"柳暗花明又一村"。

回想整整十年以前，北京大学哲学系的几个年轻教员，在系内外、校内外的几个老教授的支持下，赤手空拳，毅然创建了中国文化书院。当时，研究中国文化的风气，虽已稍有兴起之势，但还没有真成气候，后来的所谓"文化热"还没有形成。但是，这一批包括老、中、青三个年龄层次的学人，不靠天，不信邪，有远见，有卓识，敢于"筚路蓝缕，以启山林"，山林终于被他们开辟了。到了今天，在并不能算是太长时间的十年内，他们团结了不少位国内大学和科研机构从事中国文化研究的著名的学者，还有台湾省的学者，以及美国的华侨和华裔学者，还有一些外国学者。举办和参加了许多学术活动，出版了一批学术著作，在国内外已经颇有点名声，借用一句古老的俗语，中国文化书院已经"够瞧的"了。

中华民族是一个伟大的民族。中国文化是过去几千年中华各民族智慧的结晶。但是，正如人世间一切好东西一样，中国文化也遭受过厄运，碰到过挫折。太远的历史不必提了。仅就现当代而言，就遇到过两次极大的灾难。一次是五四运动，一次是十年浩劫。五四运动那一次，我认为，还情有可原。想要破坏封建顽固僵化、倒退的那一套东西，把国外先进的东西引进来，不能不采取些过激的手段，泼洗澡水暂时连孩子也泼掉了，不得已也。矫枉要过正，有时也真难以避免。但是，十年浩劫却是另外一码事，性质迥乎不同。浩劫的目的就在于破坏，盲目地、残暴地、毫无理智地、失去一切人性地，一味地破坏，破坏，破坏，不但把孩子泼掉，连洗澡盆也不要了。这是人类空前的悲剧，其结果是众所周知，有目共睹的。

然而，正如中国俗话所说的那样：真金不怕火炼。中国文化是真金，不但不怕火炼，而且是越炼越精，越光辉闪耀。在中国，改革开放以后，有头脑的（我说的是：有头脑的！）人认真进行了一番反思，承认了中国文化的价值，而且决心发扬光大之，为了中国人民的利益，为了世界人民的利益。在外国，那里的有脑的人士根本用不着反思。他们对中国特有的所谓"文化大革命"，早就惊愕不已，嗤之以鼻，深恶而痛绝之，不用反思什么。总之，在国内外，中国文化的价值又重新得到确认。前几年发生的著名的"海湾战争"，中国的孙子兵法曾大显神通，这是人所共知的事实。

当然，我们也必须承认，金无足赤，人无完人，中国文化也不会都是精华，也有糟粕。我们应当实事求是地取其精华，去其糟粕。但是对中国文化来说，糟粕毕竟是次要的。在这里我们应该"立"字当头，而不应该"破"字当头。一字之差，天地悬殊，明眼人自会体会其中微妙而又巨大的差别。我看，这一个"破字当头"实质上就是"十年浩劫"的指导思想。

中国文化的遭遇是这个样子。中国文化书院的遭遇也几乎完全一样。在人世间，任何个人、任何事业，在任何地区，在任何时代，总都不会一帆风顺的。前进的路上，绝不会时时处处都铺陈满了芬芳扑鼻的玫瑰花。

总是既有阳关大道，也有独木小桥；既有朗日当空，也有阴霾蔽天。这是正常的现象，"无复独多虑"。一个真正的人，一个真正的团体，一定会承认这个人世间普遍的现象的。在承认的基础上，处变不惊，自强不息，勇往直前，义无反顾。古代印度哲人有一句名言："真理毕竟胜利。"这真是至理名言，征之以历史和现实的事实，总逃不出这一句话的。

我们中国文化书院的同仁们，是有自知之明的，我们既不妄自尊大，也不妄自菲薄。在弘扬中华优秀文化方面，我们不敢后人。我们院内的老、中、青三代同仁们，是非常团结的，因为我们的目标是一致的。我们都认识到自己事业的正义性，我们的认识又是一致的。在内部团结的基础上，我们广交天下仁人志士和所有的志同道合者，同心协力，为了一个共同的目标而努力奋斗。

我们面前的困难还不少，我们从来也没有妄想只有阳关大道。但是，起码我个人总有一个感觉，借用元人的诗句就是"严霜烈日皆经过，次第春风到草庐"。再借用放翁的一句诗：柳暗花明又一村。

一九九四年七月十九日

我与中国文化书院

汤一介

汤一介（1927—2014），北京大学哲学系教授，中国文化书院创院院长。本文选自《我们三代人》汤一介著，中国大百科全书出版社，2016年1月。

（一）

1978年是中国社会不平凡的一年，这年由于人们特别是一些年轻人对"文化大革命"以及"文化大革命"前的极"左"思想进行了认真的思考，党中央召开了"理论务虚会"，对破除"两个凡是"的现代迷信起了划时代的意义。接着，党的十一届三中全会提出了"解放思想，实事求是，团结一致向前看"的思想路线和"以经济建设为中心"的方针，并且提出平反解放以来的冤假错案和农业改革方案。就在这一时期，实际上已有一批中青年学者（各界知识分子）在思考中国社会和中国文化的问题，例如金观涛、刘青峰，他们两位写了一本书，讨论中国长达几千年的专制社会为什么延续那么长，而且他们曾请我看过他们的稿本，征求我的意见。金、刘两位是用自然科学的理论来分析中国专制社会长期停滞的原因，提出了"超稳定性结构"的理论。由于我的思想还没有"解放"，实在提不出什么重要意见，仅仅只提了一个小小的技术性问题就应付过去了。在此同时，也还有学者从思想理论上对由苏联引进的教条式"马克思列宁主义"提出批评或怀疑，例如金春峰在 1978 年就提出"重新评价唯心主义"的问题；也有学者针对毛泽东"一分为二"理论提出"一分为三"的思想；还有学者从中国哲学发展的历史上看，认为"思维对存在关系问题"不是中国哲学的基本问题；特别是不少学者为冯友兰先生提出的"抽象继承法"翻案，认为从哲学继承问题上看只能是"抽象继承"，如此等等。本来这些问题是一些可以讨论的学术文化问题，可是往往也被坚持以"阶级斗争"为纲的"左派"们视为离经叛道。真正的学术文化自由研究的春天还没有到来。其后，在 80 年代初期北京一些学者联合全国各地的一批学者，编辑出版了《走向未来丛书》，今天看来这批丛书质量并不高，但在当时它们一方面介绍了西方当代文化，一方面批判了中国传统文化，并联系到一些人们关心的现实社会政治问题，颇有影响。我认为，在当时这套书无疑起着积极的"再启蒙"的作用。在这种思潮的影响下，虽然我正在撰写《郭象与魏晋玄学》一书，并且在整理我父亲的《隋唐佛教史稿》，也不可能全然不为当时学术界的新动向所动，于是我写了一篇《论中国传统哲学范畴诸问题》，目的也是在于摆脱苏联式的马克思列宁主义教条的束缚，而否定所谓的"唯物""唯心"的简单化的思考模式。这篇文章今天看来很不成熟，也还没有完全摆脱教条主义的影响，但它确实是当时第一篇较为系统地提出"哲学范畴"问题的文章，（在其他部分，我还会说到这个问题，这里就不详细叙述了）。

1984 年夏，我到美国夏威夷参加"亚洲哲学与比较哲学国际学术讨论会"期间，北大哲学系中国哲学史教研室的几位年轻同志，发动几位老教授和中年教授给时任中共中央总书记胡耀邦同志写了一封信，提出应建立"中国文化书院"，研究中国传统文化。在这封信上签名的有冯友兰、张岱年等老教授和该教研室的一批中青年教师，当时我不在国内，但他们也代我签了名。我回国后，大家推举我做中国文化书院的负责人。9 月，我们听说胡耀邦对这封信有个"批示"，据说批示是批给胡启立、田纪云和何东昌的，又据说批示只有几个字："请考虑，酌办。"……到今天我们都没有看到这个"批示"。10 月，当时教育部的副部长彭珮云突然找我和北大管文科的副校长沙健孙到教育部去开会，教育部参会的除彭珮云外，还有社科司、外事司、人事司等的领导人，会议一开始彭珮云就说："对北大冯友兰等教授提出办中国文化书院的事，中央领导同志表示支持，我们教育部也支持，现在请大家来，看看怎么办。"本来，我们希望中国文化书院挂靠在北京大学，使北大能联系各方力量来做一些有益于弘扬中国传统文化，并使中国文化走向世界的事，正如冯友兰先生所说："中国文化应像中国女排一样冲出亚洲走向世界。"但当时北大文科副校长沙健孙对此事毫无兴趣，提出种种我们完全无法接受的条件，例如"中国文化书院"只能是一个没有经费、没有编制、没有房子的虚体单位，而且一切活动均须上报，得到批准才能实施，甚至对"中国文化书院"这一名称表示犹疑，因此讨论无果而散。在这种情况下，我们总不能就此放弃创办"书院"的愿望，于是就决定先自己办起来再说，并在此期间挂靠北京市高校哲学教学协会，在北京市成人教育局进行了注册登记。同时我们聘中国社会科学院、清华、人大、北师大、首师院、民族学院和北大各文科院系的二十几位学者为书院导师，并于12月16日在中国社会科学院近代史研究所召开了第一次全体导师会议。会上，我向大家报告了在教育部讨论中国文化书院问题的情况，大家都说既然北大不愿合办，那我们就自己办吧！会上任继愈先生说："现在中国文化书院没有校舍，但在'文化大革命'中我们曾办过草棚大学，没有校舍租一两间房子也可以办。"同时在这次会上通过了中国文化书院的办院宗旨和性质、组织机构。现把办院宗旨、性质和组织机构抄录于下。

宗旨和性质：中国文化书院的宗旨是，通过对中国传统文化的研究和教学活动，继承和发扬中国的优秀文化遗产；通过对海外文化的介绍、研究以及国际性学术交流活动，提高对中国传统文化的研究水平，促进中国文化的现代化。

书院以培养从事研究中国传统文化、哲学、历史、文学等中青年学者为主要目标。使他们通过书院所组织的各种教学和研究活动，加深对中国文化的理解和内在感受能力；同时，在熟悉中国文献的基础上，较为系统地掌握中国传统文化发展、演变的脉络及其精神内涵。

中国文化书院是民间团体。书院所组织的各项活动，遵循百家争鸣原则，学者们完全自由地根据个人立场进行学术研究和教学。

中国文化书院是自立团体。书院经费全部通过收费办学和接受个人及团体资助等方式自筹。

组织机构：中国文化书院的最高领导机构是由书院导师推举产生的院务委员会。院务委员会负责主要院务的决策及人事任免事宜。院务委员会下设执行委员会，处理院委会的日常工作。中国文化书院设学术委员会，负责书院学术研究、学术交流及教学活动的规划与实施。中国文化书院设名誉院长、院长各一人，副院长若干人，秘书长一至二人。书院下可设若干专业性和地方性的分院。

中国文化书院的院务委员会第一任主席是梁漱溟先生，梁先生去世后由季羡林先生担任；名誉院长原为冯友兰先生，冯先生去世后由张岱年先生接任。我一直担任书院院长，当了十六年。今年我辞去院长职务，以书院创院院长名义参与书院工作。现在书院下有七个分院：绿色文化分院（又称"自然之友"，院长是梁从诫）、跨文化研究分院（院长是乐黛云）、企业文化研究分院（院长是陈越光）、影视传播研究分院（院长是张军）、大众传播分院（院长是李林）、杭州分院（院长是沈善洪）、岭南分院（院长是饶芃子），还有上海分院筹备处（已定由王元化任上海分院名誉院长）。中国文化书院现有导师一百余人，其中海外导师二十余人。书院实行的是蔡元培先生"兼容并包""学术自由"的方针，因此持各种学术思想倾向的学者都有为书院导师者。因此，在书院中形成了一个良好的学术传统：尽管学术观点和思想倾向不同，但大家都保持了合作共事的友好关系。

在我任书院院长期间主要是使书院积极参与了 80 年代发生的我国文化问题走向的大讨论，现在大家都把那一时期的文化讨论称为"文化热"。我认为，提出"四个现代化"（工业、农业、科技、国防）并不错，它相较于过去"以阶级斗争为纲"无疑是一个政策上的大转变。但"现代化"是否仅仅是工业、农业、科技、国防的问题？学术界众多学者对此颇为怀疑。从中国历史上看，如果把"现代化"只限于这些技术层面，所得到的结果只能是"现代化"的失败。没有政治制度的现代化，特别是没有思想观念适应现代化的转变，"现代化"必然会落空。为什么会如此，中国文化书院的一批导师和全国各地的众多学者渐渐意识到，如果没有一个根本性的思想观念上的转变，仍然企图把人们的思想束缚在某种僵化的教条上，中国真正的"现代化"是没有希望的。针对这种情况，当时不少学者都提出必须重视"文化问题"的研究和讨论。我和中国文化书院的同人当时都认为，在所谓的"改革开放"时期，中国文化问题应包括三个方面：如何对待中国的传统文化，如何接受西方的新近文化，如何创建中国的新文化。归结起来就是"传统与现代"问题如何解决。所谓"传统"，既包含几千年来的"旧传统"，也包含 1949 年以来形成的"新传统"，而"新传统"往往又是"旧传统"在新形势下的变种。为了推动文化问题的讨论在全国向前发展，中国文化书院联合上海"新启蒙"和深圳大学比较文学研究所，于 1985 年 5 月在深圳大学召开了一次"文化问题协调会议"，当时参加的有北京、上海、武汉、西安、深圳和海外研究中国文化问题的学者二十余人，会后发表了一份"会议纪要"，其中有如下一段：

> 五四运动以来，现代化的口号提出了半个多世纪，而现代化却一次又一次被打断，这是什么原因？看来，也许有一个问题没有得到正确解决。现代化不只是限于科学技术层面，更重要的是应该有文化深层的现代化相配合，其中包括价值观念、思维方式以及对新旧传统的历史反思等。"现代化"是一个很复杂的问题，提出要实现现代化就说明我们仍处在"非现代化"的历史时期。那么，首先就有一个"现代化"与"传统"关系的问题，其中包含深刻的价值观念上的冲突，这个问题不能不和传统文化息息相关。所以在现代化问题上不能取捷径，不能仅仅在科学技术等浮面文化现象上做文章，而要在反思的基础上对变化的内容做深入研究。

在这次会议上，与会者共同商定，以后每年召开一次类似的"文化问题协调会"，以便推动文化问题研究和讨论向纵深发展，因而于1986年6月在杭州举办了第二次协调会，1987年10月在武汉举办了第三次协调会。

自1985年起，中国文化书院为推动文化问题的讨论，把精力主要放在举办各种类型的讲习班、研究班和各种国内外的学术性讨论会、报告会上。书院同人对冯友兰先生提出的"让中国文化走向世界"十分赞成，但我认为还应该加上"让世界文化走向中国"，才更加有利于我国文化现代化的要求，于是中国文化书院就以"让中国文化走向世界，也让世界文化进入中国"为我们办学和开会的指导方针。1985年2月中国文化书院以"如何认识中国传统文化"为主题，举办了第一次全国性的为期一个月的讲习班，在这次讲习班上梁漱溟先生以"中国文化要义"为题作了两个多小时的演讲，这是自1953年梁先生受到毛泽东批判后的第一次的公开演讲。这可以说是中国文化书院历史上不能不记下来的一页，此次讲习班我们也请了美籍华人学者杜维明作演讲。对"中国文化"应如何看，每位讲演者都是根据他们自己的认识来讲述的，有的导师充分肯定"中国传统文化"，如梁漱溟先生、庞朴教授，有的导师严厉地批判"中国传统文化"，如包遵信同志，有的导师介绍国外研究的情况，如杜维明和乐黛云教授，也有的导师从不同的方面对"中国文化"进行了分析，例如李泽厚教授，我的讲题是"从中国传统哲学的基本命题看中国文化的特点"，内容是我在第十七届世界大会上演讲的扩大。这次讲习班的演讲稿后来编成了《论中国传统文化》一书，1988年由三联书店出版。同年12月中国文化书院又以"中外文化比较"为主题举办了第二期讲习班。第一期讲习班参加的只有二百多人，而这次则有上千人参加，还有新加坡学者来华听讲。讲演的学者共二十人，国内十人，海外十人。这次讲演的学者有专门研究文化学的，也有研究政治学的、经济学的、哲学的、宗教学的、历史学的和文学的，其中来自海外的学者有美国的、加拿大的、法国的、澳大利亚的等。讲稿也编辑成册，于1988年12月以《中外文化比较》为书名由三联书店出版。1986年，我们又以"文化与科学"为主题办了第三期讲习班。因为时间关系没有来得及编辑成书出版。1988年夏书院办了第四期讲习班，以"文化与未来"为主题，这次讲习班与"罗马俱乐部"合办，因此罗马俱乐部的主席马西尼和副主席、秘书长等都来作了专题讲演，讲稿也编成册，1991 年以"文化与未来"为题由三联书店出版。这四次讲习班都是从全国招生，在北京集中学习和讨论一个月，其他各种短期一两周的讲习班，中国文化书院办的就更多了，至少有十余次。所有这些讲习班我们都努力实现书院的办院宗旨，认真贯彻"百家争鸣"方针，导师和学者们自由自主地讲授，学员们各抒己见，自由讨论，导师只起组织和引导作用，对学术问题不轻易作总结。

到 1987 年，可以看出全国各地对"中国文化问题"的研究和讨论越来越热烈，这时我们感到只有几百人至多千余人参加学习讨论的短期讲习班已不适应广大青年和知识界的要求，而且我们也考虑到吸引更多的各阶层的人参与也许对推动中国进一步改革开放更有意义。于是中国文化书院决定办两年制的"中外文化研究函授班"，在全国招生。出乎我们意料，竟有一万二千余人参加这个函授班，除台湾外，全国各省全有，就是西藏也有二十四人参加了。参加的学员不仅有学生、教师、医生、记者、编辑、政府工作人员，还有工人、农民、解放军和家庭妇女，其中有大学教授，也有文化水平不高的农民。我们给每位学员寄去十四本教材，如《中国文化概论》《西方文化概论》《比较文学》《比较法学》《比较方法论》《马克思主义哲学概论》等，并且每月向学员寄发一份指导学习的小报，每年两次到重要省会进行为期一周至十天的面授和问题解答，例如我就去过兰州、银川、呼和浩特等地面授。各地学员对我们非常热情，有的学员要步行几百里来听讲。经过两年学习，我们要求每位学员写一篇学习收获或专题论文，一下子我们收到了八千余篇学员们寄来的学习心得和论文。其中不少论文对我们的改革开放、文化建设、教育改革、政治问题提出了不少意见和建议。这事深深感动了我们，使我们懂得一切应依靠人民。为了扩大中国文化书院的影响，也为关注我国存在的实际问题，我们还和国家环保局合办了两年制的环境保护函授班，这个班有六千余人参加；又与地质大学合办两年制经济管理和行政管理函授班，有两千余人参加；为北京市宣武、丰台、崇文等区培养法制干部举办了为期一年的法制培训班，有约五千人参加。所有这些都是很花时间和很花力气的。为什么我们要这样做呢？因为我们认识到必须提高全民在文化各领域的素质，才能促进我国各方面都朝着"现代化"的方向前进。

在这同一时期，中国文化书院还举办了几次国际性的学术讨论会，这也是为实践书院提出的"让中国文化走向世界，也让世界文化进入中国"的方针。1987年10月举办了"梁漱溟思想国际学术讨论会"；1988年10月举办了"中日走向近代化比较研究国际学术讨论会"；1989年5月初举办了"纪念五四运动七十周年国际学术讨论会"；1989年5月下旬又举办了"中国宗教的过去与现在国际学术讨论会"。这四次会议除"中日走向近代化比较研究国际学术讨论会"外，其他三次会议的论文均编成论文集出版了。

在这期间，我被全国出现的研究和讨论"文化问题"的热潮吸引住了，因此也就把我原来钻入故纸堆所做的研究放到了一边，写了一些有关我国当前文化问题的文章，并常常接受记者有关这方面的采访。我之所以有这样的变化，我想并不仅仅是由于外在环境的影响，而且也和我自身性格、经历有关。自1946年美军强奸了北大的同学起，我就参加了学生运动，从而开始了对中国现实社会政治发展的前途的关怀。1949年以后，我先参加了中国新民主主义青年团，后又参加了中国共产党，都抱着一种使中国尽快地富强起来的愿望，在当时的各种运动中不是我整人，就是我被整，甚至在"文化大革命"中我也是主动的或被动的参与者，有时挨整，又有时整人。经过"文化大革命"深刻的教训，我决心不再做违心的事，不再去做那么损人不利己的"整人"的勾当。我内心存在着的关心现实社会政治问题和希望中国早日富强的愿望从来没有熄灭过。

80年代中期开始的"文化热"，虽然讨论的是"文化问题"，但它的目的却是很明显的，无非要使中国的改革开放从经济、科技领域扩展到政治和思想领域，推动中国大陆实现全面的现代化，建成自由、民主、自强、独立的国家。……

1988年11月，北京大学学生会主办了一次"文化节"的活动，请了一些学者和改革派的人士与会，我也在被邀请之列，我记得还有朱厚泽和李泽厚等。别人讲什么我已记不起来了，我当时主要讲了北大的精神传统不是别的，而是"学术自由"。……我一向认为，北大之所以是北大，正是有蔡元培提倡的"兼容并包""思想自由"才造就了北大与其他大学不同的学风，才为世人所敬仰。我们可以看到，不管如何压制，"学术自由""思想自由"到目前为止仍然是北大的特有精神，这是任何权力和金钱都无法改变的。这样的思想，我一直在中国文化书院努力贯彻，希望我们的这个民间学术团体能为北大这面"学术自由"的旗帜增加一点光彩。

"文化热"最初只限于学者和一部分知识分子圈内，后来影响到青年学生，在社会上虽有一定影响，但真正的影响面并不很大。关于文化问题的讨论虽然其目的是促进中国全面实现现代化，虽然也批评了自1949年以来中国的政治，但这毕竟是间接的，而且这种讨论已经跟不上一些青年人对当时政治的不满和焦虑。这时一些青年学生或社会各界的青年朋友们不断地来找中国文化书院的导师们，请我们对当前政治发表意见。1988年北大校刊的一位叫邵燕君的同学采访了一些北大教授，我也在被访之列，她要我谈谈对中国当前问题的看法。我想，对我的学生不应该回避问题吧，应该说点我心里想的真话。后来她把教授谈话发表在《北大校刊·理论版》上。在谈话中，我说了以下的一些看法：一个比较合理与健康的社会或许应由三个互相独立的社会集团组成，一个是政治权力集团，它掌握国家政治权力，但权力有时会被误用，因此需要有另外两个社会集团对政治权力集团进行制约。一个是知识分子集团，这个集团的社会功能和使命是对社会、政治等起批评、议论、建议的作用，以便使政治权力集团对社会起的不可避免的消极（或负面）的作用受到限制，这就像先秦时的那批"士"一样，他们是"不治而议"（或"议而不治"），这个集团并不一定有什么固定的组织形式，但他们是一个群体，就是孔子说的"君子群而不党"的"群"。另一个是企业家集团，这个集团的社会功能应是使社会财富不断增长，一方面起着从经济上支持政治权力集团对国家治理的作用，另一方面又应起着从经济上影响或制约政治权力集团的作用。但是，中国社会从古以来都是政治权力集团控制着知识分子集团和工商企业集团（即企业家集团），使它们不能对社会政治发生应起的作用（而且知识分子集团和工商集团在中国社会中常常又是自愿地或半自愿的依附于政治权力集团，没有从一种"自在"的力量转变成为一种自觉的力量）。因此，知识分子现在应有一种自觉，使自己成为一独立的社会力量，并与企业家集团合作，得到他们的支持，以便能对政治的改革与进步起到应有的作用。这个观点，以后我又多次在各种会议上讲过，并发表在香港《明报月刊》纪念五四运动七十周年的特刊上。

1989 年初，中国文化书院与中国科学院企业家协会联合举办了一次"名人名家春节联欢会"，这可能是学术文化界与企业界的第一次有形的合作。参加这次会议的有三百多人，有学术界的、艺术界的、文学界的、企业界的、科技界的，也还有一些政府官员和众多记者参加。由于中国文化书院是主办单位之一，所以就由我第一个致辞，我除了讲一些欢迎大家来参加聚会和祝贺大家新春快乐、万事如意的话之外，用了相当长的时间讲上面我说到的关于三个集团的理论。在我讲过之后，有一位姓马的老经济学家（听说他是国家经委的顾问）发言对我的发言表示赞同。……

（二）

自 1984 年 10 月我出任中国文化书院院长后，可以说我是全力投入的，而且与我共同工作的其他领导人也和我一样都把书院当作自己的事业，希望它对中国的改革开放、政治民主化、思想多元化起一定作用。从实际的效果看，书院确实也在中国社会中起到了它应起的作用。

从 1989 年春到 1992 年夏，在相当长的一段时间里，书院虽然没有合法地位，但是实际上我们并没有停止活动。可是要像 80 年代那样大规模的运作是不可能的。这期间中国文化书院各位导师的主要工作是思考和写作有关中国社会、政治、文化、学术思想等方面的问题。例如季羡林先生出版了《牛棚杂忆》，周一良先生出版了《毕竟是书生》，李泽厚出版了《告别革命》，我写了《在非有非无之间》等，都涉及中国现代社会、政治、文化诸多方面的问题。当然更多的导师结合他们自己的专业写出了一批颇有质量的专著和学术论文。我自己在学术思想上也开拓了若干新的层面，将在另章中详述。

从中国文化书院整体来说，我们虽然也办了一两次讲习班但参加的人很少，没有什么影响。倒是举办的几次国际学术讨论会还起了点作用，至少让海内外的学者知道书院仍然存在。1990 年 12 月在北京举办了"纪念冯友兰先生诞辰九十五周年国际学术讨论会",1993 年 1 月在泉州与当地合办了"东亚地区经济文化互动国际研讨会",1993 年 10 在北京举办了"中西印文化融合及其发展前景——纪念张申府先生、汤用彤先生、梁漱溟先生百周年诞辰国际学术讨论会",1994 年 5 月在杭州举办了"中国文化:20 世纪回顾与 21 世纪展望国际学术讨论会"等。特别是 1994 年 10 月,我们举办了"庆祝中国文化书院成立十周年座谈会",并举办了"中国文化书院十年成果展"。许多导师和朋友为文化书院题词、作画,特别是萧克将军还到会祝贺。同时中国文化书院的导师常常被国内外大学或研究机构邀请去讲学或开会。这一期间也有不少企业家和书院取得联系,表示合作愿望,也曾尝试过若干合作的形式,但都没有取得什么重要成果。特别值得我们欣慰的是,80 年代的中国文化书院学员并没忘记书院,常常给我们写信、打电话,甚至远道而来,到北京看望书院导师,他们都希望中国文化书院能像 80 年代那样重振辉煌。但我作为中国文化书院的院长,只有感谢这些学员的好意,而要想像 80 年代起着学术文化的引导作用已不可能了。这不是因为中国文化书院同人不愿这样做,而是社会、政治环境不同了,加之学术文化本身的新发展也需要给我们时间来研究一些新问题,基于此,书院在工作方向上有了一个转变。为了把学术文化比较系统地推向社会,书院在此期间组织编写了几套书,有的已经出版,有的即将出版,有的还在编写之中。在 80 年代,书院就以"中国文化书院文库"为总题,出版过教材类、论集类、丛书类、资料类的书百余种,但相当一部分是匆忙赶出来的,质量不高。因此,90 年代我们认为中国文化书院是应该集体编写出一些质量较高的、分量较重的书来。这个意见得到了导师们的支持。1991 年书院开始组织人力编写一百本的《中国文化集成》,由季羡林、汤一介、孙长江共同任主编,历经一年完稿,并于 1993 年出版了平装本的《中国文化集成》,后又从中挑选出五十本出成精装本。为什么要编辑出版这部《集成》,现在我把季羡林先生为这部书的"序"开头部分抄在下面,大家就会明白了。

最近几年来,有关方面人士提出了弘扬中华优秀文化、发扬爱国主义精神的口号，立即得到了全体中国人民，甚至海外华人和华裔的同声赞扬和热烈响应，足证这口号提到了人们的心坎上，是完全正确而且及时的。根据过去的经验，所有正确口号都必须落实到行动上，才算有效。因此，我们中国文化书院的同仁们和中国华诚集团文化传播公司总经理李生泉同志等，爱国不敢后人，也想尽上自己的绵薄之力，为这宏伟的盛举增砖添瓦，几经酝酿磋商，发起了这项《神州文化集成》大型丛书的编辑出版工作，这中间也得到了新华出版社的大力支持。

我们编的第二套书《20世纪中国文化论著集要》，编成了八本，现已出齐，其中七本是公开发行的：《国故新知》（有关学衡派的材料）、《时代之波》（有关"战国策派"的材料）、《走出东方》（有关陈序经的全盘西化论的材料）、《知识与文化》（有关张东荪的材料）、《人间佛教》（20世纪前半期中国佛教的材料）、《本色教会》（20世纪前半期中国基督教的材料）、《三清之境》（20世纪前半期中国道教的材料）。而《追求真宰》（20世纪前半期中国伊斯兰教的材料）则是作为"内部资料"印出的。我们为什么要编辑这类资料性的东西？这是因为经过二十年的政治运动，特别是十年"文化大革命"，中国的近现代文化思想的资料散失非常严重，如不及时搜集、整理，再过几十年或上百年，这段历史（19世纪末至20世纪）的真相就无法为人们所知了，例如学衡派的一批学者大多留学美国，但他们反对新文化运动，特别反对白话文，但同时他们是早期介绍西方古典文化进入中国的一批学者和在中外文化的研究上做出重要贡献的杰出专家。学衡诸公在20世纪学术上的地位决不像鲁迅先生在《估学衡》中说的"实不过聚在'聚宝之门'左近的几个假古董所放的假毫光"那么简单吧！为此，我们把学衡派的诸公关于文化问题的论文编辑成书供大家利用，以便使现代史的研究能较为客观地看待当时那段历史。又如张东荪几乎已成为被大家遗忘的在20世纪20年代至40年代曾对中国哲学界有重大影响的哲学家。我只想提到三件事就可知张东荪的重要性了，一是，20年代末至30年代初，在中国出现了一场"哲学问题论战"（或者叫"辩证法论战"），这正是张东荪和当时共产党的理论家叶青之间的论战；二是，张东荪是第一个企图为中国哲学建立"认识论"的哲学家，他在 20 年代末即提出"多元认识论"的理论，至 30 年代他依批判实在论理论建立起更加系统的认识论体系，这比金岳霖先生的《知识论》要早十年；第三，中国现代最重要的哲学家熊十力，无疑是一典型的维护中国传统文化的学者，但他也知道，不了解西方哲学，建立新的中国哲学是不可能的。那么他的有关西方哲学的知识是从何而来的呢？据石峻教授说，熊先生西方哲学的知识大多从张东荪那里来。我想这两个例子可以说已经足以说明我们编这套《20 世纪中国文化论著集要》的意义了。要再深入一点探讨，我们许多人都会想到，20 世纪后半期的各种历史造假的现象就太多太多了，常常今天可以说是红的，明天就可以说成黑的，如果研究历史不根据原始材料（是指那些没有经过篡改过的材料），是不可能了解历史真相的。

书院组织编写的第三套书是《20 世纪西方哲学东渐史》，这套书是从 1996 年开始计划，1997 年初正式启动的，共二十七册，其中十四册为著作，十三册为资料，因为第一册不需要有单独的资料。我是这套书的主编，本来我打算写最后一册《中国文化视野下的西方哲学》，但在计划安排好，并找到了全部合适写作的专家之时我突然患了肺结核，要住院治疗较长一段时间。于是，我不得不找清华大学胡伟希教授来写这本书了。这套书从严复把西方哲学较为系统地带入中国，一直写到今日西方"后现代主义"在中国的影响，而且还包括西方哲学在港台地区以及基督教哲学在中国等。我们又把每卷相关的难以找到的资料编成论文集，以便读者自己查看。我为全书写了一篇三万多字的"总序"，谈了我对 20 世纪西方哲学传入中国的看法，以及当前我对中国文化发展前景的预测，这里不可能把《总序》的全部内容写下，我只想简略地说明一下为什么我们要写这部书。在《总序》开头有这样一段：

今天中国的文化实际上是在五六千年的发展历程中不断吸取各民族、各国家、各地域文化的基础上形成的。而在这漫长的过程中有两次重大的外来文化影响着中国文化的进程。第一次是自公元一世纪以来印度佛教文化的传入。如果不算唐朝传入的景教和在元朝曾发生过一定影响的也里温可教，因为这两次外来文化的传入都由于种种原因中断了。第二次重大外来文化的传入应该说是自 16 世纪末、特别是自 19 世纪中叶西方文化的传入。这两次重大外来文化的传入大大地影响着中国文化的发展。罗素曾在他的《中西文明比较》一文中说：'不同文明之间的交流过去已经多次证明是人类文明发展的里程碑'。上述两次外来文化的传入，深深地影响了中国文化以及中国社会的方方面面，甚至可以说它每一次都使中国文化与中国社会进入一个深刻的转型时期。

这部近五百万字，并附有大约相同字数的资料的《20 世纪西方哲学东渐史》已全部完稿，交给了首都师大出版社，现已出版了六种，他们答应在今年底出齐。我总有一个非常顽固的观念：我认为，中国哲学定会被西方哲学冲击得七零八落，但最终中国哲学仍会像吸收印度佛教哲学一样，形成一种融化西方哲学于其中的中国哲学。我的这一观点自然而然和我相信在今后相当长的一个时期，世界文化将沿着在全球意识观照下多元化发展的总趋势前进着，是相一致的。

书院组织编写的第四套书是《道家文化研究丛书》，这套书我们原计划出四十种，而且分为四个系别：《道家历史》《道家哲学问题》《道教历史》《道教经典和仪式》，去年已出六本，今年又出六本，明年是否能出，一方面取决于出版社是否还愿意继续出版，另一方面还得看作者交稿和书稿质量的情况，而到现在我还只收到两部书稿。但这类学术性著作一般说来，出版社都要赔钱，不大愿意出，而政府或基金会也都不愿对这类著作给予"出版补助"，因此学术著作的出版有很大困难。上海文化出版社答应出这套书，是因为我和该社社长兼总编是朋友，他算给我帮了个忙，但明年是否还能出，这大概成问题了。这套丛书开始是由陈鼓应教授提出来组织人编写的，当然我也很赞成，而且我一直认为中国学术界对"道家"和"道藏"的研究很不够，例如《老子》《庄子》有那么多种注释，但大多没有人逐一研究过，而"道教"的研究更差，一部《道藏》其中所收道教典籍是什么时代的作品很多难以确定，把这些典籍的时代（也包括作者）考订清楚，不知要花多少时间。因此，我觉得组织一些学者来在这方面做些研究，对中国学术的发展，应该说是件好事。可是真做起来也非常难，除了上面说的出版上的困难外，还有就是作者常常不能按期交稿，或者其著作水平很差，根本无法出版。这些事对我这个主编来说都是伤透脑筋的事，不少作者是我的学生辈，有时我还得求他们写，以便应付出版社。除了我认为"道家""道教"有许多问题需要我们认真研究外，我还有一个思想，日本学者在"道教"研究方面颇做出了一些成绩，而我们相形之下，在不少方面是落后于他们的，然而总不能像日本人所说的"敦煌在中国，'敦煌学'在日本"吧！我希望我们对自己的文化研究能全面走在世界前列。

书院组织编写的第五部书是《国学举要》。湖北教育出版社的编辑胡伟同志找我，请我做这套书的主编。开始我没有答应，因为我已经是好几套书的主编了，而且自己还得研究和写作。但几经交涉，最后答应由书院组织编写，由我做主编，但我只管两件事：一是推荐撰稿人；二是推荐审稿人。出版社同意，就这样定下来了。《国学举要》概要式地介绍中国传统文化的方方面面，共八卷："儒家"、"道家"（包括道教）、"佛教"、"史学""文学"、"艺术"、"科技"、"医药"。每卷中又包含三个部分："历史概要""思想精要""知识辑要"。编写这套书是想让广大读者（特别青年学生和各界知识青年）对中国文化的方方面面有个初步的了解，而且想使这套书成为可供查阅的知识性工具书，例如你想了解《三国志》，就可以从《史学》卷中的《知识辑要》中找到有关《三国志》的介绍。据我在北京大学教书几十年的观察，确有不少学生（包括学自然科学的）对中国传统文化很有兴趣，而且知识也相当丰富，但是可能有更多的同学对中国传统文化的知识非常欠缺，甚至中国历史上的朝代先后都搞不清，更不用说"四书五经"何所指了，自然对中国传统文化存在些什么问题则盲无所知了，或者一言以蔽之"都是糟粕"。这当然对我们的青年健康成长和国家的思想文化建设都是不利的。本来我与出版社说好，只作推荐作者和审稿人，但实际上我这个主编还得什么都管，如催稿、建议他如何组班子来编审，如此等等，不胜其烦。现在总算全部完稿，交出版社了，希望它能顺利出版（按：已于 2002 年 9 月全部出齐）。

书院组织编撰的第六部大书是五百余万字十四册的《中国佛教史》。

这部书本来是山西教育出版社委托北大毕业生何杰找季羡林先生担任主编，季先生年事已高，希望能有人帮助他作组织工作，于是约我共同主编。我和季先生商量，现在已有好几部"中国佛教史"了，我们要编就得编出点特点来，我们商定：第一，已成的"中国佛教史"往往只是汉地佛教史，这不能反映"中国佛教"的全貌，因此，我们这部"中国佛教史"除写汉地佛教，还要包括"藏传佛教""云南南传上座部佛教""西夏佛教""敦煌佛教""西域佛教""佛教东传"等部分；第二，不仅要写佛教思想，而且要注重佛教文学和艺术，因此又另外加了两卷专门讨论"佛教文学""佛教艺术"；第三，要注意各朝各代佛教在民间的影响。为编写这套书，我们选择了一批真正对某方面有研究的专家来撰写，并且为编写这部书开了多次讨论会。这部书编写好了应当是一套颇有学术价值的大著作，但我私心以为，它的难度很大，很可能在学术水平上会参差不齐，例如季羡林先生写的关于"西域佛教"的"焉耆部分"会是第一流的、世界水平的著作，但有些部分很可能还达不到目前国际已达到水平。这中间有两个原因：一是，我们选择的学者尽管是这方面的专家，但还不一定都是第一流专家；二是，即使有些是一流专家，因忙于其他事务，根本没有多少时间来写这本书，而只得请他的研究生或者同事帮忙，这样质量就很难保证了。尽管这部书在质量上很可能参差不齐，但它作为一个整体看，还是有它的特色，还是有其他《中国佛教史》所不可及的地方，目前我们还不知道世界上已有或正在编写这样一部巨大的《中国佛教史》。

中国文化书院为什么在90年代把主要力量放在撰写上述几部大书上，我想，原因有二：一是，前面我们说过，由于80年代，我们没有来得及对中国文化的诸方面作系统研究，在不能让中国文化书院充分活动的期间，我们组织学者写书总是可以的吧！二是，中国文化书院的许多导师年事已高（包括我这个院长也已七十余岁了），我们希望这批老学者长命百岁。但人的寿命总是有限的，因此把他们一生研究的成果留下来无疑对后人是非常有益的。因此，书院花了很大力气来组织这几套书的编写。

书院在这期间还和北京大学中国哲学与文化研究所、国风集团联合主办了蔡元培学术讲座和汤用彤学术讲座，到今年已举办了五届蔡元培学术讲座、六届汤用彤学术讲座。正是由于有蔡先生提出的"兼容并包""学术自由"的学术传统，北大才能成为北大，正是像汤用彤先生这样一批扎扎实实、认真研究并有开拓精神和维护蔡先生"学术自由"传统的学者，使北大的学术地位享有盛名。书院在北大九十年校庆时编写了一本《北大校长与中国文化》，百年校庆时我们又出了增订本，把张百熙、蒋梦麟、傅斯年加入其中了。我们原来想为北大历届在学术文化上有贡献的校长都组织"学术讲座"，但这工作量太大，因此就先作了这两个讲座。如果以后有条件，我们还会办其他讲座，如"胡适学术讲座""马寅初学术讲座"等。我们组织这些讲座，目的不是把青年的目光引向过去，而且要通过这些讲座告诉北大的同学们，北大的传统是"学术自由"、是"追求真理"（汤用彤先生说"文化乃真理之讨论"），同时也向北大同学介绍当前世界各人文学科研究的新动向。因此，每次"讲座"我们都要邀请一两位国外学者（包括国外华人学者）。

90 年代初，在中国忽然先后出现了两股思潮：一是"后现代主义思潮"，另一是提倡研究"中国传统文化"的思潮。其实"后现代主义"理论在 80 年代就进入了中国，首先是乐黛云教授作过简单介绍，后来在 1985 年她邀请美国杜克大学著名教授詹姆逊到北大作了一个月的学术讲演，讲题是"后现代主义与文化理论"，但是仍未被学术界重视起来。但到 90 年代初"后现代主义"理论却广为流行，其原因当然很复杂，但有一个原因也许不应被忽视。"后现代"恰恰是打破"一元化"，其理论正是追求不确定性、模糊性、无序性、反中心主义和随意性等。而这种理论无疑将起着消解一元化的独断的意识形态的作用。这样"后现代理论"不管是真懂的，还是假懂的，不管是有意的，还是无意的，就在学术文化中的各个方面大谈起"后现代主义理论"了。这大概也是中国学术文化界所具有的一种"中国特色"吧！至于"国学热"的兴起，可能是一个更加复杂的问题。据我了解"国学热"最早是由 1992 年《人民日报》刊登的一篇通讯报道北京大学对传统文化研究的情况提出，用的标题是"国学在燕园悄然兴起"，这篇报道本身可以说对北大研究中国传统文化的报道极不全面。文章发表后听说，中央领导很重视，要求送政治局委员每人一份。我从来不反对"中国传统文化"，而且我是 80 年代初最早提出应重视"中国传统文化"研究的学者。但我研究的目的，是探讨中国文化如何由传统走向现代。对"国学热"的兴起我有些疑虑，我在当时的一篇文章中说："90年代悄然兴起的'国学热'如何发展，可能还得有一段时间才能看清。照我看，可能有两种不同的走向：一是，能真正把中国传统文化放在整个世界文化发展的总趋势中来考察，使得中国文化的真精神和现代的时代要求接轨，这将是中国文化走出困境唯一的出路。但是，从历史的经验和目前发展的趋势看，也有另外一种可能，这就是'国学热'离开学术的轨道而意识形态化，从而背离弘扬中国民族文化的初衷。"因此，当时的一些报刊记者采访我对"文化热"的看法时，我常说："我不主张过分提倡国学……国学应该弘扬，但必须用现代观念来弘扬，不了解世界现代文化发展的趋势，怎么可能发展中国文化？"[1] 我还说："二战后，随着'西方中心'论的消退，整个世界文化呈现出多元化趋势，如果孤立地、盲目地提倡国学，很可能使中国文化游离于世界文化思潮发展之外。当然我们要考虑我们自己的文化特点，因为我们是多元化中的一元（这一元中又包含着多元），这是没有问题的。可这种考虑必须在全球文化思潮背景下来考虑，否则就会游离于世界文化思潮之外，如果这样，我们就自己封闭自己，重新滑入狭隘的民族主义、国粹主义陷阱，拒绝一切，排斥一切，又一次错过进入现代化的机会，这是很危险的。"[2]"国学热"实际上也没有"热"太久，因为有几位"极左"者出来反对提倡"国学"，而且对我担心"中国传统文化"的研究转向政治意识形态化的顾虑提出批判，又加上"经济热"大潮的冲击，因此"国学热"一直也没有能像"文化热"那样对广大群众产生大的影响。

（三）

与80年代相比，90年代中国文化书院在社会上的影响小多了，和我们初办书院的宗旨也有了距离。在1999年，我们曾编了本《中国文化书

---

1 1993年10月26日与《中国青年报》记者谈话。
2 1993年11月29日答《黑龙江日报》记者问。

院十五年》，想借此鼓鼓劲，使书院能为中国社会和中国文化发挥更多作用，但这本书因种种原因没有能出版。我作为书院院长对90年代书院的不景气状态甚为内疚，经过一段思考，我在1999年8月15日给全体导师写了一封信，向大家表示由于我领导无力，致使书院中衰，并提出在下一世纪（21世纪）的头十年把书院办成一个在国内外有一定影响的私立大学的建议书。现把这封信和建议书录于下：

中国文化书院建院已经十五年了，在80年代中国文化书院曾为中国文化从传统走向现代做过贡献。90年代，由于种种原因，主要是由于我作为院长领导不力，而没有能使书院有所发展。现在将进入21世纪，如果中国文化书院再不能跟上当前发展的形势，中国文化书院将会被淘汰出局了。有鉴于此，我现在提出一个由中国文化书院来办私立综合性大学的意见，寄送给各位导师和各位朋友，请提出书面意见，并于九月内寄给我。

中国文化书院筹建私立综合性大学的设想

一、今年是中国文化书院建院的第十五年，在这十五年中我们为中国文化由传统走向现代尽了应尽的责任，积累了一些办学的经验。近日，一些民间学术团体和企业界人士在和我们联系中，都对创办一所高质量的私立综合性大学很感兴趣。大家认为，目前已经具备了创办高质量的私立大学的有利条件。

（1）宪法的修改确立了"私营和个体经济"在我国社会生活中的地位，这为创办私立大学提供了法律上的保证。最近召开的"教育工作会议"又提出，国家对创办私立大学将给予支持。

（2）由于公立的高等院校和科研机构的教学和研究人员的退休年龄提前，今后会有大批仍然有教学和研究能力的人员流向社会，这样就为创办私立大学提供了充分的人力资源。

（3）现在已有一批民营企业家对我们的教育和学术文化的发展十分关注，将会为创办私立大学提供资金方面的支持，并可为创造知识经济做出应有的贡献。

（4）目前公立大学容纳不了有志于升学的高中毕业生，私立大学将为他们提供更多的升学的机会。

（5）中国文化书院已团结了一批有较高学术造诣的学者、教授，并且举办过各类型式的讲习班、函授班，在中国文化书院学习过的学员近三万人，故书院已有一定的办学经验。

（6）现在已有一批民办大学，但多为实用型的和职业培训型的，而为推动我国学术文化事业的发展，并在国内外产生较大影响，我国还应建立一批高质量私立综合性大学。

二、创办什么样的综合性私立大学？中国文化书院的宗旨是："通过对中国传统文化的研究和教学活动，继承和阐扬中国的优秀文化遗产，通过对海外文化的介绍、研究以及国际性的学术交流活动，提高对中国传统文化的研究水平，并促进中国文化的现代化。"为实现这一宗旨，中国文化书院创办的私立大学应是：

（1）高起点的综合性大学。从世界各国私立大学的情况看，只有起点高的大学才有真正的竞争力。因此，创办时就要考虑既招本科生，又招研究生。

（2）不仅面向国内，还要面向国外。根据中国文化书院目前情况看，我们有较强的中国传统文化的教学和研究力量，在这方面可首先面向国外。

（3）中国文化书院已有一批国外著名大学的教授，并与国外一些大学建立了广泛的联系，因此可以考虑与国外的大学联合办学，以便得到他们的各方面的支持。

（4）可以考虑与国内其他学术教育团体和企业联合办学，除把总校设在北京外，也可在其他各地办分校。

（5）学校的教师队伍以兼职为主，专职为辅，主要聘请既有学术造诣又具有教学和研究能力的离退休教授任教。

（6）学校以蔡元培先生提出的"兼容并包""学术自由"为办学的方针，以便使学校具有更浓厚的自由讨论的学术风气，以利于培养高素质的有创造力的人才。

三、大学的机构设置。大学各种机构的设置应以"少而精"为原则，可设以下机构：

（1）董事会：由出资企业家和资深教授出任董事。董事会主要为大学筹集办学资金，讨论和决定大学的办学方针和校长的聘任。

（2）教授会：由全体教授推举若干人为教授会成员，在教学和研究方面实行"教授治校"。

（3）设校长一人，总管学校行政；副校长三人，一管教学与科研，一管人员聘任（人事），一管资金的使用（财务）。

（4）可考虑设五个学院：中国传统文化（国学）院、跨文化学院、法商学院、环保学院、高科技学院。下不分系，可分若干专业。学院成熟一个办一个，不必五个学院同时设立。并可考虑成立若干研究所或研究中心，如"藏学研究中心""比较文化研究所""中国画研究中心""中医研究所""道家文化研究所""佛教文化研究所"等。

（5）学校不要求规模大，而要求水平高，因此招生人数最多不超过一千五百人（包括本科生和研究生）。

（6）学校设"党委会"，监督和保证党和国家的政策、法令的执行，党委书记作为董事会成员参加董事会。

四、筹备的步骤：为把筹建工作做好，可用一年时间做好各项准备工作，再用一年时间建校，于2002年招生。为此可考虑依以下步骤进行：

（1）把本方案打印成文，分寄书院导师和相关人士，请他们提出意见。

（2）与此同时与海内外企业家接触，了解他们对办私立大学的看法和可能的出资情况。

（3）并于此方案寄出后，召开一两次小型讨论会，听取各方意见。

（4）在以上三项完成后，根据各方面意见，提出一详细的可以操作的建校方案。

（5）把建校方案再送给书院导师和相关人士，请他们提出意见，并在根据大家意见修改后送教育部门。以上五步骤将用半年时间。

（6）在听取教育部领导的意见后，再进行一次修改，后以正式申请书形式上报教育部。

（7）在教育部批准后，首先确定办校地点，并正式开始集资工作。

（8）成立大学筹备委员会，并落实各委员的分工责任。

（9）成立大学董事会，并任命校长。

（10）聘请第一批大学教授，并成立大学教授会，由教授会制定十年建校方案，上报董事会，在董事会通过后上报教育部。以上五步骤预计要用半年时间。在教育部批准后，开始正式建校工作。

正巧 2000 年春节时，有一位石家庄的企业家在北京钓鱼台宴请北京的三百余位学者，并在宴会上宣布他将在北京办一所私立大学，还说他将为学术文化事业的发展做十件好事，例如给若干名经济有困难的学生以资助等。听了这位企业家的一番讲话和承诺，我当然很为他的豪言壮语所感动，于是我就写了封信给他，表示中国文化书院也有办私立大学的想法。这样书院就决定与这个企业合作办学。并且双方签订了合作协议，书院为这位企业家要办的卓达大学主办"人文学院"，并推荐书院导师范曾为该校筹办美术学院，导师张晋藩教授筹办法学院，并建议他们请导师吴良镛先生筹办建筑学院。而且我为卓达的人文学院花了两三个月制定办院方案以及图书馆购书计划和书单等。但在我们和这位企业家的接触和讨论问题时，越来越感到他的办学方针和思路与我们的想法全然不合，例如他希望卓达大学能使他名利双收，而且常常毫无根据地说什么"卓达大学要在三年内超过北京大学"，"卓达的教育指导思想超过所有大学的教育的指导思想"等，而且此人颇有专横跋扈之作风，很难听进别人的意见，他本人又对办教育完全外行，这样书院自难继续与这位突然暴发起来的企业家合作了。于是书院给该企业家写了一封终止合同的信。并在北京的几种报纸上说明书院与该企业终止合作的原因[1]。中国文化书院同人都很不甘心，在这年末的书院"雅聚"，并为杨宪益先生祝贺八十五寿辰的会议上，我代表书院领导致辞时仍说，办一所私立大学仍是书院 21 世纪头十年的目标。

为将来能真正办成有特色的、有一定影响的私立大学，书院在最近两年做了两件会发生长远影响的事：一是，增聘了二十余位中青年学者作书院导师；二是，设立了几个书院的分院。

80 年代中期建立的中国文化书院主要是依靠老一辈的著名学者的威望，如梁漱溟、冯友兰、张岱年、季羡林、金克木、周一良等。有一批像我这样已近六十的仍属壮年的学者，如庞朴、李泽厚、田昌五、李学勤、乐黛云等为学术骨干，还有一批实干的而且有学术潜力的中青年学者，如李中华、魏常海、王守常等。但进入 21 世纪，有些老一辈著名学者已去世，有些虽仍健在，但年事已高，很难再对他们有过多的要求。而像我这样一批书院中坚力量，也都年过七十了，已进入了力不从心的状态，而原来书院的中青年导师很少，而近十年来学术界已成长出一批学术造诣深厚、颇有创造性的中青年学者。鉴于这种情况，书院决定扩大导师队伍，聘请一批人文学者（也包括了个别社会科学和自然科学的）充实书院导师队伍，使书院将来能由一批更年轻的学者来领导。于是，我就以书院院长名义给二十几位学者发了一封信，希望他们同意任书院导师。十分可喜，收到我信的二十几位学者全部回信，都同意出任书院导师。这里我谨代表书院原来的导师对新任导师表示衷心的感谢。这事使我想起，在一次书院的聚会上，季羡林先生曾说："中国文化书院开会邀请哪位学者，这位学者一定会来参加。"书院作为一民间学术机构，无权无势，甚至我们有时

1　现节抄两份报纸上所刊登的我的说明：《中国艺术报》记者刘德伟于 2000 年 12 月 8 日采访汤一介时，问起与企业家合作办学事，汤一介回答说："中国文化书院前一段时间一直在与卓达集团探讨合作创立私立大学的意向，并且取得了一些进展。但是因为在办学理念和具体操作上存在着较大差距，因此这个阶段的合作结束了。"《中国文化报》记者徐涟于 2000 年 12 月 9 日访问汤一介时，问起与企业家合作办学事，汤一介回答说："今年四五月间，卓达集团聘请季羡林先生为名誉校长，聘请汤一介先生为人文学院院长，计划联合兴办一所私立大学，但通过一段时间的磨合，发现其双方思路相差太远，无法继续合作，只能中止与卓达的合作。"尽管如此，中国文化书院与企业合作的愿望不变，汤先生希望在条件成熟的情况下，能够与企业界合作办学，把中国文化教育推向前进。

几乎没有付房租的钱，但我们的导师都愿意留在书院为书院尽力，这是为什么？正是一批中国有良知的知识分子为中华文化的复兴而形成的一种特殊凝聚力使之然的。"凝聚力"不是能靠"权力"而得到的，要靠真实的"理想""信念"和"自律"才有可能得到。

自 80 年代中期以来，我先后做过不少民间学术文化团体的负责人，但只有中国文化书院是我全心全意为它尽力的，这是我自己的事业。虽然书院有段时间，内部发生了点问题，但很快就解决了，在整个十七年中书院内部是团结的，同人之间是互相支持的和相互关怀的。为什么能这样？我想，就在于书院领导层有着一种创建中国新文化的历史使命感和中国某些知识分子所具有的谦谦君子之风。书院的实际领导层大都是像我这样年龄的或更小的学者。我们这批人虽然在学术根底上不如老一代，而且学术观点也并不是都和他们相同。可是我们绝对没有因为在学术观点上和他们不同，而不尊重他们，相反我们总是承认在学术根底上与他们的差距。特别老一代学者的风范应是我们学习的榜样。因此，书院决定为每位八十岁、八十五岁、八十八岁（米寿）和九十岁以上的导师举行祝寿活动，以体现中国传统的"敬老"精神。而且在排座位上，书院的惯例照相时总是年纪大的坐前排，最长者坐在中间，然后依年龄坐两边，其他人都站在后面，吃饭是寿星和年长者坐主桌，而不考虑什么"官位"之高低。（每次祝寿会，我们都要请一些书院的朋友或相关人士参加，例如中宣部副部长、北大校长、中央党校副校长、商业部长等都曾参加过我们主办的这类活动，他们坐的位子也要按年龄。）……作为书院导师的最重要品德是尊重书院的每位导师和工作人员，办事要公正决不谋取私利，这样才可以把大家团结在一起。在导师中，由于个性不同，学术观点的差异，也会发生矛盾，问题是书院领导能不能化解矛盾。在李泽厚发表了他的"告别革命"之后，孙长江很不以为然，而且写文章批评了李泽厚，这样两人就有了隔阂，而且李扬言要和孙绝交。怎么办？有一次孙长江要请我吃饭，我就建议他也把李泽厚一起请上，我自己还给李泽厚打电话，并动员庞朴给李泽厚打电话，说明孙是专门要请李的，而我们是陪客。这样李泽厚很高兴，带了他的夫人一起到孙长江家，大家畅谈一阵，隔阂消除了。在现实社会中，人与人之间总会发生矛盾，问题是如何处理它。我的经验是，应为共同的理想事业公正地、真诚地化解矛盾，这是领导者应具有的一种品德。

中国文化书院在90年代后，陆续成立了七个分院，在开始时我们并没有想到这些分院将来可能成为书院转变成正式私立大学的基础。而到90年代末，这种想法渐渐地明确起来。虽然各分院就隶属关系说都是书院的分支机构，但是书院对各分院的活动从不干涉，由分院主办的活动即使是由书院出名，也往往是由分院自主操作。这是由于我们相信各分院有能力自己办好。分院要求书院给他们支持时，我们总会尽我们的力量给以帮助。一般来说，分院的人事、财务、项目都由分院自己管，只要向书院报告一声就可以了，有时会对各分院的工作做点协调的工作。原则上规定分院每年应给书院缴纳若干"管理费"，但很少有分院主动向书院缴纳，因为分院一般都是非营利机构，只是在书院实在需要钱时才会主动地向分院要求资助。因此，形式上看分院属于书院，但实际上分院的独立性是很大的。

"绿色文化分院"（又称"自然之友"）是中国文化书院中最早成立的一个分院，它成立于1993年11月，并于1994年3月底由民政部批准予以注册。1995年3月，经过一定程序，会员通过了《自然之友章程》，推举了由梁从诫（书院副院长）、杨东平等十二人组成第一届理事会，梁、杨当选为正副会长。"自然之友"在章程中确定其宗旨为：开展公众环境教育与宣传。该分院在保护金丝猴、藏羚羊、森林等方面都做出过贡献，并在北京市开办中小学教师的培训班，以便使孩子们从小就有环境保护意识，每年还组织中小学教师到德国交流经验。现在"自然之友"已成为民间环保的一面旗帜，美国总统和英国首相来华要和民间环保团体交谈，多半由梁从诫同志接待。

"跨文化研究院"成立于1995年，以举办学术讨论、出版书刊等活动推动多元文化与知识互动等问题的深入研究和讨论为宗旨。该院与法国跨文化学院、法国人类进步基金会建立了广泛的联系，并共同组织过多次学术讨论会，在中、法两国同时出版中文版与法文版的《远近丛书》（已出八种）和《跨文化对话》（中文版已出十一期，法文版出了两期）。现由乐黛云任院长，钱林森（南京大学中文系教授）、王宾（中山大学外文系教授）任副院长。

"企业文化研究院"以研究文化对企业的影响等问题为主要课题。该院与欧洲中小企业家协会共同成立了"中欧企业家俱乐部"，和法国人类进步基金会建立了工作联系，并参与由人类进步基金会和国务院发展中心、农业部等单位组织的"中欧农村与现代化项目"，组织国内专家学者、农村工作者前往巴西、美国、南非考察，组织国外学者、农村工作者到中国考察。该院现由中国文化书院副院长陈越光兼任，苑天舒任副院长。

"杭州分院"又称"杭州书院"，于1999年2月26日在杭州成立。杭州书院是隶属中国文化书院领导的民间学术研究和教学团体，以推动吴越文化研究和旅游资源开发为重点。杭州书院的最高领导机构是由书院导师推举产生并经中国文化书院同意的院务委员会，其成员为院长沈善洪（原杭州大学校长），副院长兰克（宋城集团公司副总裁）、金健人（杭州大学中文系教授）等组成。

"影视传播研究院"成立于2000年底，以组织、策划、拍摄、制作文化类选题作品，开展相应的学术研究与教学活动，促进影视界与学术界的交流的活动为中心。已开始并接近完成项目有：大型电视片《中国佛教文化》《中国百年发现》《中国文化名人》等。该院院长待定，常务副院长张军、副院长李林。

2001年9月16日，在为祝贺何兹全教授、侯仁之教授九十华诞和周一良教授八十八岁（米寿）生日的中国文化书院雅聚会上宣布成立岭南分院，由饶芃子（原暨南大学副校长、中文系教授）任院长。大众文化传播分院，由范敬宜同志（原人民日报社社长）任名誉院长，中国文化书院副院长李林兼任院长。崔向全任副院长。同时宣布上海分院正在积极筹备，王元化同志同意将出任该院名誉院长。

9月18日我离开北京，赴美国斯坦福大学，10月23日传来周一良教授病逝的消息，对此我深感意外，因上月16日聚会周先生还很高兴与老朋友们谈天，他的病逝不仅使中国文化书院失去了一位德高望重的导师，而且是中国历史学界的一大损失。为此我于24日寄了一篇《悼念周一良先生》的短文并用E-mail发给北京和香港的报刊，现录于下：

> 照中国文化书院的惯例，我们的导师八十岁、八十五岁、八十八岁（即米寿）和九十岁以上时，总要为他们开一个盛大的祝寿会。今年正好是周一良先生的"米寿"，中国文化书院于9月16

日在友谊宾馆的聚福园举办周先生的祝寿宴。周先生患帕金森病已多年，不大能起床，我们原估计他不一定能来参加宴会，先期给他送去了蛋糕和鲜花，表示我们大家对他的衷心祝贺。想不到那天周先生竟坐在轮椅上，由他的女儿和女婿陪同，艰难地前来了，足见他对相处十数年的书院老友的眷念和对书院的情谊之深。

周先生的不期而至，使我们的宴会厅顿时欢腾起来。可惜他刚刚拔牙，什么也不能吃，我们特别让厨师为他做了一些稀饭，由他女儿一口一口喂他。书院各位导师和来宾都前来向周先生祝寿，愿他早日康复。宴会长达两小时，周先生一直等到宴会结束才离去。

9月18日，我离开北京前往美国斯坦福大学，本想临行前再去看看周先生，但诸事丛集，终于未能成行。10月23日，突然接到范达人同志从洛杉矶打来的电话，说一良先生已于当日凌晨与世长辞。第二天，又接到我女儿从新泽西来电，告诉我周先生病逝。这对我来说确实十分意外。记得今年七月我去看周先生时，他还坐在椅子上，一边从电视中看清华校庆盛况，一边吃着炸土豆片，并让我也吃。看来他精神很不错，还神采奕奕地谈起他的写作计划。现在，周先生离开了我们，想起来，我没有在临行前去看他，已成为我一生中难以弥补的一大憾事。

我和周先生的交往并不太多，我作为中国文化书院的院长，往往在每年春节前后会去看看他，这只能说是一种礼节性的拜访。但有时也会去向他请教一些学术上的问题，他总是细心地加以指导或者让我去查看什么书。我虽然没有上过周先生的课，但他的著作我是用心读的。他对我所提的问题的指导，我也一向十分重视。因此，就这个意义上说，周先生可以说是我的老师。

在我和周先生的交往中，有几件事对我的影响非常大。第一件事是他写了那本自传性的《毕竟是书生》。这本书他先给我看了初稿，征求我的意见。我曾提到"梁效"那一部分也许会引起不同的议论。他说："我也只能这样写了。事实上，我没有什么要求于江青，而是江青有求于我呀！"他又说："这段历史是我们这样的书生搞不清的。"后来，《毕竟是书生》出版，虽然有一些好评，但也有一些恶评，他都泰然处之。有一次，又谈到这本书，他说："有些话是我没有说出的。"我问他是什么话，他说："这本书题为'毕竟是书生'没有说全……我们自责是应该的，但历史还是历史。"到底周先生是一位杰出的历史学家。

第二件事是在一良夫人去世之后，我去看他，表示慰问。周先生对我说，他已和邓懿一起生活了几十年，相依为命，现在，邓懿先走了，形单影只，心灵的寂寞只好是"如人饮水，冷暖自知"了！我听了，心里也十分惨然。他还告诉我，他正在写有关他和邓懿共同生活的回忆录。他又说："这几十年我们能这样地相互支持和了解也是人生中的一大欣慰了。"我再一次去时，他告诉我那本回忆录已经完成，但要再加加工，因此也没有给我看。后来，为要出季羡林先生九十华诞论文集，我请他为论文集写个序，在序中他又一次提到几十年来他和邓懿生活在一起是他一生最大的幸运。周先生无疑是一位难得的、有真情的老学者，在这方面亦可成为后人楷模的吧。在那20世纪后半叶的非常时期，得一始终相互理解而相爱的生活旅伴，在人生道路上，也是可遇而不可求的啊。

第三件事是我写了《"和而不同"原则的价值资源》一文，曾在庆祝北京大学一百周年校庆的学术讨论会上宣读。该文是要说明不同文化之间的交流是文化发展的动力。文章除引用了《左传》中晏婴对齐侯的一段话和《国语·郑语》史伯答桓公的一段话外，还引用了孔子说的"君子和而不同，小人同而不和"。周先生看了这篇文章后对我说："你的那篇文章立意很好，引用《左传》《国语》两段很切题。但孔子的话解释得是否合乎原意，可以再研究，我看多作一点说明更好。"后来我查了各种对孔子"和而不同"的解释，觉得周先生提得很有道理，我应该多做点说明，并且强调这是借用而作的一种新解。就此，我深深体会到周先生做学问之严谨，是我应该好好学习的。

说到周一良先生的学问，无论他的同辈或我们这些晚辈都是十分佩服的。读他的书文，甚至札记，都会感到他学问的渊博和严谨。他关于魏晋南北朝的研究几乎可以说每一论断都可成为定论或给人们指出了可以继续研究的方向。我读他的第一篇文章《能仁与仁祠》就被他的精细考证与合理说明所折服，再读他的《读十一史札记》，条条都有启发。无怪乎学界都认为一良先生是研究魏晋南北朝历史的大师，寅恪先生的最有成就的后继者。

周一良先生的去世是中国学术界的一大损失，中国文化书院又失去了一位极可尊敬的导师。

我希望中国文化书院将来办成一所私立大学，至少在人文学科方面能为中国高等教育的改革起点推动作用。就现在的情况看，在我国公立的高等教育如果没有私立的民办大学的竞争，是很难有所改进的。书院之所以聘请了二十余位中青年学者为导师和成立若干分院，目的就是为将来建立私立大学作准备。照我的想法，书院为建立私立大学作准备还有一项很大的工程，这就是教材问题，而我的想法是：应该让大学生尽早地接触中外文化的原典，例如中国的四书五经、《老子》《庄子》等，西方的柏拉图、亚里士多德等大师的著作和《圣经》等，甚至也可以读一点印度的《奥义书》和佛经（中译的）。这样让学生知道这些文化传统源头，从一定意义上说这些原典正是其文化的根基。为此，我总想编几套书《中国文化经典文库》《西方文化经典文库》《印度文化经典文库》等。培养大学生，我认为主要应重视两个方面：一是打基础，而读原典是基础的基础；二是了解当前世界学术文化发展的前沿问题。关于第二个方面的设想可以由两个方面来做：一是，随时把当前学术文化讨论的问题用 E-mail 告诉同学；二是，请专家做学术报告。《中国文化经典文库》中国文化书院已经编出一初稿；而严平同志已编辑出版了《西方经典文库》，共一百本，这将可作选编《西方文化经典文库》的基础。只有基础扎实而又有敏锐的眼光发现当前学术文化的前沿问题、刻苦用功的学生才有希望成为 21 世纪中国学术文化的真正中坚力量。

在 21 世纪头十年中国文化书院能办起一所在人文学科方面有一定影响的私立大学来，这是我的愿望；如果办不成，只能说明我没有这方面的能力，同时也说明中国的高等教育要进行真正的改革太困难了。办一所在人文学科方面有较大影响的私立大学也许是我的一个梦。"有梦"也许比"无梦"好吧！

中国文化书院：
一个新的民间学术团体

乐黛云（1931—2024），北京大学中文系教授，中国文化书院创院导师。本文选自《何处是归程》，乐黛云著，中央编译出版社，2015年12月。

1980年代后半叶，中国掀起了规模空前的文化讨论热。这绝对不是一种偶然现象，而是中国现代化这一历史进程本身涌现的历史课题。在世界文化语境中对中国传统文化的评价、对中国当代文化的分析和对其未来的策划希求，实在是中国现代化进程不可或缺的关键环节。所谓文化热，一般认为有三种不同路向，中国文化书院、二十一世纪研究院和以《文化：中国与世界》丛刊为核心的一群年轻人是典型代表。

1984年，中国文化书院在北京成立，我即是首批参加这一组织的积极成员。中国文化书院其实是一个兼收并蓄的多元化的学术团体。我的思想更接近于我的一些年轻朋友。他们认为：我们正面临着一个极其深广、复杂的文化冲突。这种冲突首先是有几千年历史的中国文化传统与正在形成的中国现代文化之间的冲突，任何一个民族实现现代化都不可避免地要使自己的旧文化（传统文化）蜕变为新文化（现代文化）。因为现代化归根结底是文化的现代化。开创中国的现代文化形态就不能离开中国传统文

中国文化书院：一个新的民间学术团体 | 035

化的基础，更不能不认真研究传统文化形态与现代文化形态在本质上的差别和冲突；另一方面，还应着重考察西方文化是如何从其传统形态走向现代形态的。西方文化经过文艺复兴、宗教改革、启蒙运动、法国大革命，创造了西方文化的现代形态，而英、法、德、意、俄诸国仍然保持着他们自己的传统文化特色。因此，不能静止地、抽象地讨论中西文化差别和关系，而应集中精力研究如何在历史性动态发展中促使中国文化挣脱其传统形态，蜕变为现代形态。二十一世纪研究院的前身是"走向未来丛书"编辑部，他们提倡普及科学知识促进文化现代化，并认为目前中国现代化的最大障碍就是守旧的、超稳定性的封建中国文化结构。

以一代学术大师梁漱溟为主席、冯友兰为名誉院长的中国文化书院一开始就提出要建设"现代化的、中国式的新文化"，要在"全球意识的观照下"重新认识中国文化。他们举办的首届"中外文化比较研究班"，函授学员一万二千余人，遍及全国各省、自治区、直辖市，包括西藏、新疆。四十余名中老年导师多次分别到全国十多个中心城市进行面授，并与学生共同讨论。我曾于暑假参加过三次这样的面授，有些场面十分令人感动，使我至今难忘。每次参加面授的学员，大体都是二三百人，他们大多是中小学教师、基层干部，特别是文化馆、宣传部的干部，也有真正的农民和复员军人。他们有的从很远的山区或边远小城徒步赶来，扛着一口袋干粮和装着纸笔、几本书的土布书包。他们不愿花钱租一个为他们安排好的学生宿舍床位，就露天铺张草席在房檐下或凉亭里睡觉。我常常和他们聊天到深夜，从他们身上学到不少东西。我发现在这些普通知识分子的心里，传统文化的根很深，这有好也有坏。例如他们大都认为"男尊女卑""男主外，女主内"是理所当然，我和他们讨论过多次，他们仍然认为我说的"男女共同主内，男女共同主外"根本不可行。记得那次在长沙岳麓山岳麓书院面授，我的讲题是"弗洛伊德在西方文化发展中的意义"。在朱老夫子当年大讲"节烈"的学术殿堂上讲弗洛伊德，心里觉得多少有些反讽意味。课后讨论，学员几乎认为以超我的道德原则来压抑自我的利害原则和本我的快乐原则是天经地义的事，否则就会你争我夺，天下大乱。我深有感触，真正使中国传统文化现代化，谈何容易！

"中外文化比较研究班"一方面讲中国文化，一方面介绍半个世纪以来西方文化的发展现状。研究班编写了《中国文化概论》《西方文化概论》《印度文化概论》《日本文化概论》《比较方法论》《比较史学》《比较法学》《比较美学》《比较文学》等十六种教材；除教材外，又编辑出版了导师面授的讲演稿四集：《论中国传统文化》《中外文化比较研究》《文化与科学》《文化与未来》，由生活·读书·新知三联书店出版。在各次演讲中影响较大的是"从文学的汇合看文化的汇合"和"后现代主义与文化的未来"。

前一篇讲演直到 1993 年，还由《书摘》杂志重新刊载，引起一些人的注意。我想这是因为我当时（1986 年）特别强调经过长期的封闭，我们急切需要了解世界，更新自己。就拿马克思主义来讲，过去我们理解的马克思主义都是通过苏联，从俄文翻译传到中国的，几经删削，其实只剩了《联共（布）党史》中总结的历史唯物主义三条、辩证唯物主义四条。至于德国马克思主义究竟是什么样子，我们确实知之甚少。我们不仅对马克思主义后来在西方的发展一无所知，就是对苏联马克思主义发展现状也知道得不多。例如当时苏联关于日丹诺夫的批判，对一般知识分子来说，也还是封锁的，而日丹诺夫 1930 年代对《星》和《列宁格勒杂志》的错误结论对中国文艺界的影响可以说真是具有灾难性！我们如果不面向世界，就是连马克思主义也是不能真正了解的。而西方文化也有一个从"西方中心论"解放出来，面向世界的问题。在这一篇讲演中，我谈到 20 世纪以来，整个世界正在走向新的综合。20 世纪，人类第一次从星际空间看到地球，看到人类共居的这个蔚蓝色的小小球体；地球似乎越变越小，十五小时即可到达地球的另一端，坐在电视机旁，所知顿时可达世界各个角落。马克思把人类社会作为一个整体来研究，提出社会发展的五种经济形态；弗洛伊德把人类自身作为一个整体来研究，提出意识、潜意识、本我、自我、超我等层次；法国学者德勒兹认为全体人类发展都经历过无符号、符号化、过分符号化、解符号化等阶段；加拿大社会学家麦克卢汉将人类进化分为无传播、手势传播、语言传播、印刷传播、电讯传播等阶段。这些都是把世界看作一个整体，对之进行宏观的综合分析。在这种大趋势下，任何一种文学理论如果是真正有价值的，就不仅只适合一种民族文学，而且也适合他种文学；文化理论亦复如此。任何一种文化所创造的理论都将因他种文化的接受而更丰富，更有发展，不同文化不仅不会因为这种汇合而失去自己的特点，反而会因为相互参照和比较而使自身的特点更为突出。

　　我的另一篇讲演"后现代主义与文化的未来"，目的也在于对一个中心、一个模式、一个权威的社会模式的冲击。我详细介绍了后现代主义所总结的深度模式的消失。也就是说一切现象后面并不一定有一个决定它的本质；一切偶然性后面也不一定有一个产生它的必然性；一切能指（符号）不一定与其所指（符号所代表的意义）固定相连；一切不确定性也不可能只产生一种确定性。过去我们常常强调"要看本质，不要只看现象"，因而原谅了很多现象的丑恶；又因为相信"认识必然就是自由"而把你不得不服从的种种认为是必然，明明被强制了还以为是自由。我认为这种无深度概念的思维模式无疑对人类思想是一种大的解放。我也谈到后现代社会对于大自然、对于潜意识、对于文化领域的商品化。文化商品成批生产，形成了固定的生活模式。如果说 1960 年代美国的"嬉皮士"们曾抱着对生活的某种理想，反对公式化、程序化的生活；那么 1970、1980 年代的"雅皮士"们的生活目标却是千篇一律，有一个好履历、好收入、小家庭、汽车、洋房、旅游、上饭馆，生活也成了一种成批生产的模式。事实上，在后工业社会，生活已经分裂成各种碎块。我谈到现代主义时期，人们虽也感到荒谬、焦虑、生活的无意义、异化等，但人还是作为一个整体来感受的；到了后现代主义社会，人的生活是由人早已精心安排好的，正如假期旅行，下一步做什么早就有了安排，连什么时候看什么戏都是早已安排好的。在这种紧张的赶日程中，没有过去、没有未来，只有现在这一瞬，而现在却是零乱的、分裂的、非中心化的，就像五十部电视机同时放四部录像带。

略议中国文化书院特色

魏常海

魏常海（1944—　），北京大学哲学系教授，中国文化书院创院导师，曾任书院副院长，现任书院导师、理事。

四十年前，有一批北京的学者，其中有很著名的教授，还有中青年学者，到处奔走呼号，凭着自己的一腔热血，在国家没有投入一分钱的条件下，办起了中国文化书院。那时，社会办学、民间办学还不那么时兴，尤其像中国文化书院这样高层次的民间办学机构，当时还没有听说有第二家。中国文化书院的成立，在社会上引起了人们的关注，在学术界得到了广泛的支持。与此同时，自然也有一些人怀疑，怀疑它能不能生存下去，看它能成什么气候。四十年的岁月过去了，中国文化书院不仅依然存在，而且发展到今天如此的规模和声势，很幸运，也很不容易。中国文化书院有什么特色，或者说有什么特长？我想主要就二十世纪八十年代的中国文化书院，简单谈自己的几点感受。

其一，是文化书院的民间性。说文化书院是民间的，当然是因为书院没有被纳入国家的公办教育体制，具有民间办学的性质；同时也是因为，办学的人大都是普通知识分子，有学术头衔而没有官衔，即使有人兼有官衔，他们也不把官衔看得那么重。在文化书院里，没有官本位制，因为这里是学术圣地，所以不需要什么官本位。如果说文化书院也有什么本位，那就是年龄本位，凡遇到排座次、排名单一类的事情，都一定是年长者优先，你即使是什么局级、部级，如果年龄小些，也只好屈尊，否则就专去当官，别来参加文化书院。书院的民间性带来不少优点，使大家能够自觉自愿、齐心协力地凭良心做事，没有什么强制手段，反而办得有声有色。

因为书院是民间办学、民间办教育，所以带有"超体制"的特征，就是可以超越国家既定教育体制的某些局限。书院的导师是各个学科的专家，书院的教学活动从一开始就是跨学科的、真正综合性的。文化书院成立后的第二年，就举办了"中外比较文化高级研讨班"，学制两年，开设了贯通文科各个领域的十几门课程，编写了相应的十几本教材，没有下大力气宣传，参加研讨班的学员就达一万三千多人，遍布全国各地。一个高层次的学术文化研讨班，又不给正式的研究生毕业文凭，更没有学位，能达到这样的规模，一般大学是难以做到的。这反映了跨学科教学是社会的需要，是时代的要求。实行跨学科教学，文化书院这类民间办学机构容易做到，容易做得比较协调。

另就退休制度而言，学者也要定年退休，这本来是正常的合理的，但在我们国家，却没有为退休的知识分子，尤其是高级学者，建立起相应的制度或组织机构，以便进一步发挥他们的专长。文化书院的设立，正是为了弥补现行教育制度中的这个严重缺陷。实践证明，在文化书院担任导师的退休学者，他们在教学和学术研究上发挥的作用，甚至比退休前还要大。除此之外，文化书院还有许多方面是"超体制"的，导师队伍的组成，不仅跨越了学科、学校与科研单位的界限，而且是跨省市区、跨海峡两岸、跨国家地区的。书院的办学途径和教学内容也多种多样，既有高层次的，又有结合社会实际需要的。在文化书院学习过的人遍布各地。在科研方面，许多书院导师以书院的名义出版学术著作或教材。书院的学术交流活动，更是遍及许多国家和地区。这一切都是和"民间性"密切联系着的。

当然，二十世纪八十年代民间办学，也是要有挂靠单位和主管部门的，只不过当时"管"的条条框框不那么多不那么密，"管"中常体现着理解和支持，比较和谐一致，便于做事。

其二，是学术上的兼容性和开放性。文化书院是学术同仁组织，是志同道合的学人自愿凑在一起，共同来搞学术，办教育。志同道合是说大家有共同的学术兴趣，大家合得来，愿意共事，并不一定学术观点完全相同。说到这里，我想起一件很有意思的事：大概是在一九八七年，有人曾在一家报纸上发表文章，对书院冷嘲热讽，其基本意思是嫌文化书院太传统；后来，又有人说文化书院"自由化"。其实他们都对文化书院有误解，他们的误解至少有两点。一是不理解文化书院的学术机构性质。有些人总喜欢用政治的眼光来审视学术，来猜度学者，偏要把书院说成是具有什么政治倾向的，这是不符合实情的。二是不了解书院在学术上的兼容性。书院的导师都是有学术专长的，但导师之间常持有不同的学术观点，书院创造了真正学术民主、学术自由的气氛，大家讨论问题甚至争论问题，有时争得面红耳赤，但总是很坦诚，因为没有被人打棍子、揪辫子的顾虑。书院对不同的学术思想、学术体系兼容并包，而不党同伐异。这是推动学术发展、文化进步的最基本的前提，也是中国文化现代化的前提。学术上的兼容性，同时也就意味着对内对外最大限度的开放性，书院导师的组成、书院的各种学术活动，都体现了这一点，在此不再赘述。

其三，是名教授荟萃。前两个特点，其他学术文化组织也许有，但这第三个特点，在当时敢说文化书院是天下第一，至少在人文学科方面是如此。现在人们做事，总喜欢搞点"名人效应"，借名作招牌以壮声威。但书院不是为了搞"名人效应"而拉名人，而是名人们自动组织起学术团体。书院的重大决策、学术项目的设计，他们都直接参与；书院的教学和科研活动，主要由他们来承担。像梁漱溟、冯友兰先生，是当代中国最著名的学者，书院成立时年龄已在九十岁上下，仍然多次登上讲台。书院许多一流的学者，时常到全国各地给书院的学员授课，这在大学里是不多见的。这一点，可以说是书院最大的优势。书院有名的学者，一般年龄都比较大。于是有人会说，应该搞老中青三结合。有人又会说，应该多吸收"跨世纪"人才。这都有些道理，但是我想，书院就是和其他的学术团体有所不同，就是注重发挥年龄较大的学者的作用，尤其是退了休的学者，如果他们能在文化书院发挥更大的作用，就是书院的一大成功。这不仅仅对书院很重要，对我们国家的学术文化事业也应该很重要。那种指责文化书院"太传统"的论调，除了出于对书院的学术原则的不理解之外，很可能也包含着对这些书院导师的并不深切的了解。

其四，是青年学者的创业精神。书院的发达兴旺，除了靠高水平的导师队伍外，还必须有一帮较年轻的人做实际的事务工作。本人不是知名学者，但属于文化书院开创时的这一帮年轻人之一。像李中华、王守常、田志远、陈战国、林娅等人，当然，还有后来另谋他路的鲁军先生，当年都是经常聚在一起的。书院要开办，第一个难题就是钱，记得当时是这帮人和汤一介教授一起凑了点钱，算是开了头。从此之后，书院办学项目的设计、书院的活动方案，大都出自汤一介院长和这帮人之手，征求文化书院导师的意见，而后决定下来。各项计划的实施，自然更是落在这帮人的肩上。大家最初的活动地点，是北大二十楼的一间小屋，鲁军的宿舍。在那里，通宵达旦地侃文化书院是经常的事。困了，说几句笑话，哈哈一乐，又来了精神。边侃边抽烟，一条烟、两条烟抽完了，烟头铺满了一地，当没有烟抽又实在憋不住时，就再从地上捡烟头。许多带开创性的项目，就是这样侃出来的。其间的苦乐，只有这帮人自己体会得到。在这帮人中，项目的设计和具体操作程序的制定，鲁军发挥着主要作用。他后来的分道扬镳，是我们心中的痛。

当初大家办事，没有人给报销车票，没有人给饭费补贴，更没有人给开什么工资，就是凭着一种精神做事。记得书院在中央团校举办第一次中国文化讲习班时，同时还搞着一项很紧急的资料工作，两件大事并行，大家只好拼命，连续四十来个小时没有正经吃饭，没有躺下睡觉，到底还是把两件事做好了。那时，像这类的事情数不清，也记不住。在有些人看来，我们做的都是傻事，不可理解。后来文化书院发展了，社会影响也大了，又有些人议论：这些人赚了大钱，都"发"了。对于根本不理解文化书院、根本不理解书院人的人，有什么好说的呢？要说只能说：这些在书院工作中起了重要作用的人，他们问心无愧，他们勤奋努力、清正廉洁，如果从个人角度说，他们所付出的牺牲是根本无法弥补的，包括个人业务方面的牺牲。但是，大家十分欣慰的是文化书院办成功了。

现在，书院仍然迫切需要有抱负有能力的学者和工作人员参加进来做事。但是，如果只想到文化书院来求名求利，那就不对路子了，那就还是别来中国文化书院为好。要来书院，就要"肯为他人做嫁衣"。

最后我必须提到，当时曾在书院参加过各种工作的人，特别是那些招聘来的专职工作人员，他们的工作精神、工作态度、工作热情、工作成效，绝非一般国家职员可比，他们是我们同甘苦、共患难的朋友，他们对中国文化书院做出了不可磨灭的贡献，我们由衷地对他们表示感谢。

二十世纪八十年代的中国文化书院，值得我们不断回忆和思考。

（本文在 1994 年纪念中国文化书院成立十周年时的旧作基础上略加修改而成。）

中国文化书院与八十年代"文化热"

王守常

王守常（1948—　），北京大学哲学系教授，于 2000 年至 2021 年任中国文化书院院长，现任书院导师、理事。本文选自《文化的回顾与展望——中国文化书院建院十周年纪念文集》，北京大学出版社，1994 年 12 月。

八十年代初始，在中国自下而上掀起一场持续五六年之久的"文化热"，其规模之大、涉及领域之广、影响之深远，可以说是中国百年来文化史、思想史上罕见的"历史事件"。

中国文化书院是这一"历史事件"的亲历者，本文从这一角度陈述其与八十年代"文化热"的关系，或许可以为今后研究这段历史留下一份可供参考的材料。

八十年代"文化热"，大体可以分为两个阶段：其一是从一九八一年至一九八四年，为"文化热"的酝酿阶段。其二是从一九八四年底至一九八九年上半年，为"文化热"高潮阶段。这场历史戏在高潮中结束了，"曲终人散"。（"文化热"中北京地区形成三个主要文化团体：中国文化书院、"文化中国与世界"编委会、二十一世纪研究院，其中后两个团体的主将都"乘桴浮于海"。）但是否可以说，这一历史戏的第二幕，在一九九二年又以"国学热"的面目徐徐展开？

八十年代"文化热"发源于一九八一年末的两次学术讨论会，一是十月十五日至廿一日在杭州召开的"全国宋明理学讨论会"，一是紧随其后十月廿七日至十一月二日在桂林召开的"中外哲学史比较讨论会"。这两次讨论会是"文革"以来规模最大的学术讨论会。更具象征意义的是，经历了十年"文革"的一批学术前辈都亲临盛会，与四十年来第一次踏上中国国土的海外学者［美国的陈荣捷、狄培理（旧译为"狄百瑞"）、日本的山井涌、西德的余蓓荷、加拿大的秦家懿等］共桌讨论，可谓学术界的"改革开放"。会议讨论理学的性质、特点，理学与民族精神，理学的再评价等问题，"文革"时代言必称马列的教条束缚已经较少。多位中国学者开始强调，儒家思想是中国民族精神文化的主流。"宋明理学"乃代表了民族精神的自觉。读过中国近现代思想史的人都知道，这样的观点在二十年代是被视为"文化保守主义"的论调的，而在八十年代则意味着"开放"。因为，此种观点与四十年来对于传统文化采用的严峻批判立场迥然不同。从来都被人们视为"封建糟粕"的儒学，在八十年代初开始被给予充分的肯定，这标志着"传统文化"的研究立场、方法的转移。这无疑对后来"文化热"中讨论中国传统文化与现代化的关系问题提供了观念上的"资源"。

杭州"理学讨论会"之后，一批学者移师桂林参加"中外哲学史比较讨论会"。此会意义也非同寻常。多年来研究中外哲学的学者都是"分而治之"，且"比较研究"方法对于中国学者来说尚属新课题。而此会于中外哲学异同、比较哲学方法展开热烈争论，从比较中认识中国文化，从西方文化中汲取文化批评理论，形成多数学者的共识。应该说此次讨论会开启了日后比较研究的先河。此后的比较文学、比较法学、比较史学、比较美学、比较教育学等比较研究之风实滥觞于此。当然，一九八二年以后大量西方学术著作的翻译更是为"比较研究"推波助澜。

进入一九八二年，十月在成都召开了"中国近代科学技术落后原因"学术讨论会，十二月在上海召开了"中国文化史研究学者座谈会"。两个会的讨论主题，就显示了一九八二年学术界的研究热点，讨论有了进一步的扩展。

成都会最突出的特点是以中青年学者为主，在批判理论上选择了实证主义的自然科学研究方法与立场，从中外科学技术发展的历史及其社会政治、经济形态、文化背景等方面进行对比，观察中国科学于近代落后的原因，进而对中国传统文化（封建主义中央集权制、重农抑商、重文轻技、八股取士、闭关锁国、文化专制政策等）进行了严峻批判。成都会意味着文化讨论已扩展至自然科学界。同时，此次会的学术进路也孕育出日后"文化热"中以自然科学研究为取向的"二十一世纪研究院"。

上海座谈会的与会学者则多为"学术权威"。经历数十年曲折学术生活的这批学者意味深远地指出：只讲政治、经济，不谈文化研究，不可能全面反映历史的真正面貌。上海座谈会突出"文化"主题，是对"新传统"的深刻反省，而对中国传统文化则取同情的了解，认为可从中汲取精神资源。此会的"权威意见"对日后"文化热"中讨论的各方面观点都产生了不同程度的影响。

上述四个学术讨论会，以其在深层次的理论反省给全国学术界吹来了强劲的春风。一九八三年、一九八四年全国各地相继召开的有关"文化"的学术讨论会接二连三，如"中外科技文化交流史学术讨论会""孔子思想座谈会""中西美学艺术比较讨论会""中国近代文化史讨论会""魏晋玄学学术讨论会"等，有关"文化"研究的文章有百多篇，有关"文化史"的丛书陆续面世，有关专门研究文化的民间学术团体在筹划成立。凡此种种，在文化史研究、传统文化探讨，中外文化比较等方面都别开生面地提出许多研究课题，加之新闻舆论的宣传、学术团体的运作，已为"文化热"拉开了序幕。不过，一九八二年至一九八四年在"文化"舞台活跃的仍是以学者为主，有关"文化"问题的讨论还限于"雅人深致"及知识界的"坐而论道"。但到一九八五年初"文化热"骤然升温，其最明显特征即是，有关"文化"问题的讨论迅速成为全社会各阶层人士关注的热点问题。而造就这种声势的原因，与中国文化书院在北京举办的"中国传统文化讲习班"不无关系。

一九八七年三月，中国文化书院以"中国传统文化"为主题，在北京举办了"中国传统文化讲习班"。该讲习班为文化书院设计的"文化系列讲习班"的第一期，主讲人有梁漱溟、冯友兰、侯仁之、任继愈、汤一介、杜维明、张岱年、孙长江、吴晓铃、丁守和、陈鼓应、牙含章、戴逸、庞朴、袁晓园、何兹全、阴法鲁、虞愚等资深教授二十余人。参与讲习班的学员来自全国各地的学校、科研机构、工厂、农村、部队、商业部门、新闻单位等，共二百余人，主讲者就哲学、文学、宗教、艺术、文字、音乐、史地、比较研究方法等不同学科，探讨了中国传统文化的发生、发展及演变。就重新认识、重新反省、重新估计中国传统文化的价值和意义问题提出的观点，在学员中引起了广泛的热烈反响。沉寂三十多年的梁漱溟先生登台宣称，在物支配人的时代之后，必定会出现一个人支配物的时代，因此世界的前途是中国文化的复兴。梁先生的演讲仿佛是七十年前，他在"东西方文化与哲学"中的文化三期重现说的"老调重谈"。然而讲者与听者都非昔日"拥经问疾"之人。梁先生作"狮子吼"发"海潮音"，给八十年代人带来的惊诧、振奋，无疑是赋予了人们某种强烈的"主体性"和参与感。

此次讲习班在社会产生了广泛的影响，《人民日报》、《光明日报》、《北京日报》、《文汇报》、美国《美中交流通讯》、新加坡《新明日报》等国内外二十余家报纸、电台作了报道宣传。

当然，中国文化书院的影响亦招来非议、"国骂"。某人斥责中国文化书院参与者为一群封建余孽，所作所为不仅不合时宜，甚至是倒行逆施，此文以"花边新闻"刊在某报上，倒也反映为八十年代"文化热"开始就孕育着由学术背景不同，由历史经验不同，由个人体验不同，由审视角度不同，或许还有更多其他的不同，而必然导致的不同观点、不同结论。

中国文化书院的成员从成立之际就没有设置一个"统一的意识形态"，甚至也未规定一个"统一的学术观点"。但参与书院活动的人开始却有一个共识，那即是：承继并阐扬中国文化的优秀传统，通过中外文化的比较研究，加强世界各国的交流和学者的往来，促进中国传统文化的现代化。这四句话，乃是文化书院基于对近百年来中国文化史深刻反省而为自己确定的努力方向。书院同仁们清醒地看到：百年来中国现代化进程总在"传统"与"现代"的高度紧张中展开，激烈的反传统运动，并未带来中国现代化的健康发展。而八十年代的今天如仅仅高扬"传统"，也恐怕走上另一歧路。文化书院共同相信的是：加强中外文化的比较研究，"研究国故"，"融汇新知"，才有中国文化现代化的可能。文化书院的此种认识即体现在"文化系列讲习班"的第二期"中外比较文化讲习班"（1986年1月）、第三期"文化与科学讲习班"（1986年8月）和第四期"文化与未来讲习班"（1986年12月）。这三次讲习班邀请了数十名外国学者来介绍"当代西方学者对中国文化的评价""西方现代哲学的发展趋势""西方政治理论与中国政治学""从东西文化比较看中国文化发展的前景""中日古代文化会合轨迹""香港与中外文化交流"等。"文化与未来讲习班"还特邀"世界未来研究联合会"的数名学者来演讲"技术进步与文化变迁""电子高等技术文化""东西方科学差异""太平洋共同体文化的未来"和"从中国看未来学与文化变迁"。这些国外学者所讲的并非都是"真理"，却讲出一番"道理"，这对长久习惯于用一种视角看问题的人来说，不无教益。

四次讲习班学员总数约三千人。文化书院开创了一九四九年以来大规模民间讲学的先河，随即全国各地的类似"讲习班"纷纷开办起来。毋庸讳言，此类讲习班良莠混杂，甚至有的徒有虚名，完全流于一种纯粹的"商业活动"。

正当全国争相举办"讲习班"时，文化书院的"中外比较文化研究班（函授）"于一九八七年五月正式开学了。函授班开设了"文化学概论""马克思主义文化学""比较科学方法论""中国文化概论""日本文化概论""印度文化概论""西方文化概论""比较哲学""比较史学""比较美学""比较伦理学""比较教育学""比较宗教学""比较法学""比较文学"共十五门课。该班执教人员，除书院导师之外，又特邀海外知名学者共五十余名，共同进行教材编写、面授辅导、答疑解难、指导研究，为学员的未来研究工作提供咨询。

这次函授班招收一万二千余名学员，遍布全国各省、自治区、直辖市，他们中有大学教师、科研人员、军队政工干部、企业领导、机关干部、农村基层干部。经两年的函授、面授、学习研讨，送交上来的八千多篇结业论文，普遍受到导师的赞许。这批散布在大江南北的文化书院学员，成为"文化热"在全国范围内迅速发展的主要推动者。

八十年代这场"文化热"浪潮在一九八七年迅猛发展到高潮。文化书院起到推波助澜的作用，这里不仅因文化书院倡导"会通古今中西文化"

的理论是"文化热"的主旋律,恐怕文化书院的办学方式为文化争论提供一种"场所"亦是"文化热"的外在因素。当然,这里无意否认尚有某些学术团体和其他一些因素对"文化热"的形成起到的重大作用。

"文化热"在一九八九年消退下来,但中国文化现代化的历史课题,随着社会现代化进程的发展,将会再度成为热点。不过,可以预见到对"文化"问题的讨论不会再有八十年代的"躁动",但一定会比八十年代文化讨论得更加深入、更加深刻。

中国文化书院经过十年的发展,今天则以"平常心"进入学术研究阶段。或许不久的将来,中国文化书院将再度为中国文化贡献出新的学术成果。

勇立时代潮头

——再话中国文化书院

张 军

张军（1959— ），北京大学图书馆学系毕业，现任中国文化书院常务副秘书长、理事。

引 言

中国，1980 年代，一个激情澎湃、催人奋进、中国文化全面复苏与崛起的时代，"文化热"的大潮如波涛汹涌的洪流，冲刷着社会的每一个角落。中国文化书院便创建于此，并成为这股洪流中的首要一波。

当年的创院者们，也许并未意识到自己在创造历史，他们只是自觉地担负起时代所赋予的责任。这种担当的勇气，源自他们对中国文化始终不渝的信仰。风雨前行，走过 40 年，当今天人们冷静回望时，的的确确地看到在那个时代，中国文化书院为全面复兴中国文化所做出的巨大贡献。

多年来，公开发表的对早期中国文化书院论述与时代贡献的评价文章，虽不繁多，但也并非罕见。今天我们所能见到文章都给予了高度评价。有兴趣者可参阅：吴修艺著《中国文化热》（上海人民出版社 1988

年出版）；李中华、王守常编《文化的回顾与展望》（北京大学出版社1994年出版）；王守常等主编《中国文化的传承与创新》（北京大学出版社2006年出版）；乐黛云著《何处是归程》（中央编译出版社2015年出版）；汤一介著《我们三代人》（三联书店［香港］有限公司2016年出版）；陈越光著《八十年代的中国文化书院》（生活·读书·新知三联书店2018年出版）等书相关章节，均有详细精准的论述与评价。最难得的还在于，这些作者都是"文化热"时代的亲历者，因此，他们的观点更具有时代感悟性与权威性。

本文尝试以大时代为背景，在五个方面，从被人忽略的角度，尽量开拓深度与广度，详细论述中国文化书院在"文化热"时代大浪潮中，所做出的具有创新意义的贡献及其影响。

一、新中国成立后，第一家民间发起成立的全国性书院

书院是历史上一种独特的教育模式与机构，它萌芽于唐，兴盛于宋，延续于元，全面普及于明清。据《中国书院辞典》，我国各朝代先后累计有近7 000所书院。清末西学东渐，新式学堂出现；民国期间，新式学校纷纷成立，绵延千余年的书院教育模式日渐萎缩；虽有尚存，但其规模与影响甚小。新中国成立后，各类大专院校遍布全国，书院这种古老的教育模式彻底淡出了社会。书院作为一种独特的历史现象，只能成为单纯历史角度下的研究命题，其原本形态已不复存在。

直至20世纪70年代末，中国全面改革开放势如破竹，与之相伴的是文化与思想领域全面复苏。直至1980年中期，掀起了一股强劲的"文化热"浪潮，使一批经历过新文化运动洗礼的大先生们以及后辈学者，敏锐地洞察到了时代的呼唤，自觉地投入中国文化全面复苏的时代洪流中。

1984年由梁漱溟、冯友兰、张岱年、季羡林、任继愈、朱伯崑、汤一介、庞朴等著名学者，联合众多优秀学者及大专院校，发起成立中国文化书院（下简称"文化书院"），文化书院成为新中国成立后，第一家民间

1984 年 12 月 31 日《光明日报》第二版

1984 年 12 月 31 日《光明日报》第二版

全国性书院。[1] 其基本宗旨：全面弘扬中国传统文化，让中国文化走向世界，让世界文化走进中国。

当年 12 月 31 日《光明日报》第二版给予了报道。从此，消失了 30 多年的书院教育形态，终于以现实存在状态，再次回归人们的视野中。

多年以后，江堤先生在《废书院百年祭》一文中写道："在废书院百年之后，民间办学再度成为热点时尚……北京大学哲学系的教师们甚至创办了一所新型的书院——中国文化书院，在今天看来仍然有着巨大现实意义"（见《书屋》杂志，1994 年第 5 期）。

1　有人认为此说法不准确，应该是"并列成立"，而不是"第一家"，理由是：在《光明日报》报道"中国文化书院成立"的同一天报纸的相同版面上，同时刊登出"中华书院在京成立"的消息。笔者认真查阅相关资料，发现确有其事；但"中华书院"是指"中华书画院"，而非传统"书院"的概念，因此，两者不能相提并论，借此特别说明。

新加坡《新明日报》1986 年 2 月 12 日

中国文化书院的成立，也引起了海外的高度关注。1985 年 2 月 12 日，新加坡《新明日报》以"中国传统文化萌发新芽"为题，刊发特稿，文中指出："……为推动中国文化的研究与教学，为阐扬中国文化的传统与更新，为促进海峡两岸的和平统一，为促进世界人民的了解和友谊，特成立中国传统式书院——中国文化书院……"

1980 年代，被认为是中国急切盼望现代化的时期。在文化方面，被认为是文化现代化批判后的摸索时期。中西之争，特别是东西方文化与中国现代化的问题被再次热烈讨论，激发起关于时代思潮的讨论。在这样的大背景下，作为文化教育载体的中国文化书院的出现，打破了以往"教育一统"的局面，泛起第一波涟漪。作为文化书院创院五老之一的季羡林先生，在《中国书院辞典》序言中写道："书院可以成为当下教育制度的补充，办教育历来都是官、私两条腿走路，只剩下官方一条腿无疑是一个缺失，提倡创办书院鼓励私人办学是可以尝试的……"

文化书院成立后，随即开展了一系列高水平、影响力极大的学术活动，一时间声名大噪；也正因此，被学界公认为"八十年代推动中国文化全面复苏的'三驾马车'之一"（另外是"走向未来"丛书编委会、"文化：中国与世界"丛书编委会）。

文化书院的横空出世，就像一针"兴奋剂"，刺激着人们麻木了许久的神经，人们开始"兴奋"。特别是开始从深层去思考书院这种教育。

北京是全国政治与文化中心，聚集了一大批二十世纪最优秀的文化与思想界学者，他们敏锐地看到了这"一丝涟漪"，并立即付诸行动；随之而来的便是"一波一波"推进前行，最终，形成今日国内"书院"之巨浪。

1986年，老舍之子舒乙先生，最先嗅到其中味道，创办了北京幽州书院，这是目前可以查到的全国第一家省级民间书院。幽州书院成立之初，就得到了中国文化书院张岱年、侯仁之、吴小如、白化文、楼宇烈、王邦维等众多导师的全力支持。其最具特色的"星期义学讲坛"公益讲座中，频繁出现文化书院导师的身影。该讲座持续了12年之久，成为北京地区周末求知年轻人所追捧的"打卡地"。幽州书院当时的影响力已经超出北京地区，辐射到京津冀地区。

一年多后，陈翰笙、于光远、马洪、伍修权、启功、钟敬文等人发起成立中国国际文化书院（社科院主管，民政部注册），宗旨在于促进中外民间文化学术交流以及社会经济发展。据民政部信息网显示：中国国际文化书院是第二家全国性书院；20世纪90年代举办了各种活动，特别是举办一系列与国外管理与经济相关的研讨会，颇具影响力，为探讨中国经济未来发展提供了一个大舞台。

与此同时，另一家全国性民间书院也在积极筹划之中。著名少儿教育家韩作黎先生之子韩斗斗先生，深受文化书院启发，他曾经两次专程拜访参与文化书院创院的王守常先生，咨询与探讨相关事宜。随后，韩斗斗先生做了大量的准备工作，奔走相约作协书记叶君健、影协主席陈荒煤、摄协主席陈勃、音协主席李焕之、红学家李希凡等20多位京城文化艺术界人士，筹备发起成立"中国文化艺术书院"；同时，得到中国陶行知研究会、中国教育工会的全力支持。虽然由于种种原因，筹备了半年之久的"中国文化艺术书院"最终"流产"，但因在整个筹办过程中，串联了在京众多文化艺术界知名人物（仅在"发起书"上签字的就近20人），在当时依旧产生了一定影响。

受中国文化书院影响与启发，一时间"书院之风"吹遍京城。这说明，当时的学术与文化界都开始以极大的热情关注"书院现象"，并付诸行动。在这个过程中，或多或少都可以看见中国文化书院的影子。毕竟此时的文化书院已经先于其他成立，并通过活动产生了巨大的社会影响力。当一面旗帜树立起来的时候，只要关注到的人们，都会自觉或不自觉地驻足观望，思考效仿，中国文化书院无疑就是那面最先树立起来的旗帜。

中国文化书院的成立，标志着新中国成立后的"书院元年"，直接或间接地带动了"书院"在全国各地的悄然兴起。据民政部公开信息显示：截至 20 世纪 90 年代，全国注册书院 22 家（未经注册的远远不止这些），2000 年至 2007 年 50 家，2008 年至 2017 年猛增到 800 家。经过几十年的孕育发展，时至今日，国内具备一定规模且相对正规的大小书院数以千计，遍布于山水之间，其受益人群恐以千万计。书院模式的回归与普及，极大地拓展了我国教育的社会空间；同时，也促进与提高了学术领域对"书院"研究的宽度与广度，使研究"书院"具有了极强的现实意义。

从深层去看，中国文化书院的成立，潜移默化中导致了三大成果：其一，以其开展的一系列活动，直接推动了中国传统文化的全面复兴；其二，"书院"如雨后春笋发芽于各地，使得中国延续了千年的古老教育模式，以现实状态回归，成为继承与发扬传统文化的重要体现与载体，并与国家正规教育相伴互补；其三，具有现实意义"书院"的回归，使得对"书院"研究从此有了现实意义。

以"书院研究"为主题词，查询知网可知：1955—2010 年共收录相关论文 2 000 多篇，其研究内容全部是"历史角度"（指：古代教育史、文物考证、藏书史等）；2010—2019 年十年间，逐步开始出现以"现实书院"为角度的研究论文，但累计也未过百篇；2021—2022 年两年间，知网收入研究"书院"的论文达 200 余篇，其中，一个最明显的变化是，大约有 80 篇（约占 40%）研究成果，已经完全摆脱单纯历史角度研究范畴，转而与当下社会发展、社会经济、教育发展、培养人文素质、继承传统文化等多方面紧密关联。这种研究方向的转变，完全得益于遍布全国的书院，正是它们为学者提供了更具有现实意义的研究基础。

正是由于中国文化书院成立之初泛起的第一波涟漪，才有了其后的一波又一波，最终延续千年的古老书院全面复活，呈现出当今"书院"的繁荣景象，并使得对"书院"的研究更具有现实视野，更加多元化。

中国文化书院成立 40 年来，在不断创新的同时，并未丢弃传统，而是一直秉承着千百年来"书院"的精神。何谓中国古代书院的精神？

百年前，胡适先生在《书院制史略》一文中，以最简洁的 16 字，高度概括出了古代书院所体现出来的三种精神，即代表时代精神、讲学与议政、自修与研究。胡适先生认为这三种精神始终依附于书院，传承了千百年。

这三种精神，始终体现在中国文化书院身上。首先，在中国文化全面复苏崛起的年代里，一大批 20 世纪最具影响力的硕学鸿儒，复兴已经消失了 30 多年的"书院"，创办了全国第一家民办书院，这本身就充分体现出一种时代的精神；其次，文化书院举办涉及十多个学科的讲习班、培训班、进修班，受教育人数多达数万人，举办近百场各类主题研讨会、论坛；最后，文化书院数十年来陆续推出多学科研究成果、出版物数百种，等等。

中国文化书院在发展过程中，清晰可见集"三种精神"为一身，尤为难能可贵。

遗憾的是，在目前遍布全国的书院中，这三种精神真正共存于一身的书院，实属凤毛麟角。这种缺失，也恰恰是最值得当下"书院人"去思考的。继承中国古代书院的教育模式，并不很困难；但倘若缺失了精神层面的继承，也就丢掉了其灵魂，这关乎我国古老书院是否能真正得到传承与光大的核心问题。正是在这一点上，中国文化书院为当下众多书院树立了榜样。

借此机会说一句"题外话"：中国文化书院在成立后的许多年里，普遍被社会上认为是归属于北京大学的（指法律意义归属），其实这是一种误解。

文化书院在筹办初期，确实有可能成为隶属于北京大学之下的二级学院。当年，由于中央领导的批示，成立文化书院一事，引起了有关方面的高度重视。国家教委、北大、书院筹委会进行了多次座谈交流，但最终没能达成一致。除了客观原因之外，还有一个深层次的自身原因。文化书院的创院者们，在构想"书院"之初，主观上就是想办一所"草棚大学"式的纯粹民间教育机构。在 1985 年 1 月 21 日文化书院第一次筹委会上，任继愈先生特别说"办书院就是要坚持民间性，要加强与国内外文化交流，吸收外来先进文化。中国学术界要对世界文化做出贡献"。（原载：《北京晚报》1985 年 1 月 22 日。）不得不说，在当时的背景下，这种想法是极具胆识与魄力的。书院的创院者们，最终还是坚守住了自己初衷，独立注册为民间社团组织。

从另一个角度去看，在"书院归属"问题上，社会上的误解也是有相当道理的。首先，文化书院的创办者们绝大多数来自北京大学；其次，书院首批聘任的近百位导师（不计海外导师）中，有近 50% 是北京大学的教授、学者；再次，当时的很多活动都是在北京大学举办的；最后，1990 年代后，文化书院的办公地点一直在北京大学治贝子园。也许正是诸多"北京大学因素"叠加在一起，导致误解，这也实属正常。

历史往往似曾相识。百年前，新文化运动时期，蔡元培邀请陈独秀出任北京大学文科学长，著名的《新青年》也随之来到北大。此后，《新青年》由北大教授陈独秀、胡适、李大钊、钱玄同、刘半农、沈尹默等人进行同人编辑，全部文章几乎都出自北大教授之笔。由于强烈的"北京大学元素"介入，《新青年》发行量比之前翻了 15 倍之多，也步入了其最辉煌的时期。很多年以来，在普通人眼中，《新青年》就是北京大学办的。但事实上，《新青年》的法律归属始终属于亚东图书馆和群益书社等，北京大学只是提供了一个更大、更具影响力的舞台而已。

一个是百年前民族觉醒年代的"利器"，一个是百年后文化复苏年代的"冲锋舟"，都与北京大学有着千丝万缕的关联，在其"归属"上，也都受到了相同误解，这的确是一件趣事。

二、"中国文化系列讲座"的深层意义

中国文化书院成立后，经过反复论证，首先开办的就是"中国传统文化系列讲座"。在那个时代，这是一个极具影响力的讲座，其影响及意义主要体现在三个方面。

其一：

20 世纪，是中国学术、思想及文化大师群星荟萃的百年。他们中的大多数人，出生于 20 世纪初叶；在他们的蒙学阶段，都接受过扎实的中国传统文化教育；之后，很多人又出国留学，接受了西方教育，从而打开了全新的学术研究视野；在他们步入学术成熟期时纷纷回到国内，带着中西文化双重视角，回归中国本体文化的研究中，并都在不同的研究领域做出了重大贡献。

20 世纪 50 年代后，由于众所周知的原因，他们的人生道路或多或少地都经历了不同坎坷，经历了"文革"十年，他们中的很多人慢慢淡出了人们的视野。改革开放之初，他们大多数已经进入人生暮年，似乎就要彻底谢幕于中国学术的舞台。

恰在此时，中国文化书院的创院者们，以其敏锐的洞察力，以智慧与勇气，以对传统文化信念的自信，以超强的组织能力，创办"中国传统文化系列讲习班"。其讲习内容，集中在"中国传统文化的性质、意义、基本精神以及中国传统文化的价值和前途等宏观问题上"。

幕启时分，聚光灯下，人们惊奇地看到了那些久违的文化大师们的身影竟然集体亮相于舞台中央。对于那些内心以中国文化为信仰，对于那些如饥似渴的学习者而言，这无疑是一种巨大的心灵震撼。这次文化大师们的集体亮相，也最强烈地向全社会释放了中国文化全面复兴与崛起的信号。

20 世纪 80 年代，在国内几次有影响力的大型学术活动中，文化书院举办的"中国传统文化系列讲座"影响巨大。除了讲座内容本身具有的意义之外，一个十分重要的原因是，主讲人阵容强大。在改革开放初期的文化复苏年代里，第一次汇集了 20 世纪最具影响力的硕学，以及一大批优秀的学者，通过一个主题讲座，使二十世纪中国"四代学者"集体亮相，其意义实属非凡！

出生于晚清第一代学者，如梁漱溟、冯友兰、周谷城、张岱年、虞愚等；出生于民国初年的第二代学者，如季羡林、侯仁之、金克木、何兹全、吴晓铃、阴法鲁、任继愈、牙含章等；1930 年前后出生的第三代学者，如吴良镛、朱伯崑、戴逸、丁守和、汤一介、庞朴、乐黛云、李泽厚、孙长江等；以及喝着民国"最后奶水"蹒跚迈入新中国的第四代学人，如李中华、魏常海、林娅、王守常等。

作为一个民间学术团体，在文化复苏的年代里，把20世纪"四代学者"，汇聚在"中国传统文化"命题下集体出征，恐是空前绝后！在昭示具有中国文化执念一代代学者薪火相传本质的同时，也显耀出中国文化书院巨大号召与凝聚力。

《文汇读书周报》（1985年3月30日）报道中给予这样的评价："……一个小小的讲习班，包含着'五四'以来四代中国知识分子对中国文化的反省。把这样二十多位不同年龄，不同国家、不同观点的专家学者汇集起来，……不能不说是中国文化研究史上一个盛举。"

今日，他们中的第一、二代学者背影已经远去，第三代学者也所剩无几，第四代学者正撑着属于文化书院的一片天空。令人欣慰的是，薪火相传的火炬，已经传到了20世纪50—60年代出生的第五代学者，以及70后的第六代学人手里，彰显出中国文化书院必将薪尽火传！

可谓：智山慧海传真火，愿随前薪作后薪。

其二：

说到"中国传统文化系列讲习班"在当时引起巨大反响，就无法回避"讲习班"前两讲的主讲人——梁漱溟与冯友兰。

20世纪，在中国文化与思想的天空中，可谓群星璀璨；梁漱溟、冯友兰无疑是群星中年齿最尊的，被誉为"世纪双儒"。他们以青少年时期所接受的深厚的传统文化教育为根基，伴随着新文化运动步入学术成熟期；此后20多年时间里，奠定了他们在中国学术与思想界应有的位置；在他们本应全力冲刺更高山巅时，却都经历了人生道路上不同程度的坎坷。由于众所周知的原因，梁漱溟先生自1953年后，就远离了人们的视野；冯友兰先生也进入某种无奈的心境之中，在"文革"期间，遭到了无休止批判。总之，他们远离了讲台。

20 世纪 80 年代出现的"文化热"，激活了他们原本衰老的身躯。两位大先生虽然略带耄耋老人身体的颤抖，但脚跟依旧十分坚稳地站到三尺讲台上，当他们携手为中国传统文化摇旗呐喊时，好似惊蛰时春雷，预示天气回暖，万物冒地而出，春天真的到来了。人们看到梁漱溟、冯友兰两位先生久违地重站讲台（梁漱溟自 1953 年后首次公开讲话，冯友兰先生自 1966 年以后首次公开授课），激动程度无以言表；同时，最强烈、最清晰地感受到了中国文化全面复苏与崛起时代的真正到来。

而这一切的幕后推手，便是中国文化书院！

作为"世纪双儒"，两位大先生的回归，成为一种符号与象征。符号：他们代表着那一代中国知识分子与生俱来的某种精神，以及对中国传统文化不断探索与修正的执着；象征：他们的回归，无疑向世界释放出最强烈的信号，中国将以全面开放与宽容的姿态，开启新的文化征程。

"中国传统文化系列讲习班"选择梁漱溟先生担任首讲人，出于中国文化书院创院者们敏锐的判断，以及胆识与勇气。笔者就"是谁第一个提出请梁漱溟先生担任首讲人"为问，专门采访了当时的全程参与者李中华先生。答："当时用几个月时间酝酿讲习班的事情，时间久远，到底是谁最先提出来邀请梁先生担任首讲人，确实记不清楚了；但有一点是肯定的，我是受汤一介先生委托，拿着汤先生给梁先生的信，去梁家邀请先生首讲，我只是上门履行正式邀请而已。我担心遭到梁先生的婉拒，事先心里准备了一些说服梁先生的话语，毕竟梁先生那时还算是敏感人物，我们也担心他本人有顾虑。记得当我说明来意时，梁先生没有犹豫，一口就答应了。坦率地说，这多少是出乎我预想的。随后，先生就问了我一些与讲习班相关的问题，之后，确定好了题目，首讲就这样定下来了……其实，最初也考虑过冯先生出任首讲，但后来考虑梁先生年长于冯先生几岁，因此，我们还是努力要梁先生首讲，冯先生次讲。"

两位大先生的公开讲座，在社会上引起了巨大的回响，毕竟他们已经远离公众视野数十年，况且当时还尚属"敏感人物"。当消息对外公布时，引来不少疑问，人们将信将疑。李中华先生讲了一件小事："当讲座消息对外发布后，有一天冯友兰先生女儿冯钟璞（笔名宗璞）给我打电话，说她接到几个询问电话，核实冯先生和梁先生的讲座是不是真的。"

不难想象，当询问者得到冯钟璞肯定答复时，是何等心情——这无疑是那种期待了许久之后的亢奋！

梁漱溟先生重登讲台，在文化、思想界引起巨大波澜。此后，中国文化书院不失时机地在北京举办了"梁漱溟思想国际学术研讨会"。这是内地有史以来第一次以"梁漱溟"命名的国际研讨会；讨论会持续了三天，规格之高、规模之大、人数之众、时间之长，可谓空前！

开幕式当天，中央电视台在新闻联播给予报道。央视新闻联播的收视率无疑是媒体中最高的，几乎覆盖全国；客观上看，这是一次超强的"广而告之"；加之次日《人民日报》（第三版）、《光明日报》（头版）等十多家报纸的报道，一时间，"梁漱溟"再次家喻户晓。

半年后，梁漱溟先生带着他生命中最后三年的"无比欣慰"，带着他"世界文化的未来，就是中国文化的复兴"的终极祈望，说出留给这个世界最后一句话，"我太疲倦了，我要休息"。1988年6月12日梁先生仙逝，谢幕于中国文化的舞台。

艾恺所著《最后的儒家——梁漱溟与中国现代化的两难》中译本出版，将1980年代末兴起的"梁漱溟热"，推至高潮。"梁漱溟热"的深层意义不在于梁漱溟本人，而在于通过对他及其所处时代的反思，从文化与思想的视角，回溯中国文化的主体与本源，使得文化更加"纯粹与干净"。

1987年11月1日《光明日报》第一版

回望当年，掀起"梁漱溟热"的，正是中国文化书院！

在文化书院原本的计划中，继"梁漱溟研讨会"后，还将为冯友兰先生举办"冯友兰哲学思想国际学术研讨会"。冯先生了解全部筹备情况后欣然同意。李中华先生曾撰文写道："当我把研讨会筹备情况说完后，先生清瘦的脸上，露出了一丝满意的微笑。但万万没想到，两个多月后，即一九九〇年十一月二十七日，先生带着对国家、民族前途的挂念，带着对中国文化学术的发展及美好人生的执着追求，永远地离开了我们……"

属于梁漱溟、冯友兰生命的时代结束了，属于他们的精神却传至久远。

梁漱溟说："我生有涯愿无尽，心期填海力移山。"

冯友兰说："我用生命作燃料，以传中国文化这团真火。"

向两位大先生致敬！

其三：

衡量一件事物影响力的大小，除了看其在专业领域影响力外，还有一个重要标准，就是关注它及受到影响的人群有多大；换言之，某一事物关注人群越多，其影响也就越大。笔者尝试从一个被忽略的具体量化（数据）角度，去佐证当时"中国传统文化系列讲座"影响之大，范围之广。

1985 年 3 月 5 日"中国传统文化系列讲座"正式开学。当天《人民日报》在第三版以"中国文化讲习班在京开学"为标题给予了报道："据新华社北京三月四日电（记者秦杰）中国文化讲习班今日在京正式开学。冯友兰、梁漱溟、张岱年、任继愈、李泽厚等二十余名国内著名学者将在二十次中国文化系列讲座中各抒己见，义务传授自己研究的心得。一百五十名来自国内二十四个省市和海外的学者前来听讲。"

此外，《光明日报》、《北京日报》（及晚报）、《文汇报》、《中国日报》（海外版）以及新加坡《新明日报》、香港《大公报》等十余家报纸，也都有相关报道。

1986 年出版的《中国出版年鉴》显示，仅上述六种国内报纸，合计发行量近 800 万份，再加之其他各类约十种报纸，总发行量应超过 1 000 万份，保守估算阅读人群就超过 4 000 万人（仅按一份报纸四人阅读计）。这仅仅是关于该讲座首期的相关报道，若加之此后与"中国传统文化系列讲习班"相关的持续报道，所覆盖人群之众、潜在造成关注与影响之大，累计阅读人群也许就高达近亿人（次），无疑这是海量人群的阅读。（注：虽然这只是一个逻辑上推演所得出的数据，但还是有很大的参考价值。）

六种主要报纸 1985—1988 年发行量统计（单位：万份）

	《人民日报》	《光明日报》	《北京日报》	《北京晚报》	《文汇报》	《中国日报》
1985 年	401.3	82.8	58.7	85.8	148.6	7.5
1986 年	375.8	73.4	57.7	81.5	135.9	9.2
1987 年	379.78	69.63	59.25	82.32	142.57	12.30
1988 年	370.3	60.6	60.8	85.5	132.6	10.7

源自 1986、1987、1988、1989 年《中国出版年鉴》

另一个佐证，"讲习班"累计报名听课人数高达数千人。这在当时，是全国各类传统文化讲座中，报名学员最多的一次。

当时社会上各种招生，除了少数几次投放"报刊广告"外，几乎所有招生都依赖于《全国邮政编码》、各类"企事业名录"等，以信函邮寄方式进行招生。通常为一个招生项目，轻而易举地就可以发出十万封招生函。（当时书院工作人员胡晓瑜回忆说："那时招生我们是整车整车地去邮局发招生函，一次就可以有 10 万封信。"）

那时，在办班领域流行一句话："发出几万封招生简章，只要有千分之五的回执率，就能保证开班。"按如此推算，"讲习班"能有累计数千人报名，这就意味着累计发出的招生信函，应该在几十万封上下，这本身就是一个巨大的"广告宣传"。（注："讲习班"的回执率远远超过千分之五，也说明其热度之高。）

综合上述两组数据（推算），"讲习班"正是以"覆盖人群之广""广而告之之众"为基础，使得受知人群达到巨大数量，其影响力之大，也就是必然的。

说到"中国传统文化系列讲座"，就不得不提到面向国外驻京大使馆人员连续举办的"中国文化系列讲座"。第一讲于 1988 年 2 月 29 日在北京饭店举行，有来自美国、英国、意大利、墨西哥、丹麦等国家的十余人参加，讲座连续举办五期，其内容包括"北京的季节风俗——春节""中西大百科全书比较""儒家文化与基督教文化的对话""昆曲""近现代的汉化寺庙"等，书院导师杨宪益、梁从诫、吴晓铃、白化文等担任主讲人。

单纯从数字上去看，该讲座影响力并不大，从深层去看，其意义依旧非凡。笔者查阅了当年相关资料，未见到任何一个由民间文化机构直接面向各国外友人，以"中国文化系列讲座"为题的讲座，此举为孤例！这是中国文化书院"让中国文化走向世界"的一次最积极的尝试与探索。

今日，查阅"研究中国 20 世纪 80 年代'文化热'"的资料时会发现，几乎所有研究者都一致认为，20 世纪 80 年代"文化热"的具体启年是 1985 年。不可否认，这和中国文化书院所推出的"中国传统文化系列讲座"，以及其他相关活动所产生出的影响与作用，有着直接的关系（当然也与其他重要学术活动有关）。在这股"文化热"浪潮中，中国文化书院确实为最强劲的一波！

三、首开国内大学后函授教育——"中外比较文化研究班（函授）"

函授教育，在我国已有百多年历史。1914 年，张元济等人在商务印书馆创立我国第一所函授学校——函授学社；之后，受新文化运动影响，至 1919 年，全国各类函授学校多达 50 余所，总计培养各级各类函授学员近 2 万人；民国中叶，随着全国掀起扫盲、青年读书运动，商务印书馆、中华书局、开明书店等先后开办具有特色的函授班，一些行业系统也开办以提高本行业工作技能为目的函授教育（如银行、邮政、铁路等系统），函授教育得到发展；1940 年代，国民政府推出一些鼓励开办函授教育的政策，但受时局影响，函授教育发展缓慢；随着国民党政府的倒台，所有官办、民办函授基本消失殆尽。

新中国成立，中国人民大学首开函授教育，仅 1953 年招生就达到 2 500 人，函授教育由此进入大发展时期。当时的函授教育，主要依附在各大学之下，以对社会人群的基础教育为主，重点在于岗位技能的培训教育，学生毕业后颁发大、中专学历不等（偶有本科学历）。截至 1965 年，全国已有 171 所大学开办函授教育，重点招收机关事业单位及工矿干部、技术人员和熟练工人等，进行在职学习，年招收学生近 19 万人。

1966 年开始，函授教育模式突然停止，并完全消失。1977 年恢复高考，由于"文革"十年大学招生基本停顿，积压的适龄考生数以千万计，各大学尚在恢复期，一时难以招收过多学生；加之社会在职各类青年求学（学历）欲望高涨，为缓解压力，各大学面向社会在职人员，纷纷开办函授及夜大教育。《中国教育年鉴》统计显示，1979 年全国 72 所高校恢复函授招生 24 万人（含夜大），1985 年全国有 331 所高校开办了函授教育，当年招收函授学生近 18 万（不含夜大、走读等）。这些函授教育，主要招生对象是高考落榜生及在职工作人员（属大、中专学历教育）。此时，也出现了民间所办的函授类培训（多为非学历教育）。

纵观简述，中国函授教育发展有一个明显的特点：民国时期多为民间行为，新中国成立后主体多依附于大学、侧重应用性与技能性学科，受教育主体人群以在职为主，以获得国家承认的中、大专文凭为基本目的（偶有本科学历）。

在这样大背景下，中国文化书院做出了一个具有创新意义的决定，即开办"中外比较文化研究班（函授）"（下简称"函授班"）。为何要选择一个在当时相对"冷门"的学科（指"中外比较文化"），而且是开办"研究"水平的函授班？

1986 年元旦，中国文化书院举办的"中国传统文化系列讲习班"第二期讲座——"中外文化比较研究"在京开班。次日，《人民日报》第三版以"中国文化书院举办中外文化比较研究讲习班"为标题加以报道：

这本是按照"中国传统文化系列讲座"事先规划好

中国文化书院举办中外文化比较研究讲习班

本报讯 记者毕全忠报道：由中国文化书院举办的中外文化比较研究讲习班 1 月 1 日在北京开学，冒着严寒前来听讲的达七百多人。

中国文化书院是由我国一批著名的学者发起、在党中央和国务院的关怀下建立的高等学府。它的宗旨是通过对中国文化的教学与研究，培养学贯中西的中国文化的高级研究人才。中国文化书院是我国目前民间创办的第一所高等学府。任继愈任院务委员会主席，现任院长由北京大学哲学系汤一介教授担任，著名学者冯友兰任名誉院长。

周谷城、梁漱溟、季羡林、周一良等中国著名学者，以及美国哈佛大学教授杜维明、夏威夷大学教授成中英、加州大学教授魏斐德，加拿大麦克马斯特大学教授冉云华等外国学者将在这期讲习班上讲课。

在开学典礼上，汤一介、梁漱溟、任继愈、季羡林和美国芝加哥大学教授邹傥等作了演讲，冯友兰作了书面发言。这期讲习班将于 1 月 17 日结束。

《人民日报》第三版，1986.1.2

的第二期讲座内容。但让人始料不及的是,报名人数竟然是第一期讲座人数的四倍之多(达到800人)。加之,当时社会上已经出现大量关于"东西文化"不同学术观点的争论。文化书院也在第一时间里,深深感受到了人们对"比较文化"的极大关注与热情。

受此启发,经过反复论证、紧张筹备,文化书院于1986年底,对外发布举办"中外比较文化研究班(函授)";招生简章中明确规定"函授班学制两年,属于大学后教育,报名者应具有大专以上学历"。这是中国函授教育史上,第一次以函授形式举办的"大学后教育",换句话说就是,一个以"研究"为目的的函授班,由此诞生!这标志着中国函授教育提升到一个新的高度。

从"函授班"招生简章所传递的信息上看,坦率地说,在20世纪80年代国内各类成人教育招生中,它的确显得"冷僻与苛刻"。这意味着"函授班"招生也出现了巨大的潜在风险。其一,在"比较文化"研究尚未全面兴起的年代里,关注人群相对少,而明确冠以"中外比较文化研究"的名义招生,则大大压缩了招生对象群体;其二,招生简章明确规定,该函授班"属于大学后教育",毋庸置疑,抬高"门槛",再次极大地限制了招生对象;其三,众所周知,中国文化书院属于民间学术机构,并无颁发国家承认学历的资质,客观上看,就意味着此次招生明确对外表示,该函授班属于"非学历教育"。这在那个"学历主义"的年代里,恐怕又是一个"致命"的一个问题;其四,报名者需缴纳每年学费80元(学制两年),若再考虑到学员未来参加集中面授等因素所承担的支出,这就意味着一名学员到最终结业时,将为此支付大约300元左右。《1988年中国经济年鉴》显示:1987年,国内人均年消费506元。也就是说,作为一个普通人,仅仅因参加"函授班"的一项开支,就占用了全年总消费的近60%,这绝对是一笔不菲的开销了。

选题"冷僻"、"门槛"过高、非学历教育、"高"收费,这些不利因素叠加在一起,最大程度地压缩了招生对象,就是放在今天的成人教育类招生项目里看,恐怕也都是致命的问题。

就是这样一个看似"浑身硬伤"的函授班,招生结果却大大出乎了所有人的预想。全国共有超过12 000人报名参加,其中,具有硕士、博士学位的超过 400 人；大专、本科学历的近 9 000 人，占总报名人数的 80% 以上。

招生 12 000 人，这是一个什么概念？《中国教育统计年鉴》（1987）显示，"1986 年，全国普通高校各专业函授招生约 13 万人"（不含夜大、走读等）。而中国文化书院凭借一己之力，仅以一个专业、大学后且"非学历"教育，就招收函授生 12 000 人，居然占全国普通高校各专业函授招生总数的近 10%，这确实太匪夷所思。

今天，很多大学都有类似的大学后非学历教育培训班（注：通常冠以"MBA""EMBA""MPA"等，后缀为"进修""老板""精英"等字样的班，属于研究生水平的非学历教育），要想达到万人学员，恐怕要累计十年以上的招生才能实现。而 40 年前，中国文化书院仅凭一届两年制函授班，招收学员就突破万人，这足以让今天的人们汗颜。

带着这样一组惊人的数据，"中外比较文化研究班（函授）"，于 1987 年 5 月 5 日隆重举办开学典礼。

当年，中国文化书院创院者们，明知此次招生条件苛刻、"硬伤累累"，他们的自信与勇气到底来自哪里？也许源自对文化信仰的坚定，也许源自对时代气息的准确把握，甚至，也许根本就是一场"豪赌"……我们已经根本无法清晰、准确地给出答案。但有一点，在这些没有答案的"也许"中，人们看到了一个真切的事实，这就是：在 1980 年代席卷整个中国大地"文化热"的巨浪中，中国文化书院不失时机地提供了一个"入潮跳板"，使人"纵身一跃"，亲临其境去体验巨浪的"拍打"。从另一个角度去看，"中外比较文化研究班（函授）"也为"文化饥渴"了许久的人们，奉献了一份精良的"中西大餐"。

"函授班"之所以取得如此巨大的成功，归结起来，其核心理由只有一个，那就是：大时代彻底唤醒了人们对文化最强烈的求索欲望。面对这种欲望，任何条件都显得苍白无力。大时代赋予所有人均等的机会，中国文化书院成为伸手抓住机会的"人"。应该感谢大时代"加持"了中国文化书院，而文化书院在文化上也反哺了伟大的时代。

有理由相信，未来的学者们，在研究 20 世纪中国函授教育史时，文化书院创办的"中外文化比较研究班（函授）"首次高举"大学后"教育旗帜，突破了以往我国函授教育的招生对象，毫不回避"非学历教育"，一个班次招生就超过万人，完全有资格在我国当代函授教育史上得到浓墨重彩的一笔。

一句笑谈，套用今天流行的说法，当年的"比较文化班"也许应该叫"CC研究生进修班"，这样才显得更为"洋气"。

对于任何新鲜事物的出现，都会产生正、反声音。当在繁多史料中去寻觅此次"函授班"的痕迹时，会发现在各种赞许的美文背后，也夹杂着被人忽略的指责异声，而这险些酿出一场不同文化观念的"争论"。

1986年10月，文化书院正式对外发布"'中外比较文化研究班（函授）'招生通知"；12月11日，为配合招生，在京举行新闻发布会。期间，突然有记者宣读一篇《中国文化报》待发新闻清样稿，文中对"中外文化比较研究班"措辞激烈地提出质疑，讽刺、挖苦意味极强。现场气氛十分尴尬。

面对这样突发事件，汤一介先生冷静地表示："一，我们欢迎批评和学术讨论，但不欢迎谩骂和大字报式的文章；二，文章中说文化书院有些人为国民党涂脂抹粉，现在又想把台湾当局请回大陆，这涉及政治问题，我们无法接受；三，希望《文化报》提倡好的学风，不刊登这样的文章。"（摘自"书院"当年工作简报。）

熟悉汤一介先生的人都知道，他是一个温文尔雅的儒者，几乎看不到他发火。而这次，面对"上纲上线"的无礼指责与挖苦，为了守住文化书院的初衷，汤先生破例了，亮出了最鲜明的"强硬"态度！

然而，《中国文化报》于一周后，在其头版刊发黎鸣署名文章《读广告有感》，文中亦出现

《中国文化报》1986年12月17日

大量讥讽、挖苦、上纲上线之词。在社会上掀起不小波澜。

乍一看，不少人会认为，这是《中国文化报》对文化书院发出的质疑；但细细品文时会发现，作为中国文化领域的专业报纸，可谓"用心良苦"。在署名文章前刻意面加了编者按："这是一篇措辞尖刻的文章，涉及文化领域的大问题。事实到底如何？对老同志是否尊重？中国需要什么样的文化？可以有十条、八条的理由不发表这样的文章，也有十条、二十条理由允许这样的文章发表。本报上期《百家论百家争鸣（一）》的一组发言支持争鸣，本报寄希望真正有价值的严肃见解在辩论中经受检验。欢迎争论，欢迎反批评。"

明显可以看出，《中国文化报》刊发此文的内在目的，并不是想"贬低"文化书院，而是想以"文化书院"此举为话题，引出一场关于"文化现象"的讨论。后面的事实也证实了这一点。《中国文化报》在此后不长时间里，连续刊发了署名小雅《广告风波于中国文化的痛苦》、署名金舒年《"周公吐哺"及其他》的文章，在与黎鸣文章发出强烈不同声音的同时，对"文化书院"给予了赞许。

作为同一家报纸，就一个问题发出两种不同的声音，"挑起"文化现象的争论，这在今天看来，很难让人理解。然而，20 世纪 80 年代就是那

《中国文化报》1986.12.31

《中国文化报》1987 年 1 月 11 日

样一个时代，对于任何文化问题不乏争论，争论的目的并不在于"一决胜负"，而是各抒己见、发表不同见解，通过不同视角、观点的理性争论，达到对文化认知的求同存异。

在 20 世纪 80 年代文化大讨论中，归其核心就体现在"儒学复兴论""全盘西化论""西体中用论"等方面。正是各种文化观点的大讨论，才导致"文化热"现象的出现，这也是"文化热"的主体表现形态。

《文化报》以文化书院为"由头"，刊发出的不同观点，恰恰是一个大时代背景下的"剪影"。中国文化书院能够以自身的行为，引发出某些争论，这也算是一种荣幸或是贡献（由于不久后，央媒发声否定"全盘西化"说，此争论停止）。

纵观文化书院创院早期那些具有创新、影响意义的活动，最要感激的就是那个时代，恰恰是大时代给予了中国文化书院"百般呵护与宽容"，才铸就了其辉煌成就！

四、具有开拓意义的《中外比较文化》教材丛书

"比较文化"是指运用比较研究方法对多种文化之间、在不同的文化视角下，进行比较研究，目前流行称之为"跨文化"研究。

在中国，比较文化的萌芽意识最先体现在文学领域，也叫比较文学。20 世纪初，受晚清西学东渐的影响，许多西方的文学作品被介绍到中国（仅翻译小说就有 600 多部）。这让中国学者看到了更多的国外文学作品，为"比较文学"研究提供了必要的条件。国内学者普遍认为，王国维的

《红楼梦评论》、严复的《天演论·序言》和鲁迅的《摩罗诗力说》等，在不同程度上蕴含了中西文学比较意识，可谓发出了中国比较文学的先声。

20世纪20年代初，吴宓先生在东南大学首开"中西诗之比较研究"专题讲座，正式将比较文学课程引入中国。此后，清华大学开设"比较文学"课程。陈寅恪先生主讲"中国文学中的印度故事的研究""近代中国文学之西洋背景"和"翻译术"等课程。在陈先生的听课学生中，不乏后来成为学贯中西的比较文学大师的钱锺书、季羡林等人。学术界普遍认为，陈先生所开课程宣告了具有学科意义上中国比较文学的诞生。此后，有不少学者开始涉及比较文化（文学）的研究。

新中国成立后，受意识形态的影响，虽然有少数学者潜心探索比较学研究，如冯雪峰、曹未风、范存忠、季羡林、钱锺书等人，但整体看，比较学在中国徘徊了近30年。1978年比较文学研究迎来发展契机。此后几年中，钱锺书、王元化、宗白华、季羡林、金克木、杨周翰等人先后发表与"比较文化（文学）"相关的论述。1981年，乐黛云先生推动并主持成立"北京大学比较文学研究及中心"，这是我国第一个比较文学研究机构，"比较文学"也逐步发展成为招收硕士、博士的正式学科。

几乎在文化书院成立同时（1984年底），上海社科院举办为期六天的"东西文化比较研究讨论会"，会上宣布成立"东西文化比较研究中心"，

◇◇ 本报讯
（记者施宣圆）
历时六天的"东西文化比较研究讨论会"昨天闭幕。这次会议是由上海社会科学院举办的，会上宣布成立"东西文化比较研究中心"，周谷城教授为名誉主席，王元化教授为主席。

来自全国各地和本市的一百余名专家、学者参加了会议，他们中间有著名的老一辈专家贺麟、张岱年、田汝康等，以及著名的中年学者汤一介、包遵信、黄心川、乐黛云、耿云志等。冯友兰先生为大会发来贺信，梁漱溟先生向大会提供了录音讲话。与会者从哲学、历史、经济、文学艺术、科学技术等方面对中西文化基本精神的估计、中西文化比较与现代化建设的关系、如何开展东西文化研究等问题进行了热烈的讨论，提出了一些有益的意见。

市委宣传部长王元化参加大会开幕式，并讲了话。他说，当前关于跨学科的研究、边缘学科的研究、交叉研究，包括自然科学与社会科学的交叉研究，已经成为世界学术界研究工作的一个很重要的方面，我们不仅要在经济工作中开创新局面，在社会科学研究方面也要开创新局面。要允许存在学派，在比较文化方面，要创立具有中国特色的学派。他提出在研究工作中应当注意"三个结合"：即古今结合（纵向结合）、中外结合，比较研究，要研究中国，更应该研究外国，研究世界，才能突出中国文化的特点，各种学科的结合，包括文史哲的结合，自然科学与社会科学的结合。他希望哲学社会科学工作者坚决贯彻党的十二届三中全会精神，进一步解放思想，实事求是，满怀信心地去迎接理论界的春天。

东西文化比较研究中心成立

周谷城为名誉主席，王元化为主席

《文汇报》第一版　1984.12.27

周谷城为名誉会长，王元化为会长。在此次会议上，梁漱溟提供了录像发言，冯友兰发来了贺信，书院导师张岱年、汤一介、乐黛云等到会参加。这是国内一次关于"东西文化比较研究"规格极高的讨论会，预示着"比较文化研究"高潮的到来。

1985 年，是中国比较文学研究发展的一年。《全国新书目》显示，这一年中以"比较文学"打头，后缀为"原理""理论""导论"等，出版的专著就达 20 余种。但以"中外比较文化"为题的出版物并不多见。查阅 1984—1987 年《全国报刊索引》《全国新书目》，只零星可见以"中外比较文化"为题目的论文且不足 10 篇，而未见作为图书的出版物。

目前可见，较早以"比较文化"命名的丛书，是 1987 年浙江人民出版社出版的《比较文化丛书》。这套丛书实则是一套国外学者关于"比较文化"的论著的翻译丛书（属于国外资料翻译汇编性质），并未收入国内学者的研究成果。至 1995 年，八年时间里，该套丛书共翻译出版了 11 本。

真正意义上的"中外比较文化丛书"是季羡林任总顾问、乐黛云主编，由河北人民出版社于 1988 年开始出版的《中外比较文化》丛书。该套丛书两年内围绕六个主题方向，共出版六本（1994 年又出版两本）。其中，一本收录国内学者相关论述，属于论文集性质；其余五本为独立作者的专著。在那个时代，该套丛书属于中外比较文化研究领域高质量的一套书，也是笔者可见最早一套由国内学者编撰的"中外比较文化"丛书。

1986 年下半年，当完成"中外文化比较研究班（函授）"的所有论证与规划后，一个严峻的现实问题摆在了文化书院面前。"比较文化"在某一单独学科的研究成果并不少见（如比较哲学、文学类），但国内并未出现跨学科的综合教材丛书。而一个两年制的"函授班"，没有一套系统的教材，是绝对不可以的。

别无选择，文化书院创院者们只能担负起重任，决定主持编写一套《中外比较文化》教材丛书。这套丛书，也成为此次"函授班"最重要成果之一。

中国文化书院主持编写的《中外比较文化》教材丛书，是国内第一套

中国文化书院编《中外比较文化》教材丛书

以"中外比较文化"命名的教材丛书。一套共 14 种。其中包含 6 个方面"概论"，即《中国文化概论》《西方文化概论》《日本文化概论》《印度文化概论》《马克思主义文化学》《比较方法论》，还涉及 8 个单独学科，即"比较文学""比较史学""比较哲学""比较美学""比较宗教学""比较伦理学""比较教育学""比较法学"。这是一套统编教材丛书，每册约 38 万字，全套书约 500 多万字，撰写综述合计超过 155 万字，所附相关参考文献合计约 380 万字。

这套丛书的问世，首次填补了国内"中外比较文化"领域教材的空白，使更多的中青年学者在关注"中外比较文化"的同时，也能看到一套相关的系统教材丛书；客观上看，也为后来"比较文化热"的到来，奠定了理论与人才基础。

中国文化书院以超强的组织能力，汇集了 21 位编著者，在短短半年的时间里，完成了这套教材丛书。这是一个奇迹，从一个侧面，折射出当时的知识分子为中国文化的复兴所付出的拼搏精神，这是一种时代精神的集中体现。

时隔近 40 年，当再次看到以"编委会"名义撰写的该套教材丛书总序时，仍然能强烈地感觉出具有"号角"意义的檄文；仍能感觉到书院创院者们强烈的文化责任与创新精神所在。

总　序

中国学术向以"究天人之际，通古今之变"为鹄的，而于域外文化很少有强烈关怀。二千年中，虽有佛法东传、景教渐进等文化景观，然于士人眼中，皆非正统，不过方术技艺，无足为道。及至晚清，列强环伺，国难迭兴。西方文化借近代工业和军事力量恣肆中国，致使务实的中国人正视一个发达的域外文化的存在，为因应事态之亟变，先进的中国知识分子开始留心于中西文化之异同。不过，盲目的文化优越感妨碍他们客观地对待研究对象；传统的直观式思维方法妨碍他们深入自己的研究领域，时代所提出的救亡主题及知识分子所特有的忧患意识，妨碍他们平静地进行职业性研究。加之诸多其他因素，此时所谓文化比较研究，结论大体限于"东方尚道，西方尚艺"的框架。视西方文化为器的文化，物质的文明；视中国文化为道的文化，精神的文明。基于这种认识而提出的对策是："中学为体，西学为用。"这种认识上的偏颇和对策上的失误，则成为延误中国近代化过程的主要原因之一。

迨至五四时期，少数知识分子再创文化比较研究的局面，一则着手于传统文化的反省，提出"打倒孔家店"的口号，一则步入西方文化之堂奥，提出了"民主与科学"的方策。东方文化之研究，一时蔚成风气。遗憾的是，这个时期的学术发展，又一次被激烈的民族冲突和政治冲突打断。

近年来比较文化研究的兴起，实由当前的开放形势所引发，为中国现代化趋向所必然。对知识分子来说，重新关注这个时代的课题，一方面出自对近代中国所经历的文化危机的记忆，一方面则来自对当代中国所面临的新的挑战的体认。但在研究过程中，似乎有一种主客观疏离的倾向。在主观上厌弃传统文化，在客观上仍身负重担，犹如"一个不情愿的传统文化的挑夫"（a passive porter of a cultural tradition. J. Dollard，1939）。

需要一个知识分子的群体来解决这个时代的课题。不是靠一两个依凭原始激情而大发宏论的文人，而是要靠一大批真正的知识分子，以平静的观察、冷静的分析、科学的认识、理智的沉思，去进行比较研究，以期在现代科学文化的高度上，对中国文化进行全面的反省，然后才能有中国现代文化的建设。

中国文化书院把这套丛书的编辑作为参与这一历史大业的一份努力，奉献给学界同仁。丛书亦是新中国比较文化研究的首演，它涉及许多新的学科、领域。尽管其作者包括诸位文化研究的知名宿学，亦有近来成果丰硕的新秀。但要真正完成这一任务，还是相当艰难而繁重的，它的复杂性决定了此套丛书肯定有不尽如人意之处，作为中外比较文化研究班的教材，它更显得不够成熟。参加这个研究班的万余学员，都是完成了高等教育甚或取得硕士、博士学位的学者、教师、教授。相信这套教学丛书能在两年的教学研讨中由大家重新改写。

中外比较文化教学丛书编委会
一九八七年一月

《中外比较文化》教材丛书是"新中国比较文化研究的首演"（该丛书总序语），除了填补了我国在"比较文化"教育领域的教材空白外，还有三个深层意义：

其一，在 1980 年代，潜心专业研究"比较文化"的专业学者并不多见，在这种条件下，文化书院依旧联合了 21 位相关学者。就比较文化研究本身而言，这些编著者，基本都处于对比较文化研究的"萌发期"。但恰恰就是这样一群人，勇敢地接受了挑战，仅仅半年的时间，合力完成了中国第一套《中外比较文化》教材丛书。他们中的很多人，也由此踏上了专业从事"比较文化"的研究道路，并日渐成熟。这其中，焦树安、庞卓恒、吴大英、成有信、刘大椿等先生均成为此后中国比较文化研究——特别是在各自不同专业学科的比较研究领域里——的"翘楚"。此外，在"函授班"上万人的学员中，有许多人正是受这套丛书的启蒙，走上了"中外比较文化"的研究道路。

其二，该套丛书所设计的编辑体例，极具特色。每本书由两部分组成，大约三分之一内容由编著者撰写"综述"；三分之二内容为相关文献参考资料及目录。其中，有六本是从中国文化、西方文化、日本文化、印度文化、马克思主义文化观、比较方法论方面，给予总体概述专论（每本"综述"部分均约 12 万字，相关资料约 26 万字）。其他八本是以具体学科为基础的"中外比较"；同样，也撰写了该学科比较研究的综述，（每本"综述"部分均约 7 万字，相关资料超过 30 万字）。这在中国"比较文化"渐入系统研究的初期，是一个很大的贡献。第一次将"中外比较文化"从六个方面给予宏观概述；同时，又将八个单一学科的比较研究成果，集中展示出来。使读者无论是在横向上，还是在纵向上，都能对"比较研究"有一个迅速、全面的了解。

其三，这套教材丛书，收录精选文章及大量与之相关的参考文献。累计提供参考文章约 650 篇，共约 380 万字（含节选），这是十分难能可贵的，第一次将中国学者"比较研究"成果集中呈现出来。在信息数字化的今天来看，这似乎不是一件难事，但在当时，要想查找、汇集这么多信息，其难度不亚于"大海捞针"。查找所有资料，只能靠人力在浩瀚的各种资料索引中寻觅，根据索引指向，再去图书馆逐一查找、调取原文，这是一个需要极大耐心与毅力的工作过程；加之"比较文化"作为一门刚刚兴起尚未普及的学科，就资料分类而言，并不明确，往往都"隐藏"在各个学科中的子类之中；仅仅从文章题目本身去看，很难判断其具体内容是否涉及"比较研究"，通常是要仔细阅读文章后才能确定。这就需要选编者具有更强的判断与分析能力，其中难度可想而知。也正是因为其难度之大，才更彰显出这套《中外比较文化》教材丛书的珍贵。对国内早期"中外比较文化"研究学者而言，该丛书集中收录大量相关资料，有着"工具书"的意义。

国家图书馆、首都图书馆、北京大学图书馆公共查询系统显示，该套丛书均收入馆藏。一套并未公开发行的非正式内部出版教材，被各大图书馆收藏，也足以说明其重要性。

其实，对文化书院而言，这套《中外比较文化》教材丛书，还具有一层更长远意义。正是以此为开端，文化书院聚集起一批从"萌发期"走向成熟的"中外比较文化"各学科研究者，为其日后成为"跨文化"研究领域的一面旗帜，奠定了坚实的人才基础。这其中，最具代表性的就是该套教材丛书主要策划者及《比较文学》一书的主笔乐黛云先生；她在其开创建立的"比较文学"学科基础上，以更加宽阔的学术视野，逐步成为一位具有影响力的跨学科、跨文化研究学者。1998 年，她联合国内外比较文化学者，创办《跨文化对话》杂志；26 年来共出版了 45 期，发表了大量与"跨文化"相关的学术研究成果，该刊已经成为国内"跨文化"研究领域的重要 C 刊。2006 年，中国文化书院下设机构——跨文化研究院成立，"以推进中西文化对话与跨文化交流为宗旨，促进人类文明、和谐与共同繁荣"，乐先生亲自出任院长。多年来，跨文化研究院主持了大量的学术活动，成为颇具影响力的跨文化研究机构。2021 年经文化书院理事会批准，报民政部备案，正式成立中国文化书院跨文化分院。

一个"中外文化比较研究班（函授）"，催生出国内首套系统《中外比较文化》教材丛书，不仅推动了一个研究领域的兴起，同时又突破了"比较文化"的范畴，直接助力了"文化热"的"热度"，使其向更高、更远、更全面的大文化研究前行，为后来出现的"国学热"打下了坚实的基础。中国文化书院功在其中！

五、以"失败"告终的勇敢探索——《中国学导报》

在中国文化书院的所有活动中，编辑出版《中国学导报》，因其"寿命"不长，也未形成影响力，长期被人忽略。如果将其放在"在中国文化走向世界"这个视野下再次审视，就会发现，这虽然是一次略带悲情的大胆尝试，但依旧具有时代性的开拓意义。

汉学（Sinology），也称中国学（China Studies），多指中国以外学者研究与中国有关的经史、名物、训诂考据之学。19 世纪初叶，法国法兰西学院设立"鞑靼、满、汉语言教授"讲席，正式开设汉学课程，标志着西方对中国的研究进入"专业学科"时期，国际学术界都把这视为专业"汉学"的起点。随后，许多外国学者纷纷开始加入对中国的研究行列中，与之相伴的是大量中国古代经典西译。20 世纪初期，中国楼兰、敦煌石窟藏经洞等陆续被发现，由此掀起一股强劲的"中国考察热"；随之而来的便是巨量中国古代文献流散国外，这批珍贵的文物、文献令国外汉学界震惊。以此为基础，国外的"汉学"研究进入一个大繁荣时期。

随着国外研究学者对中国研究的深入与扩展，"汉学"研究逐步超越了传统视角，其范围更加广泛，纵及古今，横跨中外，涉及中国社会的方方面面。很显然，再用"汉学"一词来统称对中国的研究，就略显得"狭义"了，于是便出现了"中国学"一说；近几十年来，"汉学"一词已逐渐被"中国学"所取代。

"中国学"是对国外中国问题研究的统称，国内学者在研究本源文化时，是不会称之为"中国学"的，只有少数专门研究国外"中国问题研究"时，才会涉及"中国学"一词。在中国，最早关注国外中国研究并以"中国学"为题发表文章的，当属辜鸿铭先生。

1883 年，辜鸿铭先生在国内最具影响力的英文报纸《字林西报》上，发表《中国学》一文（分上、下两篇连载），重点阐述了他对国外学者研究中国问题的看法（更多的在于批评、阐述与评价其观点），这是中国学者首次使用"中国学"一词公开发表此类文章。由于发表在英文报纸上，并未引起太多中国学者的注意；却引起很多国外学者的极大关注，毕竟这是国外学者首次公开看到来自中国学者、对他们"中国问题"研究的评述文章。

1915 年，"北京日报新闻社"汇集辜鸿铭英文文章，正式出版《中国人的精神》（又称《春秋大义》），书中收录"中国学（上、下）"为主要一章。该书出版后，因迅速被翻译成法、德等多国文字而轰动西方，使更多西方学者看到了"辜鸿铭说"的同时，也感受到了来自中国学者对国外"中国学"研究的批评与纠正。

在此后的二三十年里，少部分中国学者以各自不同的方式，努力地向国外"输出"中国本土文化研究的成果，使国外从事"中国学"研究的学者，可以更多地了解、参考"中国视角"下的研究成果，进而深化自己视角下的研究。这无疑使得国外"中国学"研究日趋理性与客观。

二十世纪中叶后，由于社会背景与其他复杂原因，虽然有不少中国文学经典被翻译多国文字，在国外出版，但就中国学者以文化与思想研究成果向外"输出"而言，即使不说完全"受阻"，也十分艰涩（基本只体现在中国文学作品的翻译上）。

伴随着 1980 年代"文化热"的爆发，中国学者与国外"中国学"学者的交往日渐频繁，中外比较文化研究也悄然兴起。中外双方学者都迫切希望了解对方更多的研究成果。

正是在这样的大背景下，中国文化书院做出了积极的尝试，为此成立"中国学研究资料咨询中心"，并创办了《中国学导报》。以今天人们的习惯去看这个名称，给人第一感觉是一个"汇集国外'中国学'研究成果的刊物"，其实不然。《中国学导报》是一份"将中国学者研究本土文化成果，提供给国外从事'中国学'研究的学者，起着'先导性作用'的刊物"，两者之间有本质区别。

中国文化书院编《中国学导报》

国内各人文社科研究方向的资料汇编、索引、文摘等出版物并不少见，如《社科文献题录》《社科文献索引》《人大报刊资料索引》《中国文史哲研究通讯》《汉学研究通讯》等。既然如此，那么《中国学导报》的意义何在？又为何说是"一次勇敢的尝试"？

笔者认为，《中国学导报》的内在意义在于，首先：第一次在国内，以国外研究中国问题的学者所普遍接受的名词，即"中国学"三个字命名此刊物。这就直接指明"这不是一份提供给中国学者的刊物，而是一份面向国外研究中国问题的学者的刊物"，国外学者看到"中国学"一词，便一目了然；其次，在《导报》对国外发行时，打破习惯的"订购"模式，而是无偿赠送。这就改变了以往中国学者研究成果的交流模式，由国外学者"被动查询"，到中国方面"主动赠送"；基于这两点，不得不说《中国学导报》"煞费苦心"，体现出中国文化书院想尽办法、对外输出中国文化研究成果的强烈欲望。

以往中国学者的研究成果对外输出确实相对滞后，国外从事"中国学"研究的学者，在获取"中国研究成果"时，始终处在资料分散、查找烦琐、获取困难等尴尬境地。

季羡林先生曾经在一次题词中特别强调了"讲文化交流，就要强调一个'交'字，出入应该基本等同……"。

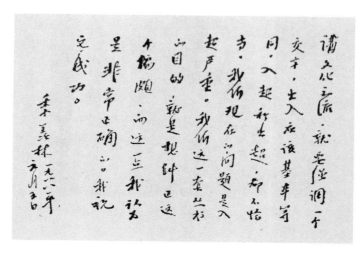

季羡林先生为《孔子精神与基督精神——中西文化纵横谈》一书题词

笔者曾专门采访过时任中国文化书院学术委员会副主席、《中国学导报》总负责人的魏常海教授。当被问及为何要以"中国学"为名创办这样一个刊物时，魏教授说："那时，'中国学'一词在国内并不多见，而是在国外研究'汉学'的圈子里普遍使用的。我们考虑使用'中国学'一词，就是让他们知道这是一份给他们看的刊物。我们的想法是，把国内最新的学术研究成果，无偿地赠送给国外'中国学'（汉学）研究机构以及研究者，给他们的研究提供及时的参考文献，并且希望国外'中国学'机构能把他们的研究成果馈赠送给我们，最终实现海内外研究成果的交换，使得我们国内学者也能更快、更多地看到国外'中国学'最新研究成果。"

由于年代久远，未能找到《中国学导报》创刊号（词），但在1988年7月第四期（总7期）刊登的《创刊一周年寄语》中，能深刻地感受到当时创办《中国学导报》的初衷。

创刊一周年寄语：

我们的心愿

《中国学导报》创刊已满一周年。

自创刊伊始她便受到中国大陆许多著名学者的关注和支持，已逐渐成为国内外中国学界有影响有声誉的学术刊物，尤其成为海外中国学专家必备的资料之一。

《中国学导报》以弘扬中国文化为宗旨，以介绍中国学各科信息为己任。一年来，刊载了许多学者最新的学术论文，收集和摘编了大量学术研究成果。我们希望通过她与海外中国学家互通信息，促进国际中国学研究的深入发展。

在世界文化的丰富宝库里，中国文化以其源远流长、深邃奥秘和影响广泛，占据着举足轻重的地位。在这一年中，我们以介绍中国古老的文明为主，涉及了政治、经济、文学艺术、宗教、哲学、民族、民俗等领域，以使关注中国文化的学者了解我们的祖辈。

时至今日，中华民族已开始了自己悠久历史中的又一次真正复兴，学者们对中国的命运与未来进行着新的思考。《中国学导报》也将以一个崭新的面貌出现在世界中国学界。她把眼光转向了当代中国。经济改革、政治体制改革等方面的理论探讨和研究成为她的重要内容之一，同时收集当代文学、美学、宗教、民族民俗方面的研究论文及成果。

我们希望：《中国学导报》集研究古今中国学于一身，既有现代学者的探索精神，又不失儒士的沉稳气度，保持开明而严谨的学风。

我们希望她成为沟通中外文化的桥梁，成为海外中国学家的
朋友。

本刊编辑　　杨敬　　1988.7

无论是"季羡林题词"，还是"魏常海说"以及《创刊一周年寄语》，
都强烈表达出国内学者希望"中国成果"走向世界、"世界成果"走入中
国的强烈欲望。而创办《中国学导报》无疑是一次最积极的尝试。

就目前可见资料显示，《中国学导报》自创刊后共出版了八期，全部
配有英文目录。累计专稿 24 篇，文摘超过 200 篇，会议出版信息百余
条，最可贵的是累计提供"研究论文目录"近 8 000 条。仅此一项，足以
看出文化书院为此做出的巨大努力。

在当时，一个国外"中国学"研究机构或个人，要想获得中国学者的
研究信息，基本就是两个途径。其一，罗列所需主题方向，请中国朋友代
为查阅；其二，订购中国所出版各种文摘、索引类图书，自行查找后，再
想办法获得具体资料。很显然，这两种方式都十分烦琐，会让很多人因此
放弃参考中国学者的研究成果，从而造成一些国外"中国学"研究中的主
观性与片面性。而《中国学导报》汇总鲜明的研究主题，将中国学者的最
新研究成果以专稿、文摘形式集中提供给国外"中国学"研究机构及个
人，并附有大量的相关索引，"中国学资料咨询中心"提供有关所需资料
的服务。这对于国外研究学者而言，绝对是一件大好事。

在国内外信息交流不发达的年代里，创办《中国学导报》无疑是有积
极意义的。如果真能如其所愿，一定会对中国文化走向世界起到积极助力
作用。一个民间学术组织，以这种方式，将中国文化研究成果推向世界，
应属首次。

一个美好理想与现实的差距到底有多大？只有你勇敢地迈出第一步后
才能知道，对《导报》而言，也是如此。

《中国学导报》（双月刊）出版后，通过国际邮局，大量寄往国外
"中国学"研究机构以及图书馆。据当时专职编辑杨敬老师回忆："当时
我们有关国外的'汉学'机构信息十分有限，除了有些日本的相关信息

外，其他只能靠从"大黄页"中筛选判断选择相关机构邮寄地址，最多时一次就向国外邮寄出千余份《中国学导报》。坦率地说，从后来的结果来看，这基本属于'盲寄'，由于地址不详，每次被退回来的大约超过百分之九十，未被退回中反馈率也寥寥无几，就算偶有反馈，也多是给予赞美之词而已。在我印象中，好像只交换到2—3份资料。即便是这样，我们仍然在努力调整，坚持邮寄。为了减轻压力，我们将导报从96页缩减到72页，从双月刊变成季刊，同时下大力气校准接收机构地址等。然而，改进的效果并不明显，直到最后，导报无疾而终……不得不承认，一直在象牙塔里的大学老师们，对市场是陌生的，但对这个陌生的新世界有着真切的渴望，迫不及待地闯进去，进去之后却又有些不知所措。这也许是那个年代冒险者普遍的状态。在中国文化书院的旗帜下，一群有理想、敢为人先的人们聚集在一起，为弘扬中国传统文化挥洒激情，尽管最终的结果是黯然离场，但仍在这个领域中留下一抹浓重的色彩。"

无论是在人力上还是经济上，文化书院都为《中国学导报》付出了极大的代价。受诸多复杂因素限制，《导报》最终"黯然离场"。但正如杨敬老师所说，"仍在这个领域中留下一抹浓重的色彩"。

多年后，细细品来，《中国学导报》居然与百多年前辜鸿铭首发《中国学》一文，殊途同归。辜鸿铭用《中国学》一文，强烈批评国外研究"中国问题"学者的认知偏差，并给予纠正。其目的，就是让国外研究中国的学者，能够更深刻地去了解中国文化博大精深的内涵；百多年后，中国文化书院以《中国学导报》方式，把中国学者的最新研究成果送给国外学人，使他们能够及时、准确地看到"中国观点"，从而避免其研究的主观与片面。相隔百年的"两种做法，却有同一个目的"，都是要把中国文化与思想精髓，传递给外国研究中国文化的学者们，使他们能更加理性与客观地去研究中国文化。

《中国学导报》与辜鸿铭《中国学》一文，在深层意义上，在穿越百多年后，紧紧地"相拥在一起"。这或许就是中国文人之间的另一种"薪火相传"的体现吧。

一群抱定"让中国文化走向世界，世界文化走进中国"理想之人，怀揣梦想，义无反顾，勇敢地挺起胸膛，明知结果不可预测，却依旧前行，直至摔倒。

摔倒的意义在于抖落尘土，起身继续前行。中国文化书院正是由于《中国学导报》、"中国学资料咨询中心"等诸多早期积极有益的尝试，才奠定了日后在中外文化交流领域的地位；直至今日，成为在中外跨文化研究领域中颇具影响的研究机构。

正可谓：风萧萧兮易水寒，但见英雄凯旋来！

结束语——再次扬帆启航

1980年代，中国文化书院在文化全面复苏与崛起的大潮中，确确实实地始终勇立于时代的潮头，自觉地担负起"弘扬中国传统文化，让中国文化走向世界，世界文化走进中国"的时代重任。40年来，中国文化书院双肩披着风雨，经历了辉煌，也走入过低谷，隐忍过漫长的坚守，但始终不敢忘记初心。由六代学者筑起的那道学术与思想的"中国红墙"，显得格外炫目；三代领导集体，始终怀揣信念，带领文化书院前行。

在新的形势下，结合新的时代特点，书院对未来发展思路做出了思考与调整。

首先，以创院院长汤一介先生命名，创办开放式公益讲座，即"汤一介当代学人讲座"，其宗旨是全面系统讲述20世纪中国当代学人"时代、学术与人生"。截至目前，已经开办五次讲座，全网累计在线收听超过600万人次。对于一个纯学术类讲座而言，六百万人次收听，绝对已具备相当大的影响力了。面对由此而来的巨大流量，书院拒绝了所有商业合作，这在一个"流量为王"的时代里，绝对又是一股清流！之所以能保持"清流"，这完全由于书院人追求文化信仰的坚定与自信。

其次，在高举弘扬传统文化大旗的同时，文化书院并未忘记"与时俱进"，更加注重开展与当下紧密相关的学科建设。文化书院以权力下放管理模式，创办各学科分院，分院发挥自身学科人才优势，进行更专业学术活动。目前，已经成立跨文化分院（与北师大合作）、文化经济分院（与清华合作）、文化与科技分院，未来还将以"专业委员会"形式，涉猎更广泛的学科。文化书院这些策略的转变，很好地诠释了其勇于探索与实践的精神。

中国文化书院以 40 年"终点"作为新起点，扬起风帆，已在路上！

借用曾子语：士不可以不弘毅，任重而道远！

2024 年盛夏于燕园

参考资料目录略。

栉风沐雨　再创辉煌

——李中华老师采访录（录音整理稿）

李中华口述　马明方整理

李中华（1944—　），北京大学哲学系教授，中国文化书院创院导师，曾任书院院务委员会副主席、书院副院长，现任书院导师、理事。

编者按：我们拟出版中国文化书院建院 40 周年的回忆文集，特向李中华老师发出约稿函，经与李老师商量，决定用采访方式完成此篇纪念文稿。2024 年 7 月 22 日，我如约来到李中华老师家里，进行了采访并录音。下面是根据录音整理的文稿。（提问者马明方，简称"马"；回答者李中华老师，简称"李"。）

马：李老师，您好！非常感谢您接受我的采访。今年是中国文化书院成立 40 周年，书院准备出版一本回忆性文集，以志纪念。书名还是您建议的名字"文化启蒙　薪火相传——中国文化书院 40 年回顾"。今天采访您，想请您谈谈有关中国文化书院的人和事。您是书院发起者之一，当时创办书院的初衷是什么？

李：这个问题实际就是书院的宗旨。过去 40 年了，当时我们办书院的初衷，现在想起来，还是清晰地记在心里的。我们曾多次认真地讨论过这个问题，就是首先要确定我们的宗旨是什么。宗旨就是基本的两条，两个"通过"。第一个是"通过"对中国传统文化的研究和教学活动继承弘扬中国文化。中国文化中优秀的文化遗产具有系统性、连续性和原创性，也是我们的文化基因，要把它继承下来；第二个是"通过"对外来文化，或者说海外文化的介绍、研究，国际性的学术交流和学术活动来提高我们中国传统文化的研究水平，促进中国文化的现代化。当时的宗旨、性质基本就这两条，后来写在《中国文化书院简介》中。继承发扬的最终目的是要跟上我们现代人类的发展，实现中国文化的现代化。今天看，这个任务并没有最后完成，还是陆续在做，在努力。

要完成这样的一个目的，当然要有手段。书院多年来主要是通过教学、学术交流、学术会议、学术文化出版等方式来实现。（李中华老师提笔写下上述四个方面。）

马：成立书院时的社会环境是怎样的？

李：成立书院，办培训班，在当时算是一种新事物。改革开放从七十年代末开始，中国文化书院成立在 80 年代中期，这个背景我想挺重要。粉碎"四人帮"以后，改革开放使我们面对世界才发现我们有很多东西都是落后的，那就要赶上去。怎么赶上去？我们觉得文化要先行。那时老一代学者还有很多，他们懂得历史的经验，对于人类文明的未来有一种预测的眼光。他们认为书院是一种文化实验，他们对此非常感兴趣。当我们请这些人做书院导师的时候，没有一个推辞的，包括梁漱溟先生、冯友兰先生、张岱年先生、季羡林先生、邓广铭先生等。这些老一辈学者都非常热情地接待我们，然后和我们一起讨论，都表示愿意参加书院的活动，那时候梁先生已经 91 岁了，冯先生 89 岁，张先生也有 75 岁。

那时的社会情况，文化书籍的匮乏，现在年轻人可能体会不到。"文革"期间，我们对外的文化隔离太厉害，同时对自己的文化进行了多次的批判，比如批四旧、批林批孔等。那时北大每个教职员都要去学农劳动，我 1973 年去的干校，在大兴农场。因为年轻且独身，没有牵累，领导就让我管点儿事。成家的人周末就回北大了，我则每天都在农场里，礼拜天也要在农场值班。当时我在干校是分管读书的，主要读马列那些书。有一次，我到县城新华书店里逛一逛，书店里除了毛选、马恩列斯全集外，基本没有思想文化方面的书籍。最后我买了一本，越南共产党领导人（应该是黎笋）讲马克思主义的一本书，感觉还挺有理论的，不厚，回来还真看了看。我来干校时随身带去的书只有前四史、孔孟老庄，还是带批注的，周日就读这些书，还不能太明目张胆地在那读，只能偷偷地读。我在那儿待了将近三年，读完了这些书。现在年轻人都没法理解，后来"文化热"一出现，什么书都有了，连算卦的、算命的、风水书都有了。

马：书院从创办到成立，大约经历了多长时间？

李：开始是我们几个年轻老师想出来的，要办一个与文化相关的机构，当时大家在文化上并不像现在认识这么清晰，经过了几个月的酝酿、讨论。最早是鲁军，他在跟我谈这个问题时，已经在做了，取名"九州知识信息开发中心"，这么长的名字，也有点儿商业味道。当时的环境就是这样，有许多"中心"。他为了寻找几个伙伴，看看怎么共同把事情做起来，就找了我，还有魏常海、王守常以及北大出版社的田志远等人商量，大家一下子就开始投入了，开始方案设计。当时大家都年轻气盛，充满热情，这主要是受到改革开放的影响，因为我们与外界隔离得太久了。我们想读书，传统的书、西方的书，对知识的渴求，如久旱欲饮甘露的心情。说是年轻，但当时我已经 40 岁了，其他几人也都过了 30 岁。

那时我们五六个年轻人经常在图书馆前，坐在草地上讨论。当时还有人民大学的一位年轻老师，现在叫不上名字了，还有图书馆系的肖东发夫妇两人。后来讨论常在我家里，齐老师（李老师爱人）经常很晚要煮面条给大家吃。我们后来又改在鲁军住的 23 楼独身宿舍，他那里比较自由，可以吸烟，烟吸没了，就在地上捡烟头，扒出烟末儿，再用纸卷起来接着吸，讨论常持续到半夜甚至凌晨，那里几乎成了我们讨论思想文化的基地。我们大约从 1984 年的夏末开始，讨论酝酿三四个月时间。不得不说，中国文化书院的成立，和鲁军的关系最大，他是有贡献的，尽管后来出现分裂。

我们感觉仅凭几个年轻老师来做，号召力不强，应该向老先生们请教。我们就把这个意思慢慢透露给老先生。经过商量，我们第一个找的是汤先生，他一听，很热情，说你们要做这个事挺好啊。那时我们的文化知识不是那么多，也没有经历过太大的风雨，全搞"文革"了。于是大家便推举汤先生做领导人，这不是一下子就说出来的，也经过了很长时间的商量。汤先生说要做这事，就要按部就班地考虑，得有个机构，组织也要健全，还要有经济支撑才行。慢慢地哲学系中哲史教研室的人都知道并赞成我们的想法，如张岱年、楼宇烈、许抗生等人。

然后大家再联络老先生们。梁漱溟先生、冯友兰先生都由我来联系。我去过梁先生家几次，梁先生很热情，一拍即合，愿意参与我们的活动。我在校读研究生时给冯先生做助手。1979 年到 1984 年期间，我每周要去冯先生家两次。因此与冯先生比较熟悉，当我向他说起我们的想法，冯先生也觉得很好，很高兴参与我们的活动。当时的日记我都有记载，我曾写过回忆文章。

书院的起名也经历了一个过程。我们觉得"中心"这个名字用得太多、太滥了，应突出"文化"，汤先生还是称"院长"比较好。机构要有院务委员会、学术委员会、执行委员会等，大家渐渐有了分工，最终才有了"中国文化书院"的名称。

马：书院成立之时，得到过胡耀邦总书记的批示吗？

李：当然有此事。当时的信还是我和鲁军起草的，并得到汤先生的同意。汤先生特别强调书院的宗旨和性质。因此文化书院的宗旨、性质，它的价值与意义等都写在那封信里。我们主要是向中央反映，文化是很重要的，我们希望北大能够支持，能不能将书院建在北大里面。当时想这不是一个虚体，也没有想搞一个民间概念，就想成为北大的一个部分。青年老师们没有那种影响力，所以没有搞集体签名，而是由汤先生授意去找到冯先生。当时冯先生是政协委员，冯先生接受了，愿意以自己名义签署此信。通过谁递交上去的呢？一个说法是鲁军的父亲，他是外交部的一位副部级干部，任驻越南大使，他有很多这样的关系；另一个说法是通过孙长江转递的。但这个事后来就没有下文了。胡耀邦同志接到信之后，很快就有了批示，写了几句话，但我们没有见到这份原件。信件批示给彭珮云，再到教育部长。教育部长又批给了北大党委书记，然后就没有下文了。我和汤先生去找书记，他知道有这件事，但不同意建立在北大。汤先生是谦谦君子，他不好吵架，而书记说话不好听，那意思就是你们凭什么搞这样的一个文化事业，北大是国家办的，你们不能随便讲出一个东西，就让北大接受。

后来我们想建立一个国学研究院，北大也不同意。报告的草稿我现在还留着。一开始我们想办国学院，我们很早就提出来，但北大还是不同意，说你们哲学系怎么能搞一个国学院，用这个理由拒绝了。此后，汤先生和乐先生在深圳大学成立了国学院。在北大成立国学院的想法未能实现，我们又建议成立国学研究所，北大还是不同意。最后我们就申请建立中国哲学与文化研究所，北大批了。最终书院的成立是我们自己发愤图强做出来的，也是把我们逼出来的。实际这也不太容易搞，需要钱、办公场地等。许多材料我都保留着，当时书院里面大部分文件都是我起草的。那时候就这么几个人，我离汤先生家很近，有事他就找我。书院成立，现在说起来很容易，其实是一个非常复杂且充满矛盾纠葛的过程。

马：当时书院的第一批导师是不是有近 70 位？您是学术委员会的副主席，参与了聘任导师工作吧？

李：第一批聘任的导师有 70 多位，其中包括港台学者 10 余位。除大陆和港台学者外，还有来自美国、加拿大、澳大利亚、荷兰、韩国、日本等国的著名学者 20 余人，其中多数为外籍华人。仅美国就有 10 来位影响很大的知名学者，如杜维明、林毓生、成中英、傅伟勋等人，都是汤先生推荐的。他们都非常积极地参加我们中国文化书院的活动。后来又增加了俄罗斯学者，这些导师很快组织起来了，充分体现了中国文化书院的国际性。正如我们宗旨里说的，要把外面值得我们借鉴的优秀文化引进来。这也是我们文化书院的一个使命。

那时年轻的我们，也"混到"导师队伍里去了，我们当时的学问是不够当导师的水平的。主要考虑我们年轻、精力充沛，可以做一些组织工作，能够为老先生们创造更好的条件来工作。我们确实也是这样想的，都不计名利地努力去做。老先生们都非常支持，令我们很感动。最让人感动的，还是这几千年的文化传统。当我们阅读每一部经典、每一篇文章，乃至吟诵每一首诗词时，总觉得那里蕴藏着古人的智慧，它在今天还有用，我们要把它继承下来。老先生们在学术界是各有各的本事，各个领域都有，他们的丰硕成果，都有他们对中国文化的传承、发展和贡献。他们严于律己，人品学问都是上乘。后来，书院之所以有那样大的影响力，最重要的是因为有这么一批导师。

马：李老师，书院凝聚了一批老先生，他们积极参与了书院的各项工作。有哪些人和事让您记忆深刻？

李：翻开最初（第一批）七十余人的导师名单，百分之九十的导师先后离世，健在者不足十分之一。在中国文化书院建院四十周年之际，让我们以最深沉的思念和敬意，向去世的导师表达哀悼之情。文化书院之所以有今天和这些老先生们的支持和参与密不可分。

关于梁先生、冯先生与书院的事，我曾专门写过文章，《梁漱溟、冯友兰与中国文化书院》。梁先生给新加坡东亚哲学研究所的题词，"我生有涯愿无尽，心期填海力移山"，至今我仍记忆犹新，这是梁先生一生的写照。冯友兰先生学问那么大，却很谦虚，为年轻人树立了人生的榜样。

杨宪益先生，我虽然接触不多，但其幽默感给我留下深刻印象。他是一位大翻译家，是将《红楼梦》翻译成英文、向海外推介的第一人，20世纪 30 年代在欧洲文化界有很大影响。他在英国留学，娶了一位英国夫人戴乃迭。她出身富贵人家，父母是不同意的，但戴乃迭仍然跟随杨先生回国工作，在编译局做翻译。"文革"时期受到非常大的冲击，夫妇两人都被关进监狱，他们坚强地活了下来。杨先生很乐观，也很幽默。我们去他家里，他抽着大烟斗。我们问他："大家说您长寿，想问问您的长寿秘诀。"他说："我没有什么秘诀，只有三条经验，即'抽烟、喝酒、不运动'。"我们不是第一次听到，只是想印证一下，这是他的幽默。他虽然很少参加书院活动，但他对书院却情有独钟，他参加书院的本身，即为书院的存在与发展增添了影响力。

虞愚老先生，是社科院哲学所研究员、著名佛教因明学家、著名书法家、诗人。他与张岱年先生同年，又是张先生的老朋友。他是一位非常豁达乐观的老先生，学术领域宽广，书法尤其知名。80 年代，书院经常举办导师雅聚。每次雅聚的一项重要内容就是请导师们写字。在入席之前，我们都准备好纸、墨、笔、砚，虞愚先生常是带头先写。他写字时，总是全身运动，每写一字，好像有节拍一样，有时看来很用力，有时又如蜻蜓点水般轻盈，有时还口中念念有词。看似把精神完全集中在笔端，身体协调，有动作，有声音，人笔一体。他的这些书法非常有特点，写出的每一个字都像一幅画，栩栩如生，和当今书法界用墩布写字、故弄玄虚不同。他的书法虚实相间，刚柔相济，轻重缓急有很强的节奏感。他被导师们誉为书院书法第一人。他给我留下的印象是一位和蔼可亲、学品人品兼济的多才多艺的学者。

马：老先生们的个性也很强吧？

李：梁先生、冯先生的性格就不一样。梁先生是一个直筒子的人，有什么不满意，当面就说出来。如果你说错话，他当面就会批评。

有一次导师雅集，会后有一则报道说梁先生讲我们要学习"孔颜乐处"的精神。《论语·雍也》有"贤哉，回也！一箪食，一瓢饮，居陋巷，人不堪其忧，回也不改其乐"。我们应该有这种乐观向上的精神。但记者报道时，把"孔颜乐处"写成"苦言乐处"。梁先生非常不满意，当着这位名记者的面，直接盯着她说："你没有文化却要谈文化，这不是害人吗！"梁先生学问大有脾气，但他年纪大，即使严厉批评，就像爷爷辈跟你说，你也能接受。我们反倒觉得他非常可爱。

还有一件事。在书院导师名单确定后，我们的宣传材料里经常把冯先生放在第一位，当时我们没考虑那么多。梁先生就有点儿生气，说你们不了解历史。他就讲他在北大哲学系做讲师的时候，冯先生是学生，冯应该是学生辈的。那意思就是应该把梁先生放在第一位。说这话时，还有好几个人在场。后来两位先生之间有很多故事，这个和书院关系不大。在书院里面，两位先生都是德高望重的君子，人们都非常敬仰他们。

马：书院举办的讲座中让您难忘的有哪些？

李：最难忘的还是梁先生第一次出场的那次，1985年3月。文化书院成立不久的第一次，举办"中国传统文化讲习班"，梁先生是第一位演讲人，这是他与世隔绝三十年后第一次在公开场合讲话，非常轰动。书院向社会发出广告信息，讲习班持续一周时间，有许多老先生参加授课、讲座，每天两位。有人曾给冯友兰的女儿冯钟璞打电话，说看中国文化书院广告，梁先生、冯先生都去讲课，问是不是真的。他们以为是骗子，有些不相信。后来宗璞先生还跟我说，你看这个讲习班，人家都不太相信你们能把梁先生和冯先生请出来。

讲座第一天是我主持的，那时鲁军和魏常海（他刚从日本回来）、王守常、田志远等人在西苑饭店筹划另一件工作，即从日本搞到的十几种衣服纸样，在新华印刷厂翻印，然后批发给商家销售。一开始卖得很好，供不应求。他们在西苑饭店筹划如何再加印纸样。这是一件很重要的事，因为当时书院缺少资金，只能自己想办法去赚钱。我则和另外几个人在当时的中央团校大礼堂主持讲习班。

1987 年 10 月份，书院召开了"梁漱溟思想国际学术讨论会"，也非常隆重。当时周谷城副委员长等大人物都出席了，陈越光《八十年代中国文化书院》里记录得很详细。后来我查了日记，有的说法也不完全对。在会议前一天晚上，我去梁先生家，忘了是和谁去的，给先生带了生日蛋糕，说第二天的会议事宜。梁先生还问，书院现在怎么样了，他很关心书院。第二天他的儿子，陪他到了二七剧场，参加会议的开幕式。梁先生已94 岁了，我们请他坐着讲，他坚持站着讲，演讲非常感人。会议当天下午挪到香山饭店。这是比较早的一次国际学术讨论会。

1987 年以前，我们做的讲座属于小型讲座，或短期讲习班，有的一个礼拜，有的只有两天。每次学术讨论会都有发布会，产生了很大影响，每次会议都有新闻媒体报道，这样大家都知道中国传统文化了。

马：书院还有许多文化交流活动吧？

李：是啊。中国文化书院成立后，先后聘任了近七十位在国内国际上都有影响的人文社会科学的专家教授和学者为书院导师。其中还包括美国、日本、加拿大、澳大利亚等国家的华裔学者，以及香港、台湾两地的十余位著名学者。由此开启了最早的大陆与港台学者之间的学术交流活动。在 80、90 年代，我们先后接待了港台著名学者和政治名流胡秋原、严灵峰、费希平、王晓波、张振东、黄猷、柴松林、刘述先、郑小瑜、霍韬晦、赵令扬、陈方正、陆人龙等人。这些学术交流拉近了大陆与港台文化上的联系，深化了对中国传统文化的认同，间接地促进了两岸和平统一和香港回归的文化意识。

在国际方面，书院先后接待了世界未来学会、新加坡东亚哲学研究所、新加坡亚洲学会、澳大利亚国立大学、意大利那不勒斯东方学院、美国社会科学委员会、美国新墨西哥大学、欧洲跨文化学院、日本亚洲太平洋中心等大学和研究机构的学者和访问团。通过国际间的文化交流活动，促进了我们对国际政治和文化的了解，同时也打开了文化交流的大门，促进了国际社会对改革开放后的中国的进一步认识和了解，加强了中国在国际上的影响力。

文化书院的学术活动是多方面的，最多的是文化讲习班和大型文化培训班，其次是文化研究和文化出版物，第三是文化学术研讨会。仅就学术研讨会来说，中国文化书院从 1987 年 10 月到 1993 年 3 月七年间共召开了七次大型国际学术研讨会，如 1987 年 10 月召开的"梁漱溟思想国际研讨会"、1989 年 5 月召开的"纪念五四七十周年国际学术研讨会"、1989 年 5 月 20 日召开的"中国宗教的过去与现在国际学术研讨会"、1990 年 12 月召开的"冯友兰哲学思想国际学术研讨会"、1991 年 7 月召开的"儒家与基督教国际学术研讨会"、1992 年 10 月召开的"东亚地区文化和经济互动学术研讨会"、1993 年 10 月召开的"中西印文化的融合及其发展前景国际学术研讨会"等。这些大型研讨会，参加人数大都在150 人以上，参加研讨会的人员除本土专家学者外，还有来自世界各国的学者，最多时有来自七八个国家的专家学者。此外，还有小型的学术研讨会和座谈会，都是针对当时国内国际间的文化热点问题和中外文化的比较互动而召开的。

这些国际学术会议的召开，对中国文化的弘扬和传播、对世界文化的了解、对中外文化的交流互动、对推动中国文化的现代化，都起到了巨大的推动作用，并在国际上产生重要影响。

马：80 年代出现了"文化热"，中国文化书院起到了一个引领作用。"五四"新文化运动与这个 80 年代的"文化热"，它们的区别和现实意义是怎样的？

李：80年代有"文化热"，五四时期的讨论也涉及文化，这是它们的共性。但它们最大的不同在于，"五四"的新文化运动，强调爱国主义，对传统文化持一种批评态度。"五四"产生了后来的全盘西化的思想。当时包括我们建党的领导人，李大钊、陈独秀，还有胡适等人，他们认为中国最大的问题就是文化，中国传统文化是封建文化，这个封建文化已经被西方甩在后面。所以就把中国落后的一个重要的原因归结为文化的落后，所以"打倒孔家店"是那时候提出来的。"文化热"之前的"文革"也提出了"打倒孔家店"，而且"文革"十年要比"五四"时期反孔更加厉害。那时候一些重要口号叫"批林批孔"，批林把孔子带上了，声称要"打倒孔老二，还要踏上一万只脚，让他永世不得翻身"。在文化立场上，"五四"时期的反传统思想与"文革"时期的这种反传统思想基本上是相同的。

80年代的"文化热"还带有一定的西化烙印，有一种二元对立的思维。他们认为我们必须走出旧有的文化，才能真正走向未来的社会。当时这种思想还是受"五四"时期全盘西化的影响。当时有人在北大来做报告（这个名字我不说了），讲到假如中国人要想摆脱我们文化的沉重负担，那要改善我们的人种，人种都要改变，这就很厉害了，太过头了。当时就有不同的意见、不同的看法。

"文化热"的社会背景是，我们封闭了许多年后刚开放，才知道自己处在什么位置。我们确实很落后啊，特别经过"文革"这十年的破坏，经济、政治、思想、文化等各方面都受到严重冲击。文化书院的宗旨我刚才说了，我们要继承优秀的文化遗产，否定全盘西化。比较与吸收西方文化，使我们中国文化在继承基础上有所发展。为什么梁先生和冯先生支持我们做这个文化实验？他们都是"五四"运动、"文革"的亲历者。几千年的文明古国、几千年的文化，哪能那么容易被打倒呢？打倒的结果就是"文革"的状态。

书院初创时，社会上就有人持反对态度，说梁漱溟、冯友兰等老一辈学者都是文化保守主义的元老、封建社会的遗老遗少，和一批保守的青年人混合成一个班子，叫文化书院。我们那时就想反击他，后来汤先生说不要理他们，你理他们，反倒给他们扩大了影响。即使书院内部，也有人认为我们这样做，好像太保守了，并因此退出了书院。这种社会的风气，特别是知识分子里，给我们造成了一定的压力。当然主张全面西化的人，毕竟还是少数，他们的出发点也是想怎么能让我们国家发展起来。包括五四时期，那些主张西化的人也不是不爱国。

我们几千年文化没有断裂，但在"五四""文革"时期，是发生局部断裂的。这是我的看法，不一定对。当时思想的冲突也很强烈，所以书院的宗旨里就有吸收外来优秀文化的提法。

另外，书院主张兼容并包，导师们实际观点都不完全一样。导师里面有激进的，也有保守的，但大家都可以坐在一起讨论问题。

马：我想再问个问题啊，在90年代末期延续到2000年以后社会上又出现了"国学热"，这与80年代"文化热"有什么关系呢？

李：这个问题提得很好。我刚才讲到了80年代"文化热"和"五四"新文化运动之间的关系问题。我想这个"国学热"是在80年代"文化热"基础上发展起来的。因为80年代，大家在讨论中是非常激烈的，当时包括"走向未来"丛书编委会和"文化：中国与世界"编委会。这两个机构要比中国文化书院更激进。在他们看来，书院可能是保守的。这三家影响都很大。80年代"文化热"是一次启蒙，而"文化热"是突然开放以后，大家面向整个世界了，这就出现了整个世界的文化和经济的发展与中国的关系问题。"文化热"讨论背后的动机就是文化的差别问题。有人认为这种经济上的不同是文化的问题。当时有很多讨论。"文化热"时与"五四"的不同，就是我们是一个统一的新中国，文化自信多少是增加了。"五四"时期的文化批判是一种自虐的行为，任何国家似乎都没有像中国这样，把自己的文化说得一无是处，要全盘西化。所以我们没有把"文化热"叫思想解放运动，而是叫一次新的启蒙。这种启蒙，对我们的传统文化与新的技术发展理念都起到推动作用了。年轻人也非常热衷于在这个基础上讨论。80年代末这种讨论被压住了，然而到了90年代，大家一想，还是得谈文化，文化与经济发展关系很重要。所以从90年代起，从宏观的文化讨论，进入比较微观的讨论。这个微观的讨论包括已经被冷落了近百年的传统，比如经学。各地都开始办国学社。这是在学习自己民族的文化，这个文化拥有几千年的历史。这跟我们书院正好是相关的。从"文化热"到"国学热"，文化书院起到了引领作用。

马："五四"、"文革"时期批判传统文化，近 20 年出现"国学热"，各地涌现出各类国学班。对待传统文化，我们应该注意哪些问题？

李：伴随着"国学热"，社会上必然出现了各种各样的现象。这个问题就有点复杂。

"五四""文革"，那时是把文化当作替罪羊来批的。清政府或者民国政府，之所以落后于世界先进国家，不完全是文化的问题。新中国成立以后，面对现实问题，有人就从文化上去找，于是儒家就成了替罪羊，就要被批判。历史上西方文明，也不是一上来就完全正确吧，也是经过不断调整，改造提升，才发展到今天。它有它的问题。我们也应该持这样的态度。你不能把我们自己的历史完全推倒，那行不通吧？你把对现实的不满发泄到文化上，这是挺重要的一个问题。再有，也不能把这个文化政治化了。要把它完全当作工具就不行，它的反弹会很厉害。现在讲依法治国，凡事要依法做事，但不要用它去限定或制约思想，应该允许大家有不同的想法。如果他有问题，你有法律，因此不要把文化法律化、政治化。

我们的文化强调修养，这个修养不是针对老百姓的。有人批儒家，就说你们是被统治者利用了，但儒家向来强调"内圣外王"，强调天子以至于庶人皆以修身为本。现在特别强调"外王"，要做好"外王"，你先是"内圣"才行。儒家一直在这样做、这样想。若将两者分裂的话，"外王"是做不好的。口口声声讲国学，讲儒家，那你自己呢？比如贪官，贪官有两张皮，嘴里说得那么好，行为却那么无耻，古人说："满口仁义道德，肚子里却男盗女娼"，他们败坏了文化传统，也败坏了文化的价值，如果按照传统文化和历史经验、历史教训去做，就不会有这种双面人。我们哲学系毕业的，我那届当官的也不少，局级干部十几个，部级干部也有好几个，他们中就几乎没有因腐败下马的。当然这不是绝对的。有些人他不学习，却让你学，这样公信力就没有了。你再有好的文化，也不行，因为他掌握着权力，运行着这个制度，你没法违抗。这个问题当然也很敏感，所以我一直说不能把传统文化工具化。我们要避免工具化，人是目的。把文化也当工具，那文化就变成一个工具理性了，它不是一个价值理性。价值理性是有是非观念的，有是非取向的。工具谁都可以用，你把文化当作工具，就降低了文化的价值，你就不能从内在的心里去相信它践行它。我们现在就有这个问题。

我们也不能不说说碎片化问题。现在互联网的发展导致碎片化十分严重。碎片化本身就是工具化的一种表现。我有时候讲课讲到某人或者某一个概念的时候，下边听的都在那儿翻手机，我说你们翻手机想看我说的概念对不对，是不是？你们不要看这个手机了，即使我讲的不对，你也得看手机讲的对不对吧？他就这样，老看手机，那里面什么都有，都是片段啊。

所以一个工具化、一个碎片化、一个商品化，这三化就害了我们今天的文化。

马：李老师，请您讲讲文化的本质是什么？中国传统文化的特质有哪些？

李：什么是文化，这个问题当然挺复杂。"文化热"和"国学热"都涉及这个问题。特别是 80 年代"文化热"的时候，因为"文化热"嘛，关于什么叫文化，就提出讨论。现在看起来那时候我们真是幼稚啊，非得要搞出个定义来。结果呢，搞不出来。据李泽厚先生说，关于文化的定义，有几十种。直到现在，没有一个人能给文化做一个绝对完整的定义。最后就只能追溯"文化"概念产生的源头。

"文化"最早出自《周易》贲卦，《彖传》解释说："刚柔交错，天文也。文明以止，人文也。观乎天文以察时变，观乎人文以化成天下。"人文这一概念最早就出现在《周易》里。"人文"这个词出现要比西方早很多年，千年后西方文艺复兴时才提出来。古希腊的著作中还没有这概念。

历史上对"文化"的解释有很多，主要体现的就是文明与教化。王弼的解释是从反向讲的，反愚昧，反暴力。"文明以止"，很清楚就是不用暴力；再一个是去除愚昧。也有用"人道"来解释人文的。如程颐的解释是："天文者，天之道也。人文者，人之道也。"这些都和文化有一定的关联。"观乎人文，以化成天下"，即"人文化成"。根据人文来教化天下，这就是教化的意思。其中虽然没有"文""化"连用，却有"文化"的含义。西汉刘向《说苑·指武》中写道："圣人之治天下也，先文德而后武力。凡武之兴，为不服也。文化不改，然后加诛。"这是"文化"概念的最早出处。

文化的概念，有狭义和广义之分。狭义的文化，就是指文化观念，思想意识的文化观念。广义的文化，主要分三个部分，一个是观念形态的文化，第二个是制度文化，再有就是物质文化。就是我们讲物质文明、精神文明，这都是文化的表现。

《贲卦》的卦象是山下有火，火照亮山体，给山体带来光明，这就是文明以止，居于文明，这就是人文。人文是人类特有的，动植物也都有纹，像虎豹之皮都有纹。人类的"文"与动物不同，它是人创造出来的，动物是不能创造的。人类也有"文"，这个"文"本身代表着光明，以光明普照大地，以人文教化社会，此即"人文化成"，亦简化为"文化"。

说到中国文化素养或中国文化特质，很多文章都讨论过。

中国文化最大的特点就是这种非宗教性，人文主义和道家自然主义相结合。它的特点使得宗教不发达。再有中国文化的特征就是贲卦中所指的人文精神。再一个中国的思维方式的特点和西方不同。中国思维方式的特点是天人合一，就是人与自然的关系，强调这两者的关系是合一的，西方是二元的。从《周易》开始，贯通整个中国文化的各个系统，都体现出包括知行合一、情景合一、形神合一等，佛教思想也一样，讲"六相圆融""理事无碍"。这个思维方式体现出整体的、模糊的、动态的、有序的和有机的特点。

中国文化强调整体性，这种认识应该优于西方。如果不把问题看成是一个整体，那就破坏了整体性。现在讲的共同体都是从《周易》这里来的。所以中国文化的认识论或思维方式都强调整体性思维。

马：文化对普通人的作用是什么？普通人怎样可以成为一个文化人？

李：文化对人的作用，应该就是一个潜移默化的问题。没有文化的潜移默化，总有别的东西来潜移默化的。所以人树立认识世界的方式或方法，它是通过这些习惯对你产生影响。那么，学习中国文化的意义就在于把不自觉地形成的生活习惯，变成一种自觉的行为，这必须通过文化的教育才能得到。我想作为文化人的重要条件就是，必须通过读书来修养人品、道德和人格。有的人说不读书也可以成为大丈夫，这是可以的，但那是少数。

读书的作用起码有两条。首先就是对人的潜移默化。用佛教的渐悟讲，潜移默化积累日久，它就能显示出来了。这不是读一本两本书，而是读书的习惯。第二就是读书可以提供间接经验。一个人的社会经验总是有限的，这是直接经验，无非就是 30 年、50 年吧。大量的东西是从书本那里学的，书本的经验叫间接经验。书本上的东西都是有经历或者有感悟的人写的，所以书本是吸收人生经验的重要来源，这就是文字的作用，文化传播的意义也在这里。文字是个载体，将历史中的智慧用文字记录下来，它可以世代相传。几千年的智慧，我们学都学不过来。所以读书是智慧的间接来源。人生智慧靠直接经验太有限了，受各种各样的限制，尤其受职业的限制，但是读书没有限制。在空闲的时间里什么书都可以读，叫开卷有益。当然，读书要有选择，读好书，读经典，才能真正做到开卷有益。

古人讲这个是传道的问题。咱们读的经典，也是传道。古人说为什么要读经典？因为"经之有故训，故明经以造乎道也"。经里面有故训，故就是过去的，训就是经验教训。读经是为了明道，我们讲的文化自信可能和这就有关系。我们民族几千年，不是白过来的。最近就有人在网上讲墨家，说儒家不行，道家也不行，只有墨家行。这讲得就绝对了。诸子百家，本身是互补的，不是说我要灭掉你，而一定是互补。儒道互补，道法互补，都是互补。每一个时代的文化，它在社会大一统以后都有文化的综合运动。只是有时候综合得好，有时候综合得不好。秦始皇就是绝对化，以吏为师，以法为教。这就把法家绝对化了，那不行啊。汉代董仲舒，罢黜百家，独尊儒术，实际上并非独尊。董仲舒《春秋繁露》是以儒家为主，吸收了墨家、道家、法家、名家、阴阳家等众多门派思想。咱们共产党掌握政权以后，讲马克思主义，但马克思主义又与中国的实践相结合。如果全盘照搬马克思经典，那就绝对化了，就不行。《淮南子·俶真训》有一段很有名的话："百家异说，各有所出。若夫墨、杨、申、商之于治道，犹盖之无一橑，而轮之无一辐，有之可以备数，无之未有害于用也。己自以为独擅之，不通之于天地之情也。"大意是说，诸子百家的学说，都各自有其产生的背景。至于像墨子、杨朱、申不害、商鞅等人的学说，对于治道，就像房顶缺少一个椽子（或雨伞缺一根支架）或车轮少一根辐条一样，有它可以充数，没有它对于治也并无大碍。自己以为是独一无二的，这是不能通达天地之情的表现。

马：请您为现在书院的年轻导师、书院员工说几句话吧！

李：中国文化书院是时代的产物，它有着自己的历史使命。一个人一生当中要碰到很多不同境遇，书院也是一样，就像一个人走到中年了。我们将 40 年走过的路程，进行清醒的、理性的总结，也是我们为国家、为民族做出的贡献。

文化书院的发展要按照原有的宗旨，这个宗旨最终的目的就是实现中国文化的现代化。这个现代化主要体现在两个方面吧。一个是社会实践，一个就是理论，指路的理论。这个理论也要有现代化发展，它不是从一张白纸开始的，而是有几千年的积累。我想扬雄讲的因革关系就是很重要的。《太玄经·玄莹》说："夫道有因有循，有革有化。因而循之，与道神之。革而化之，与时宜之。故因而能革，天道乃得；革而能因，天道乃驯。夫物不因不生，不革不成。故知因而不知革，物失其则。知革而不知因，物失其均。革之匪时，物失其基。因之匪理，物丧其纪。因革乎因革，国家之矩范也。矩范之动，成败之效也。"

因就是循，是继承。革，就是改革开放。这两者的关系不能隔断。若知因而不知革，一味保守继承，不知道变革，这个事物就无法发展，则"物失其则"。反过来也不行。只知革而不知因，事物发展就不平衡了，则"物失其均"。革新和创造，都要在原有基础上。中国梦是中华民族的复兴，包括文化的复兴，是要继承那些优秀的、精华的内容，这个精神纽带是强调我们文化的连续性；同时吸收不同的文化来丰富这个文明。继承传统与吸收外来文化，两者不可偏废。不能搞虚无主义的脱离历史，也不能搞全盘西化，否定我们的传统，那是现代化不了的。我想别的国家也是一样的。新中国成立 70 多年，前 30 年、50 年，有它的经验和教训，我们不能割断这个关系。未来也一样，再过 20 年、30 年，这一段历史也要发展的。文化的现代化，就是需要一代一代的努力，使我们文化的发展跟上人类文明发展的步伐。

我希望将来到文化书院工作的人，能够记住我们文化书院的宗旨。在文化事业里不能斤斤计较于个人的名声或者利益，一定要把这个团体搞得好一点。这是我最中肯的希望，因为它对国家、对社会都是有利的。

中国文化书院存在的 40 年，本身对于中国文化的传播和弘扬，起了很大作用。我认为陈越光作为新院长，有雄心壮志将书院继承下来，发展下去，使书院在未来的岁月里，为中国文化的现代转化和中华民族的复兴尽绵薄之力，助力中国文化书院的发展再创辉煌。

致敬·过渡·意义

陈越光

陈越光（1953—　），中国文化书院院长、中国慈善联合会副会长、西湖大学校董。本文为作者在 2022 年 2 月 25 日当选为中国文化书院第三任院长后，在会员大会上的就职感言。

在今天的会员大会、理事会上，我被推选为中国文化书院院长，感谢大家的信任。

文化书院素来无利，现在也说不上有多大名声了，大家不离不弃，也就是说还有一种内在的凝聚力，一种内在的召唤，我想，这就是中国文化承载者的使命感使然。刚才王守常、李中华、魏常海、林娅四位创院理事的发言，都提到我写的那本《八十年代的中国文化书院》[1]，我就是被他们和他们的老师们创建中国文化书院的故事所感动的。他们今天都不再年轻，但我们可以看到，他们虽然容貌不再是当年，精神气质却还是当年！

在这个场合，我想要讲几句我的感言。

---

[1] 陈越光：《八十年代的中国文化书院》，北京：生活·读书·新知三联书店，2018 年。

第一，我要说的是"致敬"

三十年前，1991年8月28号下午，因为我将担任中国文化书院副院长，所以，院长汤一介先生带我到院务委员会主席季羡林先生家里，说是季先生要跟我谈一谈。其实，我们谈话除了一些客套之外，季先生只问一个问题。我想，这是他认真要跟我说的话。他说："越光，你知道从梁漱溟先生到后来，书院的传统是什么？"我没有回答，季先生说了两个字——"骨气"。汤先生在边上做了个解释："就是季先生八十寿辰时，庞朴说的康德那句话，有价值和尊严，价值是可以转让的，尊严却是不可转让的。"

但季先生、汤先生说的"骨气""尊严"，具体指的是什么呢？我大概一直到二十五年以后，当我写《八十年代的中国文化书院》的时候，才逐渐理解。季先生说的"骨气"，汤先生解释的"尊严"是什么？我想主要有两点，一个是文化自觉，就是中国文化书院创院时的那句口号：中国文化走向世界，世界文化走向中国。这一互动的过程体现了一种文化自觉和文化自信。但不是文化的封闭，不是关起门来说自己好。这是一种开放中表现的尊严、骨气和自信。第二个就是民间定位，季先生多次讲到，中国两千年来，教育上是两条腿走路，有官学，有私学，但是我们这些年只有一条腿，所以中国文化书院要坚持民间定位。这也是一种尊严，一种骨气。文以载道，道在人，在民间。

我在想，中国文化书院是什么？它是一个人文学者的团体，是一段历史，但是我想，它更意味着一种传统。中国文化书院从1984年创院以来，就汇聚了一批五四以来的当代学人，像梁漱溟、冯友兰、张岱年、季羡林、任继愈，从他们这拨，到汤一介、庞朴、李泽厚、孙长江、乐黛云，再到李中华、魏常海、林娅、王守常，等等，这样几代学人。那这几代学人，他们代表了什么？代表了中国知识分子在那个时代的大变局的冲击下，历经动荡、封闭、委屈，但毅然追寻着文化传统的尊严与梦想，依然坚持着以文化回应时代叩问的思考与探索。这就是书院的传统！所以，作为一个后来者，面对这样的人，已经成为历史和将要走进历史，面对这样的机构传统，我们，不能不肃然起敬。

同时，我也特别要说，守常兄主持文化书院这近 20 年，是在艰难承接中的一种坚守，也不能不使我们充满敬意。

第二，我要说的是"过渡"

我必须向会员大会明确说明，我们这一届，第五届一次理事会选出的书院领导班子，院长、副院长、秘书长，是书院历史上最弱的一届。跟创院时不能比，跟历届都不能比，无论文化修养、学术能力，还是社会影响力，都是最弱的。我想，看清楚这一点，看透彻这一点，是有好处的。好处是什么？是可以让我们更谨慎一点，更开放一点，也更坚韧一点。我们要知道，要明确地意识到，这是一个过渡性的领导班子。所以，一定要以更开放的心态，用更开放的方式，来吸纳书院新的同仁，来完成更好的、节奏更快的更替。为什么会选这样一个班子？这是书院的惯例，一拨一拨地顺序来，你想想我当副院长都三十年了，他们几个也都是书院老人。所以，这是自然排下来的。但是，我想这个惯例，应该到我这里为止了。书院要吸纳新的人进来，要新的成员进入新的文化书院。

我们这一届从章程规定来说是五年，而我认为，也可能一年，也可能三年，也可能五年。所以要以更坚韧的态度，脚踏实地地做事。你这一步踩出去，你就要做好准备下一步不是你踩了。因此，这个脚印就要留好了。我希望这成为我们班子的一种风格，我这只脚踩下去，就要留好一个脚印在这里，下一步不一定是我踩了，那是下一拨的事情了。

今年我们工作的四个要点，在刚才的理事会上已经审议通过了。一是完善规章，建立工作制度和会员管理体系；二是清理和规范分支机构、合作与授权项目；三是充实内部业务机构中国文化书院跨文化研究院；四是调整和加强导师队伍。

第三，我要说的是"意义"

我太强调过渡性，似乎就会使人有点气馁，不够振奋。所以，也要讲一讲意义。其实，我们讲过渡班子也许不好听，但另一方面我们也可以想一想，哪一种生命体面对当下不是过渡呢？我们个人的生命状态不也是过渡的吗？向死而生，不也是在过渡中的一种存在吗？所以在这个过程中，我们应该来回答的问题是，从过渡的角度来说，它意义何在？

意义，在时间。中国文化书院历史的承续本身就有意义。王安石曾经思考过一个问题，《周礼》为什么那么完备。他认为并非只是文武周公之力，不是一日之功，"盖其因习以崇之，赓续以终之"。[1]中国文化书院的事业，也是要在赓续中完善的。正是在这个意义上，要向守常院长致敬。

我年轻的时候，非常喜欢帕斯卡尔（Blaise Pascal）《思想录》里的一句话，"给时光以生命，而不是给生命以时光"[2]。但是，我现在想，帕斯卡尔，这位年轻的数学家、物理学家、哲学家没有活到 40 岁，如果他像孔子那样享年 72 岁，像柏拉图那样活到 80 岁，他会不会修改这句话？我想也许他会说：首先是要赋予时间以生命，然后还需要，赋予生命以展现的时光。我们诸位，在座的每一位，我们为中国文化书院所做的一切工作，点点滴滴，都是为了赋予中国文化书院——这个文化生命体更多展现的时光！

1　王安石《〈周官新义〉序》："其法可施于后世，其文有见于载籍，莫具于周官之书。盖其因习以崇之，赓续以终之，至于后世，无以复加。则岂特文武周公之力哉？犹四时之运，阴阳积而成寒暑，非一日也。"

2　［法］布莱士·帕斯卡尔（Blaise Pascal），1623 年 6 月 19 日—1662 年 8 月 19 日，法国数学家、物理学家、哲学家，其哲理散文集《思想录》首次出版于 1670 年。

八十年代"中国文化书院"忆往

李泽厚

李泽厚（1930—2021），中国社会科学院哲学研究所研究员，中国文化书院导师。本文选自《中国文化书院八秩导师文集·李泽厚卷》，东方出版社，2019 年 3 月。

记得曾经说过，二十世纪八十年代北京三大民间学术团体，即"走向未来丛书""文化：中国与世界""中国文化书院"，我都参与而未深入。其中最后一个因常有"雅聚"，交往较密，相见略多，各种报道也常常有汤一介、庞朴、李泽厚三人名字出现。但实际上，我却根本没与闻或过问任何大小"院务"，包括鲁军先生"闹分裂"那件书院特大事故，我当时也未闻未问、不知不晓，后来从同住一楼上下的庞朴兄处，才略悉一二。总之，我那时是各处被邀列名，从不管事。但我倒清晰记得，汤一介兄在许多年后——大概是这个世纪的回忆文中，谈到书院的初创期最得力于鲁军、孙长江、庞朴三人，我觉得十分公允。如实道来，不念旧恶，颇难得也。当时鲁军是公开宣布将汤一介等人开除出书院的，虽然后来失败了。

我因不与闻书院事务，所能记起的事也就很少。我在书院只讲演两次：一次是讲中国智慧，有如广告所公布的；一次是讲西体中用。两次

九州知识信息开发中心
中国文化书院 联合举办

中国文化讲习班

本讲习班的主讲人和讲授题目：

冯友兰（北大教授）中国哲学特点；梁漱溟（中国著名学者）中国文化要义；张岱年（北大教授）中国文化与中国哲学；任继愈（社科院研究员）儒家以后的三教合一思潮；乐含莫（社科院研究员）殷学与汉学；侯仁之（北大教授）中国传统地理学与爱国主义思想；葛兆光（社科院研究员）道教思想；吴晓铃（社科院研究员）中国古典戏曲；石峻（人大教授）佛教与中国文化；金克木（北大教授）；研究中国文化史的方法；虞愚（社科院研究员）中国书法艺术；阴法鲁（北大教授）中国古典音乐；朱伯崑（北大教授）易学与中国文化；汤一介（北大教授）道教的产生及特点；丁守和（社科院研究员）中国近代思潮；李泽厚（社科院研究员）老庄与纪采哲学的比较研究；杜维明（美国哈佛大学教授）儒家哲学与现代化；陈鼓应（台湾知名学者）；何兹全（北师大教授）魏晋时期的儒学；孙长江（北师院教授）经学与中国文化。

时间：3月4日至3月24日。学费200元。外地学员讲习班负责联系食宿场所。

报名地点：九州知识信息开发中心（北京王府井大街东厂胡同1号）

电　话：55.5131--224

开户银行：北京东城区中国工商银行王府井分理处

帐　号：6900107

的提纲后来敷衍成文发表了。印象最深的是，当时清华大学建筑系著名的吴良镛教授，居然不计自己的身份地位，以普通学员报名来院听讲，使我大为惊讶，这在国外并不稀罕，但在论资排辈的敝中华却极为难得。这使我暗自佩服，认为颇值自己学习。另外，还记得 1986 年一次与梁漱溟赴院，往返同车，梁在车上对我说，《光明日报》记者将他所说的"孔颜乐处"竟误记为"苦言乐处"发表了，颇为不满和恼怒，认为有损他的思想和声誉。后来又听说，他对《人民日报》报道中将他的名字置于冯友兰之后（见该报道）也很不高兴。冯比梁只小两岁，却是梁的学生，资历、操守也不如梁。梁素律己甚严，当时我想，即使圣人也难免有脾气啊，其实何必如此认真，这等小事，一笑置之可也。

我一直尊敬梁先生，当时他可以上台讲演，他那念念不忘的出书却仍大不易，恐怕要八十年代中期才入佳境。1982 年夏威夷召开的国际朱子大会，邀请了他和冯友兰，那时允许冯却不许梁出国与会。其实，梁是颇想去的。当时大家因怕犯政治错误，对他总有点敬而远之的味道。记得一次北海聚餐，我特意找他合影时，一些人都面露惊讶，但很快便有好几个年轻人也上来和他一一合影了，此情此景此意，今日读者大概是很难理解了。

谈及北海与书院，我记得在北海仿膳请饭甚多，当然都在房间里。只一次很特殊，在对岸临水的五龙亭上，大概也是 1986 年，波光湖影，夕阳西下，大家围坐一二圆桌，汤、庞好像都在场，反正孙长江兄是参加了的，李中华、魏常海诸兄当然也在。记得孙与王守常、鲁军等和我闹到最后，相互用碗赌白酒，一口干。不记得这次是否宴请傅伟勋兄，如傅在就更热闹了。当时真乃大好年月，痛饮畅叙，豪谈阔论，意气如虹，弄得相当之久，月上树梢方散。这次，我也喝得太多，醉醺醺地回家了。

这个"北海五龙亭上饮"早已消失得无影无踪，却令我多次想起，并与陈与义的一首词总连在一起："忆昔午桥桥上饮，坐中多是豪英。长沟流月去无声。杏花疏影里，吹笛到天明。　二十余年如一梦，此身虽在堪惊。闲登小阁看新晴。古今多少事，渔唱起三更。"

美丽的治贝子园

乐黛云

乐黛云（1931—2024），北京大学中文系教授，中国文化书
院创院导师。本文选自《苗族作家作品选集·乐黛云散文选》，
民族出版社，2008年8月。

治贝子园——北大校园的最后一座皇家故园就要被拆迁了！环绕着它
的五棵百余年老树（其中一棵树龄在二百岁以上）也要被移往他处！北京
大学决定在这里修建一座乒乓球馆以迎接2008年的"人文奥运"！

北大校园曾有好几处清代皇家园林，如皇族诗人奕谟在此吟诗作画的
鸣鹤园，现在除了一块小小的石碑，一湾小小的石桥，早已全无踪影。人
世变迁，沧海桑田，本是常情，但偏偏有不甘于被历史湮灭的人，如美国
威斯里安大学的舒衡哲教授，对此多方考察，追述了鸣鹤园从皇族故居，
演变为"文化大革命"时期关押北大教授的"牛棚"，再演变为今天由美
国人出资修建的赛克勒考古与艺术博物馆，穿插着奕谟思考人生、点染景
色的诗歌，成就了一本厚厚的英文书，书名就是《鸣鹤园》。

目前幸存的治贝子园的命运似乎比鸣鹤园稍强一些。治贝子园是工
部尚书苏楞额在嘉庆二十二年（1817年）建造的，时称"苏大人园"或
"苏园"。清代著名诗人龚自珍与苏楞额之孙兰汀郎中交往甚密，曾游览并

寓居园中，著有《题兰汀郎中园居三十五韵》及《寓苏园五日诗二首》。他在诗中曾描写苏园位置，并盛称苏园之美。他说，"园在西淀圆明园南四里，淀人称曰苏园""有园五百笏，有木三百步。清池足荷芰，怪石出林垆。禁中花月生，天半朱霞曙"，足见苏园当时的美丽和规模。道光年间，道光皇帝长孙载治封贝勒，得苏园，遂改称治贝子园。后来，此园传给载治长子溥伦。溥伦曾首次率中国代表团赴美参加世博会，并于1907年与京师大学堂（北大前身）创办人孙家鼐同任资政院总裁。他在治贝子园中，常聚众习武练功，有书记载，太极拳经其扶植，才从陈家沟扎根于北京，并由此辐射全国。如今太极拳列入奥运项目，治贝子园正是其发祥故园。

载治第五子、袭镇国将军的溥侗酷爱艺术，是著名的京剧、昆曲艺术教育大师、文物专家、音乐家、清华大学国学院导师。他曾与严复共同创作了中国历史上第一首国歌《巩金瓯》。载治死后，治贝子园为溥侗所有，他在这里组建了演习京昆的戏班，修建了演出的大舞台，成为当时文人雅士京剧昆曲艺术的活动中心。故治贝子园又称"红豆馆"，在中国戏剧史上具有重要影响。

20世纪50年代后，园中的建筑多遭毁坏，该园仅存的"后殿"先后成为北大的体育器材室、学生食堂、木工车间、堆放杂物的仓库等，后来又拆毁了大戏台，改建成游泳池。记得在修建过程中，还挖出一个女性骸骼，人们说是一位公主。总之，昔日的辉煌早已成为记忆。

1995年仲夏，北京大学中国哲学与文化研究所经过著名学者、台湾大学陈鼓应教授的奔走，出于对中国文化的热爱，一位台湾中学校长，出资美元二十万，重新修缮了治贝子园原址，使其成为面向国内外弘扬中国文化的人文教室。凡是来过治贝子园的中外学人，无一不对这座体现着中国建筑艺术、洋溢着人文书香的四合院赞誉有加。一位法国雕塑家还曾建议在院中修筑一座小型艺术雕塑，和他在美洲、欧洲的类似创作相呼应。

难道美丽的治贝子园作为北大校园的最后一座皇家故园真的即将随鸣鹤园而去，从此永远湮灭吗？今年2月9日，季羡林、侯仁之、张岱年、吴良镛等文化耆宿、专家联名致信给有关部门："治贝子园距今已有二百年历史，是一座典型的清代园林建筑。它的价值不仅体现于建筑形式，也体现于该园在其历史变迁中所嵌刻的时代烙印，及其所凝聚的历史人物活动和人文艺术景观；其所蕴含的历史文化和文物信息非一般古建房屋可比，如果拆迁，将是北京的一大损失，也是历史的一大损失。哪怕在异处仿建十座，也无法弥补。因为仿建最大的不足，是历史的失真。这一失真的本质与历史学家伪造历史或艺术家创造赝品一样，是没有任何历史和艺术价值可言的。我们强烈呼吁：为后人负责，为历史与艺术负责，为中华民族的文化负责，勇敢地承担起保护治贝子园的责任！乒乓球馆的建设用地可以有选择余地，而治贝子园一旦拆除，将永远不能复原！"

中国文化最顶尖的人们都在为治贝子园说话了，也许，他们能改变这片故园的命运！

注：由于许多老教授的呼吁，治贝子园存留下来了。对于他们积极保护文物的行为，北京市文物局还写了一封诚挚的表扬信。

与汤一介先生那段难忘的人生记忆

——写在中国文化书院成立 40 周年之际

陈鼓应

陈鼓应（1935——　），台湾大学哲学系教授，北京大学讲席教授。中国文化书院导师。

1984 年，是我一生都无法忘怀的一年。那一年，我从美国回到祖国大陆，到北大讲学，给我发聘书的就是汤一介先生；那一年，中国文化书院成立，创办人之一也是汤一介先生。倏忽间，已整四十年！

我与汤先生的相识，始于 1983 年 4 月。当时，我在加州大学伯克利分校做研究，汤先生夫妇应邀到美国讲学。在伯克利，我见到了汤先生，当晚我们一起餐叙。那时，我们从汤用彤先生的《魏晋玄学论稿》聊到他的《郭象与魏晋玄学》，再从魏晋玄学聊到道家哲学，相谈甚欢。虽然汤用彤先生的书在台湾一度是禁书，但我们同学之间都在传看。我们对魏晋玄学、五四运动等问题的认识都受汤用彤先生观点的影响。后来，我又见到了北京大学国政系教授赵宝煦，他回国时，把我的尼采和老庄著作带到北京大学，并推荐我到北大哲学系任教。

1984 年秋，因为一个学术项目，我在多年之后回到大陆。不久之后，我获聘到北大哲学系任教。当时，作为中哲组主任，汤一介先生亲自为我颁发聘书。这样我就有机会走进北大学堂，讲授尼采和老庄。那之后，我和汤先生不仅成为同事，他更如我的兄长一般，我们一起做道家哲学研究，一起举办很多有影响的学术会议。三十年来，结下了深厚情谊。

一、创办和主持中国文化书院

在汤先生的一生中，创办和主持中国文化书院是一件十分重要的事情。1984年10月，中国文化书院开始筹办。那是"十年动乱"之后百废待举的年代，中国文化书院的创办成为学界的一个大聚会，因为汤先生主持的缘故，许多德高望重的学人会集在一起，比如梁漱溟、冯友兰、张岱年、季羡林、周一良、任继愈、侯仁之、戴逸、朱伯崑等，我也有幸成为书院的"导师"之一。

那时候，正好是国家改革开放的初期，"十年动乱"对文化尤其是对中国优秀传统文化的冲击太大了，所以中国文化书院的创办可谓正当其时。

书院主张要有一个自己的文化传统，所以以"儒道"文化为主，邀请学者们到各地讲学，大家用自己的所学来讲课，深受学员欢迎，人数最多的一期，报名学员竟达到一万多人！中国文化书院做了这样一个工作，就是文化经过了六七十年代特殊时期的震荡，我们致力于依托新的时代对古典文化做出新的诠释。

汤一介先生的了不起不仅在于创办中国文化书院，他还能够把分散在各个地方的学者会集起来，把当时破碎的知识界重新整合起来，共同为弘扬中国文化做一些事情。每个学者的观点，其实都各不相同，但汤一介先生富有人格魅力，能够团结大家，形成一个热烈的百家争鸣的学术氛围，大大地推动了当时的学术繁荣。中国文化书院那个时候还经常照顾老一代学者，为他们过生日、借机研讨学术等。汤先生不仅细心照顾学术界的前辈，对我这样一个初来北方的人，生活上不太习惯，他都会帮我雇一个助理。

我们共同操持过一些重要的学术会议。比如1987年，我们参加了新中国成立后第一个国际儒家学术会议，那是一次真正的儒家学术盛会，全世界研究儒学的著名学者都聚集到了曲阜。我和杜维明、张灏等还跟随汤先生一起爬了泰山。台湾地区提倡传统文化多年，但没有开过这样大型的国际学术会议，改革开放不久的大陆却开成了，我作为研究道家的学者也参与了这次盛会。那次会议之后，我和汤先生又组织和参加过多次学术会议，比如在 1996 年、1998 年，我们共同组织过道家、道教国际学术会议，当时参会的学者多达百余人，像柳存仁、饶宗颐、季羡林、施舟人这些泰斗级的人物统统到会，这样的学术规格以后好像没见过，这都是在汤先生的主持下做到的。

二、"有容乃大"的人格和学术精神

汤一介先生是一位具有独特人格魅力的学者，他秉持"有容乃大"的为人、为学的精神，为中国文化的繁荣和传承作出了重要贡献。

我本人不是留美派，学历没那么"硬"，我当初回到国内教书，有质疑的声音，但汤先生还是把我留下来。他是一个极其宽厚的人，甚至可以说极其老实，他甚至不懂如何"对付"恶人。我刚到北京的时候，曾经见过他被一个人气得直哆嗦，那个人真是太不像话了，但汤先生在那种情况下也没有发火，他真是海量。

有一年，汤先生、叶朗、赵敦华和我一起到比利时鲁汶大学访问，一天在旅馆吃过饭后聊天，汤先生对我们说过这样一段话："我 75 岁了，一路走来，老子讲'有容乃大'，我觉得我的一生最重要的就是'有容乃大'。"汤先生这个人，他不停留在话语层面，他更重要的品质是勤于践行。大家都知道他主持编纂《儒藏》，研究儒学，很少有人知道，他还带了四十多个博士，他们不仅研究儒家，其中研究道家的也有十几个。汤先生在道家哲学方面影响很大的，像张广保、韩国的崔珍晳等都是他的学生。汤先生的学术真是"有容乃大"。

汤先生恂恂儒者的风范和有容乃大道家的学术人格令人由衷敬佩。中国传统有"文人相轻"的说法，我经常往返于大陆、台湾及香港，对此有深刻感触。学术界"文人相轻"常常是较为严重的，但汤先生不是这样，他绝对不会因为观点不同而排斥人，汤先生尊重不同的学术观点，他是由衷地尊重。他能够欣赏别人的优点，一生从不讲别人的缺点，他对学人的亲和力和凝聚力在学界真的很少见。他总想着能帮别人什么忙，能为别人做点什么。

今年是中国文化书院成立 40 周年。我又不由得想起与汤先生的很多过往，特别是他宽厚待人，真情付出。他将情感和关怀给予每个人，很真诚地面对每个人。记得我每学期末返回台湾与他临行告别时，他总是会对我说："希望你还是能够回来。"他不是说说而已，甚至和现任北大副校长、时任哲学系主任的王博教授一起想办法，为我安排职位、寻找机会。我想，他的这种真诚、热心不只对我，对别人也是一样。他在海内外学人的沟通上，也尽了很大的心力，热心地为他们搭建来往交流的学术平台，只有像他这样宽宏大量的人才能做到这一点，勤勤恳恳，不厌其烦。汤先生能够团结大家，从这一点讲，他是真正的学界领袖。我觉得原因主要有三个：一是他家学渊源，从汤用彤到汤一介，父子两代都是令人敬佩的大学者，学界的很多学者是汤用彤先生的学生，他有这个得天独厚的资源；二是他个人的学术地位、学术成就；三就是他的学术人格。第三点我认为是最重要的。

汤一介先生还是一位有着强烈民族意识的学者。有一次，我和梁从诫在华侨大学开会，我们住一个房间。因为当时谈到金岳霖，梁从诫对我讲："陈先生，我跟你讲一个事情，你听后一定会吃惊，金爸爸遗嘱的第一条是感谢中国共产党解决了中国的民族危机问题。"我听后很是吃惊。回到北京我就和汤先生讲起这件事，汤先生说："是啊！我们这一代人都是这样。"我提这件事是想说什么呢？是想说就是像汤先生这样的学者、知识分子，一百多年来的民族危机意识，在他们的身上体现得很充分：一方面他们渴望精神自由；另一方面，他们都怀有强烈的民族危机意识和家国情怀。

三、晚年不遗余力，勇挑重担

2003 年，汤先生发起、主持《儒藏》工程，组织数百位学者参与儒家典籍的整理、研究工作，希望将儒家文化瑰宝予以系统、全面地收藏，使之"成为全世界最权威的范本"。对于《儒藏》的编纂，从我个人感情讲，我觉得汤先生晚年可以不做这个辛苦的事。他完全可以利用这些时间做些自己的事，比如写写文章。但汤先生是一位有着浓厚的传统知识分子心境的学者，有立德、立功、立言的人生追求。所以他在晚年，毫不犹豫地挑起了这副文化重担。我想如果他不亲自去做这么繁重的编纂工作，有可能不会积劳成疾。

2011年底，我和王博倡议设立由北京大学哲学系、道家研究中心主办"第一届严复学术讲座"，第一讲邀请的就是汤先生。他以"启蒙在中国的艰难历程"为题发表演讲，讲救亡与启蒙，他的观点很有创见。汤先生晚年写了不少东西，听说有些已经陆续整理结集出版，如《汤一介集》《汤一介散文集》，这是一件很好的事情，也为读者提供了一个深入了解他思想和生活的窗口。

现在社会各方都非常重视文化的问题，优秀传统文化能为时代提供滋养。传统文化离我们并不遥远，比如当下民众最关心的"反贪腐"，可以说就和老子"为而不争""生而不有，为而不恃"的思想是一致的。"为而不争"是发挥创造的动力，收敛占有的冲动；"不有""不恃"是不要把生产资料贪婪地据为己有。学习传统文化，让优秀的传统文化与时代结合，创造出新的中国当代文化，所以我赞成汤先生"返本开新""旧邦新命"的理念。

2014年的五四，当时我刚从海外回来，一下飞机就听说中央领导访问北大，特意看望了汤先生，向汤先生了解《儒藏》的编纂情况，赞扬他为中华优秀传统文化继承、发展、创新作出的贡献，我听后很受触动，那时他已经生病了，还在劳心于他的工作，不忘他的使命，这一点更让人敬佩！

四、重修治贝子园

自从1984年我来到北大，至今已整整四十年。中国文化书院创立之时，地址就设在北京大学东南方的治贝子园内。治贝子园，对于中国文化书院来说，不仅是学界诸贤讲学的地方，更是学人们的心灵家园和精神栖息地，其意义不言而喻。特别是1990年代以后，北大中国哲学与文化研究所与中国文化书院一并入驻治贝子园，邀请了诸多中国文化研究学者在此讲学，促成了至今方兴未艾的"国学热"。

其实，自 1952 年北大迁入燕园以后，僻居一隅的治贝子园就长期未得修缮。到了 20 世纪 80 年代中国文化书院成立，治贝子园的环境依旧如故，可谓颓败不堪。来到北大后，我便有了将其重新修缮的念头，也开始呼吁社会各界伸出援助之手。直到 1995 年，我从老同学雷永泰校长那里募得二十万美元，重修了治贝子园。于是，治贝子园焕发新颜，得以重新起用。一直以来我从未向外界告知过此事，一是因为感念汤先生和北大对我毫无保留的信任之情，二是我觉得作为知识分子容易沉湎自我，与其讲述做了什么，不如把事情本身做好。我更想记录下来的是师长、同道与学生对于自己的帮助。

借着治贝子园重新起用的契机，汤先生还在治贝子园门外树起了一尊老子像，以向学道、问道的道家文化学者致意，这更让我满怀感动。我想，治贝子园门前矗立的老子像，不仅见证了我和汤先生二十多年的情谊，更是一代代学人传承文化的见证。

现在，我常常怀念和老一辈学人在一起的时光，那些日子不仅让我感受到回国之后，曾经被割断的学脉关系的重新缝合，也让我有了更加宽松的学术研究空间，最重要的是，让我有了"群"的概念。这种学术间的交流，正如《庄子·秋水》中所讲的那样，是河伯奔向海若的一个汇流。

在中国文化书院成立 40 周年之际，我们深情感念老一辈学人弦歌不辍、孜孜不倦的治学风范与"为往圣继绝学，为万世开太平"的学术理想，铭记他们的贡献和奉献，继续传承和发扬他们宝贵的精神品格，并鼓励和带动新一代的年轻人，为中华文化的复兴与繁荣做出不懈努力。

以文会友　以友辅仁

金春峰

金春峰（1935—　　），曾任人民出版社编审。中国文化书院导师。

1978 年十一届三中全会，号召"解放思想，实事求是"。被压抑的生机、活力和创造性，一下爆发出来，中国文化书院成立了。教授办院，学者云集。梁漱溟、冯友兰、张岱年、任继愈等老一辈学者来了。汤一介，孙长江、宁可、李泽厚、乐黛云等中年学者来了。李中华、王守常、魏常海等青年学者来了，海外学者杜维明、成中英、陈鼓应、冉云华、陈启云、傅伟勋、韦政通、李绍昆等来了，书院就这样办了起来。没有官僚机构和官本位，清一色的书生办院。中国传统文化，西方文化，儒释道，文史哲，包容并举，自由论学。学术的繁荣，一下被创造出来，迅即带动了全国。万马齐喑的局面冲破了。还记得听梁漱溟先生演讲的样子，高而严，威而厉，好像几十年前到北大宣言："我是来为儒家、为孔夫子作宣传的。"从此，国学重新站立起来，走进了燕园，开辟了一个文化的新纪元。我这里还保存着当年书院出版的《中西文化比较》丛书的几本，显示出"让外来文化走进来，中国文化走出去"的雄心壮志。文化的生机勃勃和思想的活跃，印证了三中全会方针的正确。中国知识分子天然是热爱自己民族文化，有使命担当的。创痛刚过，他们的文化创造热情就涌现出来。

梁先生站在高高的讲台上，被记者的摄影机环绕，我为他的人格气象所震撼，但并不知道他究竟讲了什么。我当时的思想是完全马克思主义化的，为董仲舒翻案的文章在《中国社会科学》登出来（还选登在他们的英文版），是作为"解放思想，实事求是"的一个案例写的，并非要复兴传统文化。我还未领会到汤先生办"文化书院"和在深圳大学办"国学研究所"、复兴国学的高瞻远瞩，还远远跟不上他的步伐。

汤先生到深大办国学研究所，首先是筹划继续出版老北大的《国学集刊》。我被任命为常务副主编，《集刊》在东方出版社出版。

第一期的稿件汤先生组好了，交给我，在《光明日报》刊登了一个广告，附上了"文章目录"。这对宣扬国学，有重要意义。却未曾料到，这引来了大量抗议电话，责问出版总署。其中牟宗三先生的《圆善论·序言》更是众矢之的。抗议者认为牟是反共老手，岂能敌我不分？出版总署把我找去，问是怎么回事！牟先生之事还征求了社科院赵复三先生的意见。牟先生的文章是汤先生在香港当面向老人家邀稿的，本是一件大好事，大家在文化上亲如一家；但人们当时的认识还很封闭滞后，就抗议起来。刊名被改为《中国文化与中国哲学》了。汤先生时在美国，这是违反汤先生本意的。但事已如此，汤先生回来也没有办法，只好以此名出刊。我写的简短出版说明，汤先生改回来了。他重新写了一个《编者说明》，说：

> 本论集原为《国学集刊》第一集，现改以论文集形式出版，取名为《中国文化与中国哲学》。当前，在海内外对中国传统思想文化的研究有着越来越重视的发展趋势。从国内方面看，由于要实现

四个现代化必须有思想文化方面的现代化相配合，因而要求我们对中国的传统思想文化作历史的反思。"现代化"是一个很复杂的词题，提出要实现"现代化"，就说明我们仍然处在"非现代化"的历史阶段。因此，首先就有一个"现代化"与"传统"的关系问题，这个问题不能不和传统文化息息相关。回顾百多年来的历史，我们可以看到在提出"中体西用"以来，就存在着一个所谓"中外古今"之争。"全盘西化"与"本位文化"的争论，从"五四"前后一直延续到三四十年代，问题没有真正解决，后来竟搁置起来了。这里面是否有一个把"现代化"与"西方化"相混的问题？当今，我们的社会虽然前进了许多，但这个问题似乎仍未很好解决。我们固然不能再提倡"全盘西化"，同样也要反对"国粹主义"。半个多世纪以来，人们曾想找寻一条单纯引进西方科学技术及其方法的现代化捷径，然而中国现代化的道路显现出迂回曲折。正因为现代化进程中一次又一次的停顿，迫使人们转而对中国社会的深层结构——传统文化进行历史的反思，考虑到在不同文化实体中进行对比。东西文化的比较研究，中国传统文化的估价以及中国文化如何发展等问题，正是在历史发展的进程中被逻辑地提了出来。从国外方面看，西方世界的某种精神危机，迫使他们从东方文化，特别是中国文化中找寻补救办法；加之东亚地区工业的发展，技术和经济发展的速度有超过西方的趋势，从而也促进了西方对东方文化研究的热潮。本论集就是为了适应海内外对中国传统思想文化研究的这一发展趋势而编辑出版的。

本论集约请了海内外专家学者、研究人员二十余人担任编委，他们是：主编汤一介，副主编金春峰（常务）、李学勤、严绍璗。编委有丁伟志、王生平、宁可、叶显良、孙长江、孙猛、张义德、牟钟鉴、李泽厚、庞朴、陈鼓应、陈金生、蒙培元、裴家麟、赵令扬（香港）、杜维明（美）、成中英（美）、李绍昆（美）、冉云华（加拿大）、姜允明（澳）、高宣扬（法）、伊藤漱平（日）、兴膳宏（日）等。

深圳大学国学研究所 1986 年 6 月

在国内"文革"以后，这是第一个高高举起复兴国学大旗的集刊，是很有历史意义的；今天国学已星火燎原，遍地开花了。回顾历史，"先觉觉后觉"之功，是我们不能忘记的。

《集刊》第一辑汇聚了海内外名家和老中青学者的杰作，展开了中西文化的交流，极一时之盛，令人惊叹！文化书院未出"集刊"，汤先生一身而二任，两者相辅相成，这也可算是书院的"集刊"了。

二

非常荣幸，1986 年 1 月，文化书院寄来了汤院长签发的聘我为导师（教授）的聘书［1985 年，我在人民出版社已正式评为编审（教授）］，正式成了书院大家庭的一员。王守常、李中华、魏常海等书院青年创办者欢迎我到书院的情景，至今还记忆犹新。

我在书院开了一次汉代思想的讲座，也到南京等地向广大学员面授讲课。十多年后，有次书院作视频回放，我看到自己讲汉代思想的一个镜

头，心情非常激动。这把我带回到书院蓬勃发展、青春奋发、"自由即创造力"的辉煌岁月。令人神往。

那时在书院函授学习的学员数量庞大，导师到各地面授讲课，极受欢迎。我是到南京的导师团成员，场面盛大，有《老子》所谓"天降甘露，民莫之令而自均"的情景，那种渴望解除十年沙漠化带来的文化饥荒的心情，今天的大学生已很难想象了；那种情景也不会再有了。

1987年，书院在香山举办"梁漱溟学术国际研讨会"，我参加了，提交了长篇论文，被汤先生收入《中国文化与哲学》第二辑。梁先生的公子看了，很是高兴。

书院给我的聘书和工作证，久压箱底，历尽沧桑。为写纪念文，把它翻了出来，感到老友重逢，分外亲切。书院当年办事，有板有眼，一丝不苟，这一优良传统，值得学习、发扬。

三

1988年，我应聘到新加坡东亚哲学所作高级研究员，1990年到了美国普林斯顿大学东亚系作访问研究，随后又到中国台湾研究讲学。2005年离开佛光大学，寓居北京，不再外出。暂时没有单位了，中国文化书院成了我的精神家园、安身立命之所。每年岁末为导师祝寿的文化雅聚，让我精神上十分欣慰。汤先生，乐先生以及北大教过我书的老师——谢龙、张世英、杨辛、孙小礼以及师友孙长江、宁可、李泽厚、沈昌文等，都能在这里相聚晤谈，极为难得。有如"兰亭聚会"，"一觞一咏，畅叙幽情，游目骋怀，足以极视听之娱，信可乐也"。我撰写了祝贺张世英师九五大寿和杨辛师九十大寿的小诗，毛笔书写，在雅聚上展示。以后我去回龙观看望张师。他很高兴，回赠我很多他写的哲学条幅。

杨辛师赠我"宁静致远"的书法。今年春节晚上，还特地打电话告我，他的书法已进入了新的境界，并打算筹办更多的复兴中国文化的活动。我深为感动。我很喜欢他的小诗，"人生七十已寻常，八十逢秋叶未黄。九十枫林红如染，期颐迎春雪飘扬"。我说希望老师精神好时，随兴书写相赠，以资鼓励。不久先生就患病住院了。住院之前，先生还拿起笔，说先写幅小的，以后再写幅大的。我把它裱好，挂在饭桌上方。时时瞻仰，自我鞭策。

书院在东方出版社为导师出版系列文集，我忝列其中，受到很大的激励。

"学而时习之，不亦说乎？有朋自远方来，不亦乐乎？人不知而不愠，不亦君子乎？"书院让我真正体验了孔夫子这一人生体验。不愁吃穿了，精神食粮就是人的生命。很感谢书院给我的心灵慰藉，也很荣幸能为汤先生和书院作一点事情。"以文会友，以友辅仁"，书院光大了中国文化的这一优良传统。

书院成立四十周年了，成就斐然；祝它的事业更加繁荣兴旺。

2024.8.2

附录：珍贵的史料

昨天（2024.8.3）翻看尘封已久的抽盒，发现了一封珍贵的书信，这是汤先生在美国写给我的，讲《国学集刊》出版的问题。我已完全不记得给他写信的事了。从来信才知，我给他写过信汇报情况。这是复信。内容如下：

春峰同志：

来信收到。《国学集刊》是否有进展？

我曾给李泽厚写了一封信，寄给李中华，请他交给孙长江，看能否转到李所家中……并让李中华给你一复印件，不知他已否给你？还说明，请你把我们的出版说明之类，也给李泽厚一份。

我希望《国学集刊》早已解决，如果不能解决，能否在香港三联出版？乐黛云七月底由美国去香港，可以由她去联系。但得待你和三联说好。如果有可能性，我们将找人和你联系，把稿纸带出，转交三联……如何？当然这是下策，因为如此，以后就都只能在香港出版了。

……

你打算去新加坡事，我准备在七月份和杜维明、余英时（他们两人都是新加坡东亚研究所理事）商量一下，目前想去的人很多，有方立天、陈金生等，想法安排一下，使大家都……国内情况如何，望告一二。我五月底去纽约，来信请寄汤双处。我大概在八月后回国，祝好！

汤一介 4 月 30 日

收到孙长江信，他说他要帮助《国学集刊》出版。你找他联系，请他快一点帮我们打通关系。

风驰电逝四十载，蹑景追飞山外山

——记我所知道的中国文化书院

陈方正

陈方正（1939—　），香港中文大学教授，中国文化书院导师。

在八十年代，随着改革开放浪潮高涨，中国民间文化运动也风起云涌，吸引、鼓动了无数年轻人。这其中最突出的有三股力量，那就是"走向未来丛书"、"文化、中国与世界丛书"，以及中国文化书院，它们分别沿着鼓吹科学思维、引进西方现代文化，和发扬中国传统文化等不同方向发展，一时蔚为风尚，影响了整整一代人的思想、志向和希望。然而，到了八十年代末，形势突变，"走向未来"和"文化、中国与世界"这两套丛书背后的编辑委员会都烟消云散，丛书也无异于夭折了。而中国文化书院由于根基稳固，领导者意志坚定，仍然能够秉持初衷，留存下来，在新环境中继续发挥作用，至今已经足足四十年。最近更脱胎换骨，发展出新的理念和结构来。这不能够不承认，是个小小的奇迹。

这奇迹从何而来？统而言之，起初是由于三代学者的结合，将国人对于传统文化的热诚和探索再度发扬，由是引起当时"文化饥饿"已久的大众热烈反应，从而得以接续五四运动的余绪。具体地说，它开端于北大哲学系的李中华、魏常海、王守常、鲁军等四位年轻教师筹办信息中心，结果是促成汤一介、乐黛云、庞朴、朱伯崑等北大和社科院资深教授决定继承宋代书院理念，开办一所民间学术教育机构。而其所以能够大力发展，则得力于两个不同因素。首先，是邀请了多位德高望重的学术前辈如梁漱溟、冯友兰、季羡林、张岱年、任继愈等所谓"五老"加盟，从而产生极大的号召力；其次，则是在年轻教师的策划下，建立强有力的工作团队，由是得以开展各种会议、讲座、培训课程、函授课程和出版计划。所以，中国文化书院之成功不仅仅在于传统文化的魅力，或者大众的需求，而还在于它是个名副其实的老中青三结合，有力量将虚的、单纯的文化理念转化为实际行动，通过不同途径在社会上发挥影响力。所以，它源于传统，却也超越了传统，而且这不仅见之于发展形势，更见之于内在精神。

我和文化书院的关系，可以追溯到 1985 年初，其时创院院长汤一介先生到中文大学来开会，遂有幸识荆。两年后文化书院为庆祝梁漱溟先生从事学术七十周年，同时也是他的九十华诞召开大会，我躬逢其盛，犹记在开幕仪式上见到了费孝通、周谷城、季羡林、张岱年、任继愈等学界前辈，还有来自海外的周策纵、林毓生、吴德耀，以及来自香港的赵令扬、李弘祺、霍韬晦等学者。随后的会议移至优雅的香山饭店举行，时值深秋，饭店后园那两棵大银杏树在初雪中的挺秀风姿至今仍历历在目。那数日间讨论了些什么现在都已忘记，只记得此会之平等、开放、包容，各种不同意见都可以自由发表，像我这样的后辈也得以侃侃而谈，好像自己也成为书院一分子了。

在以后参加的多次书院会议中，这种感觉日益增强。例如，在 1993 年的杭州会议上，大家对中国文化前途的看法南辕北辙，发生了一番激烈争论，我由是得以认识刘梦溪和袁伟时两位先生。他们对我都很好：刘公创办《中国文化》，以发扬传统学术为己任，却仍乐意刊登我在此领域以外的研究，以及和主流相左的议论；伟时兄热心推动中国的现代化，在中山大学设立"马文辉讲座"，又创办《传统与现代》双月刊，在他盛情邀请下，我和广州学界也增加了许多来往。从这小小例子可以看到，传统中"和而不同""求同存异"的包容态度，已经扩展到基本理念的多元并存。这个变化虽然微妙，却是书院超越传统、融入现代的表现。

当然，书院的会议、讲座、讲习班很多，我所与闻的，只不过是其中一小部分罢了。从陈越光兄所撰的《八十年代的中国文化书院》可知，书院还推动过佛学、中西印文化、中日现代化、宗教等许多不同方面的工作，这大概都和书院主要人物如季羡林、乐黛云、任继愈等的专业，以及当时社会上的需要有关。所以书院的"多元性"不仅仅表现于不同观念之并存，还在于其内涵和着力点是个多面体，而并非环绕一个中心理念展开，那和传统书院的面目自然就更不相同了。

在这点上，我自己感受最真切的，莫过于在书院所作的几次演讲了，那和传统文化都没有直接关系。这开始于 1997 年，那时书院刚刚装修好，北大校方在校园内所拨的一所四合院，而我正对科学史发生浓厚兴趣，所以就应邀去做了一个题为"从《大汇编》看现代科学起源"的报告，主旨在于反驳李约瑟的现代科学发端于文艺复兴时期说。那是暮春时节，露天讲座就设在庭院中间，听众反应相当热烈，哲学前辈张世英先生也发言了。讲稿后来在乐黛云先生主编的《跨文化对话》创刊号上发表，十多年后我写成《继承与叛逆》一书，便是以此文为起点。五年后我退休，年底汤公又盛情邀请我到北大，做书院和其他机构合办的第五届"蔡元培学术讲座"和"第六届汤用彤学术讲座"，那在一个大讲厅中举行，比之前隆重多了。此番我所讲的分别与科学哲学和西方的民主自由体制有关，事后汤公很客气，又将讲稿和我其他相关文章编了一个集子出版。此番令我难忘的有两事：在"勺园"宾馆小住，由是得以领略北大校园的晨昏夕照，曲径通幽，深秋萧瑟意境；临行时汤公一早伫候楼下送别，使我吃惊而又感佩。此时他由于年龄限制，已经从院长位置退下，此后转而致力于编纂《儒藏》这套庞大经典，十年后遽归道山。

在 21 世纪二十来年间，王守常兄接任书院院长，其时民间文化活动慢慢沉寂，但他也坚持下来了。这不但由于书院的中坚分子如张岱年、汤一介、庞朴等相继凋零，他们的号召和推动力无以为继，更是和社会变迁息息相关：因为从九十年代开始，随着中国经济起飞，高等教育也蓬勃发展，文化与学术的追求、研究遂又转向，从民间回流到体制内即大学和研究机构中去，让人生出"无可奈何花落去，似曾相识燕归来"之感。所以，在疫情过后，我准备重访北京之际，接到越光兄邀请，为书院做一次盛大演讲，那的确是十分意外和惊讶的。至于何以有此一邀，那还得再从八十年代讲起。

在参加梁漱溟九十大寿之会后半年，即 1987 年春间，我到哈佛大学费正清中心访问，由于机缘巧合，认识了主持"走向未来丛书"编辑委员会的金观涛和刘青峰夫妇，翌年更通过他们认识越光兄。那时他风华正茂，不但负起推动、管理丛书所有实际事务的责任，还在策划不少其他相关事宜。但此行匆匆，我有机会和他深谈相熟，已经是九十年代初的事情了。当时民间文化运动硕果仅存中国文化书院，而它也由于内部问题受到了重创。在此风雨飘摇之际，汤公慧眼识英雄，力邀越光兄出任书院副院长，而在他另有发展计划的时候，又多方挽留，坚持他保留这个名衔。此后三十年间，书院几度沧桑，越光兄自己的事业则盘旋而上，先后在出版界、传媒界、慈善界，乃至高等教育界这许多不同领域放出异彩。在此漫长期间，他对于书院的事务不多过问，却也不离不弃，一直将当年这层关系保持下来。这便是前年书院换届的时候，他被推举为第三任院长的缘由。

越光兄不但念旧，而且有雄心，有才能，更是极其认真，既然义不容辞坐到书院院长位子上，就雷厉风行，认真地干起来了。首先，是大刀阔斧，把书院内务整顿了一番，为它重新建立一个稳固的格局。其次，则是拟出了一套出版和演讲计划，以再度发挥书院的影响力，这便是它从去年开始，推动出版"跨文化中国学丛书""中国文化书院导师名作丛书"，以及主办"汤一介当代学人讲座"系列的由来。这个讲座大部分和北京大学合办，以冯友兰、梁漱溟、张岱年等书院元老前辈为主题，只有第二讲例外。当时，我有意到北京访问，主要是为探望多年不见的杨振宁先生和其他朋友。越光兄被邀进入杭州西湖大学高层决策的核心已经有数年，所以借此机会与该校合作，为我在那边安排了一次十分盛大、通过网上向全国直播的演讲，拟定的题目是"杨振宁和他的世界——锋芒、幸运、冲突与融合"。那刚好是在清华大学为这位举世知名的物理学大师庆祝百岁诞辰，和学者为他编纂的三卷祝寿文集出版之后不久，所以在国内引起了相当广泛的注意。这样，一晃三十六年过去，我再次感到书院的开放、包容、多元和魅力，而且有幸为它贡献一点绵力。

半年之后，越光兄再次邀请我到深圳演讲，并且指明，题材要在科学领域以内。我因此用了当时最热门的两个话题，即奥本海默领导制造原子弹和人工智能 ChatGPT 之横空出世，来强调现代科学之加速发展并非人类所能够控制，它引起的山崩海啸般巨变已经无可争议地来到我们眼前。乍看来，在以发扬中国传统文化为宗旨的书院讲座上作此议论，难免荒诞不经之讥。其实，这个讲座和书院本身没有直接关系：它的主办单位是书院属下的"文化经济分院"，其使命包括为企业界作文化启蒙，所以如此海阔天空的讲题也无伤大雅。事后我才弄清楚，和这个分院并行，在这一两年间先后成立的，还有"跨文化研究分院"和"科学人文分院"，也就是说，在越光兄远见和魄力的推动下，不但书院本身重现旧日蓬勃生气，它更"一气化三清"，以不同方式嵌入学术、文化、企业等各个不同领域，从而走出院校门墙，深深扎根于社会，以求为中国文化的发展作出更切实的贡献。这样，书院当初的多元、包容理念，也就更进一步，从它的行事作风，扩展到它的整体结构和长远目标，比之宋代书院，可谓脱胎换骨，焕发新生命了！

　　在八十年代，为书院奠定稳固基础的是汤公一介，他是充满事业心的学者，当日书院在他领导下，也曾经作过走入社会的多种尝试，可惜未竟全功；在今日，促使书院蜕变，推动它继续前进，贯彻和发扬当日各种想法的是越光兄，他是富于学养的社会事业家。当今世界需要笃行深思的学者，更需要眼光锐利、魄力宏大的实干家。以是，在中国文化书院庆祝成立四十周年之际，我们对它充满信心，期待它为中华民族的抖擞更新作出更大贡献。

二〇二四年夏至前于用庐

梁漱溟、冯友兰与中国文化书院

李中华

李中华（1944—　），北京大学哲学系教授，中国文化书院创院导师，曾任书院院务委员会副主席、书院副院长，现任书院导师、理事。本文选自《文化的回顾与展望——中国文化书院建院十周年纪念文集》，北京大学出版社，1994 年 12 月。

中国文化书院成立至今，恰逢十年。古人常以十年为一纪纪者，极也。数从一起算，到十重自一起，故以十为数之纪。纪又通"记"，记者，录也。十年之纪录，可算是一个纪念的周期。文化书院十年的历史，可谓筚路蓝缕，可歌可泣。回忆当初，很难设想十年后，文化书院仍活跃在当代中国的文坛上。

据说，在八十年代文化热中，海外的一些报刊媒体曾把中国文化书院列为当时中国文化讨论中之一派。他们说，《走向未来》丛书多注意对自然科学学科的介绍，向社会推荐了大量的关于科学哲学、科学社会学、科学方法论等方面的书籍，并强调这些学科在社会历史研究中的实际应用，故被称为"科学派"，而当时的《文化：中国与世界》丛书的内容，基本属于哲学和人文范畴，故被称为"人文派"。中国文化书院当时出版了一系列有关传统文化与中外文化比较的书，再加上中国文化书院的教授大多是老一代学者，虽然其组织系统、运作人员和核心大多是中青年知识分子，但其宗旨强调对中国传统文化的弘扬和中西文化的比较，故中国文化书院被称为"传统文化派"。据海外报刊说，到 1987 年底，文化热中三个流派已经初步形成，学术界已有这三个流派将进行新的科玄大论战之说。以上报道，我曾不以为然。因为文化书院自建院以来，一向秉持"百花齐放"的方针，主张学术的自由讨论。院长汤一介先生也在会上多次强调，中国文化书院是主张文化多元化发展的学术团体，因为这是当前世界文化发展的总趋势所要求的。在学术观点上，我们从来不要求统一，中国文化书院的导师除了五十余位中国大陆学者外，还包括美、加、日、法、澳大利亚等国以及港、台地区的学者，他们的学术观点是很不相同的。中国文化书院不是根据学术观点的一致而组织起来的，它是在改革开放推动下，企图在研究传统文化的基础上，促使其现代化，以此振兴我们的民族，从而使中国文化走向世界，这是历史赋予我们这个时代的知识分子的神圣使命，也是大家所向往的。

一九八七年，我们在国内一些报刊上还看到一些批评中国文化书院的文章，他们从全盘西化的立场出发，用当年"文革"的极"左"语言称文化书院的学者是一批民国初年以来保守士大夫的徒子徒孙，甚至辱骂一些学者是国民党的残渣余孽等。我们当时曾讨论过要不要回应这些挑衅，最后还是决定以文化讨论的大局为重，不愿干扰和改变当时大家讨论的文化课题。因为上述对文化书院的攻击，不是文化学术的讨论，充其量不过是哗众取宠而已，不久，这种不学无术的喧嚣也就不攻自散了。

从此，我对中国文化书院中的老一代学者更加敬重，因为他们已经承受了自"五四"以来，近七十年的批评和指责，然而他们却总是怀抱着一颗赤子之心，关心着民族的命运和国家的前途。梁漱溟、冯友兰、牙含章、虞愚四位老一辈学者，都是文化书院最早一批导师，现在他们都已相继离开人世，但他们留在中国文化书院的足迹和音容笑貌，却永远铭刻在我的心中。因此，对中国文化书院的回忆，最难忘却的就是他们。

中国文化书院第一任院委员会主席是梁漱溟先生。书院成立伊始，大家讨论院务委员会主席这一人选时，都认为此一职务最需德高望重者承担，而梁先生最堪此任，唯一担心的是梁先生年事已高，再加上他晚年的幽闭、一生的坎坷，怕他不愿出山。但出乎预料的是，梁先生非常愉快地接受了大家的推举，并表示说，中国文化的复兴，他期盼了一辈子，没想到在他的有生之年还能为此尽绵薄之力，实在是改革开放之功。从此，梁先生对中国文化书院关心备至，且身体力行，有求必应。我们从梁先生身上，看到了他早年对复兴中国文化的犟劲。每逢我们去拜访他时，他总是兴致勃勃地对我们讲述他早年的经历，尤其对他在北京大学任教的一段，充满了美好的回忆。

一九八五年三月，文化书院在中国青年政治学院（中央团校）举办了第一期"中国传统文化讲习班"。梁先生是我们邀请在该班上演讲的第一个人。当我们带着讲习班的宗旨和要求去请他时，他同样愉快地答应下来，并提出了许多建议。开班的那一天，北京城内晚冬的残寒尚未褪尽，寒风席卷着粗粝的沙尘吹打在人们的脸上，有一种麻木窒息的感觉。我们坐在礼堂讲台一侧的休息室里，等待着梁先生的到来。这时台下的摄像机早已架好，各式各样的录音机几乎摆满了讲台的周围，礼堂的座席上也已坐满了来自五湖四海的听众，准备聆听这位与世隔绝长达三十年之久的传奇式学者的讲演。大家怀着与其说是敬仰的心情，还不如说是好奇的心理，因为梁先生自一九五三年后，几乎是断绝了与社会的联系。在政治上，梁漱溟简直被塑造成跳梁小丑，在许多人的眼里，梁漱溟的名字是与反动分子画等号的。因此，这次讲演是梁先生沉默三十年后，第一次在公开场合讲话，所以引起许多人的好奇。讲演于上午九时开始，梁漱溟先生准时来到会场。当他坐到演讲席上时，台下一片寂静。虽然当时梁先生已是九十二岁高龄的老人，但口齿、思路都很清楚，讲话亦很生动幽默。如在讲到近代中国何以落后于西方列强时，他说："原因不是中国进步慢，或中国人不聪明。慢倒不要紧，慢慢腾腾地进步也总有个到的时候啊！……问题就在这里，如果走得慢，也能赶上。可是中国人走岔了路，走到另一边去了。"讲到这里，梁先生以启发式的口吻提出问题说："中国人走到哪边去了呢？中国人的心思、思想、精神用到哪里去了呢？"他略微停顿一下然后说；"中国人把文化的重点用在了人伦关系上。所谓父慈子孝、兄友弟恭、夫妇和好等，这都是人与人之间的关系问题。而西方却与中国不同，近代的西洋人，我常以八字概称之，即：个人本位，自我中心。西方人要求自由、平等，都是从此而来的。这恰好与中国不同。中国的道理是彼此互以对方为重。按中国传统的话叫'礼让为国'，也就是以对方为重，不是强调自己。这一精神与'个人本位，自我中心'刚好是两回事，刚好相反。"

那么，未来社会，人类究竟要走哪一条路呢？梁先生说："我以为，就人类的前途来看，礼让二字必将取代西洋人的'自我中心'，将来一定要讲礼让。……所以，如我所信，如我所见，世界的前途将是中国文化的复兴。也就是物支配人的资本主义社会必将转而为人支配物的社会。以人为主、人支配物的社会是必然要到来的。社会主义社会、共产主义社会，这是我所信奉的。"

梁先生这篇讲演，寓意十分深刻。他对中国传统文化中的"人伦""礼让"四字体悟尤深，他认为这四个字，既是儒家传统又是未来人类文化的走向。若从表面看，人们会怀疑，梁先生自五四以来所持的东方文化派的观点至今未变。其中不免有保守的成分和理想主义的空想色彩。但若仔细考察中国近百年来的历史，再来推敲梁先生"人伦""礼让"的文化理想，我们不难发现，梁先生的思考及其对人类所抱持的终极关怀，始终不离开"人"字。在梁先生这里，人是目的，而不是手段。就社会制度而言亦是如此。一种理想制度的实现，往往需要几代甚至几十代人的努力，在努力中甚至要流血牺牲。但无论何种社会理想和社会制度，必须牢牢记住其目的仅仅是为了人，为了人的解放与幸福。在这一目的下，社会制度选择的本身即手段。但在人类历史上，由于种种原因，这一问题常常受到扭曲。资本主义社会强调物质文明的发展，以至在激烈的物质生产、商品竞争中，忘记了人是目的这一人类生存的终极真理，甚至颠倒人与物的关系，出现"个人本位，自我中心"的价值取向和价值标准，最后导致人的异化，变成了所谓"物支配人的社会"。梁漱溟先生上面的议论，在我看来，即是对资本主义制度的批判。

"物支配人的社会"是不合理的社会，因为在这种社会制度下，人沦为金钱与物的奴隶，这是以资本主义社会为特征的。此外还有另一极端，即"人支配人的社会"。按照梁漱溟先生所说的儒家礼让原则，这种"人支配人的社会"，也是一种失去了人类终极关切的社会扭曲形态。在这一形态中，人虽然不是物的奴隶却成了一部分人所支配的工具、玩偶和实现其政治目的的手段在这种社会中，人所受到的欺凌和虐待，甚至比"物支配人的社会"更有过之而无不及。梁漱溟先生在讲演中虽未涉及这一点，但这一问题，按着逻辑的推演，当在梁先生的不言之中。我想，以马克思主义的社会形态理论，这种"人支配人的制度"，可能只有到奴隶社会或封建社会中去寻找吧。

梁先生的讲演历时近两个小时，我们担心他过于劳累，曾几次请他休息，但他都不以为然。当时正值换季时节，讲演厅里已断了暖气，我们坐在舞台一侧的小屋子里，尚感到时有寒气袭来，阵阵阴冷。但梁先生讲演专一，其精神早已与台下听众融为一体。看他老人家精神抖擞，不但没有一点寒意，还不时用手帕擦抹额头上的汗渍。从旁看去，真是一幅绝妙的夫子授学图。十一点讲演结束，但梁先生未及走下讲台，便被几十位好学青年团团围住。有的请他题字，有的向他请教问题。梁先生毫无倦意，顺笔题笺，侃侃而答。此时他所焕发出来的朝气，不逊于一个刚刚毕业走上讲台的年轻人，可此时梁先生已值九十二岁高龄。有谁能想到，六十八年前，他正是以这种气魄，在高手如云的北京大学的讲台上叱咤风云呢！

自梁先生参加中国文化书院以来，我们常去他家拜访。每次去都感到他的精神很饱满，且乐于与我们这些晚辈交谈。一九八七年三月，我应新加坡东亚哲学研究所之邀，准备去新加坡作访问研究。该所所长吴德耀教授也是学界长者，曾任台湾东海大学校长。吴教授来信说，他们希望梁漱溟先生能为东亚哲学研究所题词。当时，王守常先生正在该所作研究，他也来信催办此事。为此，我于三月中旬的一天，去拜访梁先生，并谈到该研究所希望得到梁先生的墨宝。梁先生先让我介绍了该所的情况。我说，该所是新加坡官方支持的研究机构，以研究儒家伦理为主，并准备把儒家伦理作为一种社会教育的手段向全国推广。此前该国教育部已专门成立了儒家伦理教材编写组，已编出几部教材，在中学里试讲。梁先生听后很高兴，并由此引发出许多精彩议论。他说："儒家伦理应以孔子之仁为第一义。儒家孔门之学一为反躬修己，二为推己及人。立人、达人、忠恕之道，此中皆有仁字在。"我说，"先生所见，正合该所意思，您能否即以此意书写条幅？"梁先生未回答我的话，却接着说："孔子在世，常叹礼乐之不兴，故有道不行，乘桴浮于海'之说。如今新加坡社会发达又以华人居多，推行儒家伦理，于家于国，定有裨益。"我说，"梁先生说得对，孔子在世，为推广其学说而周游列国，没想到，两千年后，像新加坡这样远在南洋的小国，也要推行儒家伦理，这可说明孔子学说的生命力"。梁先生点点头，似乎同意我说的话，并嘱我："你去新加坡讲学（实为研究），应注意学习他们的经验，此即古人所谓'礼失而求诸野'。不同的是，时代变了，新加坡既非蛮夷之邦，亦非断发文身之'野'，而是经济繁荣、政治稳定、科技昌明的后起之秀。我们和人家比，显然落后一大截，但中国文化终会有复兴的一天。"这一次谈话，梁先生显得很兴奋，并让我一周以后来取题词。临别，梁先生又送我一本他新近出版的《人心与人生》一书并题字留念。一周后，我去取题词，在桌上铺展开折叠的宣纸，展现在我眼前的是苍劲挺拔的十四个大字：

> 我生有涯愿无尽
> 心期填海力移山

落款是"东亚哲学研究所存念，一九八七年梁漱溟"。我想，这十四个字是梁先生一生的写照，因为它最能反映和体现梁先生的哲学理念和他所期许的儒学大义。这是从孟子一直到王阳明、再从王阳明到泰州学派的王艮所承袭下来的心学传统，至梁漱溟则开出现代新儒家的路。

现在，新加坡东亚哲学研究所已改了名，所长吴德耀教授也已去世，因此也不知梁先生书写的这一条幅是否还挂在该研究所的厅堂中，但这些并不是问题的实质。问题的实质在于，这题词及这题词所表达的精神却是永存的。这正如题词所讲，一个人的生命虽然有终结的时候，但对未来美好世界的企盼却是无尽的。因为人不同于禽兽，人有头脑，有思维，对善恶美丑有自己的判断，因此人心不可欺。人心的力量凝聚在一起，便可爆发出移山填海的力量。这种看法实与"精神变物质"之说甚相符合。人间的事物总是在一定的时空之内，而人的精神有时却可以跨越时空的限制。梁先生的"我生有涯愿无尽，心期填海力移山"的题词即是跨越时空的人类语言。

冯友兰先生与梁漱溟先生一样，也是中国文化书院的积极支持者。他作为中国文化书院的发起人，对文化书院的贡献是永远不能磨灭的。记得，我第一次与冯先生谈起文化书院是在一九八四年九月，正是书院成立的酝酿时期。因为在当时的中青年教师中，我与冯先生较熟，所以大家都让我把成立书院的设想转达给冯先生，以征求冯先生的意见和看法，同时向他请教有关中国历史上的书院及传统文化的问题。我每次访问都从冯先生那里得到启发与支持。一九八四年十月，我再次去冯先生家访问，谈起文化书院的宗旨是弘扬中国传统文化时，冯先生很高兴。他对我说："中国传统文化是不能丢的，这是我们中国值得骄傲的一点家底。中国有几千年的历史，曾经创造了辉煌的文化，但到近代衰败了，有人甚至连这点家底也不要了，这是败家子。"以前的几次谈话，冯先生都没有说太多，这次谈话，冯先生格外专注，我想大概是因为此次谈话谈到了点子上。这点子，就是对传统文化的态度。把继承和弘扬中国传统文化作为文化书院的宗旨之一，首先即得到冯先生的赞同与首肯，这是文化书院后来能得以发展的一个基本前提。

那次谈话后不久，我又去看冯先生。谈起文化书院的筹备情况时，冯先生又强调说："大家都说要振兴中华，拿什么去振兴！对于我们搞中国哲学与中国文化的人来说，首先就要把思想、文化振兴起来，人有了精神才能积极做事。我们从事文化教育事业的人，要向中国女排学习。中国女排志气不小，她们冲出了亚洲走向了世界。中国文化也要冲出亚洲，走向世界。"冯先生的这席话，给了我们极大的启发和鼓舞，因为在当时，有许多人对中国文化抱有偏见，甚至有人重新提出"不看或少看中国书""把中国书扔到茅厕里去"等偏激主张，包括我自己在内，对传统文化与现代化的关系梳理不清，故常常表现出思想上的混乱。先生曾针对我的思想做过多次谈话。有一次，他风趣地说："全盘西化是不可能的，除非黄皮肤变成白皮肤，黑眼珠变成蓝眼珠。胡适之先生早在二三十年代就提出全盘西化的主张，但他自己都不相信他的主张能实现。"他还说："我历来主张中西文化的差别不是地域的差别，要求同存异。随着中国经济的发展和科学的进步总有一天，中西文化会在世界范围内融会贯通。这就是《周易·系辞下》说的'同归而殊途，一致而百虑'。"在冯先生的启发与教诲下，文化书院办院宗旨的第二条，即写上了"为中国文化走向世界，积极开展国际间的学术交流"这样的话。

一九八四年十二月底，中国文化书院在北大勺园召开了正式筹备会议，冯先生被推举为中国文化书院第一任名誉院长。在会上，张岱年、任继愈、周一良、阴法鲁、戴逸、丁守和、汤一介、朱伯崑等先生对如何弘扬中国传统文化、如何促进中西文化的交流等问题纷纷发表意见。冯先生再次提出"要让中国文化冲出亚洲，走向世界"，得到与会者的一致赞同。从此，这一口号便为新闻媒体所接受，并很快响遍全国的文化界。据我所知，这一口号正是冯先生第一个提出来并得到广泛传播的。

那时，人们受改革开放政策的鼓舞，各行各业都呈现出一派生机。人们的心气也很高，都想着如何使自己从事的工作迈出更大的步伐，以夺回十年"文革"及历次政治运动所流失的宝贵时间。记得也就是在那次筹备会上，当议论起经费问题时，大家虽然都想到困难很大，却信心十足。冯先生鼓励大家，凡事要靠自己，不能伸手向国家要钱，这就叫"白手起家，自力更生"。任继愈先生要大家发扬"草棚大学"的精神，不要被困难吓倒。所有到会的老先生都表达了自己的意愿，决心支持文化书院的成立。那时，我们似乎都很傻，没有把经费问题看得太重，是先干起来再筹备一些必要的资金，而非如今日做事，必先筹备大笔资金而启动。再说，当时改革开放初起，不但不知道向基金会、企业家、外商等集资，而且也几乎没有什么基金会可申请，绝大部分的工厂、企业都是计划经济，没人跟他们要钱，即使去要钱，人家也不会给，因为没有这种先例。这样一来，筹备必要的资金，也就只好掏自己的腰包。每人出一百块钱，十几个人凑起来就是一千多块。那时的一千多块很可观，能干很多事。

经费问题没有难住我们，但一层层的各级领导的批示、向有关部门申请登记、注册、挂靠等手续却一直困扰着我们。为了得到党和国家的支持，我们起草了致时任中共中央总书记的一封信，系统地申明了当时国际国内文化发展的趋势、改革开放与弘扬中国文化的关系、创办中国文化书院的意义等。这封信是以冯友兰先生的名义发出的。因为冯先生自二十年代起，就致力于中国哲学与中国文化的研究，近一个世纪以来，他对中国传统哲学和民族文化作出了划时代的贡献。他的哲学理论、哲学方法、哲学史学、文化史观及文化论著等已影响几代学人，甚至东至日本，西播欧美，成为世界哲学和文化论坛上所熟知的人物。因此，他最有资格代表文化书院申明我们一批学者的文化主张。当时由我与冯先生联系，虽值隆冬季节，但每次去先生家里，都感到温暖如春。他愉快地答应以他的名义给胡耀邦同志写信，却反复琢磨信中的内容和用语，表现了对弘扬传统文化的高度使命感和一丝不苟的负责精神。后来，时任中共中央总书记作了批示，使中国文化书院得以在 1984 年成立。最使我难忘的是，当时正值他的《三松堂自序》出版，他送我一本并题了笺，并嘱我先读此书的最后一章。我回到家里，迫不及待地翻开《自序》一书，像拆看锦囊妙计般一口气读完最后一章，其中最使我回味无穷的是如下的话：

> 中华民族的古老文化虽然已经过去了，但它也是中国新文化的一个来源，它不仅是过去的终点，也是将来的起点。将来中国的现代化成功，它将成为世界上最古、又是最新的国家。……新旧相续，源远流长，使古老的中华民族文化放出新的光彩。人类几千年积累下来的智慧，真是如山如海，像一团真火。这团真火要靠无穷无尽的燃料继续添上去，才能继续传下来，我感觉到，历来的哲学家、诗人、文学家、学术家都是用他们的生命作为燃料以传这团真火。
>
> 一个时代的哲学的建立，是需要时间的。这往往需要几代人的时间，甚至几个世纪的时间。它是一个活的东西，活的东西的发展都是需要时间的。它的内容也是历史的产物，不是哪一个人或哪几个人随意确定的。马克思主义必定要与中国的具体实践相结合，成为中国的马克思主义，中华民族也必定会生出许许多多的人才，以完成这种事业。"江山代有才人出，各领风骚数百年"。

冯先生生前经常引用李商隐"春蚕到死丝方尽，蜡炬成灰泪始干"这两句诗来表达他献身中国哲学和中国文化的美好愿望。为了使中国文化走向世界，冯先生做了一生的努力。一九八五年三月，中国文化书院首次在北京举办"中国传统文化讲习班"，冯先生当时已九十岁高龄，同梁漱溟先生一样，不惧北京晚冬的寒冷，来到离北大十余华里的中国青年政治学院，为来自全国各地的学员讲授中国传统文化。先生坐在台上，一讲就是两个小时，先生的精神使参加讲习班的二百余名学员无不为之惊叹！

冯先生非常关心文化书院的发展，我每次去见他，他都问起书院的情况。一直到他逝世前的几个月，他还关心着书院即将召开的"冯友兰哲学思想国际学术研讨会"的筹备。那是一九九〇年九月，我刚从巴黎返国，一周后去看冯先生，向他汇报会议的筹备情况。先生对这个会很关心，问我会议准备开几天，在哪里召开，有哪些人参加，有哪些外国学者等。我一一向先生作了汇报。听完我的汇报，先生清瘦的脸上，露出一丝满意的微笑。但万万没有想到，两个多月后，即一九九〇年十一月二十七日，先生带着对国家、民族前途的关怀、带着对中国文化学术事业的发展及美好人生的执着追求，永远地离开了我们……

中国文化书院走过了十年的历程，其间风风雨雨，充满坎坷。如今回忆书院的前前后后，令人不能忘怀的即是梁漱溟、冯友兰、牙含章、虞愚等已经过世的几位老先生对中国文化书院的关怀与期望。在纪念建院十周年之际，首先应纪念他们。现在，这几位离世的学术前辈，他们的墓地上已长满了郁郁葱葱的小草和野花，他们可以安心地长眠于地下，但他们未竟的事业——中国文化的未来发展、中华民族的复兴及其现代化却有待于我们活着的人去思考、去奋进、去开拓！这也许是对他们的最好纪念。同时，愿以梁先生"我生有涯愿无尽，心期填海力移山"及冯先生"用生命作燃料以传中国文化这团真火"的伟言宏愿与中国文化书院的同仁及关心和支持过书院的师友们共勉。

一九九四年仲夏于北京大学蔚秀园公寓

为了忘记

陈战国

陈战国（1944—　　），北京社科院哲学所研究员，中国文化书院导师。

今年是中国文化书院成立四十周年，要出一本文集以示纪念。朋友约我写篇文章，谈点书院的往事，殊不知对于一个老人来说，有些事情是不愿意回忆的。拗不过他的盛情，勉强写了一点文字，为了纪念，也是为了忘记。

成立于 20 世纪 80 年代的中国文化书院与中国历史上的书院一脉相承，都是民间的教育机构，不过，两者在国家中的地位和待遇却有很大的区别。历史上的书院虽说是私学，却有自己的校舍，在经济上能够得到中央和地方政府的支持，老师和学生的基本费用都有保障。中国文化书院的生存状况则大不一样，除了接受政府的管理监督之外，一切费用都要自己解决。

开始时我们想以商养学，苦苦挣扎了几个月，失败了。转而走以学养学的路。1985—1986 年，先后办了四期学术讲座，不仅在社会上产生了很好的影响，而且还通过收取微薄的束脩积累了一点经费，用以开展学术活动。在此基础上，1986年经院务委员会几位执行委员商议，决定开展中外比较文化函授教育。

前几年社会上曾经出现过函授热，当时已经式微，在这种形势下函授还能不能办得成？我们决定试一试。经过讨论，确定了函授班的基本内容：开15门课，编写15部教材，每部教材30多万字。发行《文化书院院报》，4开8版。寒暑假进行面授，每期7天，由7位不同的老师讲授不同的课程。全国设20多个面授点，保证每位学员都有机会就近听课。设计好了，开始准备，设立了函授部，我任主任，负责函授教学各项事宜。魏常海负责组织教材编写，林娅负责聘请面授老师，田志远负责教材印刷，李中华正在海外访问，承担了《中国文化概论》的编写。除了我们几个人之外，还聘请了我的朋友左锋、辛章平负责院报编辑，刘文雨负责招生。函授部下设办公室，由胡小瑜任主任，负责函授部事务性工作。万事俱备，只欠东风，我们一面紧张有序地做着准备工作，一面等着报名的结果。谢天谢地，结果出来了，报名的人数突破了一万人。更让人想不到的是，报名参加函授的学员不仅有几十位在校研究生，还有十几位高校教授、副教授。

1987年春天，函授班如期开学。办公室的工作人员每天都工作得很晚，他们要给学员造册登记，给每一位学员邮寄录取通知书和第一批教材、第一份学报。不久，我们收到了许多学员饱含兴奋、赞许和感激的回复。

在函授部工作时，最让我难以忘怀的有两件事：

一、函授报办得出乎意料地好。小报虽然版面不大，内容却很丰富，有函授部人员及职责介绍、教学动态、学员来信、学术文章、师生问答、学员讨论等，刊登的学术文章，多为书院导师所写，很受学员欢迎。一次《光明日报》记者来访，他由衷地赞扬我们的小报比他们的大报办得好。

二、面授的安排紧凑高效。万余名学员来自除了西藏、港台之外的所有省份，如何兑现每位学员都能就近参加面授的承诺呢？我对着中国地图反复筹划，最终决定把全国分成七八个教学片，每个教学片包括三个相邻的地区。与此相应，50几位面授老师也分为七八个小组，每组七人，分别到不同的省区授课。为了节约开支，授课采取接力的方式，每组每天只有一位老师从北京出发。例如东南片包括浙江、江西、福建三省；第一天，一位老师从北京出发到杭州；第二天，他在杭州讲课，第二位老师到杭州做准备；第三天，第一位老师出发到南昌，第二位老师在杭州讲课，第三位老师在杭州做准备……寒暑假期间几十位老师在几十个城市巡回教学，上万名学员在不同的城市听来自书院的老师们讲课，应该说，这是中国文化史上自先秦时期孔子带着弟子们周游列国之后的又一奇观！

天下的事情没有十全十美的。函授工作一开始运行，就暴露出了事先那种闭门造车式的经费预算的许多漏洞。例如，每位学员一年只有一次通信的费用，这在以写信为主要联系方式的时代，是远远不够用的。再如，预算中没有编写教材和在小报上发表文章的稿费，给编辑约稿造成了困难。又如，当时的交通还不够发达，寒暑假期间买不到车票的事情经常发生，尤其是暑期，南方经常下雨，有时会造成铁路交通中断，遇到这种情况，面授老师出行就要改乘飞机。怎么解决这些问题？考虑到近百万元的学费收入中，函授成本已经占了 60 余万元，不能再增加，经过和同事商量，我们决定在教材和小报之外再向学员增发一份函授期刊，转发港台地区及海外有关中国文化研究的文章。期刊每期 10 万余字，定价 1 元，全年共发行 10 期，共 10 元。转发的文章由我们自己选编，既能节约开支，又能保证质量。经初步核算，这个项目预计有大约 8 万元的收入。根据事先约定，函授部自己创收所得可以留用一半，这样我们就能增加近 4 万元的经费。我和办公室主任说了自己的打算，并对这笔想象中的经费分派了用场：一、鉴于这段时间函授办公室的工作很繁重，工作人员经常加班，很辛苦，给他们增加 1 万元经费，可以拿出一部分给大家发加班费。二、小报办得很好，为书院赢得了荣誉，给他们增加 1 万元经费作为稿酬。三、剩余的两万元作为机动费用，以备不时之需，由我自己掌握。

函授工作进入了正常运转的轨道，经费问题也有望得到解决，正当一切都顺风顺水之时，万万没想到突然出了"大问题"——有人在院里散布谣言，说我私分公款，并把我告到了汤一介院长那里。新开发的项目还在筹备当中，没有一分钱入账，哪有什么公款可分呢？即便是以思想"定罪"，我想的也是把创收的钱用在函授部的工作上，从来没想过给个人分钱。汤院长是研究中国传统文化的学者，他深知书院出了什么问题。所以他找我谈话时只字不提经费问题。

他说："你和鲁某不要在一起工作了，一个留在书院主持工作，一个出国访学。"

我说："我留在书院工作，让他出国访学。"

汤先生说："他不肯去。"

我说："我也不去。"

汤先生说："你还是去吧，法国、加拿大、澳大利亚，去哪儿都行，我给你联系。"

我说："既然这样，我就退出吧。我不出国访学，也不再介入书院的工作。"

从此我离开了中国文化书院，头上只留下了一个"院务委员"的空名。

1990 年，李中华代表书院邀请我回去担任副院长，我辞谢了。他又提议我担任副秘书长，代行秘书长职责，我也未置可否。书院是个民间学术机构，没有任何待遇，担任什么职务都无所谓，考虑到重新回来工作，意味着过去发生的事情有了一个公正的结论，就留下了。

重回书院之后做了两件事。

第一件，书院的公章被盗。近一年来，书院有什么事情只能盖汤院长的私章再加上他的亲笔签名。我到任后，即刻找公安局的朋友帮忙，重新刻了一套完整的公章。

第二件事，筹备纪念冯友兰先生九十五华诞国际学术研讨会。冯先生是中国文化书院名誉院长，又是我的恩师，为他筹备纪念活动义不容辞。11 月下旬，研讨会在中央团校举行，规模很大，很隆重，张岱年先生、庞朴先生、李泽厚先生等许多书院的导师都参加了会议。会议期间我和朋友一起到友谊医院看望了冯先生。11 月 26 日，突然传来消息，冯先生过世了，我急忙托朋友帮忙租来几辆大巴，载着所有的与会者赶到北京医院与先生的遗体告别，这一天离他的 95 岁诞辰只差数日。

先生去世了，会议结束了，我的腰疾日渐严重，从此逐渐淡出了书院的工作。

2024 年 3 月 5 日于海南五指山

传承与光大

林　娅

林娅（1945—　　），北京大学马克思主义学院教授，曾任中国文化书院副院长，现任书院导师、理事。

今年中国文化书院迎来 40 周年庆典。40 年对于历史的长河只是沧海一粟，是泱泱大国之一束星光，但它却是不可轻视的星光。作为 40 年来跟随的一员，身上披着它给予的光环，这是一生深感欣慰和自豪的事情。

中国文化书院这 40 年的历程有过辉煌、有过坎坷、有过艰辛，也迎来新生。为此我兴奋过，彷徨过，奋斗过，期待过，也曾经在她的身上留下过细微的痕迹。

我参与中国文化书院的筹建，相比那些老先生，相比李中华、魏常海、鲁军、田志远、王守常，要晚。当他们筹划时，我是带着对中国传统文化的敬仰之情参与的。1964 年考入北京大学哲学系，实际是圆了父亲的梦。他非常仰慕那些老先生，历数汤用彤、冯友兰、郑昕、朱光潜等学者，拿到北大哲学系录取通知书，双手颤抖地对我说："你进入了学术的殿堂。"那时的我并不理解他说的话的含义。虽然我没有读过他们的书，却也知道这些文人巨匠的名声，只可惜虽然进入了北大哲学系的殿堂，却没有听过他们的课，没有目睹过他们的风采。得知创办中国文化书院，获悉可以接近老一代哲学家以及北大诸学科的泰斗、学术大师，就兴奋不已。但是，中国文化书院的名号一直没有得到北京大学的认可，审批受阻，大家也是一筹莫展。我当时在北京哲学教学研究会担任秘书长，心里非常想帮助这些一心想办成书院的人。我与会长谢龙，以我们学会的名义，让中国文化书院挂靠在学会名下。谢龙会长觉得我们一个小小的学会怎么能做书院的挂靠单位呢？我就跟他说，试试呗，不试怎能知道成还是不成呢？于是我就找到当时北京市教工委的负责管理学会工作的刘老师（恕我记不得他的名字啦），向他介绍了中国文化书院，着重说明文化书院的价值、存在的意义以及面临的挂靠问题。他首先指出用"中国"两字申报的难度，接着又说，有什么理由用你们教学研究会的名义去申办呢？我将事先想到的理由娓娓道来，特别指出，当前都要求我们马克思主义中国化，我们急需将马克思主义哲学与中国文化、与中国传统文化相结合，而现实是教马克思主义哲学的缺少对于中国文化的了解，传统文化缺失严重，所以马克思主义中国化存在很多困难，需要研究和融合。刘老师又详细看了我带去的文字材料，答应与教工委领导一起研究一下，让我等待他的答复。过了两天刘老师让我去一趟，说有好消息。于是我就兴冲冲地去了。到教工委刘老师告诉我，经教工委研究，向北京市委转递了我们学会申请中国文化书院挂靠的报告，并得到陈昊苏同意我们到成教办注册的批示。我把批示交给鲁军，由他安排工作人员去北京市成教办，中国文化书院就这样得以注册。中国文化书院诞生了。一个小学会承载了一个大名号，一个闪亮的、有着深厚内涵的中国文化书院，成为一颗新星，在中华大地有了生命。

　　书院满足了合法生存的条件，紧接着就要有生存的基础，决定卖服装设计样本，那时认为改革开放家家都会需要新式服装，需要样本，中国有那么多家庭，一家买一套就会赚很多钱。乘法好算，却不懂市场，一堆废纸打破了梦想。那时还想倒腾电视机等，都没有成功。大家觉得这不是书院应该走的路。后来决定要办适合中国文化书院宗旨的事情，于是决定办中西文化比较函授班。我们用最原始方式，邮寄函授班的招生简章。于是开始写信封，往全国各地的大学、大专、党校、干部管理学院、各类培训机构，甚至中学，邮寄招生简章。用了好几个月收到一万多报名者，这个函授班在我们不辞辛苦的奋战中办成了。有了函授班就办了学报，我找了马列教研室的李顺荣和哲学系的张文俊老师承担了学报的编辑工作。

函授班办起来了，一个重要的工作就摆在面前，就是必须要面授。我被安排负责面授的组织、落实工作。需要落实面授点、线路、工作人员、各线路面授导师及讲座题目等一系列工作。1987 年 7 月底至 8 月初，在全国 17 个城市，6 条线路，聘请多位书院的导师及有关院校、研究机构的著名学者、教授，就中外比较文化进行多学科、多角度的讲座。六条线路是：1. 长春—哈尔滨—沈阳；2. 武汉—长沙—广州；3. 西安—成都—重庆；4. 呼和浩特—银川；5. 乌鲁木齐—西宁—兰州；6. 昆明—贵阳—南宁。第一期参与的导师有：张岱年、朱德生、魏英敏、丁枫、李放、安启念、汤一介、乐黛云、范达人、金春峰、赵常林、萧萐父、庞朴、叶朗、何光沪、许金声、郑也夫、阴法鲁、周一良、吴大英、李士坤、张立文、张晋藩、方立天、谢龙、许抗生、杨雅彬、周宏志、蒙培元、戴逸、宁可、丁守和、包遵信、葛雷、刘笑敢等导师。1987 年 7 月 10 日在北京为要离京奔赴 17 个面授点的导师和工作人员举办了招待会。

1988 年 1 月—2 月又陆续开展了冬季 11 个省市的面授工作。这一期第一条线路：河南省委党校—山西省社科院科学会堂—河北医学院；第二条线路：杭州大学—江西大学—福建省委党校；第三条线路：中国科技大学—南京大学—同济大学；第四线路：南开大学—山东大学。这一次面授有近 30 位书院导师和其他学校、科研机构的学者导师，他们是陈先达、陈志华、吕大吉、包遵信、范达人、王泰来、沙连香、庞朴、张国华、周宏志、杨克明、何芳川、陈荣富、林建初、潘润涵、吴晓玲、金春峰、朱德生、严绍璗、李士坤、孙凤城、黄楠森、汤一介、乐黛云、王辅仁、刘大椿、刘波、刘大钧等。1988 年 7 月—8 月在 5 条线路、10 个面授点，展开了第二学年的面授工作。除了第一学年参与面授的导师之外，还聘请了梁从诫、陈战国、易杰雄、焦树安等先生。参与面授的导师有的已经离世，他们的面授讲座涉及哲学、史学、社会学、美学、法学、语言学、文学、宗教学、西方哲学、教育学等多个学科，很多讲座是这些学者、教授多年独一无二的研究成果，学员因而获得了无法从别的渠道获得的学识。他们留给我们的思想和精神成了书院的宝贵精神财富，成了中国文化书院文化遗产。

中国文化书院所举办的中外比较文化研究班（函授），是中国教育史上仅有的一家。它的影响力传遍大江南北，是一场文化的大普及。在改革开放初期，对于渴望精神滋养的人们来说，似久旱逢甘霖，对于期盼思想解放、吸纳更多先进文明的人们而言，是一种撞击灵魂的洗礼。它对于中国文化的弘扬与传播，对于先进文化、文明的启迪，对于国人的文化启蒙起到了巨大的推动作用。它唤醒了中国人，培养了一批新的文化人队伍。中国文化书院的影响力也迅速在全国扩展，被广大学者、青年所认可、追捧。

另外一件值得记载的事情，就是90年代书院处于艰难时期，我与梁从诫先生被安排做书院副院长。那时书院处于刚刚分裂的状态，书院搬到圆明园。梁从诫、庞朴、魏常海、田志远我们几个与十几个工作人员主持日常工作。为了维持书院生存，寻求出路，田志远联系了中国地质大学教务处的刘处长。准备办一个成人给学历的班。几经探讨、交涉，举办成功，在中国地质大学礼堂召开了开班典礼。中国地质大学校长程校长、中国文化书院院长汤一介致辞，季羡林作为院务委员会主席出席了典礼。这个班两年制，毕业有毕业证，所以招了2 000余人，这个班还配套编辑了12本教材。教材都是与干部管理有关的。教材的编撰由涂建负责。整个班的教学管理由我和黄信万负责。这个班的成功开办，既有利于一些寻找可以提供学历的院所、解决工作问题的人（当时很多人需要补学历，以便解决职称、入职等问题），也有利于中国地质大学寻找合作伙伴，开展成人教育新的办学途径，还可以解决书院的日常生存的经费问题。所以，与中国地质大学的合作办班在双方的共同努力之下谈判成功。

这个班学制2年，到结束时有一部分学员拿到毕业证，顺利得到了单位的认可，得以就业、升职，完成相应的职称评定。但是，也有些学员的单位没有承认这个学历。但是，不管怎么说，这个班还是对于教育、培养人才起到了一定的作用。而对于书院来说，它维持了书院的生存，在那个比较困难的时期使书院依旧存活下来。活着就有未来。

中国文化书院40年历史不算长，影响力还不够强大，它的未来还需要有志之士为其发扬光大，助其茁壮成长。

先做学生，再做先生

郭齐勇口述　杨永涛整理

郭齐勇（1947—　），武汉大学哲学学院教授、博士生导师。中国文化书院首届学员，现为中国文化书院导师。杨永涛（1997—　），武汉大学哲学学院国学专业博士研究生。

一九八五年年初，我受萧萐父老师的派遣，到北京参加由中国文化书院举办的首届中国文化讲习班。此行的主要目的是去学习、交流中国文化，聆听一些前辈师长们的演讲。中国文化书院是由北京大学冯友兰先生与张岱年、朱伯崑、汤一介先生发起，联合北京地区的学者们组织的一个民间性质的组织，这个书院是现代中国书院复兴的开端与样板，其成立很有意义。

汤一介先生、庞朴先生等老前辈当时还是壮年，在讲习班讲学的学者既有国内的老中青三代，也有国外的著名学者。授课的专家有梁漱溟、冯友兰、张岱年、任继愈、金克木、虞愚、邓广铭、侯仁之、何兹全、袁晓园、季羡林、吴晓铃、阴法鲁、戴逸、李泽厚、汤一介、庞朴、宁可、王尧、丁守和等先生。在后来又有海外学者杜维明、成中英先生等参与。中国文化讲习班的学员是自愿报名，经书院同意，来这里听课的，也有各单位推荐来参加学习的。这个讲习班的导师了不起，学员也是学有专长的研究者。比如武汉去的学员，除了我本人之外，有当时在湖北大学执教的冯天瑜先生及华中师范大学的严昌洪先生。我们常常说，我们是中国文化书院"黄埔一期"的，很自豪。当时，我们这些学员在北京的住宿条件一般，佢是大家都刻苦地学习。我们住在中央团校的一个地下室，睡的是学生们用的高低床，冯天瑜先生跟我们都住在一起。

我记得开学典礼的时候，汤一介老师让冯天瑜先生作为学员的代表讲几句话，老师的代表当然是梁先生等前辈学人。梁先生讲话的时候目光炯炯有神。他一上台就讲："我七十年前就说过，我们未来的世界将是中国文化大兴于天下的世界。中国文化大兴于天下一定会是一个现实，我七十年前就是这个主张，我现在仍然坚持这个主张。"这段话把我们的心弦震得直响！那季节春寒料峭，但我们的心却是火热的。

郭齐勇拜访梁漱溟先生

那时，我与友人为搜集、整理、研究熊十力先生思想文献而拜访过梁先生。我发现，梁先生并非是一个迂腐守旧的人，恰恰相反，他是一个具有真性情的、追求独立自由人格的现代人。他反对的是在追求现代化的过程中，以绝对二分的心态，全面否定孔子儒家和释迦佛学的粗暴做法。张岱年先生等都亲自给我们上课。可见，当时的老师们都是北京的一些最有名的中国文化的大家。在此之前，中国的传统书院没有任何复兴或被重视的迹象，而在八十年代文化热之中，书院回归了。它是带有民间性质的、自由讲学的机构。这就是一个很有意思的创举。在书院中举办中华文化讲习班也是一个创举，在那里能够听到各方面相互矛盾的、相互冲突的一些看法。文化讲习班的这些老师们所讲课的基本立场，我觉得还是政治上的自由主义、启蒙理性和文化上的保守主义，这两者的结合。与英国的文化保守主义一样，它自身也是有政治上的现代化主张、民主政治的诉求。这看上去与传统文化的复归是有矛盾的，有张力的，但是这两者却能够结合起来，很有意思。英国保守主义的政治诉求当然是对自由、民主等普遍价值的诉求，在文化上也不意味着要丢弃传统。

在我们这一代人所接受的教育中，传统文化是一个封建主义的、过时的、落后的、保守的存在。而在八十年代的文化热中，学者们开始讨论的主轴和基调虽然是西化，在政治层面上，有自由、民主的诉求，也主张个性独立，但在文化层面上则有回归传统的声音，试图对传统文化进行多层面的创造性转化。后来，林毓生先生也来到中国文化书院讲学，并出席学术会议。他主张要对传统文化进行创造性转化的观点也很受欢迎。

汤一介老师、庞朴老师是中国文化书院的核心人物，他们运筹于帷幄之中。汤老师把海内外的名家都请到这个书院，给我们上课，我们享受到前所未有的跨文化、跨国界的思想盛宴，接受"脑力震荡"。授课提高了我们的见识。授课导师里不仅有"老古董"，也有新派、洋派的专家。讲课内容涉及古今中外的典籍及代表性人物，每位老师都独立地讲他们个人的思考，可谓异彩纷呈。有讲佛教文化的专家、有讲印度文化的专家，总之，"儒、释、道"，"中、西、印"，"马、中、西"各方面的专家都有。

特别是关于中国文化的一些讨论，参与讲习的导师也有不同的意见。像包遵信先生是全面批评中国文化的，他主张向西走，全盘西化；像李泽厚先生倡导的是西体中用的主张。当然还有各种各样的其他看法。张岱年先生、石峻先生则是讲得非常平实，很有道理。在汤老师感召下，中国社会科学院、北京大学、清华大学、中国人民大学等科研机构与高校的文科老专家们都到这里来给我们授课，晚上则是学员们互动讨论的时间。我们作为学员受益匪浅，真的是非常感动。我对中国文化的许多反思与新认识也拜中国文化书院的师友们所赐，因此，我很自豪地说，我是中国文化书

庞朴先生（中）、萧萐父先生（右）与郭齐勇先生于 1987 年重阳节在香山饭店
出席梁漱溟九五初度会议时合影

院举办的首届中国文化讲习班的学员。

　　作为中国文化书院第一期的学员，我后面也参加了书院的一些活动，
也成为中国文化书院相关活动的积极参与者。汤老师等北京方面的专家也
跟萧老师的关系非常密切。后来，一九八七年，我记得是当年的重阳节
吧，中国文化书院又组织了讨论梁漱溟先生思想的会议，会议在香山召
开，梁漱溟先生也亲临会场，我陪萧老师前去开会。后来，一九八九年我
和萧老师参加中国文化书院主办的纪念五四运动的会议，一九九〇年是关
于冯友兰先生思想的学术研讨会，我们也参加了。后来，中国文化书院也
举办了很多的活动。前面所说的几次会议，我都是陪萧先生一起去的，我
们师徒一起参加，都发表了论文。

　　透过中国文化书院成立之初的相关活动来看，中国文化书院已经成为
当时沟通传统与现代、东方和西方的重要的桥梁，所以我们对中国文化书
院是很有感情的，我们也积极参加了这些活动，彼此的感情日益深厚。汤
一介老师也让我们来组织一些活动，我们向汤老师学习，在湖北也办了类
似于北京的中国文化讲习班。那是一九八五年年底，我们在萧老师的组织

郭齐勇与汤一介、乐黛云、熊玠先生合影

下在黄州主办了一个盛大的熊十力学术思想讨论会，那是一个规模很大的会议，许多名家都来了，杜维明先生等海外专家也都跋山涉水赶来了，那是他们第一次到湖北，长江在黄州地段上没有桥，过长江还需要摆渡。我协助萧老师办熊十力思想的会议，同时，萧汉明学长协助萧老师办讲习班。那时候，湖北当地的文化学者以及邻近几个省的学者们就到这里来参加中国文化讲习班。这也可以说是顺应当时文化热，学习中国文化书院的做法。

由于汤老师和萧老师的密切联系，北大和武大也经常联合举办一些活动。我记得那个时候汤一介、王元化、姜义华、朱维铮先生等北京、上海的学者，武汉地区的章开沅、萧萐父、冯天瑜先生等都在一起组织了很多文化活动。当时，在全国有一个中国文化的学者协调会，来组织一些传统文化的会议，并确定各个地区研究的重点。在八十年代的文化热中，文化讨论的基调是批评传统的，是追求西化的，基本价值是追求自由、民主等。当时的主流诉求还是面向启蒙的。当然，"启蒙"本身具有复杂性，萧老师认为，中国文化的"启蒙"有中国文化内在的根芽，自由、民主这些诉求可以在中国传统文化中创造性地发掘出来，因而，他特别重视明清之际的黄宗羲、王夫之、顾炎武等思想家，他们代表着传统中一些面向现代性的理念，所以，他很推崇明清之际的思想家。在萧老师的感召下，武汉地区的传统文化讨论和研究的重心以明清之际的中国文化为主，并以开放的交流理念，中西互动，古今交融，推进了一些学术会议和学术沙龙的开展。汤一介、朱维铮先生等都到湖北来过，并参与了我们主办的中国文化讨论的活动。后来，华中师范大学举办过一个关于中国文化的大规模会议，我们也参加了。

在八十年代以来的文化热中，中国文化书院起着很重要的作用。中国文化书院举办的一系列活动反映了那一时期中国思想文化界的活跃氛围，体现了老一代学人无私奖掖后学的精神，焕发出中华文化持久而浑厚的生命力，以及如何推进中华文化创造性转化、创新性发展的丰富性、复杂性。我本人也积极参与了上面提到的活动，获益匪浅，我始终感谢萧老师、汤老师，感谢中国文化书院。我作为中国文化书院第一个班的学员，作为书院"黄埔一期"的学员，感到由衷的自豪。

智者的魅力

——纪念中国文化书院导师季羡林先生

张会军

张会军（1956— ），北京电影学院原院长、博士生导师、教授。中国文化书院导师、理事。

1984 年 12 月，一个重要的学术研究和教学团体——中国文化书院诞生了，距今已跨越整整 40 周年。中国文化书院是由我国已故著名学者梁漱溟、冯友兰、张岱年、季羡林、任继愈、朱伯崑和汤一介等几位教授共同发起，联合了北京大学、中国社会科学院、中国人民大学、北京师范大学、清华大学等单位及台、港和海外的数十位著名教授、学者一道创建的学术研究和教学团体。作为大学后的教育、教学、研究的重要学术机构和研究团体，书院在学术弘扬、学术传承及组织的各项活动中，一贯遵循百家争鸣的原则，完全坦率、自由、公正地坚持个人学术立场，进行研讨、研究和教学，为中国的人文学科的研究与学术坚持和拓展做出了杰出的贡献，已经成为一面我们国家重要的学术旗帜。

而提到中国文化书院，就不得不提曾担任书院院务委员会主席，我们熟知的令人敬仰的季羡林先生。

于此纪念之际，我不禁缅怀起了这位外表朴素、内心平静而且和善的老人。他是书院的导师、学者，是北京大学教授、东方语言大师。早年就读于私塾的经历，使得他打下了比较扎实的中国文化和学术的基础。他的学问成就不必赘述，更令人感怀的是他的天赋、勤奋，是他那善良、亲和，又不失孩童般纯粹又赤诚的品性。

季老先生在繁忙的教学、学术研究和社会活动之余，仍坚持几十年辛勤笔耕，从事散文创作，取得了很高的文学成就。文学，是一个人精神世界的外延。季先生的作品中处处体现着他对文学、生活的精神享受，看季先生的散文就犹如享受自然界的春风，沁人心脾，其风格则表现出一种质朴和大雅，平易不失典雅，率真不乏聪慧。正是他文字中绽放出的灵魂光芒，让他的作品足以成为世纪的经典。

季羡林先生曾多次呼吁政府和社会重视和加强大学生的人文学科教育，应加强大学人文教育的教学普及工作。季先生积极参与推动中国文化书院的创办，继著名思想家和社会活动家梁漱溟先生之后，出任第二任中国文化书院院务委员会主席。通过各种各样的国内学术活动及国际性学术交流活动，对中国传统文化进行研究，对学子进行必要的中国传统文化教育，旨在继承和发扬中国的优秀文化，传播中国的历史、文化和传统，通过对外的交流和对内的海外文化研究，提高我们对自身中国传统文化的理论研究，并促进中国文化的现代化。当年，我作为书院的一名导师和教授，有幸沉浸在这学术氛围中，感受学者们的魅力，体会两代学者之间的精神传承。

新千年初的 2001 年，中国文化书院做了一件让中国学术界"震动"的事情。为了拓展中国文化书院的学术研究，更是为了隆重纪念教师节，弘扬中国传统文化，倡导尊师重教，呼吁全社会重视道德和人文教育，中国文化书院与北京电影学院、南方高科集团共同策划拍摄关于宣传中国传统文化和纪念教师节的电视公益宣传片。这在当时无疑是一超前之举。

对于如何过好这个有意义的"生日"，中国文化书院决定诚邀季羡林先生拍摄一部公益广告，并开展一系列文化学术活动。最初设计这个方案时，谁都没有把握，因为，季老先生的名望如此之高，他一生著作等身，淡泊名利，谁能请得动他呢？可是，没想到这个方案辗转向季老表达后，他欣然应允，并表示只要是对社会有意义的事情都可以无偿地去做。这一举动，在学术界、影视界、教育界和媒体方面产生了巨大的影响。

2001年4月15日，在中国文化书院为季羡林先生举行的90岁华诞祝寿会和电视公益宣传片拍摄的新闻发布会上，记得应是下午4时多，北京友谊宾馆贵宾楼的多功能厅里热闹非常，一片欢声笑语，相互问候和祝福声四起。丁石孙、启功、梁从诫、汤一介、庞朴、王尧、田壮壮等许多教育界、学界、电影界的名人汇聚一堂。在90支烛光里，宣布了季羡林教授同意拍摄该电视公益广告的消息。

在祝寿活动中，季老精神格外饱满，思路非常清晰。他简短的即席发言幽默风趣，引得在场宾朋发出阵阵欢笑。季老在发言中戏称："我自己快成了祝寿专业户，从去年就开始，因为是自己的虚岁九十岁，已经进行了三次祝寿活动。今年这是第一次，不知道以后还会有几次。感谢大家的祝福，不过，这并没有什么了不起的。"当在场的人们问起季老长寿的秘诀时，他说："自己想吃什么就吃什么，不限制自己，大脑每时每刻都在活动，从不闲下来。每天坚持上午写东西，下午会客。不过，来拜访的客人已经对我来说太多了，多得超过了我的需要。在今年春节，我拜访我的老友96岁的臧克家时，臧老称他要活到120岁，所以，我今天也宣布，我自己也好好锻炼，也要活到120岁。"

随后北京大学汤一介教授、王守常教授、李林先生，复旦大学的钱文忠教授，北大图书馆的张军老师，以及时任北京电影学院副院长的我，开始为电视公益宣传片进行策划和拍摄前期的各项准备。经过缜密的研究，决定由中国文化书院与北京电影学院联合制作，希望两所院校能为两部电视公益宣传片的拍摄提供文化品位、脚本写作、技术设备、艺术创作、整体策划、专业支持、人员组成上最好的支持。最后，确定我和时任北京电影学院表演系副主任陈浥副教授担任导演，我本人担任摄影师，摄影系副主任、著名照明师蔡全永副教授担任该片的照明师，录音系甄钊副教授担任录音师，摄制组全程参与拍摄，采用35 mm电影胶片的形式记录，用当时最好的电影摄影机和同期录音设备进行拍摄。考虑到季老的身体状况，我们准备了好几套备用的应变方案，力争保证制作水平，使之与季老的声望相匹配。于是，北京大学、北京电影学院这两个不同学术领域的专业人员，因这"命题"创作而强强联合。

我们在讨论该电视公益广告片的过程中，季先生也曾经提道："现在我们国家整个的社会现实和教育情况是重理轻文。我常常在想一个问题，有中国特色的社会主义，特色主要表现在什么地方？科技方面表现中国特色比较困难，为什么？因为我们与发达国家比还有一定的差距。你就是站在世界第一，也不是中国特色。那第二的国家可以很快地赶上你。要真正表现特色，还是得靠文化基础、文化底蕴。"

汤一介教授也谈道："我们的作品不仅仅是一般的宣传，一定要有文化的内涵，表现中国历史和文化的博大精深，总结中国历史和文化的精髓的部分，用以指导我们今天的行为。"

时任中国文化书院副院长的王守常教授在分析了众多国外和国内的电视公益宣传片以后指出："这个公益片对我们民族文化的传承意义重大，我们必须表现人类最真挚的东西、最真挚的情感，这样，才能在人们的脑海中留下深刻的印象，在表现和歌颂过程中诉求我们的主题。"

最后，我们公益广告原来的设计内容进行了大刀阔斧的整合，对解说词也进行了很大的调整，经过讨论确定的《爱母亲，爱祖国》篇的公益宣传片拍摄，其场景以北京大学校图书馆，季老家中的书房、办公室，季老居住的宿舍楼，楼前的树林、荷塘和北京大学的未明湖畔为主，这样既体现了环境的亲切和书卷气，也符合季老的身份和职业，简洁中带有文化品位。拍摄过程中，当有六十多年教龄、九十岁高龄的季老先生，表达对母亲和老师们的怀念，从而表达我们对学者的尊敬，中国人尊师重道、薪火相传的传统美德时，那种感人至深的赤诚之情，至今回忆起来仍感震撼。

为了保证拍摄的同期录音效果，特意选择了星期天来拍摄图书馆场景，图书馆的这个借阅馆没有对外开放，十分安静，只有几个值班教师配合我们工作。我们的电影设备、摄影机、镜头箱、灯具、镇流器、电源线、移动车、移动轨、升降车、录音车等及其附属设备铺了图书馆走廊和房间满满的一地，人员、设备众多，季老来到现场看到了说："你们的这个阵势，我还从来没有见过，比他们电视台的东西要多、要复杂，而且，技术也不是一般人能干的，拍电影确实我还是第一次，让我见了世面。"

我们在拍摄季羡林老先生近景镜头第一条的时候，当他说到"我出生在山东一个偏僻的农村里，1917 年离开家，到济南求学，从 1924 年我就……"时（同期录音），令我们万万没有想到的事情发生了，季老突然哽咽了，看着镜头就这样愣住了，台词也难以再说下去，身体一动不动，脸憋得通红，微微张着嘴，眼中噙满了泪水。我们所有在现场拍摄的人都被突如其来的景象惊呆了，茫然不知所措。当时我在掌机拍摄，从电影摄影机取景器中看到这幕情景，以为是季老忘记了台词，但是，就是这样，我也没有敢停机终止拍摄。当时拍摄现场的北京电视台纪录片摄制组的韩斗斗记者也没有停机，一直坚持拍摄下来。由于突发事件的出现，拍摄终究还是中断了，我们所有的工作人员不知道下一步该怎么办，也没有人敢过去劝季老，只得无措地在原地等待。工作人员赶忙给季老端来水。季老这时赶紧拿出白色的手绢，去擦拭眼中的泪水，连忙说："对不起，真对不起，都怪我，一提到我的母亲，就使我想起了很多。"

稍事休息以后，季老说："可以再拍了。"但是，我们心里清楚，季老如果还是说这句台词，一定还会勾起往事，还会伤心，很可能再一次拍摄不下去。所以，我们当时就讨论，认为刚才我们所拍摄到的东西太珍贵了，完全可以用，随后就决定这个镜头不再拍了。我们决定改变宣传片镜头的表现方式和叙事的结构方法，镜头到这个位置定格，用一些别的镜头丰富画面的表现力，然后接画外的解说词"再也没有见过母亲，这是我一生中永久的悔"，字幕：我爱我的母亲，爱我们的祖国。

季老的这个"偶然"事件，对我们震动特别大，季老在情绪不稳定的时候，第一反应却是为自己打断拍摄的失误感到抱歉，这样的认真态度让我们对这位老人更心生敬佩，又深感季老的孝心、对母亲的真挚感情并非文字所能表达。同时也发现，这位大学者个人细腻的情感世界和精神世界本身，便与我们宣传片想传达的情感产生了共鸣。

第二天的清晨，我们在拍摄的时候，首先从季老的家门口开始。北京春天的早晨，阳光明媚，季老远远走来，站在荷塘边的柳树下挥动双手进行锻炼，拍摄得十分顺利，大家都表扬季老是"老明星"。季老说：

"我差不多每天都要这样进行锻炼，但是没有你们这么麻烦，得走好几次，我自己的时候，非常自由，想去哪都行，但是，为了拍好，我听你们的。"

而后在拍摄季老在家中书房和办公室找书、看书、与学生讨论问题、伏案写作、教导学生等镜头的时候，可能是适应了拍摄的环境和拍摄的程序，季老显得更为自然，无论有没有台词的镜头，季老都处理得游刃有余，轻松自如，还不时地提出一些拍摄建议。季老先生不愧是教授，文字的吐字发音及表达十分准确。拍摄前，在布光过程中和练习的过程中我还逗季老："这可不是电视，使用的是录像带，拍坏了，倒回来可以重拍，谁都没有心理压力，完全可以不负责任。这可是电影胶片，2 秒钟就耗片1 米，光是底片就值 16 元人民币。"季老笑了："我来试试，应该没有问题。"季老此时仿佛已"身经百战"，根本不惧怕现场的摄影机、灯光、围观的人，后面的拍摄一直非常顺利也具有质量。

宣传片最终定名为《尊师重道，薪火相传》，其文字最后定稿：

字幕：季羡林先生从清华大学毕业。

季老的同期声音："67 年前我第一次登上讲台，55 年前我来到北大，我教了大半个世纪的书，我今年已经 90 岁了，我还总是忘不了我当年的老师……"

……

片尾字幕：**尊师重道，薪火相传。**

在后来的拍摄和制作过程中，季老与我们熟悉了，我们在更近的距离对他有了更多的感受与了解。季老在以 90 岁的高龄拍摄电视公益宣传片，宣传中国传统文化的惊人举动之后，又做了两件让我们"感动、震动和尊敬的事件"。其一，季老在 90 岁的高龄回山东老家祭奠祖先，给老母亲上坟；其二，将其全部的珍藏的书籍及资料，全部捐给了北京大学。在这个过程中，中国文化书院和北京电影学院及相关人员进行了全方位的跟踪拍摄，留下了数十盘关于教育、文化、宗教、语言、学术、传统等方面的独家电视访谈录像，为我们系统拍摄季老的纪录片和整理季老的影像提供了宝贵的资料。在整个的过程中，我们发现，季老对许多学术上的问题，都有独特的看法和想法，其叙述的出发点和视点既是学术性的、又是社会性的，以中国广大知识分子的成长与家国命运变幻的角度去分析问题，有着对过去充满自豪，对当下脚踏实地、兴奋不已，对未来充满信心的胸怀。这展现了一位中国老一代知识分子和学者的学术生存价值和特殊背景下的独到视角，如此丰盛、如此坦荡、如此自信。

在宣传片制作的后期，我们仍然为季老的"镜头表现"所感动，愿意将其真情的表现和流露看成一代宗师的生命写作之集大成，看成是教师精神内涵的凝结，看成是在形象上、仪式上对中国知识分子的敬仰和自豪的充分表达。我当时担任北京电影学院教学副院长，觉得，电影学院应该有一个类似于激励和鞭策师生的主题词和校训，后来，我就萌发了请季老给北京电影学院写一个"校训"题词的想法。我找到季老，季老十分爽快地答应了，经过反复商量和细心选择，选取了在拍摄公益宣传片时候所用的"尊师重道，薪火相传"8 个字。季老给北京电影学院亲笔题词，用预示性、揭示性的语言进行哲理告白，蕴含着对中国传统的敬仰和情怀，串联起了我们内心的渴望和激荡，成为我们学院未来整个教学活动、精神活动的浓缩和诗化，时刻警醒我们秉持赤子之心、不忘传承。

这次公益广告和宣传片的拍摄，是季老主动而为的影像经历，给我们带来了许多意料之外的感动。老人的从容与睿智，让我们从心底为之产生敬意。拍摄本身给我们提供了一次观照顶尖学者季羡林教授精神世界的机会，进而为我们展望中国未来提供了智慧和线索，点拨了我们的心灵。若我们能与他的境界共鸣一二，也许我们也能找到一个独一无二放飞心灵的港湾。

信笔写下这些，一是为纪念中国文化书院建立 40 周年，二是寄托对书院前辈和季羡林老先生的回忆和怀念。

在缅怀回去的同时，我们也应寄情于未来，我们要思考，如何在当下书院陈越光院长的发展与研究路径的指导下，继续夯实书院对中国传统文化的研究和教学活动，更加聚焦于继承和发扬中国的优秀文化遗产，通过系统文化研究和学术推广，以及国内外的学术交流活动，提高对中国传统文化的研究水平，并促进中国文化的现代化。

在现今的社会环境和情况下，我作为书院导师和见证书院历史的一分子，也以培养从事研究中国传统文化、哲学、历史、文学等中外青年学者为主要目标和己任，不断思考，不断成长，继承和发扬中国的优秀文化的珍贵遗产，深入研究中国传统文化及历史，并充分发挥电影的国际和文化传播的优势和特点，使书院所组织的各种教学与学术研究活动，得以更加适应和有效地宣传中国传统文化内涵和外延，用更加鲜明的现代影像和数字技术，表达更加丰富的学术研究成果和展示更多深刻多元的理解和感受。在挖掘、保护、熟悉、表现中国文化和文献资料的基础上，为系统地展示和宣传中国传统文化的发展、演变的脉络及其精神内涵付出努力，做出更多的成绩。

文化书院诸导师对我的影响

马 勇

马勇（1956—　　），中国社会科学院近代史研究所研究员，中国文化书院导师。

光阴荏苒，日月如梭，转眼间中国文化书院将届不惑。这是值得庆贺的四十年，中国文化书院为这个时代留下了自己鲜明的印痕。作为书院导师，我自然发自内心与有荣焉。

1983—1986年，我在复旦大学跟随朱维铮先生读研究生。朱老师是那时学术界的耀眼明星，是上海学术界中青年中坚。朱老师一表人才，能写能讲，又能喝能说，会办事，学术功底深厚，又极具组织张罗能力。关键还热心张罗、热心组织学术共同体，因而与全国学术界特别是北京学术界有极为紧密的联系，八十年代文化热、上海城市文化建设讨论会、传统与现代文化讨论，《中国文化史》丛书、《中国文化研究》集刊，朱老师都是重要的发起者、组织者，承担极多工作量。在我读书那几年，北方学界泰斗李泽厚、庞朴、李学勤、丁守和、杨天石、耿云志、刘志琴、王尧、包遵信、刘泽华、金维诺等，都曾应朱老师邀约，或来复旦讲学，或参加会议。我也因此受朱老师委派，参与接待这些老师。这些学者，也与中国文化书院汤一介先生、王守常、李中华诸位有深浅不同的关系。

1986年夏，我从复旦大学毕业，因刘志琴老师介绍，进入中国社会科学院近代史研究所工作。刘老师也是那个时代学术活动最为积极的组织者，她组织的学术座谈会不拘一格，自由参与，差不多每个月都在近代史研究所会议室举行一两次。再加上，那时是学术界几十年来最活跃时期，社科院、北大，以及三联书店，还有几家书店，也频繁组织各种各样的学术活动。作为刚进京城的"外省人"，我理所当然不愿错过学习、交流（其实就是谒见名流）的机会。确实，不太长的时间里，我就在北京学术圈认识了一批新朋友。这对我后来的发展影响不小。

八十年代北京学术界有好几个最活跃的"圈子"，但毫无疑问，最具影响力的当数中国文化书院。文化书院来头大，名流多，活动频繁，特别是大型讲习班，动辄几百上千人，蔚为大观，是京城文化圈的地标，也是最大的集聚中心，我也因此与文化书院建立了联系。

最初带我去文化书院的是丁守和先生。丁先生是中国社会科学院近代史所文化史研究室主任，兼任《近代史研究》主编，之前做过《历史研究》编辑部主任、中央编译局的行政管理者。丁先生自学成才，格外勤奋，在五四新文化运动、马克思主义在中国的传播方面有深厚研究，著述宏富。在文化热的日子里，丁先生也是北方学界一位重要弄潮者，主编有《中华文化辞典》《中西思想家丛书》等，他也是中国文化书院创院导师，与季羡林、汤一介、庞朴、孙长江、李泽厚等都有很好私人关系。我进所工作，虽不是丁先生招进的，但我们很快就建立了亲密的师生关系，他的许多事务都交给我处理，就连他的单间办公室也交给我使用，我也非常乐意为丁先生办事。

记得有一次，中国文化书院招了一个大班，丁先生约我和他一起来北大上课。一大早我从单位叫了一辆小车到建国门外永安里接他，然后一起去北大。上午半天时间，丁先生慷慨激昂，条分缕析，讲得极为精彩，至今我仍然记得丁先生脱口而出，大段背诵陈独秀"自主的而非奴隶的"，以及胡适《文学改良刍议》中的大段文字。丁先生声音洪亮，背诵流畅且充满激情，举座震惊，不得不佩服。

因丁先生，我和中国文化书院建立了联系，后来也有一些事情让我参与，只是后来中国文化书院发生变动，丁先生又和其他朋友一起创办了中国现代文化学会，因此通过丁先生与文化书院建立的联系逐渐疏远。

我到近代史所主要是因为刘志琴老师帮忙，她是朱维铮老师敬重的同学，当时为近代史所文化史研究室副主任，对我关怀备至。她建议我不要固守读书时的范围，既然在近代史所，就应该在近代做题目。在她的启发下，我开始阅读近代史资料，尤其关心近代中国文化论争。我的本科论文写过胡适，但来所之后，因为耿云志老师在集中研究胡适，所里的胡适资料很难借到，因而我选择梁漱溟作为突破点。梁漱溟经过1950年代初的大批判，久已沉寂，那时人们对他的认知还停留在五十年代的批判话语，因而我觉得阅读梁漱溟、研究梁漱溟，或许是一个不错的选择。丁守和先生、耿云志先生、王学庄先生都是朱维铮老师的朋友，他们也对我的这个选择给予赞同。于是，我1986年进所后不久，就利用近代史所图书馆，隔壁的中国科学院图书馆，北海那儿的北京图书馆，柏林寺的首都图书馆，以及北大、清华、师大等图书馆，系统查询了梁漱溟的资料，编制出一个梁漱溟著述目录。

梁漱溟研究只是我自主选择的一个题目。刘志琴老师知道后，她热情介绍我与梁家联系。刘老师长时期在学部从事行政管理，在北京学界拥有广泛的人脉。不多久，我就带着收集到的梁漱溟著述目录卡片前往木樨地高干楼，拜访梁漱溟先生。

梁漱溟为中国文化书院最重要的创办人，那时还担任着书院学术委员会主席职务。我和梁先生、梁培宽先生谈了一个下午，主要围绕梁漱溟先生的活动与思想、学术。

又过不久，中国文化书院与山东人民出版社达成编辑出版《梁漱溟全集》的合作意向。主持此事的庞朴先生也是中国文化书院最重要的领导者之一。庞先生在此事开始前，知道我也在做梁漱溟研究，欣然邀我参加，负责梁漱溟早期文稿的收集整理。我将自己收集到的梁漱溟著述目录全部交给庞先生，但我毕竟只是刚毕业的学生，庞先生并没有让我承担更多。这是我第一次参与文化书院的项目。愉快，且收获巨大。

参与《梁漱溟全集》编辑是我的梁漱溟研究阶段性成果之一，在此前后我也写作出版了几本关于梁漱溟的专著，说起来都是机缘巧合。上海人民出版社 1991 年出版了我的《梁漱溟文化理论研究》，安徽人民出版社 1992 年出版了我的《梁漱溟评传》，辽宁教育出版社 1994 年出版了我的《梁漱溟教育思想研究》。此后几十年，我对梁漱溟研究的关注始终不减。1999 年，河南文艺出版社出版了我的《梁漱溟传》，这是十年前那本评传简写本，同时也提出一些新问题，提供了一些新史料。2008 年北京大学出版社出版了我的《思想奇人梁漱溟》，此书 2015 年由东方出版社再版。2010 年，河北人民出版社出版了我的《中国圣雄·梁漱溟传》，这本小书篇幅不大，却是我写得最用心的一本梁漱溟传记，解决了一些先前存疑的问题。

梁漱溟先生是中国文化书院的旗帜，我几十年不停地写这个主题，不知不觉也与书院建立了亲密关系。2015 年 7 月，在东方出版社负责人彭明哲兄与中国文化书院院长王守常老师安排下，结合新书出版，我在中国文化书院作了一次讲座，题为"梁漱溟留给中国知识人的启示与教训"。今年，为纪念中国文化书院建院四十周年，中国文化书院又邀我为将要出版的"书院导师文库"梁漱溟先生之《中国文化要义》写了几万字的导读，梳理梁先生"认识老中国，建设新中国"的理路。我觉得梁漱溟先生对中国历史与现实的认识，都达到了他那个时代最高最真切的程度，值得认真体会与解读。

追随庞朴先生研究梁漱溟，应该是我与中国文化书院最早的合作，这对我后来的学术道路影响至深。除此之外，1995 年前后，我还跟随庞朴先生撰写《中国儒学》。这是东方出版中心规划的一套书，除儒学外，还有佛教、道教等。《中国儒学》四卷分别由我、徐洪兴、黄爱萍、周桂钿四人承担，1997 年在东方出版中心出版。为这套书，庞先生召集我们几个开了不少次会议，通过这个项目，更近距离理解庞先生的学问、风格。至于这套书是不是中国文化书院的项目，我就不知道了。

此后，又受庞先生邀请，合作《先秦儒家思想研究》一书，置于书前几万字的《二十世纪儒学导论》就是庞先生让我执笔的，这也是我系统研究儒家学术史很重要的一件事情。

追随庞先生不仅提升了自己的学术水平，而且在其他方面也收获巨大。九十年代计算机技术突飞猛进，"换笔"成为那时知识界的热门话题。

在庞先生热情指导下，我1993年就开始用电脑写作，记得去中关村组装电脑，也是与庞先生一起去的。庞先生充分研究过所有的中文编码，他建议我使用音加形的自然码。至于后来使用中遇到问题，一个电话，庞先生随即指导，避免了很多弯路。

庞先生之外，中国文化书院早期导师中，我来往比较多的还有孙长江先生。孙先生和我的老师朱维铮先生都是在政治场上活跃过的人物，也是多年的酒友，北京、上海、海南环岛，我曾有机会近距离为两位端酒作陪，听他们点评学界名流，获益良多。孙老师还是我的毕业论文评审人，因而我来北京，和孙先生接触还算多。20世纪90年代，我还兼任中国现代文化学会秘书长，协助丁守和先生召集过两次国际学术研讨会，不时也与国内外学者座谈、聚餐，孙老师只要在北京也总参加。每次餐聚，只要有孙老师，总会从他那儿听到很多故事。

孙老师不仅是故事高手，将许多故事讲得犹如亲临，代入感极强，而且孙老师还是许多事情的发起者、动议者。九十年代，全民经商。突然的重商主义让许多新科商人获取巨大空间，但也充满极大的风险，那时经常有外地商人来北京寻找门路，寻求保护，或获取更多机会。政学两界拥有丰沛资源的孙老师的意义在这个年代凸显。他给丁守和先生、杨天石先生介绍过一些企业家，丁先生、杨老师也在与孙老师持续的交往中办成了几件事情。但在1990年代初期，一位大老板通过孙老师，想让丁先生出面创办一个颇具规模的基金会，谈判从北京到海南，一路顺风，眼看就要成功时，却毁于一旦，非常可惜。

中国文化书院早期导师，我认识的并不少，即便极为繁忙的季羡林先生，也有机会几次近距离接触。记得有一次与出版社朋友一起去季先生家谈胡适，说如果出版社一套新的《胡适全集》，请谁做主编最合适。季先生略微思索就说，可能他自己最合适。这种说法，今人，或俗人很难理解。我在现场却觉得季先生说的不仅有道理，而且体现了一位功成名就大学者的坦诚、淡然。接着，季先生陈述了几个理由，那时与胡适接触过并有相当地位的人文学者确实不多了，而季先生确实属于硕果仅存的几位。之前不几年，季先生去台湾讲学访问，拜谒胡适墓，归来发表了一篇声情并茂的散文，对于我们知识界重新评估胡适，具有极大的推动作用。还有，那时学界尤其是政治上，对胡适的理解还不像现在，胡适大体上还是一个被否定的人物。更重要的是，季先生有自己的情怀，他觉得在那个时代那个年龄，他能帮助学界、出版社、年轻人的，就是挂名挡风避雨。季先生那天的谈话，似乎没有人留有笔记，也更没有录音，我一直记忆深刻。而且，这番谈话也确实发挥了关键作用，出版社匆忙换人，请季先生出面主编《胡适全集》。由于季先生巨大的号召力、影响力，全集进展大体顺利。当然，这一举措也留下了问题，毕竟季先生年事已高，不可能有精力处理篇目、分类、文本，而季先生身边的助理、学生，又对胡适既无感觉，也无兴趣，因而也给这一版《胡适全集》留下了诸多遗憾，以致海峡对岸多少年之后发起重编。

中国文化书院早期导师对我有相当大的影响。但总体而言，除了《梁漱溟全集》，我并没有机会更多介入文化书院的活动。直到最近十几年，我和王守常院长、李中华老师、江力兄几位有了更多接触，再加上彭明哲兄的张罗，让我们有了更多机会喝酒聊天，也聊出了一些想法，对我启发很大。在王老师安排下，我追随两位老师承担一点课程，也听了王老师的"中国智慧"，李老师的"中国哲学"，获益匪浅。

中国文化书院走过不惑，进入自觉。作为书院一员，我衷心祝福中国文化书院越办越好，在新的历史条件下为中国文化传承做出更多有意义的事情。

导师们教我写文章

李双木

李双木（1960—　），现任中国文化书院副院长、理事。

　　中国文化书院成立至今已经整整四十年了，我与书院导师们的结缘交往也有四十个年头了。如果用一句话来概括我对书院导师们的认识，那就是中国文化书院的导师们是中国文化的守望者、中国人文精神的锻造者，更是中国社会的一份责任和良心。这里仅从亲历的导师们教我如何写文章讲起。

一

　　二十世纪八十年代，我在中国社会科学院近代史所工作。1984 年冬的一天，《近代史研究》主编丁守和先生盼咐我说，中国文化书院第一次导师大会就在所里食堂的二楼会议厅举行，有许多大学者要来，让我赶快去搬些桌椅，到会场帮忙布置照看一下。就这样，在这次会上我见到了许多闻名遐迩的学者，从此与他们结下了不解之缘。

丁守和先生是中国文化书院的创院导师，他是中国近代思想史研究的大家，更是我的直接领导和学术引路人。我在《近代史研究》做编辑时，因工作之便，经常聆听他老人家的教诲。八十年代末，丁先生交给我一本朱成甲先生撰写的《李大钊早期思想与近代中国》一书，丁先生说："小李，你要认真地读这本书，并写出一篇书评。李大钊是从什么样的思想开始接触、接纳、接受马克思主义的，这是认识中国知识分子早期接受马克思主义学说的一把钥匙。李大钊在接受马克思主义学说的同时，有什么自己的思想主见，也就是说还有什么是他没有完全接受的或者说是经过他思想改良的……"丁先生的一席话让我醍醐灌顶，我遂用几个月的时间反复阅读，并写下了《对李大钊早期思想研究的若干思考》一文。一位曾经被后人塑造得高大上的李大钊，为什么早年曾一度批评过革命党，曾一度拥戴过袁世凯，曾一度有过民主共和的主张，曾一度反对过暴力革命，曾一度倾向于调和改良？我在文中剖析了这种思想背后的成因。正是因为受到丁守和先生的诸多启发，我把丁先生的名字郑重地署在文章前面。此文经丁先生认真批阅，并推荐给《近代史研究》期刊于 1990 年第 6 期发表，后被《新华文摘》全文转载。可以说，是丁先生教会了我如何看待历史人物。人的认识和思想从来不是与生俱来的正确，而是随着时代的发展而不断变化不断升华。近代以来，中国许多有觉悟的知识分子在接触外来新的思想和学说时，也并不完全是照搬照抄，而是加上了自我的思索和对国情的考量。

二

梁从诫先生是中国文化书院最早的创院领导和导师之一，他所创办的中国文化书院绿色分院在八十年代搞得风生水起。我与梁从诫先生的交往有限，难忘的印象还要从他主编的《知识分子文丛》说起。1988 年顾欣告诉我，梁从诫先生主编了一套文集《知识分子文丛》，第一期已由辽宁人民出版社出版。该书顾问阵容强大，由以季羡林先生为首的海内外专家组成，现在正在征集文丛之二的选题。我遂将文章题目报了上去——《为什么自由的市场经济没有成为新文化运动的一面旗帜》。我写道："科学与民主作为新文化运动中的两大口号，其实质应属于资本主义近代工业文明的价值范畴，但令人费解的是自由的市场经济构成资本主义文明最重要的要素本身并没有成为新文化运动高扬的旗帜……无论是致力于政治救国的孙中山，还是致力于文化救国的陈独秀、李大钊，都未曾对资本主义近代文明的完整体系予以观念上的接受。强烈的政治意识和薄弱的经济意识，使他们在经济发展的问题上，或者是提出节制资本的经济政策，或者是希望借社会的改造来取代商品经济所涉问题的解决。"

此文很快便得到梁先生的反馈，梁先生说这是一个十分有意义的思考。在最初的文稿中为对应"民主的政治""科学的文化"，我在文中有了"自由的市场经济"的提法。梁先生告我一定要将"自由的市场经济"与"商品经济"的概念厘清，梁先生将我文章中所有关于"自由的市场经济"的用词勾去，修改为"商品经济"。文章经过梁先生修改，最后连题目都是由梁先生定下的：《资本主义与中国——为什么商品经济没有成为新文化运动的旗帜》。自己才疏学浅，又不是学经济学的，过去对"自由的市场经济"与"商品经济"的概念认识模糊不清，经梁先生提醒，我才意识到"自由的市场经济"与"商品经济"在经济学中有着严格的界定。商品经济关注的是交换行为中的商品性和等价补偿关系；而市场经济关注的是资源配置的方式，即通过市场机制来决定资源的分配。两者虽然紧密相关，商品经济关系的存在和发展是市场经济存在和发展的基础，而市场经济本身则是商品经济关系发展到一定阶段的必然产物和客观要求。二者在经济学中有着不同的定义和侧重。确切地讲，梁先生将题目从"自由的市场经济"改为"商品经济"是很有道理的。清末民国初，有太多的官僚资本参与专买专卖的垄断，中国还没有真正形成自由的市场经济。正是梁先生严谨的学术态度，使我在学术上少走了许多弯路。《知识分子文丛》只出版了一期，第二期虽已印好，却因出版社的原因而停刊。1989年夏日的一天，梁先生打电话约我，他要到东厂胡同一号我所在的社科院近代史所给我送来样稿，我连声谢道，自己只是个初出茅庐的晚辈，这么热的天，不必劳烦先生送来。可梁先生不允，我遂跑到门房等他。只见他骑着辆自行车，样稿放在车的前筐里。梁先生不无遗憾地说，"实在对不起，第二期只印了样稿却未能出版，留个纪念

吧……"望着梁先生渐行渐远的背影，我的视线有些模糊，梁先生是大家梁思成、林徽因之子，却为人谦和朴实没有丝毫的架子。去年在新加坡《联合早报》主笔袁健老师安排的聚会上，我见到了梁从诫先生的公子梁鉴先生。梁鉴先生介绍说他的父亲也是八十年代唯一一位把组织关系从大百科全书出版社落在中国文化书院的导师。梁从诫先生对学术的严谨、对作者的尊重以及对书院建设的投入，无不彰显了他内心对中国文化事业的憧憬和热爱。

三

八十年代末可以说是各种思潮主张异常活跃、鱼龙混杂的时期，也是学术界思想界关于东西方文化辩论交锋最为激烈的时期。1988年中国文化书院与二十一世纪研究院计划于次年联合召开纪念"五四"七十周年研讨会，并向社会各界征集论文。汤一介先生、李中华老师便把"传统与反传统"作为征文的主题。我将自己刚刚在《历史研究》上发表的《论史学主体认识的一致性》的文章呈送李中华老师斧正。印象极深的是李老师说的两句话：一是做学问写文章一定要自圆其说；二是现在社会上非理性唯意志论的思潮甚嚣尘上。"你可以就五四时期的非理性主义思潮写篇文章，看看这些思潮对中国社会的发展究竟起了什么样的作用，这种研究对今天有什么现实意义。"在李中华老师的启发下，我认真地梳理了一下五四时期的非理性主义思潮的缘起、发展和对中国社会的影响，遂于 1988 年 12 月写就了《新文化运动与非理性主义思潮》一文。文中写道："尽管非理性主义思潮在反对封建文化方面同科学理性一道起过巨大的历史作用，但是它毕竟同科学理性有着不可调和的矛盾。特别是在本世纪初科学、理性、民主思想尚未被人民群众所认识和了解的时候，非理性主义思潮对科学、民主的意识就有可能起着极大的破坏作用，就有可能极大地延缓人们对科学、民主的掌握和运用。五四以来七十年的历史告诉我们，'民主'和'科学'的口号尽管经历了时代的考验，至今而旺盛不衰，可是民主与科学的过程并不那么尽如人意。这固然与连绵不断的内外战争和此起彼伏的群众运动不无关系，但是潜伏于、积淀于民众心里的非理性主义情绪则起着举足轻重的作用。回顾新中国成立以来经济上的冒进和'共产风'、政治上的反右扩大化和'文化大革命'，都与民族的非理性情绪有直接关系。仅靠顿悟、直觉和冲动是难以自立于世界之林的。值得注意的是，在五四七十年后的今天，尼采的唯意志论、叔本华的神秘直觉主义和柏格森的生命哲学等非理性主义思潮又在中国大陆再起狼烟，这固然是对长期以来人的主体意识受到压抑的一种反动，这固然是某些哲学家为澄清人们对尼采、叔本华、柏格森的某种误解所作的一种解释，但是，它与潜伏于民众心理的非理性主义情绪形成了一种呼应，它有可能引发这种民族病态的再度复发。"

在李中华老师的推荐下，此文入选了纪念"五四"七十周年研讨会征文，并被收录在由汤一介先生主编、台湾联经出版社出版的《论传统与反传统——五四 70 周年纪念文选》一书。翻开目录的首页，我才发现自己的文章与张岱年、王元化、汤一介、李中华这些大学者的文章赫然并列，我的内心既无比惭愧，又特别感激。惭愧的是自己才疏学浅，没有资格与这些老先生的文章并列在一起，感激的是先生们对后学的鼓励与鞭策。

四

　　王守常先生是中国文化书院的创始人之一，对我来说更是亦师亦友。如果用一句话来形容，王老师即是位古道热肠乐于助人的长辈，更是位不拘小节嗜酒狂狷的性情中人。九十年代我下海经商，那是书院经营比较困难的时期。我在工作中遇到麻烦，王老师总是义无反顾地提供帮助。记得一次公司员工驾车去山西出了车祸，他连夜开车拉我赶到事发现场；而每到书院需要支持和赞助的时候，王老师也总是想起我。多年前我与王老师还一起参与筹办了在欧洲举办的三次东西方文明对话论坛，中国文化书院是协办单位，并邀请了王炳华、段晴、荣新江等诸多书院导师参加。我也曾邀请他到泰国正大管理学院、马来西亚拉曼大学等去讲授中国文化课程。

　　九十年代初，王守常老师与陈平原、汪晖先生一起主编了一套《学人丛书》由江苏人民出版社出版。王老师向我约稿，我和王老师提起，陈独秀认为义和团的兴起，除了儒释道的影响之外，"儒释道三教合一的中国戏乃是造成义和拳的第四种原因"。王老师听后觉得很有意思，鼓励我写出来。他看完文章后，对我说不仅仅要写历史，更要从今天时代和现代化的高度去思考这段历史，并要求我写个提要放在文章首页。我遂写道：

"义和团的兴衰与戏剧有着一定的关系。义和拳最初源于一种民间戏舞，义和拳兴起时利用酬神、赛会、演戏等方式聚众演练。上演的内容包括反洋教的政治宣传、精忠报国忠孝节义的伦理道德教化和宗教神秘宣传。义和团所拜之神大多源于戏剧神，带有泛神论和实用主义特点，经历了一个幻神扮神、比神还神的演化过程。慈禧的宗教神秘意识也多源于宫内神戏，一定程度上影响了对义和团的政策。戏剧政治化、戏剧生活化、政治戏剧化、生活戏剧化是义和团时期的重要特点，这一现象直至'文革'还留有痕迹。"

该文在《学人》第一期刊出后，又被收录在王守常先生主编的《中国文化书院成立三十周年纪念文集》中。

五

陈越光先生是被我称为"恩师"的人。他是八十年代中国社会颇具影响力的三大文化团体之一的《走向未来》丛书的副主编，以中国文化书院与二十一世纪研究院联合举办的纪念"五四"七十周年的香山会议为起点，陈越光先生在九十年代参与了中国文化书院大量的建设工作。八十年代末，在香港中文大学中文研究所所长陈方正先生（中国文化书院导师）的领导下，金观涛、刘青峰老师组织了一大批学者创办了海内外颇具影响力的学术刊物《二十一世纪》，编委会几乎囊括了当时海内外颇具影响力的学者，如季羡林、汤一介、张岱年、李泽厚、余英时、许倬云、林毓生、李欧梵等。1989 年夏，经陈越光先生推荐，陈方正所长给尚在社科院工作的我发来邀请函，到香港中文大学中文研究所做访问学者。虽然因种种原因未能成行，但陈越光和陈方正先生对后生的栽培鼓励却是我没齿难忘的。那么陈越光先生为什么推荐我去香港中文大学做访问学者，这要从我经陈越光先生转给《二十一世纪》的两篇投稿说起。八十年代后期，我先后写了《还"问题与主义"之争的本来面目》

和《从周学熙集团看官僚资本的转变》两篇文章，前者我着重钩沉当时的历史资料，发现胡适关于"问题与主义"的讨论，不仅仅是针对李大钊对社会主义思想的宣传，而且更侧重提醒孙中山等当时的国民党人在建国方略上要有务实的精神和态度。后一篇文章的初衷是写官僚资本在中国现代化过程中的负面作用。不久，陈先生约我到他在朝阳门南小街附近的工作地点谈话，一是要求我把文章所有的资料来源和引文全部注释清楚；二是建议我把官僚资本在中国现代化发展转化中的特殊作用研究透彻。陈老师的一席话点醒了我，我反复研究发现实际上中国历史上的现代化过程，无论是清末民国初的官督商办、官商合办，还是以南张（謇）北周（学熙）为代表的资本集团，中国现代化过程就是从官僚资本转化成官僚的资本的过程，这个过程一旦形成，必然要求政府在法律上和制度上的保护，而这种法规制度一旦形成，保护的就不仅是官僚的资本自己了。我在跋中这样写道：

> 在撰写这篇近代经济史论文的初始，我完全出于与现在的结论截然相反的目的。我力图说明在现代化进程中，官僚资本所产生的扼制作用。然而，经过数年研究，在大量的史料和数据面前，我不得不承认这样一个事实：在中国这样一个具有强大的封建官僚机制的后发型现代化国家中，官僚资本起着一个相当特殊和矛盾的作用，（近代）中国欲迈向现代化，无法回避地要经过官僚资本的转化阶段，它是残酷的，也是难以回避的，确切地说，它是历史的，也是现实的。
> ……
> 一、首先要把官僚资本（bureaucratic capital）与官僚的资本（capital of bureaucrats）区别开来。
> 二、应当看到中国早期的现代化过程在很大程度上是官僚资本变成（become）官僚的资本的过程。
> 三、官僚资本的变易反映着所依存的官僚机制的动荡，而官僚机制的动荡又极易促进官僚资本向官僚的资本以及前官僚的和非官僚的资本的转化。

四、倘若这种已经转化了的资本能够继续留在生产领域和流通领域发挥作用，那么也就缩短了原始资本的积累过程，形成强有力的工业资本和金融资本。它为中国工业生产的现代化所起的示范作用是那些自生自长的民族资本所无法比拟的。

五、这种由官僚资本向官僚的资本转化的受益者必然要求一种政策上的宽容和保护，而这种政策一旦形成，它所适用的范围就远远不是这些受益者了。所以说仅仅强调官僚资本在现代化过程中所起的扼制作用，对于一个追求客观的历史学家来说，就未免失之偏颇了。

该文发表后，其中的观点得到了部分学者的认可，金观涛先生在他的《开放中的变迁》一书中，还专门引述了我的这篇文章和观点。

六

在中国文化书院四十年的曲折发展过程中，季先生、汤先生确定了书院属性：一是民间性，二是学术性。创院之初，书院主要是通过办班培训、出版等方式自筹资金，八十年代我曾参与策划了中国文化书院与团中央宣传部合作举办的团干部传统文化教育培训班课程，与书院的创始人鲁军、李中华、王守常老师交流多一些，也亲历了书院的一些变故。从20世纪90年代起，由于书院民间学术社团身份的限制以及经费和舞台等原因，出现了一个极其特殊的现象，就是书院以群体的形式参与国家支持的其他文化项目和活动中。我称之为"以他人之名，行书院之实"。其中之一是以中国文化书院导师为主要班底的北京大学《儒藏》编纂工作，季羡林、汤一介、李中华、魏常海、王博等一大批书院导师均参与了《儒藏》的组织和编纂工作。另一个就是我亲身经历的国际儒学联合会的成立和组织工作。1994年由国务院原副总理谷牧先生任会长，新加坡资政李光耀先生为名誉理事长的国际儒学联合会成立。而中国文化书院的多位导师如宫达非、汤一介、季羡林、张岱年、杜维明、成中英、庞朴、孙长江、王守常先生均是国际儒学联合会理事；其中书院的几位领导还担任了国际儒联的行政职务，像王守常先生任儒联副秘书长；庞朴先生任儒联学术委员会主任，孙长江先生任儒联对外联络委员会主任。我因参与了大会的组织筹备和文件起草等工作，被推选为国际儒学联合会理事和首任秘书长。在其后的几年工作中，我与书院的导师宫达非、孙长江、庞朴、王守常等先生一同共事，耳濡目染地得到了他们许多的指点和帮助。

孙长江先生是我的偶像和老师，我们曾在国际儒学联合会和中国文化书院共事多年，他是《实践是检验真理的唯一标准》一文的主要撰稿人之一。在与孙先生的交往过程中，他深邃的思想和对中国社会敏锐的洞察力给我留下了深刻的印象。1992 年邓小平同志南方谈话，那时的孙先生正是中国文化书院的主要负责人。一天，孙先生找到我说，"小李，我们几位老同志想动一动，去五台山开个有关思想解放运动的研讨会，你有条件的话可以资助支持一下。我满心爽快地答应下来，遂包下了几间软卧成行。那时，火车票还没有实名制，等上车一看，哎呀，都是些大人物，有大名鼎鼎的周瑞金先生（为配合邓小平强调发展经济、推进改革开放的讲话，周先生在上海《解放日报》头版连续发表了四篇署名"皇甫平"的文章），人民日报老社长秦川先生，书院导师、外交部前副部长宫达非先生，书院导师、台湾大学原教授陈鼓应先生，书院导师、九三学社宣传部部长牟小东先生等。孙长江先生还特意把我与周瑞金先生安排在一个包厢。千年暗室，一灯即明。我知道孙长江、周瑞金先生都是为改变中国命运写过大文章的人，能近身向他们求教，机会难得。记得一次在新加坡开会，休会期间我陪孙长江先生和宫达非老部长在新加坡植物园散步，聊起改革开放之初《实践是检验真理的唯一标准》发表的始末，孙先生向我透露了的一些细节。那时孙先生负责中央党校理论教研室工作。文章最初的基调是：马克思主义与实践是检验真理的标准。孙先生据理力争，他认为检验真理的标准只能有一个而不是两个，马克思主义也需要实践检验。最后由胡耀邦同志敲定文章的题目——《实践是检验真理的标准》，并且加上了"唯一"两字。可以说关于《实践是检验真理的唯一标准》的讨论吹响了中国改革开放的号角，是二十世纪中国最有影响力的文章之一。我那时年轻，也如实地将自己的一些不成熟思考向孙先生讨教，我说"实践是检验真理的唯一标准"的讨论，在政治上无疑是成功的，对中国社会的作用影响也是巨大的，但在哲学上逻辑上却还有需要进一步深入探讨的地方。譬如"什么样的实践是检验真理的唯一标准"，过去的实践是检验未来真理的唯一标准吗，此地的实践是检验彼地真理的唯一标准吗，相对的实践有限的实践具象的实践怎样去检验真理……孙先生听后哈哈大笑，说："这场讨论是历史的产物，这篇文章也应该是历史的产物。"孙先生是大智慧，他从历史的角度讲理论是灰色的，任何理论都是历史的产物。人类的认识和思想都会随着时代的发展而不断进步不断深化。孙先生还经常邀请我参加杜润生、于光远、朱厚泽、吴象、宫达非等老同志们的聚会，每次活动我都受益匪浅。

孙先生曾对我讲，文章千古事，得知寸心知。天下的文章著述浩若烟海，汗牛充栋，但能影响和推动历史进程的却十分有限。"尔曹身与名俱灭，不废江河万古流"。孙先生关于要做什么样的学问、要写什么样的文章的拷问一直影响着我，使我在后来的学习和工作中，一直对有关时事方面的策论倍加关注。

七

新世纪到来之际，在北京大学治贝子园，由汤一介先生主持，季羡林、庞朴、孙长江、李中华、王守常、魏常海、陈越光先生等书院领导参加的中国文化书院院务委员会会议，正式聘任我为中国文化书院副院长，会上老先生们都给予了我殷切的期望和鼓励，我备感荣幸和责任重大。正值季羡林先生九十诞辰，我与张军、张会军、王守常等书院同事一起策划了季羡林公益宣传片活动，获得社会极大的反响。张军老师在他的《季羡林的眼泪》一文中多有介绍。季羡林先生还特意为我写了副对联作为千禧年寄语："陶朱事业生意兴隆通四海，王谢风流文章华国照九州。"季先生对后生的奖掖从不吝啬，在遣词造句上也是一丝不苟。记得一次我请季羡林、汤一介、庞朴、孙长江等一行导师去坐落在丰台由企业家李春明先生打造的"中华文化园"参观，李先生答应提供给中国文化书院一个小院作为活动场所，老先生们也兴致勃勃地作诗题字。不久，我便收到季先生写给我的一封信：

李林兄：

　　字已写好，请转送中华文化园。我不是什么书法家，人家让我写字，也不是欣赏我的书法之美。《中华文化园简介》中有一个别字，请改一改。第一页倒数第一行："流光异彩"改为"流光溢彩"，更妥一些。

祝道安

季羡林

2001.9.3

季先生做学问精益求精，虽已是耄耋之年的大学者，但看到社会上流传的别字错字，也依旧不惜笔墨，非致信及时纠正不可。这种严谨的治学态度深深地教育了我。季先生的字更是自然拙朴，用季羡林先生的话来说"无意于书，而其书自佳"。业内人称季先生的字"无法而法度皆备"，张中行先生更是夸季先生的字好。这功夫学是学不来的，是季先生一生修出来的。

我下海多年，起起伏伏，后来主要从事企业咨询和顾问方面的工作。虽疏于学问，但我的内心一直深信"万般皆下品，惟有读书高"。除了有上万卷的藏书，手一痒痒就时不时地想当个"票友"写点东西。虽然我与书院导师们的学识有云泥之别，但书院的导师们总是不断地鼓励我。2009 年前后，我在新浪网以"东山高卧"和"李双木"的名字开了博客，半年时间就有两百多万的点击率。我的一篇博客涉及陈寅恪著《柳如是别传》，忽然接到书院导师、中国艺术研究院中国文化研究所所长刘梦溪先生的来电，刘先生是学问大家，聊起陈寅恪更是如数家珍，他鼓励我说："你的每一篇博客我都认真拜读，写得好，要坚持写下去。"我在生意上跌跌撞撞难免遇到这样那样的坎坷和问题，被誉为"当代大儒"的庞公（庞朴先生）专门开导我，要学会面对挫折笑傲江湖。庞公嘱托书院的老员工文利姮老师带给我他老人家书写的一副对联："闻鸡起舞，对酒当歌。"我懂庞公的意思，一方面要我勤于学习不可懈怠；另一方面又要我学会放下笑看人生。近些年我一直在写策论方面的文章，还经常与陈越光、李中华、魏常海等老师交流观点，书院的创始人之一魏常海教授几次私下同我交谈，他非常认同我的一些观点，鼓励我继续思考写下去。陈越光院长曾经说过，今天的人们很难做出像梁漱溟、冯友兰、张岱年、季羡林、汤一介先生们那样的学问，但我们依旧可以做个思考者，可以不断地迸发出思想的火花。

我深知自己才疏学浅，因此对自己在书院的角色定位是做一位帮忙不添乱的志愿者，为书院导师们做些牵马坠镫的服务工作。2022 年以陈越光为院长的书院新一届领导班子产生，承蒙大家厚爱让我继续做些辅佐院长的工作，我要求自己并动员在企业界的学生和朋友们要为书院多做些力所能及的支持。

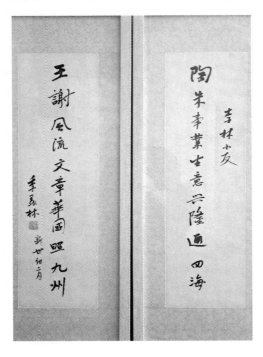

中国文化书院是社会之公器，需要一代代的努力和薪火相传。书院的导师们是中国文化的一面旗帜，他们立言、立功、立德。他们朴实无华，深潜学问，却为书院的发展呕心沥血、默默奉献。"事了拂身去，深藏功与名"。导师们不仅仅教我怎样去写文章做学问，更是教我怎样去写好做人的这篇大文章。

2024 年 4 月 26 日于北京

抹不去的难忘时光

刘若邻

刘若邻（1961—　　），1988年至今，在中国文化书院工作，中国文化书院会员。

1980年代，那是一个激情澎湃的时刻，是一个充满变数与挑战的年代，束缚观念的门窗正在逐步打开，使人们嗅到了扑面而来的新鲜空气，每一个人的心中都充满着憧憬与躁动。20来岁的我，便是这躁动人群中的一员，也正是这时我与中国文化书院不期而遇。

在一次与亲友的聚会中，我第一次听到了中国文化书院这个机构，同时也听到了梁漱溟、冯友兰、张岱年、季羡林、任继愈、汤一介等陌生的名字。由于知识所限，此前并未过多了解这些人，但从亲友那亢奋的描述中，我感觉到这些人都是中国学术领域了不起的人物。在那个追求知识的年代里，我开始关注起这些"陌生"的人，虽然我对他们的学术思想"一头雾水"，但仍能够强烈地感到他们都是中国文化践行者中的"高光之人"，使我内心肃然起敬。今天回想起来，我与中国文化书院的渊源正是关注这些"陌生人"。

当得知中国文化书院招聘工作人员，我的内心开始了"躁动"。一种莫名的冲动产生，但瞬间冲动又折服在理性之下。当时我已经在体制内工作，这意味着我可以终身无忧无虑地捧着铁饭碗，而中国文化书院只是一个民间学术团体，未来难测。这种选择无疑是痛苦的，这似乎成了一个我无法逾越的死结。在那段时间里，坦率地说，我的理性是占上风的，但那种"躁动的渴望"，时常也会搅乱我的内心，完全是莫名的"躁动"，我始终徘徊在内心艰难的选择之中。

那年春假前，齐秦的专辑《冬雨》发行，整个春节期间无论走到哪里，满大街随处可以听到那首经典之作《外面的世界》，当我第一次听到歌中歌词"外面的世界很精彩……"时，突然感觉内心被深深地刺了一下。既然外面的世界如此精彩，我为何不去看看？为何不去张开双臂去拥抱一下精彩的世界？就这样一个简单看似虚无的理由，让我内心选择的天平慢慢地开始倾斜了！

人的举动有时是非常奇怪的，当千百个站得住脚的理由面对一个虚无的想法时，却会顷刻崩塌。1988 年的春节前，我辞去公职正式加入了中国文化书院，成为其中一员。36 年后的今天，当我极力去寻找当年这种选择的理由时，仍然找不出任何"高大上"的原因，唯一清晰的就是"外面的世界很精彩，我想看看外面的世界"。令我没想到的是，当初迈出的这一步居然成为我日后的终身职业，坚守至今；更没想到的是，中国文化书院给予我的精神层面的世界竟然无边无际，成为我终身的灵魂归宿。

今年是中国文化书院成立 40 周年，为此征文出版《我与中国文化书院》，我陪伴书院走过 36 载春夏秋冬，虽感触颇多，但自知笔拙，无力写出美文。幸得各位同事不断鼓励，终下决心。

思量许久，既然我与书院的最初结缘于那些"陌生的哲人"，那我就写写几十年来我与书院这些哲人智者的近距离接触时光吧。

初入书院

1987 年我辞去了体制内工作，次年正式入职中国文化书院。来到一个新的单位，我一切都从最基础的工作开始。坦率地说，开始几年我与当时书院的那些创院大师们并没有实质性接触，更多的是怀着崇敬的心态

"远远观望"；由于工作性质，当时接触最多的反而是北京大学哲学系几位参与创院的中青年教师。当年意气风发的中青年学者，如今都已经成为著名学者，也成了书院宝贵的"新几老"，他们依旧为书院的发展贡献着力量。他们是李中华、魏常海、王守常等。

当时的书院正处在一个"高光"的时期，各种活动繁多，这三位老师年富力强、精力旺盛，又都是主要负责具体事务的书院领导，他们除了北大本职教学任务外，全身心地扑在书院工作中，可谓"夜以继日"。我目睹了他们工作状态，从他们身上第一次切身感受到了在那个文化全面复苏的年代里，中国知识分子坚守文化信仰的那股拼命三郎的精神。这种精神的传染力极强，使人根本无法抵御，以至于我深陷其中。我暗自庆幸能成为他们中的一员。没想到这种认同感竟然伴随了我几十年！

1988 年在办公室合影（右起：王守常、刘若邻、李中华、魏常海）

工作性质决定我与守常老师交往最多，他是一位儒雅的亦师亦兄长的人，我几乎从未见过他发脾气。面对任何纷杂的事情时，他总能敏锐地抓住核心问题将繁事化简，处处都体现出他的睿智。多年后，守常老师出任书院第二任院长后，我与他更是"形影不离"，他在工作中给予我最大的支持与宽容，生活上亦如长兄般关心。如今我依然记得他在卸任院长那天对我说的话："若邻，当年认识你的时候还是个小姑娘，如今也变成一个

'老太太'了……"听着这话，我心里没有一丝的不悦，反而美美的，这是对我几十年坚守书院的真诚评价，其中含义外人很难理解。

守常老师年轻时酷爱足球。70年代进入北大哲学系读书并留校任教。已经成为北大知名教授的守常老师，一有闲暇还会在校园体育场踢上两脚。一次自己用力过猛，摔倒了，还把自己弄骨折了。我和我先生去医院看他，刚好我们自己包饺子，就顺便煮了些带过去。打着绑腿坐在床上的守常老师见到我带去的饺子，似乎忘记了骨折手术后的疼痛，二话没有，接过饭盒，一口一个，嘴里还叨咕着，"猪肉茴香是我最爱吃的"，不一会儿忽然抬头冲着我说，"醋和大蒜呢"。我一脸茫然地看着守常老师的样子，心想，饺子一个也没有了，怎么突然想到醋和大蒜了。抱着空空的饭盒，守常老师似乎也觉得有点尴尬了，冲着我们说："下次、下次。"这样的场景和我坐在讲堂听守常老师讲"中国智慧"几乎一模一样，就是"忘情"。我们离开病房时，守常老师开着玩笑对我说："等我出院了，就把这个拐棍儿送给你，算是还账。"事情就是这样巧，还真是被守常老师说中了，两年后的一个中午，我从勺园的食堂走出来，当天由于是北大建校纪念日，学生众多，一不留神摔倒，骨折了！守常老师得知后，把当年的那根拐棍儿转给了我。哈哈，人生的机缘与巧合就是这样的。

中华老师与常海老师性格中具有"纯粹"的一面，是那种坚守原则的学者，工作中眼里从不揉沙子。两位老师在面对复杂事情时，永远旗帜鲜明，坚持原则，刚正不阿，甚至有些"轴"；但同时他们又是书院年轻人们的"知心大哥"，无论你遇到什么问题，都愿意与他们倾诉，他们的耐心会温暖你的心灵。

我在书院坚守多年，始终与三位亦师、亦友、亦兄长所给予的教诲与呵护相伴，他们无论在工作中，还是在精神与生活上都给予了我最大的帮助与关怀；年复一年，对我而言这已经成为一种享受，这种享受完全渗透到我的心里；正是他们，使我对书院有一种家的情感，完全沉醉其中，令我无法割舍！

当年意气风发的他们，今天，中华师、常海师已经年过八旬，守常师也已是望八之人，衷心祝福他们身体健康！

泉州之行

1993年1月中国文化书院福建泉州召开"东亚地区文化和经济互动学术研讨会",就中国文化与未来经济发展等诸多问题展开全方位探讨。

我作为主要会务人员全程参与相关工作。这次研讨会书院的导师们悉数到场,可谓盛会。其中,有曾为改革开放的理论、政策和实践作出贡献的杜润生、童大林、李慎之、吴明瑜、宫达非、吴江、林子力、吴象等老同志,有国内学术界较有成就的教授、专家朱伯崑、汤一介、乐黛云、孙长江、庞朴、陈鼓应、方立天、梁从诚、宝恒、袁伟时、谢龙、李书有、毛涤生、周伟民等;同时,来自港台及海外学者十余人。中国文化书院名誉院长季羡林先生因病未能与会,他通过电话向研讨会表示祝贺。

这是我书院入职以来最集中的一次与导师们的朝夕相处,许多场景令我至今难以忘怀。

研讨会现场:主位:乐黛云(左)、谢龙(右)

研讨会结束后,众人与我相伴同行观光各处。

谢龙副院长是福建人,对福建很熟悉,带我到鼓浪屿游玩。谢先生很爱喝酒,又很爱开玩笑。有一次,先生故作神秘,压低声音和我说:"若

泉州老君岩合影留影，左起：刘若邻、孙长江、谢龙、李书有、朱伯崑、李慎之、宫达非、庞朴、梁从诫、方立天和张怡

邻，告诉你一个秘密，我妈妈也叫'若邻'（音同，不知字是否相同）。"我瞬间还没反应过来时，先生却已经哈哈大笑起来。作为"老福建人"每到一处先生都会如数家珍地讲解风土人情，恍惚间会让人感觉他是一个"导游"；我印象最深的是每当吃饭时候，他都会详细介绍福建美食的由来与特点，记得在吃一道小吃时，先生举起酒杯突然冲着我说："这是我儿

我与谢龙教授合影

时'若邻'妈妈做的味道，来，干一杯。"当所有人瞬间一愣时，先生却一饮而尽，再次哈哈大笑起来。我这才反应过来先生的母亲也叫"若邻"这事。我相信在这一时刻，先生看似玩笑的背后，他一定想起了自己的母亲！

在泉州开元寺，每到一处，梁从诫先生都耐心给我讲解，梁先生对开元寺的历史与文化如数家

在开元寺与梁从诚先生合影

珍，先生的学识与幽默令我折服。讲到高兴之处还不乏幽默，当走出开元寺时，梁先生一本正经地说道："小刘，你就庆幸吧。今天我可是你专职的导游讲解，你还不赶紧和我留个影呀！"说完先生一脸"真诚与严肃"。

在泉州清源山老君岩与李慎之先生合影时，本来我只是严肃地站在一旁，李先生突然转头对我说："小刘，别直勾勾地站着，挽着我照，这才体现你的尊老我的爱幼嘛！"先生以这种幽默方式驱散了我严肃，我挽扶着先生时，脸上也"笑开了花"。

在武夷山，当庞朴先生为我与李慎之先生、宫达非先生拍照合影时，李慎之先生突然叫停，转身去路边采了一些野花，交给我并一本正经地说道："这是我献给小刘的花。"说完忍不住笑起来，也惹得我们身后的杜光先生大笑不已，庞先生不失时机地按下快门。

众所周知，李慎之先生在改革开放的年代无疑是一位敏锐犀利、博学通识、铁骨冰心的学者，是当时中国思想界最活跃的人物之一；"慎公"之称是中国知识界、思想界对李慎之先生的共称，可见其影响之大。先生在世人眼里无疑是一个时代的智者，但在我眼里却更是一个心细的暖者。

在泉州清源山老君岩与李慎之先生合影

右：李慎之；左：宫达非；后坐者：杜光

直至今天，我每每想其"泉州"场景，心里依旧充满陶醉。有思想家呵护着我，哲学家庞朴先生负责照相，身后的杜光先生见证着这一切。几位先生无疑是当代中国文化与思想界的标志性人物，我完全无力去评价他们的贡献。唯有诚惶诚恐，我何德何能居然有如此高的待遇，被智者呵护的感觉真好，令我陶醉，这一醉便醉了几十年且至今未醒，似梦却又如此真实！

与庞朴先生合影

与吴江老先生的合影

我与孙长江

"泉州之行"我最大的收获便是结识了孙长江先生，也开启了我与孙先生一生的情缘，情感是一壶陈酿，年份越久越醇香。毫不夸张地说，我与孙先生在后来几十年的交往中，发酵出了所有人与人交往中的情感，如师生、如友人、如父女。

我与孙先生真正交往始于"泉州论坛"，当时汤先生突然生病住院无法到场，临时决定由孙先生主持"论坛"的相关工作，而我作为书院主要工作人员参与会务工作，自然与孙先生交往很多。这是我第一次与孙先生近距离接触，孙先生的睿智和豪爽给我留下颇深的印象。

孙先生处理事宜果断、细致，事必躬亲，讲台上不失大家风范，魅力十足，听先生的发言绝对是一种"语言"的享受，精炼、准确，且不失风趣，令我折服。

会议期间，孙先生的脚不小心扭了一下，他忍痛依旧工作，直到肿胀起来才找来大夫处理，随后又投入工作中。孙先生的举动深深地感染与激励着周围所有的人。

论坛结束的答谢晚宴上，我第一次领略了孙先生惊人的酒量，他端着精致的水晶酒杯与每位与会代表举杯畅谢、把酒言欢，面对每次捧杯先生都要"风趣"一把。后来有人告诉我说，当晚孙先生喝了72杯；为求真假，我还专门问过先生，他大笑并调侃地告诉我"只多不少"。

整个论坛期间，我目睹了先生的领导力，体验了先生工作中"细如发丝"的严谨，充分感受到了先生"张弛同存"的行事风格，更见证了先生那"江湖"之爽。用今天流行的话说，"他瞬间成为我心中的男神了"。至此，我开始了与先生30年的情感交往。

"泉州论坛"与孙长江先生合影

大约在2000年前后，孙先生的腰出了问题，住进了306医院。我与我先生一起到306医院看望孙先生，我带去小米粥和小咸菜，术后的孙先生高兴地拍着手，大声对护士说："小刘是我的小朋友，还给我带来了一位新的小朋友。"

2008年5月，我陪同汤先生夫妇与孙先生夫妇一同到重庆的缙云山调养休息。开始几天我们大家享受着难得的清净与闲散。生活中的孙先生就是个"老顽童"，可爱可敬。一件很有趣的事，每天吃饭前孙先生都要摇头晃脑地诵念《结斋咒》，那样子让人忍不住会笑出来。一天吃饭闲聊时，汤先生说他家庭秘书刘美珍人特别好，就像他们的女儿一样。孙夫人突然说："若邻，给我和老孙当干女儿吧。"我不假思索就满口答应了。

孙先生立刻接下茬说："那你以后就必须要经常来陪看我们了。"我回道："必须的。"

孙先生立刻拿起酒杯笑眯眯地说道："来，闺女，和干爹干一杯。"说完们头一饮而尽，所有人都笑了。

一日闲聊时，汤先生谈到了他与孙先生的情谊；"文革"期间孙先生担心汤先生管不住自己的嘴，招来揪斗挨整，于是偷偷从中央党校溜出来找汤先生叮嘱了很多事情……这样感人故事，更增加了我对孙先生的崇敬。

一切都预示着一趟欢乐的旅行，没想到我们却一起经历了"生死"——"5·12"大地震！

事发当天，我们居住的整栋小楼如同汪洋中的一叶小舟飘飘忽忽地大幅度晃动，脚下的地板也在不停地颤抖，发出"咔吱咔吱"的扭裂声。我跌跌撞撞地在失重中冲下二楼，跑到院子里。大地仍在不停地颠动，空中弥漫着浓厚的灰尘，四周传来惊悚的喊叫，我不知所措地抱头蹲在地上，确实吓蒙了，不知发生了什么。突然充斥着灰烟的空地上传来孙先生的声音："小刘不要怕，应该是发生了地震，快到我这儿来。"顺着声音透过灰尘看去，只见灰头土脸的孙先生沉着淡定地扶着全身灰尘的汤先生。见到两位先生，惊吓与委屈的泪水瞬间涌入我的眼眶；两位夫人也过来了，我们几个人围拢在一起，我从惊恐中慢慢缓过神儿来，此时我才意识到孙先生的手竟然始终紧紧地抓住我的手，顿时一股暖流直撞酸鼻，泪奔而下！

所有通讯信号全部中断，无法与外界联络，所有人都处在极度的恐惧中。此时的孙先生显示出过人的沉着和冷静，所有处置举措都恰如其分，先生想尽各种办法与外界联系。三天后，在孙先生友人的帮助下，我们艰难地从重庆返回北京。我与孙先生在"5·12"的经历算是过命之交了，从此，孙先生在我心中彻底"封神"了。

2010年后，孙先生脑中风，行动不方便，无法参加书院组织的活动，但他始终关注着中国文化书院的发展。从那时起，我经常去家里或医院看望他，从没间断。我们常常无主题地闲聊，想到哪儿聊到哪儿，海阔天空，聊累了，就歇会儿，然后再信马由缰。孙先生虽然身体不好了，但仍不失幽默：握着我的手说："人老了，病了就没出息了，说话也太啰唆！像个大傻瓜一样。"

我最后一次见到孙先生是在疗养院，当时疫情肆虐，出行不便，几经努力，疗养院最终同意

探望孙长江先生（2017 年）

了我的探视申请。那天我和我先生一起与孙先生和孙夫人聊了很长时间，孙夫人患上帕金森病，已经基本上不认识来人了，可是当我凑到她面前时，孙夫人竟然吃力地叫出了我的名字，我的眼泪夺眶而出。孙先生说话已经非常吃力，与外人的交流都是通过写字的方式。我们就在小白板上写字交流，我劝孙先生一定要好好吃饭，先生就在小白板上幽默写道："吃东西才有力量'打架'……"

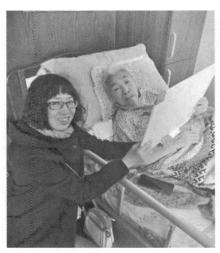

与孙长江夫人交流　　　　　　　孙长江先生用笔与我们交流（2020 年）

每每回忆那天的场景，都像过电影一样，一幕幕、一场场历历在目。由于疫情的原因，疗养院处于严格封闭状态，没能再见先生一面，先生于2020 年 6 月 19 日与世长辞。

那个夜晚我整个人被掏空了，精神靠山的崩塌显得那么无助，永失吾"神"！

故人入我梦，明我长相忆，与孙先生 30 年的交往，他身上体现出当代知识分子身上的所有优点，我也能深深感受到作为儒者的睿智与谦逊，以及江湖的侠义与豪情。

俗话讲"世上无完人"，但在我心目中，孙先生就是一个完人；他是属于这个时代的男神！先生铁肩担道义，妙手著檄文，《实践是检验真理的唯一标准》开启了中华民族再次觉醒的一个伟大时代，孙长江化作一道彩虹，将永久地停留在中国思想与文化的天空，供后人仰望膜拜。

永远的汤一介

在书院工作的几十年中，我始终目睹着汤先生为书院的发展而呕心沥血地工作。在书院初创时期，先生绝对是一个承上启下的"枢纽"性人物。其一，他奔走于各个师长之间（冯友兰、梁漱溟、张岱年、季羡林、任继愈等），任何事情都亲自上门请教；其二，他广泛串联海内外与之同辈的学者加入书

30 年前与汤一介先生合影

院，与他们共同筹划实施书院的发展；其三，吸纳年轻人加入书院，参与具体工作，为书院培养了一批未来的梯队人才。

在我记忆中汤先生永远都是忙忙碌碌，从不知疲倦，书院的"高光"时刻你看不到先生流露出来的"得意之情"，书院遇到困难的时候你同样捕捉不到任何放弃与沮丧。

在书院发展的历史上出现过两次既有人为因素又有社会因素的"灾难性"重大变故，每一次都大有"泰山压顶、万劫不复"之势，正是汤先生顽强地挺起不弯的脊梁，团结一切可以团结的力量，与同仁一道共同艰难涉险，使书院大旗始终屹立不倒，得以延续至今。在先生身上透射出了信仰的力量，这信仰源自他对中国文化的责任感。

20 世纪末，汤先生首先在书院范围内开始论证与筹划《儒藏》编纂，并最终付诸实施。《儒藏》初始阶段并未得到相关政策的支持，汤先生只能"单枪匹马"奔波于各种关系之中，筹措启动资金，团结了一批对中国文化具有同样信仰的人，举步维艰前行。

二十多年过去了，今天，《儒藏》工程已经正式纳入国家重点文化工程，300 多卷儒家文献的精华本已经全部出版，目前已经进入上千卷儒家文献全

与汤一介先生在治贝子园

本的编纂阶段。《儒藏》是这一代学者留给后人一道"儒家盛宴",必将传世。可以说,当年正是汤先生凭借"一己之力"启动了《儒藏》前行的发动机,使之前行至今。

我有幸目睹了汤先生为其信仰而奋斗的"冰山一角",我完全无力去做任何评价,只能默默地感受在先生身上四射出的那种中国文人与生俱来的精神。这种精神可谓光芒万丈!

我默默感受汤先生精神的同时,也真真切切地见证了先生那份人间温情的一面。

1997年2月我儿子出生,汤先生第一时间来家里看望我。记得那天,先生和守常老师刚刚结束在外地的讲学,先生特地在机场商店里买了布衣小熊和补品。闲聊中,我请先生给孩子起个名号,先生沉思片刻后说:"名号嘛,就号称'牛牛'吧,今年是丁丑牛年,我记得若邻你也是属牛的吧,二牛多好。名字嘛,有个'伯'字可能比较合适吧,长孙嘛。"时至今日,儿子已经二十有七了,他依然沿袭着先生给起的"牛牛"昵称。后来的日子里,汤先生无数次地问起我孩子的学习情况,有一次当我与先生诉说孩子由于青春期产生逆反心理,让人十分糟心。先生听罢竟然笑了起来,用自己年轻时的逆反举例,讲述年轻人的心态,告诫我应该如何应对……记得那次聊天持续了许久,是我与先生聊我家事最长的一次。恍惚之间,先生又成了"儿童心理专家"。一次书院春节聚会时,汤先生专门为我儿子亲笔题字"好好学习,天天向上"。

有一次在汤先生家汇报工作,先生突然问我有没有缴上住房公积金,当得知我还没上时,他一再嘱咐我这一定要缴,先生坚定地表示就算书院经济再困难,也绝不能让你这样始终坚守书院工作的人在生活上吃亏。恍惚之间,我又似乎体会到了先生如父之爱!

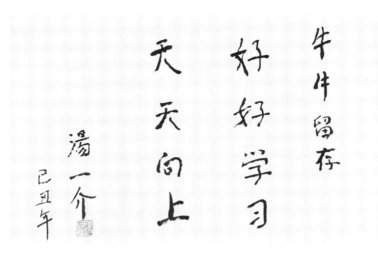
牛牛留存
好好学习
天天向上
汤一介
己丑年

汤一介先生为我儿子题字

我家人与汤一介先生夫妇合影

　　与汤先生交往数十年，太多太多回忆的画面了，千言万语汇集成"永远的汤先生"，是我此刻的心境。我"搜肠刮肚"试图去寻找一些词汇去准确描述先生的精神与人格，虽然很多词语闪过脑海，但都觉得并不精准。

　　当我看到汤先生去世时书院导师苏叔阳先生撰写纪念文章时，猛然发现，苏先生祭文的标题准确地表现出了汤先生身上一生所体现出来一个中国知识分子的精神。这标题便是：坚忍的儒家！

坚忍，代表着先生一生对中国文化的不懈追求；儒家，代表着先生高尚的人格魅力。此生能伴随先生左右，乃大幸！

满满的记忆

从入职书院到今天，几十年瞬间过去，我从一个女孩也变成了一个书院"老人"。回眸望去，我对自己当初的选择没有丝毫的后悔之心，反而万分庆幸。庆幸我几十年来围绕在大师与智者们的身边，走过了我生命中最重要的一段历程。他们是当代中国思想与文化各个领域不可回避的人物，是中国文化与思想天空中的一道被凝固了的彩虹。我曾经在这道彩虹下与之相伴而行，这恐怕不只是欣幸，而是一种万分的享受与甜蜜。虽然他们中的绝大多数已经作古，但他们留给我的不仅仅是某种记忆，这记忆完全转化成为流淌在我身体里的血液，将伴随我直至人生终点！

受篇幅所限，我不可能全部道来，只能通过这些以往的瞬间，去追忆我与这些大师们的"擦肩但并未擦肩而过"。

结束语

30 多年前，因为满大街播放齐秦的那首《外面的世界》一歌，我下决心迈出体制，去看看外面精彩的世界，这使我来到了中国文化书院，使我置身于属于这个时代中国文化一片绚丽多彩的天空之中，令我如醉如痴一路行走至今。

今年是中国文化书院风雨兼程四十载，我也已至退休之年，当静静地停下脚步久久回望过去时，隐约飘来同样是那个年代另一首家喻户晓的歌《一条路》："一条路，落叶无茎，走过我，走过你，我想问你的足迹，山无言水无语，走过春天，走过四季，走过我自己……"

若邻拙笔于京

2024 年夏

文化复兴的慧命：
我所理解的中国文化书院

干春松

干春松（1965——　），北京大学、南开大学哲学系教授，中国文化书院导师、理事、副院长。

中国文化书院 1984 年成立，那个时候，我才刚刚上大学二年级，那个时候，方立天教授担任我们的中国哲学史课的教师。我从各种渠道得知他是中国文化书院的"导师"，感到很新鲜。对于 20 世纪 80 年代初期而言，"导师"这个词虽然已经有点"祛魅"，但依然会觉得很具"震撼力"。后来得知石峻先生、戴逸先生都是文化书院的导师，而他们都是声名远播的学术名家，顿觉"中国文化书院"是一个特别"高层次"的学术机构。

在当时的报纸杂志上，也经常能看到诸如梁漱溟先生重登讲台，冯友兰、李泽厚等参与活动的消息。在前游戏和娱乐时代，这些新闻对学生而言具有很大的吸引力，后来回想起来，或许也是带着当下人们"追星"的心态来对待他们以及他们的那些活动的，其实反倒并不关注那些深奥的学术问题。

改革开放所带来的文化冲击，引发了人们对文化问题的空前兴趣，无论是《走向未来》丛书所带来的聚焦科学、文明的新知，还是关于人道主义的讨论，包括弗洛伊德、萨特、尼采等人的思想的传入，都极大地扩展了我们的视野。其中，中国文化书院所透露出来的对传统文化的温情和敬意更能带来我感情上的共振。

1987 年本科毕业后，想报考研究生。就自身条件来讲，虽然对西方思想兴趣更大，但苦于外语基础太差，就知难而退；另外能选择的就只有中国哲学了。但方立天教授那时候只招佛教方向的研究生，所以后来就追随葛荣晋老师读硕士。

九十年代，文化热逐渐退去，经济改革深入，市场经济体制建立，人们不再对思想文化问题的争论感兴趣，中国文化书院的影响力也逐渐减弱。但由中国文化书院所引发的对文化的争论或对晚清、民国时期的知识分子的关注却保留了下来，这也成为我随后学术工作的重点。

中国文化书院虽然处于蛰伏期，但我与汤一介先生的缘分却在一种特别的机缘下产生了，即参与当时中华孔子学会的工作。汤一介先生最初让我做的工作是拍摄张岱年先生的一些视频，意图是保留一些张岱年先生的影像资料。这个想法是很超前的，我约了当时刚刚回国的韩立新（现清华大学哲学系教授）跟我同去，拍摄进展很顺利，但结果很令人失望——因为技术故障，所拍摄的影像资料被误触删除。

而后，我成为孔子学会的秘书长，经常能跟汤一介先生见面，并认识了王守常等先生，那个时候，中国文化书院在北京大学的治贝子园办公，而中华孔子学会的工作会议也主要在治贝子园举行。后来我转到北京大学当教师，有时在三教上课，上课前从北大东门进校，路过治贝子园，就会探头看看里面有没有人，若时间允许，王守常先生也在，我也会进去聊几句。守常老师书法日趋圆熟，有一次我就跟他讨了一幅"与物为春"，取庄子的一句话，又跟我的名字相应。文化书院与我的关系就是那样自然而然地密切起来。

随着国学热的出现，中国文化书院似乎重新回到人们的视野，汤先生的想法并没有发生很大的变化，还是强调儒释道、中西印，在这样的思路下，中国文化书院与三智书院合作，举办了一些面向企业家的培训活动，我也参加过一些。那个时期，我参与文化书院活动最多的就是"阳明心学大会"，这个大会主要在绍兴举办，我又是绍兴人，参与这样的活动也是理所当然，加上活动又有许嘉璐先生加持，还是很成功的。

如果说到学术工作，中国文化书院与我有重要交集的是《梁漱溟全集》。我很长一段时间的学术工作集中在近现代。而除了康有为、章太炎之外，最令我感兴趣的就是梁漱溟了。中间我还鼓励我自己的博士生张城撰写有关梁漱溟政治哲学的博士论文，后来也得到了学术界的肯定。

为了指导学生的论文，我自己也要通读梁漱溟全集，并发现全集的编辑者是中国文化书院。对此，我既感到意外又并不意外。所谓意外是指中国文化书院编过很多书，但导师的全集出版的可能就只有《梁漱溟全集》，并没有形成一个连续性的计划。而不意外是指汤老师一直注重文献资料的编辑，重视学术积累，自然是会重视梁漱溟这样的学术大师的作品编辑。

不过，这套书作为全集也有一些缺憾，比如书信明显收集不足，而且装订上也有一些不足，读几遍容易散架。但这套书对于敬佩梁漱溟先生的人品、被他深刻思考折服的人而言，是十分重要的。2015 年前后，我自己也对梁漱溟的"普遍性"和"特殊性"的思考感兴趣，因此，开始撰写《伦理与秩序》一书，反思梁漱溟对中国文化特性的独特思考，剖析他的乡村建设道路的合理性与局限性。此书出版之后，得到读者们的肯定。

因为我的梁漱溟研究著作是由商务印书馆出版的，商务印书馆又要出版《中国文化要义》，将其作为 20 世纪中国哲学名著之一，这套书的特点是前面要写一个导读，编辑找到我，我也欣然答应。2023 年，商务印书馆和梁漱溟先生的家人，商议出版一套梁漱溟先生关于东西文化的文集，嘱我编辑一本汇集梁漱溟先生东西文化散论的集子，我也答应并完成了。

陈越光先生接任中国文化书院院长之后，推出了"汤一介当代学人讲座"，第一讲是冯友兰，第二讲就是梁漱溟，由景海峰教授主讲，我来做评论。因为我知道，一开始编辑梁漱溟全集的时候，景海峰就参与了。这也意味着中国文化书院又开始注重学术活动的组织和开展，并展现出其雄心和抱负。

20 世纪 80 年代，我在人民大学求学的时候，听闻石峻、戴逸、方立天等先生是文化书院的导师，这很大程度上决定了我今后的职业方向。而2023 年，陈越光先生和书院的领导们决定将我吸纳为书院的导师的时候，我心情是很激动的。喜的是我终于在漫长的四十年之后，也成为书院的一分子，惧的是岁月如梭，而那些人民大学的早期书院导师都已经离开我们了。

中国文化书院由汤一介先生创立，又有王守常先生继续其事业，现在则由陈越光先生主持，经历了中国经济高速发展的四十年。如果说，四十年前，肯定中国传统文化的保守主义立场显得不合时宜的话，那么，四十年后，我们再次谈论传统文化的命运的时候，我们所要思考的，并非传统文化的价值得到肯定的诉求，而是如何避免在经典中寻章摘句，要在中国的实践中探索中国发展的独特性。

由此，我们也需要思考中国文化书院的未来。

首先，20 世纪 80 年代人们或许并不知道书院是什么，或者书院能做什么。按照陈越光老师在《八十年代的中国文化书院》中的描述，最初汤一介先生试图办成大学，但在当时的条件下，民办大学办学的条件并不成熟，因此退而求其次，办了书院。只是恰逢文化热，中国文化书院承担了引领文化潮流的使命。在今天，书院的价值已经被充分认可，各种层级的书院的建立已成燎原之势。政府、商人、民间学者，都将创办书院作为文化建设的举措。如此，不仅岳麓书院这样有千年传统的书院重新焕发生机，民间性的以普及国学目标的书院也是方兴未艾。政府主持的文化活动也经常被包裹在书院的项目里面。

在这样的新形势下，中国文化书院并不能因为其开创之功而自喜，而要认识到新时代的书院已经发生了很大的变化。从某种意义上说，以前汤一介先生期待书院承担的功能，都有不同的书院在探索。最突出的比如岳麓书院，它栖身于湖南大学，现代的大学体制恰好给了岳麓书院探索新的教学模式的可能。还有如稽山王阳明书院，它依托绍兴市政府，有一定的财政资助，以传播阳明思想为主要使命。贵州的孔学堂也带有部分书院的功能，它依托强大的财力从全国各地邀请学者，进行面向公众的演讲，这对传播优秀传统文化而言，也是很好的渠道。那么在书院发展到今天，中国文化书院应该如何定位、如何发挥社会效应，是一个值得思考的问题。

其次，如何要讨论中国文化书院能做什么，首先要了解中国文化书院的"初心"，即在筚路蓝缕的创办过程中，汤一介先生、李中华先生、王守常先生等当初所怀抱的"融汇新知，昌明国粹"的学衡传统。这种立场既强调文化本体性，也促进中外文化交流。这种基本立场是应该坚持的。中国文化书院与北京大学有很深厚的关系。奠定书院传统的梁漱溟、冯友兰、张岱年、季羡林等都与北京大学渊源很深，这就决定了书院不可能完全走普及性的道路，而应自觉承担起文化观念的创新、价值理念的发掘和文化方向的指引的责任。因此，书院应更多地联合国内重要高校的文史哲专家，重新规划导师队伍，以编辑丛书或文集的方式，来展示特定的文化立场。

第三，目前书院以高端学术讲座为主脉，这是一种重回思想学术主流的有效方式，若能设立不同的讲座系列，同时充分利用分会，加强科技与人文的结合，利用书院团结不同思想群体的纽带作用，或能在当下强调文化和现实结合的大环境下，凸显自己的文化品格。

直挂云帆济沧海

苑天舒

苑天舒（1965—　　），现任中国文化书院副院长、理事。

一、办学之路，艰难探索

1998 年年底，中国文化书院在北京友谊宾馆举办了建院 15 周年年会。孙长江先生主持并宣布开幕，介绍了来宾。接着汤一介先生致贺词，报告了书院的工作，季羡林先生向陈可冀教授颁发了导师聘书，然后是何芳川先生致辞，王尧先生代表书院导师致辞。我在这次活动中，由汤一介先生宣布担任中国文化书院的秘书长。李锐先生上前拉着我说："小苑，我们选你做秘书长，不是让你来照顾我们这些老头子，我们都有人照顾。我们选你做秘书长，是希望你能把中国文化书院办私立大学的这个理想实现了，这是中国文化书院一直想做的事情。"这次活动中，孟华教授朗诵了一首诗，诗中引用了季羡林先生"何止于米，相期以茶"的诗句。孙长江、庞朴、胡军、张学智等书院导师在这次活动还表演了节目。

中国文化书院要办学，要办一所私立大学，这是汤一介先生找我担任中国文化书院秘书长谈话时反复说的一句话。1999 年以后，中国文化书院专门邀请书院导师、美国霍普金斯大学物理学教授钱致榕来中国文化书院介绍他创办汕头大学的经验，并且邀请北京大学高等教育中心一起开会，研究书院办学的事情。为了创办中国文化书院自己的私立大学，汤一介先生、季羡林先生邀请社会上企业家、学者、社会人士等很多人多次开会，多方探讨办学的事。但是一次一次的尝试，都没有什么结果。

　　2002 年春，由北京大学物理系退休教授们创办的北京京大培训学校找到我们，他们因年龄感觉学校办不动了，希望转给中国文化书院来办，同时提出了一些经济上的补偿方案。为此汤一介先生和乐黛云先生等书院导师亲自到京大培训学校（在海淀区商校的校址）去考察，与京大培训学校当时的领导——北大物理系退休教授们进行了交流，汤一介先生和乐黛云先生对接管京大培训学校都很满意。汤一介先生约我和李中华老师到家里商量办京大培训学校的事。记得那天晚上从汤先生家出来，我开着车，李中华老师坐在我旁边和我开玩笑说："我可听台湾有个人说过一句话：'要想让谁破产，就怂恿他去办学。'"中华老师说完，我们俩都笑了，笑得还特别开心。谁想中华老师这句玩笑话真是"一语成谶"！（中华老师讲授《周易》，看来中华老师不经意说的话，真得当回事，可不敢大意！）王守常教授也非常愿意接手京大学校，认为可以模仿日本东京大学和大东大学的模式，东大的教授退休后直接搬到大东大学，成为大东大学的教授。书院最终决定接手京大培训学校，我想这里边的原因可能还有这样几方面。第一，京大学校是北京大学物理系的教授们创办的，同为北京大学的教授，大家的理念是一致的；第二，京大学校的校名是由季羡林先生题写的，这让我们觉得非常有缘；第三，这所学校借用的海淀商校的校址，在圆明园东路，距离北京大学很近；第四，学校里的专业是按照当时高等教育自学考试来设置的，学生通过考试可以拿到北京市高等教育自学考试的学历证书；第五，最重要的一点是，这所学校有办学资质，校风也不错，而且还有了一定数量的学生。因此就决定由我担任董事长的北京新北高公司出资，向京大培训学校原来的教授管理团队支付了 19 万元作为经济补偿，并承担了 16 万元各项应付款，取得了京大培训学校的办学权。

　　珍贵的影像资料完整记录了 2002 年 9 月初举行的中国文化书院主办

的北京京大培训学校第一个开学典礼的盛况。汤一介、乐黛云、王尧、李中华等书院领导出席开学典礼，王守常校长从日本发来校长致辞。汤一介先生在开学典礼上说："各位同学，这是我和很多同学的第二次见面。上次我已经来过一次，已经和很多同学讲过话了。我这次先送给同学们三句话，第一句话，希望同学们成为我们国家有真才实学的建设人才；第二句话，我希望和同学们、老师们一起把京大大学办好，让她经过 20 年到 30 年，逐渐成为中国有名的私立大学；第三句话，我希望各位在座的同学不仅掌握科学技术，而且成为有文化、有理想、全面发展的人才。"此时京大也搬到了东方大学城（廊坊），租用了一栋教学楼和四栋宿舍楼，第一年学校就有了 400 多名学生。

图 1　汤一介先生在京大培训学校 2002—2003 学年开学典礼上讲话

2003 年遇上了非典，按照要求学校都停课，北京京大很负责任地把学生都留了下来，在教学楼 2 楼大厅开放空间里给学生上课，同时书院的导师也经常在这里给学生做讲座，李中华、王守常、林娅等书院导师，以及杨立华等教授都在这里举办过面向京大学生的讲座。汤一介先生总结京大的办学成果时说："京大学校已经办了一年了，我想这一年经过我们大家的努力，特别是学校师生的努力，取得了相当好的成绩。为什么我们学校能够取得好的成绩？除了大家都非常努力学习之外，很重要的是这个学校是由与北大有关的两个单位联合办学，一个是新北高集团公司，一个是中国文化书院。搞科学技术最重要的是要严谨、要创新、要求实，而新北高就有这样一个非常好的传统，因此我们的教学管理都非常严谨，非常求实，而且具有创新意义。而中国文化书院的特点，一个学校办好与办不好，不是光靠技术就能完成的，而是要有一种精神。这个精神就是对人的关怀的精神。那么北大，特别是中国文化书院，一向是以对人的关怀、对人的教育、重视素质的培养著称的，因为中国文化书院有国内外非常多的著名学者，而这些著名学者，都是有很高的素养和很高的道德修养的学者，那么在这两种精神的结合之下，我想京大是可以办好，而且一定会办好的。而这种精神如果能得到发挥，我想对中国的整个教育事业，也许都会起一定的作用。因为我们知道从中国传统来讲，都是由官学和私学两套体系组成，就是由国家办的太学，然后有州学、府学等，还有一直到县学、乡学，这是一套，是官办的。另外一套是私办的，就是书院，特别是到宋朝以后书院非常发达，而且许多有学问有抱负的学者，都是书院培养出来的，比如说白鹿洞书院、岳麓书院。现在岳麓书院还存在，当然已经不是原来的岳麓书院了，可是它已经有两千两百年的历史。像这样的学院的传统，在中国一直是保存下来的。像中国文化书院，它是以学院的方式进行学术教育工作，这样我们与北大新北高合作，把高科技、先进技术引到学校来，打造一个非常好的私立大学。为什么私立大学从一定意义上讲，有它的优势呢？就是私立大学比较容易办出个性来，就是它有特色。那么公立大学有一个缺点，就是不大容易有特色，因为它要按照一定的规则来办。那我们就可以按照我们所需要的精神、需要的条件来办这个大学。新北高跟我们中国文化书院合作来办的京大学校，我想之所以成功，就是我们在努力打造一个私立高等学校。能不能够实现？我们希望的这种精神，是严谨的、创新的、有人文素养的，有人文关怀的。我想我们正在努力往这个方向做，而且一年来取得了相当好的成果。如果我们能不断地办下去，我想就不仅仅是对我们这个学校自身会有很好的影响，而且通过它可以辐射影响其他的私立大学。这样可以说我们就取得了成功。"（根据珍贵的录像资料整理。）

图 2　非典期间李中华教授在京大学校授课　　图 3　非典期间王守常教授在京大学校授课

中国文化书院院长、北京京大校长王守常老师说："中国文化书院从1984 年成立，在成立时我们有一个宗旨，就是让中国文化走向世界，让世界文化走向中国。从去年开始，我们与新北高集团合办了京大学校，这是实现我们这个宗旨、理想的一个重要的行动。一年多的教育实践，已看到这个理想在逐步落实，我们怀着极大的希望再坚持这样走下去。在去年开学典礼上，我讲过这样的话：给我们 20 年，把京大办成中国最好的私立大学；再给我们 20 年，我们把京大办成世界上一个好的私立大学。我很同意汤先生的观点，就是在公立大学不能够满足当前中国经济快速发展的趋势下，私立大学出现是个必然的一个现象，而私立大学秉承了自由严谨的学风。持续办学，不仅能对私立其他学校产生良好的影响，而且可能会对中国的教育政策产生很大的推动作用。世界教育史上这也是屡见不鲜的例子，像美国的大学教育制度、政策的发展，都是几所著名的私立大学做出的贡献。我们想，京大再过 40 年，或许对中国的教育制度也会作出应有的贡献。另外，我要说的是，现在中国已经进入一个经济高速发展的时期，经济高速发展就需要大批人才，人才不仅要有良好的个人的道德品质，还要有相当的思维原创性，我们这样的私立大学在教育实践中，贯彻以人为本的思想，加上新北高所拥有的高科技，两者结合将来会在对学生的教育起到良好的作用。看到中国经济高速发展的前景，我们也感到教育、文化对经济的贡献，今后需要努力、认真把京大办好！"（根据珍贵的录像资料整理）

2003 年京大在校生突破了 900 人，设置了 15 个专业：计算机及应用（专、本）、计算机信息管理（本）、电子商务（专）、计算机网络（本）、新闻学（专、本）、法律（专、本）、广告学（专、本）、室内设计（专）、视觉传达设计（专）、工商企业管理（专、本）、会计学（专、本）、金融学（专、本）、国际贸易（专、本）、英语（专、本）、饭店管理（专科）。

学校模仿了北京大学丰富多彩的教学活动，随着学生人数的增加，学生和家长希望这里是一所名副其实的大学。为此我们向北京市教委提出办一所正式的民办大学的申请，但是教委回复北京市不再批准成立新的民办大学。此时正好北京自修大学在寻求转让。自修大学在北京市海淀区风景优美的百望山北侧有一处校园，汤一介先生、钱致榕先生、王守常教授和我一起进到这个校园里考察，都认为这是一个理想的办学的环境。北京自修大学的办学人 L 教授（首都师范大学的德育教授）提出的转让条件是支付自修大学拖欠的校园租金 310 万元。北京自修大学向军队租用百望山甲一号作为校园，租期 30 年，但是已经使用的两年中尚有 310 万元房租未交。军队方面听说我们正在考虑接手自修大学，于是也找到我们，表示希望我们能够接办自修大学，只要还上所欠房租，校园继续租给我们使用至 30 年期满。于是我们和 L 教授签订了协议，在北京市教委变更了北京自修大学的办学许可证。同时，我和王守常院长拿着 310 万元支票（新北高的），到军队为自修大学清偿了前面所欠的校园租金，军队的领导表示支持自修大学继续使用百望山甲一号校园，北京自修大学的校园租赁合同继续执行。我们对自修大学的校园进行了重新修缮，更换了新的电缆电线和上下水管道，暖气管道。所有的教室和宿舍都粉刷一新。我们和西郊农场签订了租用改造百望山公园北山坡的协议，在百望山公园的北山坡为学生修建一个天然草坪的足球场。同时我们在校园里为学生建了一个新的图书馆，购买了大量的图书。在征得军队的同意后，我们请专业的研究院勘察设计，在校园里建造一所新的教学楼。

2004 年春节一过，京大在东方大学城的 900 多学生全部搬入北京百望山新校园，学校开始使用"北京自修大学"这个校名，师生们都非常兴奋和高兴。学校的管理队伍也得到了充实，聘请了北京大学退休的教务处副处长洪德昇教授和北京大学物理系退休的刘尊孝教授来担任自修大学正副教务长，聘请了北京大学退休的保卫部部长童宣海担任自修大学的主管安全的副校长。

2004年暑假前夕，汤一介先生带着我去301医院南楼病房探望季羡林先生，报告京大培训学校情况，把刚刚印出来的北京自修大学招生简章送给季先生看，季先生看得很仔细，非常高兴。在合影的时候，季先生还特意把招生简章转过来，让北京自修大学的校名正对着镜头，说，中国文化书院的学校终于办起来了，应该庆祝。汤一介先生担任北京自修大学学术委员会主席，王守常院长担任北京自修大学校长。

图4　季羡林先生在301医院阅看北京自修大学招生简章（左：汤一介先生；右：苑天舒）

没想到的是，由于原自修大学公章管理不善，我们刚刚拿到市教委变更的北京自修大学办学许可证，就出现了一些不法分子，拿着各种各样的所谓北京自修大学的借据欠条（几乎都是假造的）上门讨债，总额达到一千多万元。在东方大学城校区学生搬回来前夕，来了一批所谓的讨债人，把学校的保安驱赶到一个小屋子里，把学校值班的老师驱赶到校长办公室，蹲在墙边。我赶回学校，也被他们按住，把校长室里带尖的奖杯顶在我的后背上，并殴打我，逼我还钱。那些所谓的讨债人，纠结一些社会上的人强行住进学校的宿舍。因为我们有北京自修大学的办学许可证，警方出面，这伙人才停止进到学校里面来闹事。但是他们经常在学校外围堵纠缠我。有一次，王守常校长在学校开教师工作会，从会场外面冲进来一伙人，与学校的老师发生了冲突，守常校长为了平息此事，约领头的人下班后到北京大学勺园咖啡厅商谈。为此汤一介先生给海淀区领导写信反映情况，王守常校长也找到央视法制栏目主持人撒贝宁讲了书院办学遇到的不法侵害。由于自修大学原办学人 L 教授等人的躲避，这些所谓的无厘头负债被法院判定由自修大学偿还。我们向法院起诉了 L 教授，后来 L 教授因为身患癌症住进了人民医院，我带着水果去医院看望他，他说："我有好几百个社会职务，我每天一个也得两年才能转一圈，我哪里管得过来？"看着已经七十五岁的 L 教授，想着这就是那位在我做高中生时仰慕的"塑造美的心灵"的 L 教授啊。从医院回来，我们去法院撤掉了对躺在医院病床上的 L 教授的起诉。王守常老师后来对我说："长见识了吧？教授跟教授不一样。"

2024 年秋季学期，北京自修大学教学正常开展，汤一介先生经常到学校来参加学生的活动，给学生讲话，王守常校长也常常来给学生上课，校园里学生们丰富多彩的活动，开展得有模有样。学校新建的图书馆落成，百望山北山坡也用推土机推出了基本的模样，载重卡车运来了几百车新土，草坪运动场初具规模。经过军队同意的学校新建的教学楼完成了地基，正在建第一层。而此时学校突然接到了军队的通知，说是出于军事需要，提前终止合同，收回校园。军队的领导约我们过去，告诉我们两个决定：第一，军事需要，没有商量余地，协议必须停止；第二，没有补偿，但是军队可以出车帮助学校搬家。学校搬家谈何容易啊！去往何方呢？军队找到法院，要求法院先予执行。我们把情况上报给北京市教委，市教委非常重视，上报给北京市委教工委。由北京市教工委和北京市教委各派出一位处长去和军队协商。军队接待的人很蛮横，北京市的两位处长和军队的人两边都拍了桌子，但是无济于事。正在建设中的教学楼和草坪运动场，都不得不停工。这样坚持了两年，在童宣海（自修大学副校长，北大保卫部退休老部长）和魏常海老师（中国文化书院副院长）等北京大学继续教育学院领导的帮助下，北京大学昌平校区腾空了一个学生宿舍楼和一部分教室。到 2007 年 1 月，北京自修大学 1 000 多名学生和老师从百望山甲一号校园搬进了北京大学 200 号昌平校区。百望山校区里的图书馆、在建的教学楼和草坪运动场、教室与办公室里的桌椅、学生宿舍的床和空调、食堂设施等，只用了两年就全都损失掉了，直接投资损失上千万元。军队起诉自修大学，自修大学在法院一审中没有悬念地败诉了。二审中，法学专家江平教授看不下去了，亲自为北京自修大学写了法律意见书批驳军队的霸王做法。二审法院顶住军队的压力，坚持调解。那个时期，北京市教委认为："北京市拥有教育部直属公办高校 33 所，市属公办高校 33 所，没必要发展民办高校。"没有政策支持的北京自修大学最终不得在 2008 学年结束的暑假停止办学。新北高公司将位于北京上地信息路 900 多平方米办公楼面卖掉，清偿了北京自修大学的部分债务。中国文化书院"办一所民办大学"的实践就此画上了句号。这次办民办大学，我们是满怀着激情与理想的，但是遇到了很现实的问题。当时民办大学的招生不在统招计划内，所以基本上以高考落榜生为招生对象，生源质量比较低，虽然不少书院导师来给学生们开讲座，这对于要面对自学考试和就业两重压力的学生来说，书院的讲座就显得定位太高了，书院的优质师资力量发挥不出作用。

二、借船扬帆，应者云集

北京自修大学办学停止了，但是中国文化书院对办学的追求没有停止，2009 年 5 月，在北京大学哲学系研究生课程班结业的高斌来中国文化书院探讨合作开展国学教育。6 月，书院与北京三智国际文化发展有限公司签约成立三智道商国学院。7 月份，高斌邀请王守常院长和我们几名书院同事一起到北京昌平温都水城开会，研究课程和师资。8 月 18 日三智道商国学院在治贝子园举行了成立仪式。汤一介先生任三智道商国学院名誉院长，王守常老师任院长，高斌理事长任执行副院长。后来书院导师李中华老师、陈鼓应先生也担任了名誉院长，魏常海教授担任阳明院院长。三智道商国学院起初的主要学员是长江商学院校友，所以说三智的学员大多都是企业家，还有一些政府官员，素质是不错的。课程以中国传统文化和中国历史为主，正式课程与论坛相结合。中国文化书院利用三智道商国学院这个平台，如火如荼地开展了大规模的传统文化教学，从 2009年一直办到 2019 年年底，有 437 位教授、专家，开办了 100 多个班，听课的正式学员 2 000 多人，论坛参加人数两万多人，刊登教授讲义的《三智通讯》出版了 130 多期。在三智道商学院成立五周年时，汤一介先生说：“过去，我曾对‘三智’有一个解释，我认为‘三智’从中国讲，就是儒、释、道三家组成了中国的文化。从世界讲，就是中、西、印——中国文化、西方文化和印度文化的汇合。比中国文化或者西方文化更根本的，就是人类非常早的时候就开始追求的真善美。……从人类文化和哲学层面而言，‘真、善、美’是最根本的道理。三智道商国学院已经办了五年了，我想它绝不止五年，它可以五十年、可以五百年、可以五千年地传承下去，把全人类所向往的真善美的美妙境界普遍于人间！祝三智越办越好！”

中国文化书院是中国民间办学、讲学的积极行动者与推动者。在支持三智道商国学院的同时，书院在全国各地支持了多家国学教育项目，这些国学教育项目往往是以中国文化书院分院的名义开展的，如杭州分院、无锡的太湖分院（万和书院）、广东肇庆的岭南分院、江西龙虎山的天师分院、西安的长安分院等。

中国文化书院比较早的分院有两个：杭州分院和上海分院。北京自修大学项目停止后，我和王守常院长到上海与朋友们研究恢复这两个分院，开办国学教育，有人提出办学盈利，我当即很坚决并明确地否定了以经济效益为目标的主张，提出书院以弘扬中华优秀传统文化为己任，要发挥中国文化书院的师资优势，让更多的人能听到中国文化书院组织的课程。

2009 年，我到杭州找范一民，和他商量恢复杭州分院的事，后来王守常院长也与范一民见了面，大家取得了共识之后，我向汤一介先生做了汇报。2010 年春节，我陪汤先生、乐先生在杭州过春节。汤先生跟我说：杭州大学沈善洪校长住院了，我们应该去看看沈校长。见到沈校长之后，沈校长身体很弱，不太能说话。杭州分院原本是由沈校长负责，但是已经没有开展什么活动了，沈校长提出来请汤先生考虑找个人接替他，汤先生说，范一民也是杭州大学毕业的，问沈校长认不认识。沈校长说："这是我的学生，他可以的。"后来，一民兄与灵隐寺光泉法师（此时光泉法师尚未升座为方丈）来萧山第一世界酒店看望汤先生和乐先生，谈到了杭州分院的事。回到北京后，中国文化书院正式发函聘任范一民为杭州分院院长。2010 年 11 月 30 日，中国文化书院邀请宗萨蒋扬钦哲仁波切在北京讲学之后，又来到杭州分院讲学。在杭州分院讲学中，学员刘莉与宗萨仁波切讨论过"什么是幸福"。后来宗萨说："这真是个美丽宁静的地方。我想不如就这么坐着，让大家好好品茶，而不用忍受我喋喋不休。但来分享、讨论和就这样一个主题进行一场对话，真是我的荣幸。在现在的这个物质主义世界，这个主题被讨论得太少了。"在中国文化书院的讲座中，像这样启迪智慧、闪烁思想之光的情景是常有的。

2012 年 10 月，中国文化书院太湖分院（万和书院）成立，王守常教授担任分院院长，谢咏和兄担任执行副院长。太湖分院启动仪式在无锡太湖畔举行，三智道商国学院的很多学员也应邀前来参加。太湖分院于2019 年 12 月终止，期间举办了三四十次传统文化讲座，有 800—1 000 人来参加听讲，中国文化书院导师苏叔阳、李中华、王守常、董平、王小甫、吴飞、张学智、张继禹先生等 30 多位教授专家来分院讲学。

2013 年春，经书院友人引荐，我到广东肇庆拜会了侨兴集团总经理陈浩先生。随后守常院长带领书院几位同事一起来到肇庆考察，肇庆市委秘书长陈义接待书院来访的一行。陈义秘书长非常热情地向中国文化书院发出邀请："如果中国文化书院想在华南办学弘扬中国传统文化，请选择广东；如果想在广东办学，请选择肇庆，因为这里曾经是两广总督府所在地，是宋代包公主政的端州，也是明代利玛窦登岸的地方。"肇庆市委、市政府都积极表示希望中国文化书院能在肇庆设立一个分院。于是中国文化书院岭南分院在肇庆成立。岭南分院院长是王守常教授，陈浩兄担任执行副院长，谢远谋、赖智、吕健均在岭南分院分别负责相应的管理工作。谋叔（谢远谋）是深受肇庆各界尊敬的学者，被大家称为肇庆的"文胆"，为岭南分院开办的讲座和学术交流做了很多工作。每当岭南分院举办讲座的时候，很多人开车从广州、深圳、梅州各地赶来听课。讲座都是公益的，从不收费。当年的中国文化书院岭南分院目前已经转化为肇庆市的星岩书院，搬进了历史上著名的高要学宫内，开展教研讲学，在肇庆乃至岭南影响很大。广东的朋友们见到我们都说，现在的星岩书院，当年中国文化书院留下来的岭南分院，如今是真正影响岭南一方的"岭南书院"了。中国文化书院在疫情前，每年年底的年会和导师雅聚，岭南分院的陈浩兄、赖智兄等都专程从广东赶来参加。

2013年8月10日，中国文化书院上海分院再次启动，王守常教授担任分院院长，孙鸣一先生担任执行副院长。同一天国学首期班开班（学员来上课均免费，全部费用都是孙鸣一先生捐赠的），上午王守常教授授课，下午苏叔阳先生授课。苏叔阳先生讲了这样一段话震撼了所有听讲的人："世界上没有一个民族像我们中华民族这样，用200年来反省自己的错误，不断地用鞭子抽打自己。200年的时间把2 000多年的文明扫除一空，一觉醒来发现我们的灵魂是空的。而两千多年来，中华民族历经风雨，创造辉煌文明，屹立不倒，就是因为这个民族有一个饱满的坚强的灵魂。我们这代知识分子要有点骨气，要有诗情。板凳敢坐十年冷，文章不写半句空。"

长安分院2015年元旦成立。由陕西省年轻有为的企业家折磊先生管理的折氏文化发展基金会资助，在西安的五星级酒店内辟出专门的空间作为长安分院的办公室和讲堂。王守常教授担任分院院长，折磊兄担任执行副院长，中国文化书院从北京派郭辉老师在分院担任专职教务主任。北京大学楼宇烈、王守常、徐天进、张辛、杨立华、李四龙、张学智、李超杰等教授，清华大学历史系王晓毅、南京图书馆馆长徐小跃、中央民族大学赵士林、湖南大学张松辉、国防大学周丕启、山东大学王新春等教授，都应邀来长安分院授课。长安分院开办了两年，郭辉老师从北京到西安往返奔波了两年，郭老师的爱人也非常支持她。疫情前，中国文化书院的年会和导师雅聚，折磊兄年年都赶来北京参加。特别不能忘记的是，有一次乐黛云先生主持的"跨文化对话"需要经费，折磊兄知道后，慷慨地捐赠了三十万元，而且从不声张这一善举。

中国文化书院倾力帮助山西晋豪学府开办国学教育，晋豪学府的崔晋生校长与书院结下了深厚的友谊。书院很多导师都前往授课，并且参加晋豪学府组织的学员结业仪式。

中国文化书院的分院与合作的国学教育项目，都是由心怀共同理想的朋友们出资来办的，我知道没有一个人想通过跟着中国文化书院办分院来赚钱。因为同道朋友们在为办分院出资之前就已经是有钱人了，而且他们各自都有比办书院分院要好得多的赚钱的事业。跟着中国文化书院办分院，是因为中国文化书院有一个让大家共同追求、愿意为之付出的理想；是因为中国文化书院创院导师们（大先生们）让大家敬仰；是中国文化书院所具有的"圣贤气象""君子之风"，让众人见贤思齐，心向往之；是书院大先生们的人格精神魅力，"不靠权力靠魅力"的感召力，让陌生人变成同道好朋友，团结在中国文化书院的旗帜下，仁以为己任。有一次文化部社团办（现在叫"文旅部"）召集所属社会组织开会，社团办的领导问我："别的社团都想方设法向文化部申请经费，你们书院为啥从来没有申请过？"我说："我们书院想做的事，都会得到很多人的支持。我们想做的，也是大家想做的，最后他们积极去投入和行动，我们书院变成了帮助者。所以都不用我们花钱，书院的领导们也都没有工资，其实是志愿者。"中国文化书院是一面高扬的旗帜，同道们、朋友们都冲在了旗帜的前面。

三、书院主导，多方联动

2009 年 4 月 27 日，由嵩山少林寺、中国文化书院、北京大学哲学暨文化研究所共同发起并主办的"少林问禅·百日峰会"在河南嵩山少林寺启动，中国文化书院汤一介、王守常、苑天舒、刘若邻等与来自中国及日本、韩国、越南等地的五百多位知名学者及高僧大德参加了开幕式。100 天的论坛，中国文化书院众多导师从全国各地来到少林寺开坛讲学，汤一介先生讲"论禅宗思想中的内在性与超越性"，王尧先生讲"藏传佛教的和谐与发展"，王守常教授讲"《孙子兵法》再认识"，方立天教授讲"佛教智慧与社会和谐"，楼宇烈教授讲"禅与人生"，陈方正教授讲"在科学与宗教之间：论西方科学的东方渊源"，朱维铮教授讲"近史的界定及其他"，郭齐勇教授讲"论儒学的宗教性内涵"。百日论坛的讲座内容非常丰富，涵盖哲学、文学、历史、宗教、艺术、社会学、经济学、政治学、教育学、心理学十个学科。讲座者皆为中国社科学界知名学者，他们从各自领域出发，用多学科交叉的学术视野，以讲座的形式，为大众呈现出百场文化盛宴。

继少林问禅之后，书院与道教祖庭开始筹备另一场名师讲堂。2013年6月25日，中国文化书院与江西龙虎山嗣汉天师府共同主办的"文化道教名师讲堂"启动了，首讲我们邀请了香港城市大学原校长张信刚教授主讲，题目是"文明的地图"，第二讲是王守常院长讲"中国文化的特质"。同年7月27日—28日，在江西龙虎山天师府，书院导师王尧教授（中央民族大学教授）主讲了"西藏社会历史变迁"，南京大学古典文献研究所所长程章灿教授主讲了"魏晋名士的风骨"，西安音乐学院副院长、中国美学会副会长罗艺教授主讲了"中国音乐美学"，上海交通大学科学史系主任江晓原教授主讲了"十二宫与二十八宿"。这场内容丰富的"虎啸龙吟"名师论道讲坛让龙虎山道教祖庭与书院的教学、学术交流密切了起来，2014年11月13日，中国文化书院龙虎山分院（天师书院）成立，王守常院长题写的"中国文化书院龙虎山分院"黑底金字的院牌树立在天师府内，天师府张金涛主持与新加坡友人等都一起来为分院揭牌。这里后来接待了众多来自包括香港和东南亚等地的中国传统文化热爱者和国学班的学员。

2014年，中国文化书院应江西靖安县委县政府之邀，深入靖安宝峰镇开展弘扬中华优秀传统文化的工作。从2015年开始，我们协助宝峰开展以"你的孝，我的笑"为主题的"宝峰孝文化庙会"。从2014年王守常院长在宝峰禅寺首讲"中国智慧"开始，中国文化书院宝峰讲堂启动，在江西影响广泛。靖安县负责宝峰讲堂的赵敬丹女士这样评价："'宝峰讲堂'成了中国文化书院设置在靖安的一个弘扬传统文化、净化人们心灵的平台。"

四、培养师资，深入中小学

中国文化书院在社会上广泛开展多种形式教学的过程中，也为中小学开展传统文化教育做了大量的工作，大家抱着使命与责任的信念，尽心尽力、义务地去做，深入中小学讲传统文化课，比如中关村一小、二小，人大附中、哈尔滨六中、哈尔滨实验学校、河北成安一中、北京育英中学，以及湖南园丁公益国学讲习所项目中的中小学等。

2016 年，三智道商国学院的学员黄培莹获得"汤一介四为奖"，让她很受触动。她说她一直记得汤先生说过的：一个理想的社会，应该有三支力量来相互支持，其中就有一个力量是企业家组成的，为社会提供经济支持。黄培莹找到王守常老师，说她想搞一个园丁计划来提升中小学教师的国学素养，王老师很赞许。王老师给黄培莹介绍了梁漱溟先生的"乡村建设"，建议这个园丁计划叫"园丁公益国学讲习所"。黄培莹非常高兴，请中国文化书院和岳麓书院共同作讲习所的支持单位。2016 年 12 月经湖南省长沙市民政部门批准，这个由专家学者和爱心人士发起的、以传承和推广中华优秀传统文化为主的公益慈善机构——园丁公益国学讲习所正式成立了。中国文化书院导师乐黛云先生是讲习所的顾问，王守常院长担任所长，黄培莹担任理事长。仅 2017 年一年，园丁公益国学讲习所就组织各类讲座、活动和培训 30 多次，包括隆回县师训大讲坛、隆回县国学教师初级班培训师资（一年期三次培训，跟踪考核）、隆回县国学教师"四书"精讲班、"国培计划"（2017）湖南省首届优秀传统文化基地校校长高研班等，全年培训校长 300 人，教师 4 000 人，受益学校 200 余所。讲习所年度开支 100 万元，其中，向乡村学校捐赠价值 50 万元的国学教材和书籍 20 000 册；投入 20 万元帮助教师工作坊 2 间、乡村学校教师阅读室 1 间。王守常老师多次到偏远的农村学校给教师和学生们讲课。园丁公益公众号 2017 年 6 月的一篇文章写道："守常先生说，文化就得从教育入手，从娃娃抓起，乡村缺这方面的教师，中国文化书院可以全力支持。乡村教育太需要我们了，我要成立一个'园丁'公益组织来支持教育，每个月我们将从北京派老师来支教，扎根乡村十年支持教育，一定会有成效。""在边远的隆回县山界乡五峰小学，这里只有 30 名学生，是一个一至四年级的小学教学点。他们听说有个北大教授来上课，全校学生充满了期待。'教授爷爷'站在五峰小学四年级的教室里上课，虽然班上只有 6 个学生，但他们很专心。""年近七旬的王守常教授说：'我年纪大了，无法时刻来陪伴你们，但是中国优秀的传统文化可以陪伴你们成长。'"

在各地开展传统文化讲学的过程中，众多国学爱好者听课之后不愿散去，于是"国学经典读书会"成立了。先读《孝经》《大学》《儒行》三遍以培养气节，再读《学记》《乐记》《诗经》《论语》《孟子》，依次读下去。每天读几分钟，三天读同样的内容，几年之后，《中庸》《周易》《礼记》，乃至《老子》《庄子》《黄帝内经》等典籍相继读完。任何一件小事，日复一日重复着做下去就变成了大师。我们的读书会就是这样的，每天与经典相伴几分钟，几千个日日夜夜之后，渐渐打磨修得君子之气。从最初的几个读书会（深圳读书会、北京美成在久读书会、南昌读书会、鄂尔多斯读书会、上海读书会、北京知行合一读书会）带动下，全国成千上万人加入读经典的行列里。

哈尔滨实验学校有一块巨大的校训石，上面刻着由王守常院长题写的校训：明德、亲民、至善。哈尔滨实验学校的王媛校长曾经是哈尔滨六中的副校长，2014 年哈六中 90 年校庆，王媛等哈六中校领导到北京联系六中校友，哈六中在北京有近千名校友，我爱人马明方是其中一个，结果大家选派我这个哈六中校友的家属代表他们去参加校庆，讲一次国学讲座。在哈六中期间，王媛副校长负责接待我。2015 年，王媛来中国文化书院找我，这次她是以即将成立的哈尔滨实验学校校长的身份，专程来找我商量给新学校拟一个校训。我建议将《大学》里的"明明德，亲民，止于至善"作为校训，而且不仅如此，应该让全校师生每天都诵读《大学》，让《大学》深入每一个师生的心中。王媛校长觉得特别好，就这样，"明德、亲民、至善"成了哈尔滨实验学校的校训，由王守常老师亲笔书写，后刻在校训石上。开学之后，王媛校长给我打来电话，她说："开学典礼上，我们学校的全体学生集体诵读了《大学》，场面特别震撼，很多观礼的家长都流泪了，市里来的领导和外校来参加我们学校开学典礼的老师都很感动。"王媛校长还告诉我，一开始有不少人很不理解，中小学生又不是大学生，怎么能读《大学》呢？很多人其实从来不知道《大学》，听都没听说过。现在全校老师和学生们都读《大学》，影响可大了。

2015 年底中国文化书院导师雅聚，我邀请王媛校长也来参加，她带来的哈尔滨实验学校开学典礼上师生诵读《大学》的视频在雅聚的会场上播放，当孩子们诵读《大学》的场景出现在屏幕上的时候，书院导师们和朋友们都高兴地鼓掌。崇贤馆的李克兄看完视频当场找到王媛校长，崇贤馆与哈尔滨实验学校在中小学传统文化教材上展开了深入的合作。

2017年3月9日，哈尔滨实验学校公众号发文报道：

> 以"传承国学经典，落地核心素养，创建实验品牌"为主题的讲座在哈尔滨实验学校多功能报告厅隆重举行。实验学校全体教师和家长代表、学生代表，以及市教育局、教师进修学校的领导参加了此次活动。中国文化书院秘书长苑天舒先生受邀做了"从大学之道，看中国传统文化的当代价值"专题讲座。王媛校长从一个温暖的故事开始，以与苑先生的相遇、相识、相助为线索，回顾了苑先生对实验学校的建设发展所起到的助力作用。……正是因为这种对传统文化的认知共鸣，实验人承前启后，坚定地秉承传统文化，结合实际，励精图治，以探寻核心素养落地为己任，实践在传统文化的精神内核指引下回归教育的本真。

2016年8月，中国文化书院、凤凰网、少林寺、"佛缘之路"发起和组织者在嵩山少林寺共同举办"'一带一路'中国佛教文化发展与继承高峰论坛"。

2018年，太湖大学堂举办南怀瑾先生百周年纪念暨太湖大学堂十周年校庆活动。我和守常老师前往太湖大学堂，参加中国文化书院、太湖大学堂、老古文化事业公司联合举办的"民族复兴与文化自信"论坛和"书香中国，经典世界"活动。在这次活动中，中国文化书院与太湖大学堂、浙江敦和慈善基金决定共同开办"南怀瑾讲座"。从2018年6月到2023年11月，疫情前每两个月一次，举办了10场讲座，疫情之后，原计划的12场讲座全部完成。按照讲座的顺序，12场讲座分别是："中国文化的特质"（王守常）、"管子启示录"（苑天舒）、"新时代文化视野下之中国审美"（刘传铭）、《周易》的基本精神与现代价值"（李中华）、"宋明理学"（杨立华）、"隋唐治乱盛衰"（王小甫）、"说'理'谈'心'"（景海峰）、"考古，认识世界的一扇窗"（徐天进）、"文以载道——走进传统小学"（马明方）、"礼乐文明与中国传统文化精神"（彭林）、"中国'船'说，向海图强"（田小川）、"中国文化中的谦卑精神"（陈越光）。

有一次我和王守常院长在中国文化书院（北京大学治贝子园）谈事，守常老师的手机上来了一条短信，是中钢协发来的，询问能否请守常老师给他们协会讲一次课。守常老师回复可以，随后中钢协又发来一条短信，询问请守常老师讲课支付三万元课酬可否。守常老师回复："用不了这么多，五千元足矣。"这一下中钢协那边没声音了，过了很长时间，中钢协的一条短信来了："王老师，您还没讲课，就给我们上了一课！谢谢您！"

为什么大家敬重守常老师？有个朋友曾经跟我说："疲惫的时候，在守常老师身边坐一会，不用说话，就行！"

五、跟在先生身边读书

我是从北京大学物理系毕业的，系统地学习中国传统文化是在中国文化书院才开始的。2008年北京自修大学的事情过去了，我有更多的时间回到治贝子园，与汤一介先生、王守常老师、李中华老师、魏常海老师等北大哲学系教授相处。我读的哲学书都是汤先生亲自为我选的，我讲课的课件是王守常老师亲自指导的。还记得2009年在先生家，汤先生从他自己的书架上为我挑选书的身影。第一次，汤先生从他的书架上给我选了四部书，《汉魏两晋南北朝佛教史》《魏晋玄学论稿》《中国哲学史大纲》《中国哲学史教学资料选辑》（上下），同时嘱咐我去书店购买北大哲学系出《中国哲学史》。2010年我陪着汤先生和乐先生在杭州过春节，上午两位先生在自己房间里工作，我则在自己的房间里读汤先生为我选的书，下午三点之后，我到先生的房间，先生给我讲了一个小时的课，然后我们出去活动锻炼。晚饭后，我陪汤先生去走路散步的时候，先生常会说："天舒，咱们说说学问吧，你今天读书有什么问题吗？"有时散步中间停下来，坐在酒店室内大花园的长椅上休息，汤先生会给我讲他正在写的文章，他思考的问题。我读完了汤先生给我的中哲方面的书之后，汤先生又为我选了西哲方面的书，北大哲学系的《西方哲学简史》和罗素的《西方哲学史》，同时赠送我十四卷本的《西学东渐史》和十卷本《汤用彤全集》。先生说，要想真的读懂中国哲学，还要去读西方哲学，然后再回来读中国哲学。2011年我陪着汤先生、乐先生在杭州过年，就是在先生指导我读西方哲学中度过的。汤先生每有新书出版都会签上名字送给我，乐先生也是经常送书给我。和先生相伴，令我感动同时也令我深受教益的事情太多了。有一天我们在杭州下楼去吃早餐，两位先生选了一个靠窗的座位，窗外有绿绿的树，明媚的阳光透过窗户照在我们的座位上，汤先生对我说，读书要读言外之意，欣赏艺术作品，比如绘画，要看画外之境，乐黛云先生接着说，听马明方弹古琴要听弦外之音。两位先生在早餐时对我说这样美妙的话，给我这样美妙的指导，在明媚的阳光与窗外的郁郁青翠映衬下，我感受到了莫大的人生幸福。乐先生说回北京后就让汤先生把这三句写给你，后来回到北京，果然一次到先生家，先生拿出了写给我的这三句话：言外之意，弦外之音，画外之景。

2011年去杭州过春节之前，汤先生说这次在杭州，要给我讲讲中国文化书院的事，并嘱咐我带个摄像机去。在杭州期间，有一天汤先生说："你把摄像机拿过来吧，我给你讲讲中国文化书院。"两天的时间里，汤先生从书院建院之初一直讲到我们接下来应该做的事情。汤先生在杭州的这个谈话被完整地用摄像机记录下来。

2012年在杭州过春节期间发生的一件事是一定要讲的。还有三天就要过春节了，我和汤先生、乐先生在杭州萧山第一世界大酒店的房间里看电视，电视里播出浙江高院维持了对东阳吴英的死刑判决。我虽然一直关注着吴英案，但是春节前三天宣布死刑案让我非常惊讶，难道这么急着要杀人吗？我回房间把关于吴英案的情况整理了一份材料交给了两位先生。第二天乐先生的学生，宋城集团董事长黄巧灵来房间探望两位先生，先生向巧灵询问吴英这件事，巧灵对此事也是愤愤不平。乐先生说："我们赶紧回北京吧，救人要紧，不然恐怕就来不及了。"回北京后，我接到乐先生电话，告诉我他们写了一份"吴英案慎用死刑"的声明，要我用最快的方式发出去。声明内容："人命关天，慎用死刑，吴英案应广泛听取各界意见，认真调查证据，依法公正判定，建议成立各界代表调查团，也许可以有助于吴英案合理合法的解决。"我马上联系新东方俞敏洪、徐小平和上海的钱文忠等好友，大家同时转发了"北京大学汤一介乐黛云教授关于吴英案'人命关天，慎用死刑'的声明"，一时间这个声明被广为转发。2012年2月7日，在北京法律界为吴英案召开的研讨会上，我向与会者宣读了这个声明并转述了中国文化书院王守常、李中华教授对于这个案件的看法。

2011年9月，汤先生去国家博物馆参加"启蒙之对话"，对话是在三位欧洲学者与两位中国学者（汤一介先生和陈来教授）之间展开的。我因为陪伴汤先生而有幸参加了包括预备会议和学者工作宴会等完整过程。在预备会议上，德国学者提出了一个问题，他们认为孔子的"大同世界"是一个空想，认为中国的现实与"大同世界"相差太远。汤先生的回答是，"孔子的大同世界不是空想，是理想。因为只有理想才能传承两千多年。在这两千多年里中国的儒家一直在追求这个理想目标，一直在努力。如果是空想，则没有这么大的能量让中国人世代坚守和追求"。德国学者应该是在后面几天，认真地考虑了汤先生的意见，所以在对话结束的时候来找汤先生，承认了"大同世界"确实是理想而非空想。汤先生在这次"启蒙之反思"的对话中，再次强调要"二次启蒙"，汤先生说，"二次启蒙"就是要"尊重他者，承认差异"。那些在汤先生身边的日子，时时刻刻都在学习，现在回想起来真是奢侈的日子。

2013年3月，北医三院的一份报告显示汤先生患了癌症。我拿着汤先生两年里的医院资料去301医院肿瘤中心找焦顺昌主任，焦主任拉着我进了一个安静的房间，他趴在桌上看这些资料看了很长时间，然后跟我说了与北医三院一样的结论和治疗方案。我看着焦主任问："如果这是你父亲，你会怎么办？"焦主任回答："如果是我父亲，我会……（一个积极的治疗方案）"但是焦主任建议的方案因种种原因没能实现，只是在301医院用靶向放疗进行治疗。一个疗程之后，过了一个月，医院复查发现出现了转移，医院要做第二次放疗。周一要去医院了，我周六打电话到汤先生家，想和先生约周一接他的时间。电话里，汤先生说："我不用你接我，但是我希望你今年报考我的博士，希望你认真考虑我的这个意见。"听先生说这话，我拿着电话有些发抖，我知道汤先生在用他最后的生命阶段帮助我。放下电话，我开始到网上去报名，但是网上报名的期限过了，北大研究生院网上报名已经关闭了。到了周一，汤先生坐北大的车去了医院，我去北大研究生报名。报上名之后，我到先生家，一进门乐先生就问我："汤先生让你考虑事你考虑了吗？"我回答："我已经报上名了。"我和乐先生在家里一直等到中午一点过后，汤先生才从医院回来。汤先生疲惫地躺在沙发上，用手指着我，问："我让你考虑的事怎么样了？"没等我回答，乐先生就说："天舒已经去报名了。"汤先生听完向我挥手："你去好好看书准备考试吧，我这里不需要你。"……

2014 年 8 月 17 日，上午我在北大给经济学院企业家班讲课，课间休息时看到乐黛云先生短信："今天来看看汤先生。"下午五点下课之后，我到了先生家，乐先生示意让我坐在先生床边听先生说话。先生强撑身体第一句话直接就是："你要做一个好学者，一个真正的好学者。……以后每个月来看我一次。"谁想这竟是先生对我的最后教诲！

9 月 7 日，先生住在北医三院，我去看先生。到了病房，我见先生睡着了，便向陪护先生的乐先生报告，我 9 号要去湖北黄梅参加汤用彤老先生的纪念馆开馆仪式，未及先生醒来就离开了。这竟然成了与先生的永诀。

9 月 9 日下午 2 点 50 多，我和王守常院长乘高铁到武汉。从武汉到汤先生老家黄梅还有两百多公里高速公路要走。坐上到武汉来接我们的汽车往黄梅走，途中我感到一阵阵发冷，我比别人穿得都多，长衣长裤，后来连守常老师脱下来的夹棉坎肩都穿上了，依然一阵阵浑身打寒战，此时是 16 点 09 分。到了黄梅，就接到了北京发来的先生报病危短信。晚上北京来电话，20 点 56 分，先生走了。回到北京后，听大家说，汤先生走的时候，说了"真善美"这三个字。2014 年 9 月 15 日，汤一介先生追悼会举行的时候，湛蓝的天上出现了"一介"云，我拍下了照片。

汤先生墓园建造的时候正赶上 2014 年冬天，年底石材厂的工人们都要回家过年，而且那一年北京的冬季非常冷，滴水成冰，离不开水磨的石材加工冬天做不了，所以工厂说即使工人们不走也无法干活。我挨个去做工厂里领导和工人们的工作，给他们讲汤先生的故事。终于，工人们同意把墓园用的石材加工完再回老家。经过不懈的努力，墓园工程终于在汤先生骨灰安葬日 2015 年的正月初十五之前完成了。

乐先生命我为汤先生墓园撰写碑文，我从汤先生祖父颐园老人、父亲汤用彤先生和汤先生留下来的文章、语录中，按照墓碑的字数要求，选编了一份以《汤公三代论学碑》命名的碑文，敬呈乐黛云、杨辛先生、李中华教授审定后，由王博教授加上简短序文。

汤公一介先生湖北黄梅人氏，祖父颐园老人汤霖先生，父用彤先生字锡予，三代学人薪火相传、历久弥新，其论人论学之语足以为后世法则，故铭刻于此以志不忘。

汤霖先生：事不避难，义不逃责，素位而行，随适而安，固吾人立身行己之大要也。毋戚戚于功名，毋孜孜于逸乐。

汤用彤先生：探求真理，必须从继承和发展本民族文化与吸收和融合其他民族文化中求得，所以要昌明国故，融会新知。

汤一介先生：中国传统文化的最高理想是万物并育而不相害，道并行而不相悖，在不同文明之间，可以通过对话交流实现共存共荣，实现一个在全球意识观照下的文化多元发展的新局面。中国文化主张真、善、美，主张天人合一、知行合一、情景合一。中国文化所讲的天道和人道统一起来，就是一个人类非常和谐与美好的社会。确立中华民族文化的主体性，使中国文化在二十一世纪的返本开新中，会通中西古今之学，重新燃起思想火焰，这是当代中国哲学家的责任。我对中国文化非常热爱。因为我爱我的祖国，就必须爱我的祖国的文化。一个国家必须有自己的文化传统，只有珍惜自己文化传统的国家才是有希望的国家。

（弟子及家人敬立　公元二〇一五年二月）

六、书院的精神与信念

我们中国文化书院从汤先生那一代人创院开始，始终有一种精神力量和理想信念。我想正是这种精神力量与理想信念让中国文化书院走过了不平凡的四十年，历经风雨巨浪依然屹立在这片土地上，昂首仰望苍穹。这种精神力量和理想信念在导师们身上体现为中国文化书院导师特有的人格魅力，"中国文化书院不靠权力靠魅力"大概说的就是导师集体展现出来人格魅力。这种精神力量和理想信念也充满书院工作人员的心中。刘若邻老师（我称若邻姐）从 1988 年到书院工作至今已经 36 年了，中国文化书院的日常工作无一没有若邻姐的心血。《中国文化书院导师文集》前后一共 40 卷，这套文集凝聚了很多人的努力，汤先生说："在我们编辑的过程中，江力同志出力颇多。"我们这个书院"常务"工作小团队，跟随着王守常院长推动传统文化的传播、讲学和学术交流，足迹遍布全国各地。

中国文化书院建院的前十年，创院时期的书院导师们尚"年轻"，他们为了阐扬优秀传统文化，函授与面授相结合，经常在假期奔赴各地为中国文化书院的学员们授课，在 20 世纪 80 年代掀起了"文化热"。"大雅久不作，吾衰竟谁陈"，从"文化热"到"国学热"，中国传统文化的精神与价值正逐渐在中国国内的主流价值观中占据越来越大的比重。中国文化书院导师苏叔阳先生在上海分院讲课时说的那一番话，对照到建院四十年的中国文化书院，不正是折射出我们这个"民族有一个饱满的坚强的灵魂。我们这代知识分子要有点骨气，要有诗情"吗？

汤先生担任中国文化书院院长的时期，中国文化书院的导师们各有其单位，在书院皆非一般来说的专职，但谁都不能否认他们是中国文化书院的主体，是中国文化书院最靓丽的那一道风景线；守常老师担任中国文化书院院长的时期，书院导师虽年事渐高，依旧是书院的风景线，然而这个时期，书院的又一道风景线形成了，那就是跟着中国文化书院老师学了国学的，遍布在全国的成千上万（说几十万也不为过）的书院友朋，他们是中国文化书院的同道者，他们都成了中国传统文化的践行者与传播者。说到中国文化书院，他们就会高兴地与人分享他们与中国文化书院的关系，仿佛他们就是中国文化书院的人。中国文化书院，是成千上万人的美好回忆。

2020 年 11 月 28 日，中国文化书院获得由凤凰网、岳麓书院、浙江敦和慈善基金会共同主办的第四届全球华人国学大典"传播奖·公共建设力奖"，组委会为中国文化书院写了这样的颁奖词：

这是一面飘了三十多年的旗帜，这是一座立于浪涛风雨的灯塔。她创办于 1984 年 10 月，由老中青三代学者共同发起，大陆、港澳台及海外众多学者同声相应。在上世纪末席卷中国的文化热潮中，她成为引领大陆思想启蒙的高地，沟通海外文化交流的桥梁。从设坛讲学到编书办学，从学术研究到人文教育，从本体溯源到文明对话，顺应现代化、全球化之大势，既"请进来"，也"走出去"；既"照着讲"，更"接着讲"。三十六年弹指间，昔日大儒次第归山，曾经华发今已苍颜，而这一套套文集论丛、煌煌巨著，还在陆续刊刻；这一盏盏烛光星影、园丁公益，还在南北接力。阐旧邦以辅新命。致敬"第四届全球华人国学传播奖·公共建设力奖"获得者——中国文化书院。

从书院创院院长汤一介先生到王守常院长，再到现在的陈越光院长，任何时候，中国文化书院以阐扬中华优秀传统文化为己任的坚定信念从来没有变过。长风破浪会有时，直挂云帆济沧海！

移步不换形：弘扬文化的接续努力

钱文忠

钱文忠（1966—　），复旦大学历史系教授。中国文化书院导师。

中国文化书院迎来了生命史中的一个重要节点：创建四十周年。书院邀请在书院的不同发展阶段参与过运作和工作的同人，撰写文章，汇成一集，以为纪念。征稿及我，在我当然是一份荣幸，同时也激起了我内心深处珍藏了三十余年的宝贵回忆。

众所周知，中国文化书院旨在培养从事中国传统文化、哲学、历史、文学等方面研究的中外青年学者。书院所组织的各种教学与研究活动，使他们加深对中国文化的理解和内在的感受能力；同时，在熟悉中国文献的基础上，较为系统地把握中国传统文化发展、演变的脉络及其精神内涵。

书院是由梁漱溟、冯友兰、张岱年、季羡林、任继愈先生这"五老"与北京大学哲学系朱伯崑和汤一介等几位教授共同发起，联合北京大学、中国社会科学院、中国人民大学、北京师范大学、清华大学等单位及台、港地区和海外的数十位著名教授、学者共同创建的学术研究和教学团体，1984 年 10 月成立于北京。

中国文化书院的最高领导机构是由书院导师推举产生的院务委员会。院务委员会负责主要院务的决策及人事任免事宜。院委会下设执行委员会，处理院委会的日常工作。中国文化书院院务委员会首任主席是季羡林先生。

我在 1984 年 9 月考入北京大学东方语言文学系梵文巴利文专业。由于这个专业的特殊性，再加上当时才 18 岁，正是鲁莽唐突的年龄，并不真正懂得恩师时间的宝贵，我经常打扰季羡林先生。季先生当时是北京大学副校长兼东语系主任，还担任着全国人大常委和几十个全国性学术机构和组织的领导职务，工作十分繁忙。但是，季先生对中国文化书院院务委员会的工作是格外重视的。本着"有事弟子服其劳"的古训（这也是恩师亲口对我的教诲），我有幸承担一些跑腿联络的任务，这就与书院的许多领导和导师熟悉了。

中国文化书院的活动和工作如火如荼地展开，是从 20 世纪 80 年代后期开始的。那个时候，我已经赴当时的联邦德国留学，所以不能躬逢其盛了。然而就在八十年代行将结束之时，我回到北大，此后就没有能够再回德国接续学业，改在季先生指导下读研究生，并在此后不久的 1991 年正式离开了燕园，开始了在京沪之间来来回回的岁月，时间长达五年。

正是在这五年里，我感受到中国文化书院和许多导师对我的深情厚谊。如果没有恩师季羡林先生以及周一良先生、王永兴先生、汤一介先生、乐黛云先生、庞朴先生、刘梦溪先生、王守常先生、李中华先生、魏常海先生，还有张军先生等的关爱，我是没有办法支撑下来的。而也就是在这五年里，我和书院的关系更为紧密了。

时任中国文化书院院长汤一介先生和夫人乐黛云先生视我如子侄，在那样的环境下，甚至提出要设法留住我的北京户口，落户在他们家里。就是在那段时间，汤先生命我担任院长助理，将我选为书院导师。当时我是最年轻的书院导师。来自师长的如此厚重的关爱和支持，是无法用语言文字描述的，我不敢或忘。十年前，汤先生驾鹤西行，我连夜赶到北京，夜间的灵堂空无一人，在张军先生的陪同下，我对遗像恭行三跪九叩之礼，非如此不能表达我的哀思。

在这五年里，我参与了书院的不少工作，比如图书编撰等。汤先生不嫌我年轻无知，时常和我进行一些讨论。随着汤先生年事渐高，工作却不减反增。汤先生决定将院长的重任转交王守常先生，我建议卸任院长的汤先生使用"创院院长"的称谓，以彰显中国文化书院的传承有序。汤先生采纳了我的建议。

汤先生后来开启了"儒藏"的编撰。这是前无古人的文化创举，实际上至少在起初，这项工作在很大程度上依靠的正是中国文化书院的学术力量。我之忝列"儒藏精华编"编撰委员会委员，也是奉了汤先生之命。

1996年，在上面恭列的各位先生和王元化先生、朱维铮先生、葛兆光先生等的关心和支持下，我得以进入复旦大学任教。而这三位先生和中国文化书院都有非常密切的关联。因此，完全可以说，没有中国文化书院，我的人生轨迹肯定截然不同。近十多年来，我将主要精力放在中国文化的普及和新媒体传播下，背后自然有不少不足为外人道的苦衷与不得已，但是，中国文化书院的宗旨、初心或愿景，一直是我不敢稍忘的，更是支撑我的重要的精神资源。

前不久，在时隔多年之后，我回了一次燕园，很高兴见到了李中华先生和张军先生，并且盘桓终日。"儒藏"已经蔚为大观，也许这也是中国文化书院"移步不换形"的标识之一，提醒我们不要忘记：在中国的改革开放仅仅开始几年的时候，中国文化书院在老一辈学者的率领下，就已经高举起中国文化复兴的旗帜，猎猎飘扬。无论时代的步伐如何前行，中国文化热未见稍减，这其中正有中国文化书院的努力与功德。

就是在前不久的这次重回燕园，我得知自己仍然在中国文化书院"年轻导师"行列中，而我也已年届耳顺。老一辈历经艰难承续下来，又在当代中国重新标举出来的中国文化复兴之路依然任重而道远，作为后生晚辈，只希望自己还能有机会力效绵薄。

往事并不如烟，我的"书院忆往"

江　力

江力（1972—　　），现任中国文化书院监事，北京大学跨文化研究中心成员。

《书院忆往》是美学家、哲学家李泽厚先生为我们《中国文化书院导师文集》专门写的一篇文章，我想以此题目来纪念我们中国文化书院敬爱的创院院长、《中国文化书院导师文集》名誉主编，北京大学资深教授，《儒藏》首席专家、总编纂汤一介先生，和创院导师李泽厚、庞朴、孙长江、乐黛云先生，以及仙逝远行的我国著名学者梁漱溟、冯友兰、张岱年、任继愈、季羡林、邓广铭、周一良、朱伯崑先生等数十位中国文化书院的导师，我们的"大先生"。

2024年是中国文化书院成立四十周年，作为新一届中国文化书院理事会监事会成员，我拟以问答访谈的方式，回忆过往，梳理工作，以激励自己、继往开来，以此献给我们"大先生"创建的推动二十世纪八十年代"文化热"三大团体之一"中国文化书院"四十周年华诞。

问答访谈循惯例拟以"哲学之问"——"你是谁？从哪里来，要到哪里去？"展开。

1. 你现在在中国文化书院任何职？具体做什么工作？此前任何职？

我现任中国文化书院监事，是敬爱的原院长王守常、副院长李中华老师，尤其陈越光院长暨新一届理事会给予我的历史机遇与机会，可以说是恩师们的提携与培养。在换届大会以及正式履职之后，我跟随陈越光院长和秘书处协作实现了"汤一介当代学人讲座"前几讲，目前负责陈越光院长主编、统筹的"导师名作丛书"的具体落地工作。此前在创院院长汤一介先生、时任院长王守常老师负责院务期间，担任秘书工作、院长助理等，具体负责汤一介先生名誉主编、王守常老师主编的《中国文化书院导师文集》（2010—2020）十年间四十卷的编辑出版执行工作，以及书院部分学术文化活动的组织与实施。

2. 你是什么时候知道文化书院的？

具体时间不记得了，是因为看过北大"三角地"（曾经的北大文化地标）以及"大讲堂"（也是学三"大饭厅"）边上三角地柿子林露天售卖的《神州文化集成》（季羡林、汤一介、孙长江主编）的原因，还是看过汤一介先生、乐黛云先生发起主持的《跨文化对话》《北大校长与中国文化》的原因？

3. 你认识的第一位书院人是谁？

应该是时任中国文化书院副院长、北京大学哲学系教授李中华老师。那时候他常来或者路过三角地和我谈天。此时我在北大校企性质的季羡林先生任职的东语系背景、曾经是《东方世界》杂志社旗下的北大东奥文化服务公司（北大书屋）任负责人。但是我个人关注的还是李老师北大哲学系老师的身份，并不知道他在中国文化书院的任职。

4. 第一次接触书院是什么时候？

好像是 1997 年前后，我去治贝子园（北京大学中国哲学暨文化研究所）小院找人（东方学系一位老师），那次好像是书法笔会，原中直机关也写书法的张玉凤老师来了，具体是不是北大书法笔会不记得了。门口一如旧例，并没有挂中国文化书院的牌子（这是我后来才知道的，是汤先生暨书院的安排如此）。

5. 第一次正式接触书院成员是哪一年，哪一位？

应该是 2007 年 10 月份左右，秋天，印象很深，是可以穿西装的时节。当时我在北大四院哲学系门口，第二体育馆边上，第一次见了时任院长的低调且安静的王守常老师。

6. 什么背景以及原因？

那时候我还是一个文学青年（守常老师笑言"五四青年"），因参与《散文世界》杂志工作，拟去参加甘肃天水市委宣传部孙周秦部长（后任职甘肃省文联）组织的甘肃天水文化公益活动。活动自然需要出席身份，这也是我第一次出去活动，因此向乐黛云先生做了正式汇报。因为乐黛云先生主持北京大学跨文化研究中心、中国文化书院跨文化研究院，主编《跨文化对话》的原因，且我已经参与一些工作，主要是帮助先生核对引文资料、寄赠《跨文化对话》，所以请示乐先生拟以"北京大学跨文化研究中心、中国文化书院跨文化研究院"成员身份出去。乐黛云先生的意思是，汤一介先生已交任中国文化书院院长，以中国文化书院身份出去，要找时任院长、北京大学哲学系教授王守常老师。因此去二体见了王老师汇报此事，他允许我以"中国文化书院院长助理"身份出去，我当时婉谢说以"北京大学跨文化研究中心、中国文化书院跨文化研究院"虚体成员身份即可，守常老师说也很好。这也是王守常老师第一次口头同意让我以中国文化书院院长助理身份出去活动，虽然我当时还是以北京大学跨文化研究中心的身份出去的（主要是那时候对于中国文化书院还没有什么概念）。

7. 你是如何认识乐黛云、汤一介先生的？

最早知道他们二位，很可能是因为阅读北京大学出版社出版的他们的著作。比如说，汤一介先生的《郭象与魏晋玄学》（"北大名家名著文丛"），乐黛云先生主编的《独角兽与龙》以及"北大学术讲演丛书"等。北京大学出版社适逢北京大学百年校庆，出了很多大书、好书，如《十三经注疏》《全宋诗》获得国家图书奖，当时的总编辑是中文系学术委员会主任、教授温儒敏老师，社长是厉以宁先生的学生彭松建先生。

1997 年北京大学首届"哲学文化节"在电教报告厅举行，第一次在电教见到了北大"哲学四代人"——张岱年、汤一介先生，李中华、王博老师（王博老师当时还是在读博士生），那是第一次见到汤一介先生。

也曾见到北京大学哲学系教授、中国文化书院创院院长汤一介先生有人陪着自北大三角地走过。先生目视前方，头发凌然飘飘，很有气场，飘然有神仙之概。2003 年，凭借机缘获得了汤一介先生的名片，打通了家里的电话，乐黛云先生允诺见面。于是拿着我的《鲁迅报告》（编选，新世界出版社）、《中国散文论坛：讲演、作品及评析》（主编，北京大学出版社）敲开朗润园公寓之门（我后来曾给朋友们说，那是"哲学之门""跨文化之门"，多少海内外大家如汪德迈、杜维明、陈鼓应、成中英、龚鹏程先生等在此门出入）。

2004 年，为了配合乐黛云先生核查《比较文学研究》引文资料，我多次去国家图书馆、北大图书馆核查所有注释以及原刊资料，第一次受到乐先生思想启蒙以及学术训练，并获得先生的认可，并陆续开始为乐黛云先生做《跨文化对话》的助理以及交流寄赠工作（每期预计百余册，寄赠港澳台以及海内外），进而对比较文学与比较文化、跨文化研究以及海内外学术界有了一些印象。

2008 年，乐黛云先生、温儒敏老师推荐我去北京大学中国语言文学系进修，做访问学者（时任系主任陈平原、副系主任兼党委书记蒋朗朗、副系主任陈跃红老师），乐黛云先生觉得我没有地方看书，就和汤一介先生商量，汤一介先生于是决定让我使用先生北京大学南门内 24 公寓正对门的第一间房间做书房，并且负责汤先生、乐先生 24 楼的图书管理，以及朗润园公寓书刊整理、搬运、存放、登记，同时负责汤师、乐师书籍采买的助理工作。

8. 你什么时候开始参与书院具体工作中的？

自 2007 年与王守常老师暨中国文化书院结识，我就开始渐渐脱离原来任职的北大校企性质的机构工作，并于 2008 年开始进入中文系进修，做访问学者（期间也曾在北京大学世界文学研究所在学校立项的、北京大学研究生院主办的北京大学比较文学与世界文学研究生进修班攻读）。在此期间陆续开始接触文化书院的人和事。

一个基本的标志性的事件就是在北京大学治贝子园召开了在汤、乐师支持的，守常老师、张云昌社长指导具体组织实施的"大家文丛"座谈会。

还要从汤一介先生、乐黛云先生说起。自 2003 年进入汤、乐门，开始做一些助理方面如资料核对、书刊管理采买以及《跨文化对话》寄赠交流工作，其时工作并不忙。因此机缘，我就打算编几本书。

汤先生说，不忙，编几本书也很好。于是就有了 2007 年"大家文丛"第一辑（汤一介、乐黛云、汪曾祺三卷）在中国广播电视出版社（时任社长为《中华读书报》创始人、总编辑，光明日报评论员梁刚建）出版；2009 年"大家文丛"在汤先生指导下，增加了"西哲"张世英先生一卷，加上林非先生"鲁迅研究、散文"一卷，经济学家、诗人，中国文化书院导师厉以宁先生"诗歌、散文"一卷，就又有了三卷在中国三峡出版社出版。

"大家文丛"第二辑（张世英、厉以宁、林非三卷），由王守常老师、张云昌社长主持，著名学者乐黛云、张世英先生，散文大家、鲁迅研究专家、中国社会科学院研究员林非先生，作家、中国传媒大学教授肖凤（赵凤翔）老师，北京大学中国哲学暨文化研究所所长、哲学系教授李中华老师，北京大学新闻传播学院教授、出版研究所所长肖东发老师，北京大学出版社副社长、副总编张文定老师，《人民日报》大地副刊主编徐怀谦先生，新华社记者唐师曾先生，《战略与管理》执行主编、爱思想网创始人郭琼虎，中国三峡出版社副总编肖玉平先生等专家学者参与，在治贝子园召开了温暖的座谈会。适逢 9 月 10 日，书院、出版社为"大家文丛"作者代表乐黛云先生、林非先生准备了美丽惊艳的鲜花，新华社记者唐师曾发消息说："北大，这样过教师节。"此次活动备受关注，这算是我正式进入书院的第一个项目吧。

9. 你印象最深的一件事是什么？

印象最深的一件事是汤一介先生倡导、策划以及推动，王守常老师暨中国文化书院编辑出版《中国文化书院导师文集》。

10. 此事件有哪些让人难忘的事与细节？

从四个方面，一是汤先生的远见和谋划，二是汤先生的"辛苦"与"生气"，三是汤先生的投入和专心，四是书院老师们的团结和凝聚。

11. 你能详细说一说吗？

记得 2010 年 4 月初的一天，汤先生说："我的文集（《汤一介集》10卷）已经有计划也有出版社安排了。我想到了一个选题，出版社一定会喜欢。你去通知李中华、魏常海、王守常以及出版社，咱们商量一次。"所以我就通知了如上几位老师以及出版社负责人（张云昌、肖玉平），汤先生说打算给九十岁以上的中国文化书院导师（后来又扩大到八十岁以上）每人出一卷选集，名之为"导师文集"（汤先生和守常老师以及我最后确定为"师道师说"），出版社（中国三峡出版社发起，后因社领导人事调动原因，适逢汤一介先生召开"欢迎台湾孔德成先生长孙孔垂长一行座谈会暨两岸儒学讨论会"，结识并落户在东方出版社）说好。中华老师也觉得现在"选集"太多，表达了担忧，但是先生提议，大家又都觉得该做，我把先生谈话，迅速做了《编辑出版计划方案》，汤先生改了一次，五月份开了会，就正式启动了。

此项目从 2010 年 5 月启动，"九秩导师文集"包括中国文化书院导师、著名学者梁漱溟（思想家）、冯友兰（哲学家）、邓广铭（历史学家）、张岱年（哲学家）、虞愚（因明学家、书法家）、季羡林（东方学家、语言学家）、何兹全（历史学家）、侯仁之（历史地理学家）、启功（书法家）、金克木（东方学家）、周一良（历史学家）、杨宪益（翻译家）、任继愈（哲学家）、牙含章（藏学家）、王元化（文学评论家、文心雕龙专家）等15 位九十岁以上导师选集作品 15 卷。

到 2020 年，"八秩导师文集"包括中国文化书院导师、著名学者汤一介（哲学家）、乐黛云（比较文学、跨文化研究家）、龚育之（理论家、中央文献研究室副主任）、梁从诫（环保专家，自然之友创世会长）、陈可冀（中医学家、中科院院士）、苏叔阳（作家、编剧）、宁可（历史学家）、严绍璗（文献学家）、孙小礼（科技哲学专家）、严家炎（现代文学研究家）、金春峰（哲学家、人民出版社编审）、牟小东（佛学家、九三学社中央宣传部副部长）、刘泽华（历史学家、南开大学资深教授）、许抗生（哲学家）、张晋藩（法学家，中国政法大学原副校长、终身教授）、钱逊（儒学家、清华大学教授）、王尧（藏学家、中央文史馆员）、杨辛（美学家、书法家）、饶宗颐（国学大家，香港学界泰斗）、沈昌文（出版家，三联书店出版人）、张立文（哲学家，中国人民大学资深教授）、萧萐父（哲学家、武汉大学资深教授）、李泽厚（美学家、哲学家）、吴良镛（建筑学家、中科院院士）、庞朴（思想史家）等 25 位八十岁以上 25 位导师选集作品 25 卷，共计 40 卷。

"十年磨一剑"，汤先生倡议的此"导师文集"编辑出版工程，历时十年，可以说是第二代书院领导人王守常、李中华、魏常海老师主持书院工作期间较大的一个项目。没有经费，没有专职人员，大家团结一致，坚持下来，非常不易。从根本上讲，应该感谢汤先生的远见卓识与长远规划，没有汤先生，就没有"导师文集"。

如上说的第一点、第二点，让我想起杨立华老师回忆文章里说汤先生儒家风范、君子风度，平时对人如春风化雨、温文尔雅，没有生过气，这一点我们大家都承认没有问题，可以说是共识。但是我们在"导师文集"启动会之前，确是看到也经历过汤先生因担负教育部哲学社会科学重大攻关项目《儒藏》过度劳累、连续开会后极度疲劳下因为我们的不作为而"生气"。

记得那一天汤先生刚刚开完一天的儒藏的会议，拖着疲惫的身躯来到治贝子园，看得出来先生应该是非常非常疲劳。我作为具体负责项目的书院人员，忽然接到出版社合作方要修改会议标题这样的"大事"，作为院长的王守常老师恰恰在外地开会，我无人请示，自然认为请示创院院长，"导师文集"的总策划、名誉主编是顺理成章的事。结果我未加考虑就贸然问先生，先生用压得很低的声音说："这样的问题还要问我吗？"我当时和先生还不是太熟悉（先生在我心目中是神一样的存在），也是第一次见这样的场面，当时就惊得愣在那里了。先生在治贝子园书房休息了一会（直觉先生状态缓解了一些），就又主动过来问我，说改就改一下吧，我一下子如释重负，眼泪似乎不由自主地流了出来。事后我报告守常老师此事，还认真地说："都怪您，老师不在家让我挨先生批评。"守常老师还主动解释并安慰我。这是印象深刻的第二点。

第三点，我在和各位导师的联系中也碰到了大难题，有的导师去世很多年，家属不联系，单位也联系不上了。22 位导师也只落实了 15 位。当然也包含吴江（曾任中央社会主义学院副院长，中央党校校务委员会委员、副教育长、哲学教研室主任兼任理论研究室主任）、李慎之（中国社会科学院原副院长）、阴法鲁（北京大学中文系资深学者，已逝）等先生，既有其时在出文集等原因不方便出的，也有石峻先生（中国人民大学资深学者，已逝）家属连其单位都联系不上的等。

比如牙含章先生，是内蒙古大学前副校长，中国社科院民族所创始所长，他的孙女竟然在美国与探亲的汤先生相遇，先生就帮我联系上了牙含章先生的儿子牙萨宁（时任内蒙古工信委主任，后病逝）以及牙含章夫人鲁华老人（现在应该有百岁了吧）。后来自然很顺利，守常老师和我一起去看了鲁华老人，牙萨宁兄也成了我的兄长、好朋友，回京时经常一起约聚喝酒。

虞愚先生是因明学专家、书法家，厦门鼓浪屿很多寺院名山都有虞愚先生的墨宝，他和赵朴初先生都是中国佛教协会创始人，也是中国书法家协会早期成员。先生去世多年，书院二十多年和家属没有来往。如同神助，他的女儿虞琴老师主动电话联系汤先生，先生高兴地说，江力正在找你。在很多先生的联系上，如果没有汤先生，那是难以想象的。

又比如说吴良镛院士，他和汤一介先生的父亲汤用彤校长（曾任北京大学校务委员会主席、代理校长）打过交道。据吴先生说，五十年代他任清华大学建筑学系副系主任，北京大学图书馆前面需要维修，汤用彤副校长（新中国成立后毛泽东主席任命他为副校长）就找了他。后来吴先生又担任了中国文化书院导师，和汤一介先生就有了两代人的交情，因此对于我上面约稿格外重视，一谈就是两三个小时，中间老人还要上一次厕所，然后继续和我谈编辑出版内容。

第四点是书院的团结。关于书院成员构成，因为发源于北大，创始人多为北大人，因此基本上还是"两位一体"的结构。汤先生是书院创院院长、北大中哲所创始所长，守常老师（书院负责人）、中华老师（北大中哲所负责人）自然是非常依赖先生的。

中国文化书院主要创始人、领导人基本上来自北京大学哲学系中国哲学教研室，比如"创院六君子"有四人，李中华、王守常、鲁军、魏常海老师（林娅老师来自马哲专业，田志远来自出版社），院务委员会首任主席梁漱溟先生是老哲学系的，名誉院长冯友兰、张岱年先生，院长汤一介先生，导师任继愈、朱伯崑先生，都是哲学系中哲室的。

可以说是"北大人"办的中国文化书院，因此中国文化书院注册地为北京大学农园（汤先生、陈鼓应先生专门为此修复了治贝子园），也是顺理成章的。由北京大学哲学系汤一介先生、陈鼓应先生，李中华老师、魏常海老师、王守常老师发起，由学校批准新设立的北京大学中国哲学暨文化研究所，与中国文化书院"两位一体"，平行运作，合二为一。

比如由中国文化书院发起并牵头主办的北京大学"蔡元培讲座""汤用彤讲座"历经十八届、十九届，大部分都在治贝子园落实，活动主办自然也是中国文化书院、北京大学中国哲学暨文化研究所等。后来北京大学儒藏编纂与研究中心、儒学研究院成立，召集人为北大校长及汤一介先生，执行人就是李中华、魏常海、王守常老师——大家传说中的哲学系"三老"，虽然年纪上看并不老。

具体落实配合的成员，体现出书院多元的结构。因为导师队伍遍及海内外，国内高校除了北大，还有北京师范大学、中国人民大学、清华大学、首都师范大学、中国社会科学院等。以书院秘书处成员为例，有北大物理系的苑天舒、图书馆学系的张军、哲学系的陈少峰，以及中文系跨文化研究中心的江力，坐镇坐班专职的"大管家"就是陈越光副院长《八十年代的中国文化书院》唯一专文描述的人大毕业的刘若邻，副院长还有北师大毕业、中国社科院近代史所的李林等。

书院人不多，很团结，因为是同仁民间团体，并非机关，依照汤先生例，所有领导都没有费用，不领钱。第二届书院班子坐班人员只有刘若邻算是专职，我算兼职，两个人领的也是很少的费用。在"导师文集"项目上，我算是书院的"专职"人员，日常与刘若邻姐姐配合，外围与苑天舒配合。有一次庞朴先生的稿件有问题，乐黛云先生帮我协调，苑天舒师兄陪同我处理此事，如此等等，事情很多，因为守常老师"无为而治"，大家都是理想主义，都出于公心，因此从来没有经济上的矛盾，非常团结，因此也保障了我们"导师文集"顺利推进。

12. 除了"大家文丛"（六卷）、"中国文化书院导师文集"（四十卷）以外，你还参与过哪些有意思的工作，或者记忆深刻的工作呢？

我除了跟着汤先生、守常老师编书、出书，还配合李中华、王守常老师做一点北京大学中国哲学暨文化研究所（中国文化书院）的机构服务工作，比如机构年检、治贝子园的保护、维修工作等，这也算组织建设方面的工作吧。

其他就是活动类论坛、讲坛之类，如联合少林寺举办"一带一路中国佛教文化论坛"（代表王守常老师暨文化书院协调、出席并致辞）；联合山东济宁市委宣传部举办"中华优秀传统文化大讲堂"（市委理论中心学习组活动），王守常、钱逊、张耀南、苑天舒等专家学者讲授，出版《中国智慧》中华优秀传统文化报告集并获得"华东六省一市优秀图书奖"；联合中国国际孔子文化节（山东曲阜）组委会，承担 2015 年《祭孔文》的组织撰写工作；联合青岛市即墨区在青岛即墨古城举办"中华文化大讲堂"系列讲座，王守常、李中华、王小甫、王石、魏常海老师等专家学者讲授；联合总政治部歌舞团、国家大剧院举办"复兴之歌独唱音乐会"，汤一介先生担任文化顾问，我们作为承办方，落实部分执行工作；联合北京国家图书博览会、北京电视台在北京大学英杰交流中心举办"一带一路文化高峰论坛"，汉学家顾彬、作家苏叔阳、学者王守常老师等出席，这也是汤一介先生以视频致辞的方式，最后一次出席公众活动。

应教育部新文科建设组副组长、中国传媒大学校长廖祥忠之邀，在李中华老师、温儒敏老师指导下，我还承担了中国传媒大学"文史哲通识读本"艺考教材（四册）的策划统筹工作；应中央音乐学院民乐系系主任章红艳教授之邀，在王守常、李中华老师指导下，共同为中央音乐学院面向全校开设了"文史哲通识课"一个学期课程，同时应章红艳教授"章红艳音乐文化讲堂"之邀为中央数字电视"书画频道"邀请李中华、王守常教授讲课，并应邀承担了"汤一介、儒藏与中国文化""北大老先生的'学术生活'——中国文化书院'创院五老'梁漱溟、冯友兰、张岱年、任继愈、季羡林的如烟往事"三次讲座的主讲工作等。

当然还有每年一届的中国文化书院雅集，刘若邻老师始终代表书院，代表汤先生、守常老师操持，我跟着苑天舒、张军秘书长做一些配合邀请以及接待工作。媒体方面，除了书院活动的报道，中国文化书院院庆三十周年，负责统稿的撰写以及新闻媒体的邀约以及发布等。

13. 你回忆了很多，也做个小结吧。

出生在山东济宁孔子故里的我，幸运地来到"五四"的大本营北京大学，接受了"从传统到现代"的文化洗礼，立志于追随先生们，服务学术、文化界，"让中国文化走向世界，让世界文化走向中国"。

学术根基浅薄的我自 1996 年到北大服务，2002 年与导师温儒敏、恩师曹文轩老师相遇，2003 年与汤一介、乐黛云先生结缘，2007 年与王守常老师、李中华老师、陈越光老师（陈老师是北京大学跨文化研究中心主任乐黛云先生聘的研究员、《跨文化对话》副主编，我是中心联系人、秘书，因而更早结识）接触、相遇，以及扎根中国文化书院开始"服务""工作""学习"之旅，非常非常感恩，也非常非常感激，感恩北大给了我一次服务的机会、两次读书的机会，感恩书院给了我平台，给了我成长的家园，如果北大算是我的母校的话，书院就是我的"母院"，是我的家，我会用一生来尽心尽力报效我永远的精神家园，我的北大，我的中国文化书院——

　　感恩先生，感恩恩师，感恩北大，感恩中国文化书院！

　　　　　　　　　　　　　2024 年 6 月 18 日于京西燕园邻近寓所书房

京城沉浮之书院往事

方 兵

方兵（1953—　），1987—1989 年为中国文化书院员工。1994 年进入国家部委，从事扶贫工作。

1987 年至 1989 年，是我人生中最动荡而不乏精彩的一段时光。一个偶然的机遇，使我与中国文化书院结缘。尽管只有短短的几年，却对我的人生产生了重大的影响，直接或间接铸就了我后半生的格局。

转业进京

1987 年 4 月份，我获批转业，正式结束了十八年的军旅生涯，告别了青岛，来到北京，开始了我在京城的打拼。

北京初夏的夜晚，站在十五栋我的居室北侧的走廊俯瞰长安街。华灯初上，车流稀疏。向东远眺，可以看到天安门方向的阑珊灯火。向西看去，是高耸在夜幕中的彩电大楼。街对面，军博尖顶上的红星在夜空中闪烁。这就是北京，中国的政治文化中心。我却似乎有一种高处不胜寒的孤独感和外地人的寒碜感。那年我三十四岁。

我的心中一直有个文学艺术的梦想。自以为有点儿文学功底，喜欢和文化人打交道，想趁转业之机进入北京的文化圈子。刚进京时，还参加了一次在香山举办的"电视艺术培训班"。那时我还是个热血老青年。从小在部队大院长大，十六岁从军，对地方上的事情知之甚少。何况在北京人地生疏，没有多少朋友可以为我谋划。以现在的眼光看，我当年的选择可能太不接地气了。

仗着发表过几篇文章，想去新闻单位。尝试过北京青年报社、中国妇女报社等，但都被拒之门外。陈四益让何凤生转告我，以我之资历，在新闻界无门可入。后来的好几家单位告知我，他们需要政工干部，我这样的军事干部不好安置。

人才济济的北京城太大了。似乎到处都是机会，却又十分茫然。找工作两个多月了还没有着落。七月份，中科院文献情报中心决定接收我，但北京市高检不放我的档案。然后就是人事部门之间的冗长的来回扯皮。

进入书院

大约是 1987 年的八月份的某天，奔波一天回到家中。清华大学毕业、即将赴剑桥留学的小舅子递给我一张《北京广播电视报》，报纸的中缝里有一则中国文化书院的招聘启事。启事写得很有感召力，很高大上，很合我的胃口。"有枣没枣打三竿子"，写了一份应聘书寄去了。

9 月 27 日，文化书院给我寄来了关于该院的资料，其中有秘书长鲁军的一封《致应聘者》，看得我热血沸腾。10 月初，又寄来了招聘表让我填写。

这时，中科院又节外生枝，说没有收到接收我的报告，所以不能给我开具报到证明。这样，北京市军转办就无法给我办理落户手续。这可真是"一山放出一山拦"，又开始新的一轮扯皮。

10 月 29 日上午九点，在邮筒里看到书院寄来的一封信，约我上午九点面谈。蹬上自行车以最快的速度赶去。

和平门附近的北京市河北梆子剧团院内的小楼里，租借的办公室在一层。穿过拥挤、昏暗的走廊，办公室里充满了热烈紧张高速运转的气氛。

墙上贴着一张大红的征房启事，每平方米 0.6 元。房间里，几位老外正操着汉语同主人热烈地交谈。

进入接待室，看到两位女士也在等，记得是部咏梅和安娜，松了口气：我没晚。

鲁军接待了我们。三十几岁，精明干练，当时是北大哲学系讲师在文化书院兼职。我先谈了我的想法，做了自我介绍，提了许多问题，颇得两位女士的共鸣。我们谈完后，鲁军开始解答。

鲁军说，此次招聘，应聘者达 1 500 多人。第一轮筛选至 300 人，第二轮至 60 人，最后招二三十人，经短期培训后定岗定责。初步考虑让我在院办工作，二位女士在秘书处。该院雄厚的资金、较高的福利待遇、中外文化的广阔视野和深造的机会，以及不同于国家机构的那种新型的管理机制都使我感兴趣。但安全感的缺乏也使我心中没底。万一呢？

那时，以我的经验，还不能完全意识到走出这一步对我意味着什么。一个外地军营里的傻大兵来到北京这个大都市，从体制内跳到了体制外，当时的说法就是"下海"了。而且是进入这样一个高层次的文化机构。这样的跨度超出我的想象。等待着我的究竟会是什么？想到了一句北京话：傻大胆。

鲁军把我们送出门外，与我们握手告别。"希望你们能来，特别是你，"他使劲握了握我的手，"我们特别需要你这样的男同志。"

接下来的一段时间，处在文化书院和中科院文献情报中心二选一的纠结中。中国文联的一个朋友说，文化书院就是一个连大集体都不如的、类似于劳动服务公司之类的单位……但是也有许多朋友支持我去。

这期间，我忙于搬家和处理安家后的各种琐事。中科院那边还在扯皮，书院却很快寄来了培训通知。

11 月 4 日晚上，我如约来到前门附近的人人大酒楼，参加文化书院的应聘人员培训班。缴费 20 元，计划培训 14 个晚上。

第一天晚上，鲁军秘书长主持，汤一介院长为我们讲授了"中国文化的现代化和世界化"。认识了一些参加培训的应聘者。他们大都是捧铁饭碗的。安娜的顾虑更深了，甚至连培训费也没缴，还在起劲地"瓦解军心"。小部的态度却更坚决了，家里都支持她来书院。还认识了一位叫赵昌宁的女士，她是中外文化比较研究班的学员，和我一样也是转业军人。

她表示义无反顾，坚决要进书院。

和汤教授聊了聊，他说："以书院目前的财力，三五年内垮不了。"

下课后，我、部咏梅和文立姮在地铁口聊了许久，顾虑重重。

接下来的培训，我们被彻底"洗脑了"。季羡林、汤一介、陈鼓应、庞朴等大家相继登台，我们接受了一场中国文化的洗礼。还请外交部礼宾司原司长余沛文给我们上了一堂礼仪课。印象最深的是季先生回忆他在剑桥求学时的经历："几个学生围在导师身边。导师和大家一起抽雪茄，烟雾弥漫。就在雪茄的烟雾中，几年学业就完成了。"陈鼓应先生的授课充满激情，大段大段地声情并茂地为我们背诵庄子的《逍遥游》……当然，最关键的是汤一介先生和鲁军。为我们讲解书院的缘起、沿革、发展和前景，以及书院的职称、待遇等。至今还记得，连着两个晚上，我们围坐在鲁军周围，在烟雾缭绕的豪华餐厅里听他主讲，解答我们提出的各类问题。一个色彩缤纷的天地、一项大有作为的事业在我的面前展开了。

在经历了转业后冗长的求职过程后，在许多国家机关的人事部门那里碰到了许多软钉子硬钉子之后，我变得有些心灰意冷，如今，我似乎找到了一项可以为之奋斗的美好的事业。为了这个事业去冒险，去拼搏，值得！

培训于 13 日晚上提前结束了。结束前，台上放着两张纸，不准备应聘者填一张，愿意应聘者填另一张。我毫不犹豫地选择了应聘。鲁军私下同我约定面谈时间，让我先在院办工作，将来再调整。还说让我一起参加招聘工作。

离开人人大酒楼回家的路上，路过景山公园，进去坐在景山北侧的一条长椅上。人很少，路上有几位清扫树叶的老太太。路边的喇叭正在播放《红楼梦》的插曲："生死皆有定，聚散岂无缘。如今分两地，各自保平安。"歌声凄婉，我的心里觉得很满，好像一下子参透了生命的意义。

这期间，我正式通知中科院文献情报中心，我不去了，又引起一番扯皮。过了若干天，终于可以取回档案。书院院办负责人事的马丽莉立即带我去了国家科委人才开发中心放档案。人才交流中心的同志讲，转业干部直接把档案放进来的，我是第一个，没有先例，所以要请示。又耽误了几天才办成。就这样，我的身份从体制内跑到了体制外。在改革开放的大潮中，我就这样扑通跳入"海里"。直到若干年后，我在"海里"淹得七荤八素，混得一无所有，非常狼狈地爬上岸，又一次回到体制内，完成了我的人生的一次轮回。

人大附中小白楼

1987 年过去了。我从一个军人变成了老百姓，从青岛人变成了北京市民，从体制内的干部变成了体制外的民间机构工作人员，进入文化圈。我感谢生活给我这么多的变化，我怀着渴望注视着新的一年、新的生活。我属龙，希望龙年能带给我"龙腾虎跃"的机会。

31 日下午，我们在和平门河北梆子剧团的院子里燃起了辞旧迎新的鞭炮。元月 8 日，我和院办主任谢瑞林去人大附中负责房产出租的部门签订了租房协议。元月 14 日，书院全体员工在友谊宾馆开年会，来了二十多位导师，我一睹他们的风采。27 日，书院从和平门搬到人大附中院内的一栋独立的小白楼里。

我被正式分到院办。主任谢瑞林，一位军队师职离休干部。还有马丽莉和部咏梅。一个很不错的小集体。副秘书长魏婕分管院办工作。

书院从 1984 年建院至此，筚路蓝缕，艰难玉成，已经发展成一个颇具规模和社会影响力的机构。小白楼里，各部门各就其位，各司其职。各部门都装了电话，有了大小两个会议室，条件远非和平门时期可比。人员扩充至六七十人。每天门外车来车往，走廊里人来人往，"谈笑有鸿儒，往来无白丁"，一派繁荣兴盛的景象。

那时谁能想到，书院内部已经危机暗生，一场分裂正在酝酿。小白楼，将见证中国文化书院盛极而衰的全过程！我们这些员工，也将被裹挟进这场分裂的风暴中，载沉载浮，各奔东西。书院和我自己，都将进入一个动荡的年代。

小白楼要改造，我负责装修改造工程。每天忙于各种事务性工作，忙着在各种交际和灯红酒绿中适应一个新北京人的生活。

雷音私下里跟我说，我觉得你很能干，很能吃苦。

魏婕副秘书长告诉我，待试用期结束对我另有安排。

但院办的各种琐碎的工作使我心力交瘁。和社会的方方面面打交道，为利益纠葛绞尽脑汁，唱白脸红脸，实在既非我之所愿，也非我之所长。想调整到一个业务部门，比如出版部，比如音像室，学一门手艺。这也是我一直都有的一个手艺人情结。小时候梦想成为一个木匠，当兵后一直从事通信专业，不太想和人打交道，更不想管人。

发工资了。我领到一个存折，上边印着 148 元，后来又在财务领到了 100 元的奖金。当时国家机关正处级干部的工资只有 120 元左右，我受宠若惊。书院实行保密工资制，不准互相打听。据说是参照了四通公司的做法。

书院倡导全员读书，每本一元钱，《人的潜能和价值》。要写读后感。开始攻读"中外比较文化研究班"的教材，后来拿到了毕业证书。

2 月 9 日我过 35 岁生日。马丽莉从劲松买了个大蛋糕，一路提回来。青岛的家人也寄来了生日礼物——枣和栗子。收到了一张全体员工签名的生日贺卡。大家给我唱生日歌，分享蛋糕。给员工过生日，这是当年书院的一项制度。

3 月 2 日，书院发生了一件事，赵昌宁被辞退了。她是我们这批应聘者中第一个被辞退的。那时部门领导权力很大，对普通员工有任意辞退的权力。这件事在员工们心里激起很大波澜。加上原先的许多承诺都没兑现，三个月的试用期满却没有任何说法，人心开始浮动。

听说书院对我们这批应聘者不满意，新的一轮招聘工作又开始了。司机们到处张贴招聘启事。小部跑了两天，终于通过关系在《北京广播电视报》争得了早见报的优惠。大家正在不辞劳苦、兢兢业业地迎接一批把我们挤出书院、挤向失业大军的新鲜力量。

回过头来看，书院从一个小作坊式的机构突然发展成这么大的一摊，开支陡增，原来以北大为核心的团队变成了汇聚社会各色人员的大机构，管理水平、管理心态都有不少问题。所谓摸着石头过河，许多事情都是边干边调整。我们这批人恰好被用来试水。

招聘启事发出后，前来应聘者与日俱增。

三月底，鲁军带队在哈尔滨谈判，筹办一个驾驶员培训班。据说已谈好。全省预招四十万学员，每人学费六七十元。一期下来 2 000 多万元。还有其他几省也在接洽。

估计是受此消息的鼓舞，第二天，田志远副秘书长带着我和许兰珍一起到清河镇东升乡去看一块地皮。大约 30 多亩，每亩售价 4 万—5 万元，准备自建院舍。（现在那里的房价每平方米已逾十万元。）

书院的前景看好，但我们这批应聘者却对书院越来越不满，许多人在自寻退路。

那段时间北京的风沙特别大。在弥漫着风沙的天气里，我们的前程似乎也变得扑朔迷离起来。

四月底，我们几个书院同仁同游圆明园，有黄信万、徐明、戴宪、王立达、部咏梅、高小健等。大家讨论了书院的现状和我们的出路。我建议大家把对书院的意见当面提出，以求得公正的解决。具体是啥问题记不清了，大约是过去的承诺许多没兑现，试用期早就到了却没有转正的消息，还有工资待遇、同管理层的诸多矛盾等。

五月中旬，我被派往昆明和成都等地筹办中外比较文化研究班的面授事宜。那时，从北京到昆明坐火车足足走了 57 个小时。在昆明，先后勘察了云南师范大学、云南大学、昆明工学院等高校。最后定在云师大。敲定了授课场所以及吃住行等事项。在成都，最后定在四川大学。前后共十二天。在同各方交涉中，都有"比较班"的热心学员提供帮助，体验了一下桃李满天下的感觉。

书院分裂

从西南归来后，大有"洞中才数日，世上已千年"的感觉。就在我离开的这近半个月中，书院发生了很大变化。几乎所有的临时工作人员全部被辞退。那时除了我们这批正式员工外，还聘用了不少临时工作人员。司机刘健已被辞退，却还让他开车送王守常先生去办事，送到以后他就不辞而别了。第二天来电话，说要开车去找工作，等找到工作再还车。

许多同仁在找工作，准备另谋他就。小部准备去一家报社，不日即可办成。王满利向书院递交了谢聘书，老谢也告病回家了。文立姮、鲜玢二位女士因为受到不公正的批评和对待，哭得很难过。张继莲的嗓子一夜之间哑了。刘延民也被辞退了，为了两个轮胎，沦为无业游民。

我还不想离开书院，只想离开院办。找了出版部的张文定老师，他说高小健来了，让我再等等。

来了一些新面孔。书院还在悄悄地运转。

6月23日上午，接到梁漱溟先生的孙子梁钦东的电话，说"我爷爷不行了"，我问"是谁"，他说"梁漱溟"。我问"需要我做什么"，梁怒曰："赶紧通知书院！"三天后，梁漱溟先生追思会在书院召开。

"司机班"项目夭折，书院面临较大的资金压力。

八月份，我去昆明、成都搞面授。

这段时间，我家庭的后院也起火了。老婆要出国，提出跟我分手。此事延宕至1989年春季，我的家庭解体了。离婚前，我请鲁军帮忙，他姐夫王文嘉（时在外企人事部）安排她调入外企。那时的外企，意味着高收入，挣外汇，可以进出友谊商店等地方。安排好一切，我净身出户，放弃了争取属于我的那份房产，开始了漂泊京城的生活。十年搬家十几次。小平房、筒子楼、大杂院、公寓楼……北京的东西南北城都留下了我漂泊的脚印。

书院笼罩着浓浓的火药味。一场激烈的争执正在进行。小申私下找我，让我挑头向汤院长反映情况，争取把鲁军搞下去。我暗笑他的幼稚，表示我的原则是静观待变。

九月下旬的一天，鲁军约我谈到很晚。然后用他的桑塔纳送我回家。

鲁军谈了书院目前的局势，表示了谨慎的乐观。谈到这次争执的来龙去脉和给他的教训。他认为自己最大的弱点就是，干事顾前不顾后，总想打冲锋，不想守阵地。总是用善意推测别人，导致的用人失误。"当一个你最信任的人让你大失所望时，是非常痛苦的！"

"书院本身对我没什么意义。我只是想通过书院种一块试验田，用书院的躯壳来包容和体现我的某些思想。"

"我从小就生活在优越的环境里。按西方排行学所说，家庭中的老三不能当政治家和活动家，这个角色通常由老大当。而我恰巧是老三。"

"我习惯于把别人都想象得太好，处理问题带着浓厚的理想化色彩，这是老三的通病。我现在产生怀疑，我原先的设想——把书院搞成某种具有超前意味的机构、一个理想的小天地，这种想法，在我们目前的环境下是不是乌托邦？"

　　当时我觉得，不论是非曲直，起码鲁军是真诚的。在那次谈话中，鲁军告诉我，现今社会最缺的不是某个领域的专才，鼓励我成为"通才"。

　　1988年10月13日下午，书院召开了全体员工会。汤一介、季羡林、庞朴主持，谈了书院的分家方案。书院分成两部分：社会哲学院和人文科学院，分别由鲁军和李中华统领，二人分别发表了施政演讲。每人发一张表格填志愿，选择自己的新领导。

　　散会后，每个人都在为将来的归宿思考、权衡、选择。我不太犹豫地在选择栏里填上了"社哲"两字。罗平看到，说我欠考虑，如此一来，前一段关于我是鲁军死党的传言就被坐实。我说，我不是为别人而活着，走自己的路，让别人去说吧。

　　决定来鲁军这边的人很少。昨天的施政演说中，鲁军讲得很简短，重点强调他对员工的要求是很严格的，希望大家在选择时要充分考虑这一点。而李中华则表示他要施行"廉洁、公正、民主、高效"的原则，表示他个人能力有限，要发挥大家的作用。二人用意都很明显，鲁军希望人员少而精，而李中华则是多多益善。大多数人认为，人多势众好办事，岂不知中国特色是三个和尚没水吃。效能主要体现在人的质量而不是数量上。以书院当时的财力，最忌讳的就是"肿"。

　　就这样，书院被分为两个独立的部门。人员、资金、物资一分为二。在院部的领导下，独立经营，自负盈亏。盈利部分按一定比例上缴。重新分配了办公室。李中华部在一层，我们在二层。

　　在走廊里碰到一层的陈万清，他说："不管怎样，我们都是从人人大酒楼里走出来的。"我们握手，互道珍重。

　　分家后，鲁军率领我部组织了一次去野三坡的郊游。郊游中，我不幸摔断了腿，进入居家养伤模式。养伤期间，家里访客络绎不绝，书院的新老员工包括另一个部的员工和社会上的各路朋友都来看我。我感动于这份厚厚的情谊。进京一年，收获了这么多朋友。

　　我准备回青岛养伤，鲁军却建议我搬到书院去住，可以一边养伤一边参与管理。于是，我从十五栋搬到了小白楼。在书院音像室的一个角落，一张小小的钢丝床。一张写字台对面是一部大彩电，还有一台松下录音机、一部电话。

鲁军和本部大部分人都出去跑项目了，我奉命在家守摊。

我被安排接管了财务出纳部分。办理着汤一介先生和鲁军出境事宜。忙了几天"青年班"的事，拄着拐杖，各个办公室转。

入夜，初冬的风在窗外肆虐，走廊里又黑又静，月光凄冷地照着，地上树上像被涂了一层霜。在小钢丝床上辗转反侧，思考着我的未来。

周日，院务委员会在小白楼开会，增补李中华为书院副院长，我被增设为员工执委。

几天以后，鲁军回来了。据说在筹划和安排今后的事。见到我，说搞了几个项目，肯定有我的份。没几天，又去了深圳。

1988年要过去了，这大起大落，大悲大喜的一年啊！

1989年来了。元月2日，我们——于小光、罗平、易难、傅永吉、杨亦农、姜明、杨亚力、王文嘉等在鲁军家聚会，共商本部发展大计。

鲁军介绍了此次南方之行的见闻和感受，详细谈了下一步发展模式的构想，关于"中国企业文化研究院"，关于"中国气功医学哲学研究院"，关于"中国文化研究院"，关于几个大项目的开发和分工。

鲁军说，让北方的智力资源与南方的经济实力发生碰撞，产生一种划时代的南北大交会，催生出一种全新的文化模式，这将是我们这一群人的使命！

"有多大胆，干多大事"，这个流行在南方的说法反映了一种观念上的更新和社会环境的变革。

其实，鲁军的真实意图是他说过的一句话：我们要做全国最大的学商。

不得不说，鲁军的动员力无与伦比。我们再一次信心百倍。

2月份，我的家庭正式解体，我又成了单身汉。在那段最孤寂落魄的日子里，许多书院同仁对我的关照和帮助没齿难忘。下班后，经常去张继莲、部咏梅、罗平、于小光等人家中蹭吃蹭住。姜明带我去他家附近的空军总院检查治疗伤腿……

4月上旬，鲁军组织我部拉练——爬长城。从铁矿峪到黄花城，我拖着一条尚未完全痊愈的伤腿，沿着残破不堪的废长城走了十个多小时。从清晨一直走到日暮西沉（说要打造一支能打硬仗的队伍，后来又多次组织类似的"拉练"）。

4月下旬，我们以"中国企业文化研究院"的名义搬入农业部旁边的通广大厦，开始在写字楼里办公（后来又搬到中国科技馆）。正式离开那栋汇聚了我们多少爱恨情仇的小白楼，开启了我自己的另一个故事。

鲁军在做着最后的收回文化书院的努力。约谈另部员工，约谈导师。抢回物资，夺回公章。据说还对汤一介先生提出政治上和经济上的指控。我知道后颇觉不妥：对自己的老师进行政治构陷，无论如何太有悖于中国人的文化传统和道德底线了。但是可能符合鲁军的性格。他是那种具有杀伐决断性格的人，决不搞中庸，有时趋于极端。他说我得不到文化书院就砸烂它。

我在忙着组织社科院、北大、人大、物资学院等院校的老师们编写企业文化班教材。同社科院的孙越生研究员和北工大的徐艳梅老师一起创办《企业文化学报》。

9月7日下午，汤一介先生召集部分导师在北大勺园开会，讨论如何应对鲁军的指控。鲁军带着我们闯入会场，闹了个不欢而散。至此，与中国文化书院成水火之势。

1989年11月3日，意外收到汤一介先生写给我的亲笔信：

方兵同志：

现将院务委员会有关鲁军同志处理的"决定"发给你，并由你向社会哲学部全体工作人员传达。

院务委员会主席、副主席与我共同研究决定，由你暂时负责社会哲学部一切日常工作，请你和其他工作人员坚守工作岗位，各尽其责。

此致

敬礼！

中国文化书院院长　汤一介

1989年11月1日

（当时的院务委员会主席是季羡林，副主席的王守常。我名义上还是书院的两个员工执委之一。）

当年的汤先生真可爱，居然要求我这个打工仔炒老板的鱿鱼。很难说，这封信没有在鲁军和我的关系中留下阴影。这是后话了。

我把这封信和材料交给了鲁军。

年底了，收到鲁军的贺年卡，上书："壮年之初，当生虎气。"

从此，中国文化书院与我渐行渐远。

后　记

在中国企业文化研究院待到 1992 年，又有了许多难忘的经历。回顾那段尘封的经历，我想到，书院（中企院）给了我太多的东西。她是我的"黄埔"，她是我的"MBA"，打造了我的文化人格和应对各种艰难险阻的勇气和底气，使我变成一个从容自信的人。这期间，鲁军是我的"老板"，是我的"教练"，也是我的引路人，亦师亦友。他对我的帮助，给予我的教导、训练，包括伤害，都成就了我。我怀着感恩之心回忆我们共同经历的一切。还有书院的导师们，当时中国社会中最顶尖的文化人。他们的学养、风采和人文品格，对我有深刻的"加持"作用。他们给了我广阔的文化视野，使我在日后面对社会时，自有一种"过了黄洋界，险处不须看"的胸怀和气度。

1994 年，我调到某部委，回到体制里边。整整十年，在王光美的领导下开展一项全国性的公益慈善活动，走遍了祖国的贫困地区，带着文化书院对我的"加持"开启了人生的另一段精彩。

大约是 2007 年末，王守常院长通过刘若邻女士邀请我们这些老员工参加书院雅聚活动（以后每年都要盛情邀请一次）。数十年后，我们又重新欢聚一堂，一如刚从人人大酒楼走出来的那段风华正茂的时光。往事如烟，苍颜白发，多少恩怨情仇都在瞬间消弭于欢声笑语中。

在当年那段书院分裂的日子里，我从小白楼迁至安贞桥附近的一套房子里借住。几个月后，又遭驱离，开始找房子。12 月 28 日，搬到朝阳门吉市口胡同的一个四合院的一间百年老屋里，住了一年半。

2017 年赴英旅行前，在英国签证处附近的吉市口转了转。当年住过的老宅早已鸿爪全无，变化是天翻地覆的，留存下来的，只有记忆和追思。

重游吉市口

进京卅载后，重游吉市口。蒙蒙细雨中，思绪随风走。

解甲进京时，追梦信不朽。改革正初时，雄心作狮吼。

欲做文化人，却成丧家狗。十年十五迁，惶惶龙蛇走。

安贞遭驱离，迁来吉市口。小巷暂栖身，老宅伴诗酒。

酷暑如蒸笼，煤烟罩三九。房东常叩门，洗衣赖苔甃。

巷中贩卖声，窗外见杨柳。自信人高洁，苍天能负否？

自诩有才情，终将上重九。艰难逆境中，情怀当自守。

夜读陋室铭，抬头现星宿。在此蛇变龙（注），前程渐通透。

今我来重游，沧海桑田骤。小巷变高楼，豪车满地走。

当年青壮人，如今一老叟。老叟心年轻，志在天下走。

岁月不贷人，时光如苍狗。余生当珍惜，不负吉市口。

（2017.3.25、写于吉市口附近的猫屎咖啡馆）

注：一直以为自己属蛇。当年一位友人来胡同里探访，说我应属龙，因是腊月出生，是龙尾巴，此后开始属龙矣。

二十多年前，看了亲戚寄来的一本自传，书名叫《七十而随心所说》。如今，我也到了随心所说的年纪了。为纪念书院成立四十周年，应书院副院长苑天舒先生之邀约，特将当年与中国文化书院的一段情缘回忆辑录在此。本着唯真唯实的原则，仅从个人视角写这段历史，也算对陈越光院长高屋建瓴的大书《八十年代的中国文化书院》做一点补遗。是耶非耶，请书院的师长们和当年的同仁们大加朱笔。

2024 年 3 月 22 日星期五于北京市沙河高教园

小忆拾零

华荣九（1953—　　），1987—1989 年为中国文化书院员工。曾任东方书画社（农工民主党）外事干事。

不动文墨的脑筋已经很久了！忽然接到若邻的约稿信息，情真意切！

精诚所至，推辞的话语实难出口。但我很快就后悔了！毕竟都是三四十年前的过往，时过境迁，记忆模糊。再加上罹患脑梗，心力、体力都难以应付。何必自讨苦吃！无奈，搜肠刮肚，仔细盘点，好歹拼凑了些"散钱"，踏实了不少。所差只是"索子"而已。

一个人，即使再平庸，也未必没有一二有趣的故事。

初到书院，所做之事无非打杂。后来不记得什么机会，对琴棋书画表现出了兴趣，开始培养这方面的爱好。（注意：仅仅是爱好而已哟！）后来有个机会，领导指派我去看望导师启功老，我喜出望外，欣然领命。

启功老的平易近人众所周知，因而尽管是初次见面我也毫不拘谨。我表达了文化书院官方的致意后，便拿出我临习的《兰亭序》向启功老请教。启功老仔细看过后说："关节处还需多练！《书谱》有云：'察之者尚精，拟之者贵似！’”我当然懂得这是指我观察笔意还不够精准，使转钮挫之处不够周到！还需多下功夫！启老再看了看又笑笑说，"咱们可不能造假哟"！我当然知道这是对我的鞭策，（吴未淳老也对我说过类似的话），我自然谨遵师教，笔耕不辍，直到人书俱老！

后来，我的书法多增进益，一不小心，竟然出展了日本中野区中国书画展。有趣的是，临选作品时，评委一致评价，我临的冯承素的神龙兰亭是此次送展作品中最好的，但回京后，这幅《兰亭序》竟然不翼而飞了！我送展三幅，只丢了这一幅！你懂的。对此我倒是心平气和，泰然处之。

之后，书院又接待了画家龙思良先生（龙先生是武侠小说家古龙先生的指定画家和换帖兄弟），也由我负责具体接待任务。龙先生具有大多文化人的温文尔雅。我觉得和大陆画家最大的不同是，龙先生知识渊博。国学自不必说，谈起西学也是从古希腊哲学到卢梭、叔本华、尼采如数家珍。令我感佩！我还应邀陪龙思良先生拜望了齐良迟先生、中央美院卫祖荫教授（我院高小健兄的姨父。龙先生还求小健兄为龙夫人刻了一方"林黛安"的名章！龙先生非常满意！）还陪龙先生去吉祥戏院看了当红名角杜镇杰、王蓉蓉的《四郎探母》！二位正在鼎盛时期！座位也很好！龙先生当然没有鲁迅先生"咚咚惶惶"的感觉！龙先生兴致盎然！临回美国，龙先生也看中了我临的《兰亭序》，拿走了两幅！转年入夏，我的数字 BP 机突然接到一个不熟识的电话，我回过去，原来是龙先生托一个朋友从美国给我带来 200 元美元作为润笔！我骑自行车，一路哭着（我不想哭，但还是哭了！）去王府饭店。这倒不是因为我见钱眼开，而是想起了父亲……如果父亲还能在世该有多好！我一定给您买更多您最爱吃的莫斯科餐厅的西点……

80 年代末，由于种种原因，我中断了书院的工作。（其时正在张文定先生门下编辑吴良镛导师的关于建筑学的文稿）。赋闲在家。突然一天，导师梁从诫先生亲临寒舍，送来 800 元抚恤金！彼时的北京，路况恶劣是大家记得的！从文化书院到宣武门附近的胡同，要几经周折呀！年近六旬的老学者，给一个底层年轻员工送抚恤金，当属经典的屈尊下士！若放在当下，是做梦也不敢相信的！其时正值夏季，手足无措的我，居然连口水都忘记奉上，梁先生便匆匆离去！过后想想，颇有糟蹋圣人的愧意！

如今启功老、未谆老、齐良老、梁从老、卫祖荫先生、龙思良先生都已作古。然而，往事并不如烟……

以上，心浮气躁，语无伦次，草草作字。不足为文！

感谢中国文化书院！感谢若邻！

回忆在中国文化书院工作的日子

戴　宪

戴宪（1954—　　），1987—1989 年为中国文化书院员工，后进入中国机电广告公司设计制作中心工作。

20 世纪八十年代，中国迎来了改革开放的新时期，体制改革是这个时期的核心内容。这个时期我国正在全面大力改革，鼓励思想解放，提倡科学精神和人文关怀，推动了文化、艺术的繁荣发展。政府还加强了对外文化交流，吸收借鉴国外先进文化成果，促进了中外文化的交流与融合。八十年代也是一个思想解放的时代，随着改革开放的深入进行，人们的思想观念发生了深刻的变化。各种新思潮、新观念不断涌现，为中国的现代化进程注入了强大的动力，也推动了文化领域的创新与发展，为文化艺术的发展创造了良好的环境。在这种新的环境下中国文化书院应运诞生在北京大学的未名湖畔。

（一）

我在 1987 年夏看到中国文化书院（以下简称"书院"）在报纸上发布

的招聘启事，这对我的吸引力很大。那时人到中年正是全力工作的好时期，结合自身的情况我很愿意到这样的机构去工作。我发了简历很快就有了回信，凡有意愿到书院工作的人员都要参加为期一周的短期培训，目的是让想入职人员全面了解书院的情况后再做选择。书院的主要宗旨是通过对中国传统文化的研究和教学活动，继承和弘扬中国的优秀文化；通过对海外文化的介绍、研究以及国际性学术交流活动，提高对中国传统文化的研究水平，并促进中国文化的现代化，让中国文化走向世界。书院以培养研究中国传统文化、哲学、历史、文学等的中外青年学者为主要目标，他们通过书院组织的各种教学与研究活动，加深对中国文化的理解和内在的感受能力；同时，在熟悉中国文献的基础上，较为系统地掌握中国传统文化发展、演变的脉络及其精神内涵。当时正值书院的大发展阶段，书院分别下设多个机构和部门，书院的出版部特别吸引我，所以决定争取到出版部工作。

（二）

那个年代，到书院工作需要把个人档案转到人才交流中心去，这就意味着自愿与原单位和体制脱钩，这在当时感觉是要冒风险的，也是大多数人不能接受的。当时的家人、朋友和同事都极力劝阻，自己经过再三的思考还是毅然决然迈出这艰难的一步。

当时书院的工作地点在和平门，我到书院出版部的第一个工作就是编辑印刷一本介绍中国文化书院的小册子，便于书院在举办各类活动的时候宣传和现场发放。所以小册子要简明扼要、简单便于携带。我用的是大16开的纸三折页的规格、骑马钉方式印刷制作的。那时制作印刷品是比较麻烦的，需要先把文字内容设计好版面，然后排版版面文字，洗出相纸贴在版式纸上，用照相制版的方法出软片后晒制印刷版。那时候还没有电脑，不像现在这样方便，照相制版是一个重要工序。做好文字部分然后再设计封面，我用的是稍微发红的杏黄颜色，然后将篆刻家刘铁宝先生为中国文化书院刻制的印章放在封面上，看着简洁、大方，也很漂亮。当时书院出版过一本大16开的全面介绍本，封面是深蓝色的，整体颜色很暗给人沉重感。我设计的小册子颜色明快不乏庄重，两本书院介绍放在一起一明一暗，对比明显、引人注目。小册子印刷用的纸张都是非常好的，价格也很合理，在当时的新华印刷厂印刷制作，完成以后送到书院，得到了部门领导的好评。这本小册子一直沿用了很长时间。

（三）

刚入职书院工作时地点在和平门，我家住在木樨地，离和平门不算远，但乘公交需要换乘车，所以路上需要较长时间。有一次我在长安街木樨地站等公交车时忽然一辆白色桑塔纳停在我身边，原来是当时的书院秘书长鲁军，他招手让我上车。在车上我们聊起来，我说："你开车太方便了，原来你有车本（那时有驾驶证的人并不多）。"他说没有车本，他谈起说在农村开过手扶拖拉机，它们开起来都差不多。我听后大吃一惊，同时也非常佩服他的胆量。他说来书院上班有点远，特别是许多老师从北大过来很不方便，不利于工作，能有一个距离北大近一点的办公地点就好了。他说这句话时我记得很清楚。不久后我看到书院办公室贴出《通知》，发动大家寻找新的办公地点，要求距离北京大学近一些便于工作，《通知》上说，提供合适地点者书院奖励200元。我的岳父在人民大学后勤处工作，我跟他说了书院在找新的办公地点，他说人民大学的附属中学西北侧有一座二层楼是空着的。后来我就跟书院办公室负责人说了，当时是办公室的谢瑞林和我一起由岳父带着去人大附中看的房，我搭上线后来怎么谈的我不知道，结果书院真就搬迁来到人大附中的二层北楼办公了。事后书院办公室奖励我100元，我转交给岳父了。当时我还想通知上说奖励200元，怎么变成100元？由于我刚到书院工作，许多情况也不了解，也没有多问。我想这可能是新、老工作人员的待遇不同，或者是执行者的个人所为，没有其他的意思吧？

（四）

1988年书院办了两个全国招生的大型函授班，一个是中外比较文化研究班（函授）、一个是全国环境保护函授学习班。中外比较文化研究班的学员较多，全国有一万两千多名学员，学期两年共有七本自学教材。教材有《比较文学》《比较法学》《比较美学》《比较哲学》《比较教育学》《比较伦理学》等[1]。教材的邮寄发行是我们当时的重点工作。教材编辑印刷好后送到我们部门，1.2万本学员用的教材有好大一堆啊。

　　邮寄书籍，邮局是有标准和规定的，我们要按照邮局的标准打包捆绳。包装要用双层牛皮纸，绑绳需要井字捆法，绳子交接处要绕捆一下以防止移位脱落，地址标签要贴在中间绳子挡不到的地方。我们严格按照这些规定和要求进行操作，由于工作量大且重复、单调，工作起来确实需要很大耐心。我们每次都是又快又好地完成了教材的包装捆扎工作，及时地从邮局发给学员们。除了邮寄教材，我们还负责购买中外文化比较研究班学员们用的辅助学习书和参考书，这些书都是到一些大的出版社去购买。有一次我们去华夏出版社购书，我们按照购书单选好。在谈折扣时出现了不同意见，出版社发行部崔主任坚持要我们按8.7折购买，我们说买的书种类多、数量大，所以坚持要按7.8折。谈了好长时间，期间还听到说码洋这个词，当时我们强调是为学员们购书所以需求量很大，我们肯定要长期合作的，最后我们是用8.2折购买的。通过购书我才知道成批购买书籍的折扣，以及码洋是图书出版发行部门指全部图书定价的总额。还有什么印张啊、书号啊、什么再版之类的词，在后来的工作中这些内容都慢慢地学习和了解到了。在包书发行之余我也帮助出版部校对过文字稿件，校对的红笔标注符号和一、二、三校以及最后的核红都是那时候慢慢掌握的。再后来出版部又吸引进来新的工作人员，有卢晓华、卢晓晨、吕彦杰、申宪华、张三元等老师，他们都很能干，来了就着手出书、出杂志。当时他们组好稿要出一本杂志，委托我设计封面和插图，我不计报酬[2]，加班加点，把我的技能特长全部展现出来，很快杂志就做出来了。他们看到我设

<hr>

1　中外文化比较研习班教材一共有7本，原想找到后拍照的，但由于一些原因没有找到。

2　那时卢晓华、卢晓晨、吕彦杰、他们组好稿要出一本杂志，委托我设计封面和插图，说好的会有稿酬的，杂志做得很成功，但是他们并没有支付稿酬。之后他们又要出书，让我设计封面，说好支付报酬200元，书顺利出版他们也未付稿酬。我要离开书院前找到卢晓晨要稿酬，他说不能给那么多，只能付50元。我说，行吧。他又说，暂时没有现金，开一个欠条吧。说完卢晓晨就写下了欠我50元未付的欠条，欠条还在我手里，他们一直也没付。

计封面和插图都赞叹不已。看到自己的付出取得了成果，我也非常高兴。

（五）

到书院工作后我发现在同时入职书院的工作人员中跟我年龄相仿和岁数差不多的人有好多位，他们是黄信万老师[1]、华容九老师，还有陈万青老师和高小健老师等。他们后来在不同的部门工作。刚入职我负责印制书院介绍小册子，是黄信万老师配合我工作的，他的专业是英语，小册子的英译部分由他完成。他心直口快，办事果断利落，一开始就给我留下深刻印象。后来他在国际部负责给外国学员办班并进行翻译工作。华荣九老师、陈万青老师和高小健老师在教学部，我和华荣九老师有共同的爱好，我们都爱好书法。他的行书非常了得，他临写王羲之的《兰亭序》几近以假乱真，令我十分欣赏和佩服。有共同的爱好就有说不完的话题，华荣九老师也认识一些知名的书画家，如书画家傅耕野先生、书法家淳一先生等。他经常建议说咱们书院有条件，应该邀请一些书画家搞一个笔会。大概是在 1988 年的 8 月份，书院果真邀请了一些知名画家举办了一次笔会，参加笔会的有启功先生、齐良迟先生、傅耕野先生、任率英先生，还有陆俨少先生、金默如先生等。在笔会上我目睹了中老年画家、书法家们现场写字作画的情景。他们都传承了中国传统的书画艺术，其书法和绘画功底都十分了得。从下笔、调色、构图和章法上看，他们都有法可循，一招一式得心应手。原来大师们都经过了长期的磨炼，他们的书法和绘画技能都是互相依存的。书画同源，两者相辅相成是互不分开的，诗书画印相得益彰，令人赏心悦目。通过参加、观赏这样的笔会活动，我从中也获得了很大的收益。

（六）

黄信万老师在国际部负责招收外国学员办短期班。那时听他说办了一

---

1 离开书院后我与黄信万老师关系很好，我们一直保持来往和联系。疫情期间特殊情况我一直没有去他家看望，他于 2022 年 1 月不幸因病离世。

个气功班，由当时的气功大师马礼堂授课。我看到他们办气功班，外籍学员参加的人数还挺多，办得红红火火、有声有色。我就跟他说，我们能办国画班吗？因为我姨妈李芸生是可以教国画的。她退休前在北京画院任专业画家，姨妈早年考入了北平国立艺专（后改名中央美术学院），她的老师是徐悲鸿和齐白石先生，还有叶浅予先生，教授有李可染、李苦禅、李桦、蒋兆和、田世光、黄均等。姨妈是个专业的画家，办班教中国传统绘画完全没有问题呀。黄信万老师听我说后，觉得太可以了。他说，你先问问姨妈吧，把咱们书院的情况给她介绍一下，然后安排下一步。1988 年时我的姨妈已经在香港定居了。我问时她说接了一本名叫《薄伽梵之光》的佛教诗歌书，在配插图，需要画一段时间，所以暂且告一段落以后再说了。

记得在 1989 年的春季，书院在香山饭店要举办一个国际学术会议，内容是纪念五四运动七十周年研讨会。一般举办这样的会议都要在会场布置一个有会议内容、名称的背景布或背景墙，当时的书院领导让我负责完成这项工作。这个事我比较在行，我先设计一个小样，需要什么颜色，选择用什么字体，字的大小、规格、尺寸都考虑好后就去购买材料，然后现场按尺寸拼裁搭接制作，那时还有一个别的单位派来的人员协助我，我用的是深紫色的平绒布做背景布，主标题是用金色的即时贴字，副标题是用白色的字，这些字都是我手工刻的，事先刻好字，带去现场粘贴，因为事前准备工作做得好，很快就把会议需要的背景制作好了[1]。

（七）

在书院工作期间，办公室对于我们正式工作人员的培养、培训工作也是比较重视的。记得当时刚刚出现电脑协助办公，书院办公室也配有了电脑。为了普及电脑知识，请了当时的管理人员杨亚利给大家讲解电脑办公常识。当时电脑的配置是 286、386 机型，杨亚利从原理知识上给我们大

---

1 那次会议的背景布我做好后拍了照片，印象中就在几本以前的相册里，可能因为搬了几次家，现在已经找不到了。

家解说什么配置啦、什么兼容啊，以后发展还要有 486 机型等内容，我的印象还挺深的。书院还请来北京舞蹈学院的夏老师教大家跳交谊舞，还说这是以后工作上需要和用得上的，书院当时在各项业务学习等方面也给我留下了很深的印象。

（八）

虽然我们在书院工作时间不长，但是我们离开后，书院每个年终有活动都不会忘记发出通知邀请我们参加。庆祝书院成立 30 周年活动时，我们都被邀请参加了，活动热烈的场面至今难忘。转眼间中国文化书院又迎来了成立 40 周年。这次庆祝活动一定非常隆重热闹，想起多年不见的老师、教授和以前的同事们见面会十分高兴，大家可以畅谈以前在一起工作、学习和生活的场景，肯定会有说不完的心里话，也有对书院的寄托和期望。我们大家都希望书院在新的、年轻一代的院长、教授和学者们领导下，焕发出青春的活力，在当今新的形势下为中国文化书院全面发展做出新的成绩、不辜负书院老一辈委托给年轻一代的重任。

2024 年 4 月 26 日

六年如梦忆书院

文利妲

文利妲（1955—　），1987 年底至 1993 年为中国文化书院员工。离开书院后主持创办文心阁画廊至今。

时光荏苒，转瞬中国文化书院已经走过了 40 载光辉历程。喜闻书院即将举办庆典雅聚，并著书立传为之纪念，可歌可泣。

作为 40 年前书院老员工、同仁的我们，欣然领命，应征约稿，唱响同一首歌——《我与中国文化书院》独述各自篇章。

三十多年前的我们，个个都是热血青年，放弃了国家机关优越的工作，为了把中国文化弘扬到全世界的宏伟理想，勇砸了铁饭碗。千人挑一的幸运儿（秘书处三大箱应聘回函存档为证）受聘投身到中国文化书院。现在想来也是非常佩服和感谢当年那个最早下海、敢于拼搏挑战人生的自己。

我在书院工作时间不长不短五六年，有成就感也有挫败感。悲喜交集，喜忧参半。让我回忆这段近半个世纪尘封已久的陈年旧事，于我而言，似乎是一件颇为痛苦的事情。

如果你经历过书院全盛时期，看惯了世界顶级的中国文化泰斗、文史哲精英、社会名流雅士们，为弘扬中国文化，自世界各地召之即来，四面八方蜂拥而至，鱼贯而入，并肩前行，欣欣然踏进大会堂、宴会厅、书院大门之壮观场面，聆听过国宝巨匠国际学术讲演高谈阔论之豪迈霸气，感受过大学者老先生们日常诙谐幽默、平易近人之大家风采，今天你就会真切体会到"繁华落尽"的那份苍凉，"天下无不散的宴席"，人去楼空，物是人非，再无"谈笑有鸿儒，往来无白丁"的那种哀伤。往事不堪回首。

常常睹物思人，悲从中来。我曾接触过的大师们多已作古（包括我的父母及亲密好友们），人生好像最后就是在做一个个的告别，让人永远快乐不起来。

原本我是不想回忆、抗拒怀旧。大喜日子里似乎不宜夹杂负面情绪，可这恰是我感情的自然流露，内心的真实写照，想回避也回避不了。

当我认真开启搜索模式，将久远模糊的曾经逐渐拉近放大，故人清晰可见；当年那些喜怒哀乐，纷纷扰扰、是是非非、得志失意，用现时眼光来审视，不过人生大戏中一幕，无须再那么纠结；曾经试图忘却的某些人某些事，想起来亦有种沧海拾贝之感。

一、我的离职与奔赴

去书院之前，我就职于国防科工委京字 123 部队（后为电子部第十二研究所），从事卫星导弹上精密电真空管的研制工作 17 年。我负责装配的部件应用于卫星上，研制成功后交地方生产。20 岁左右就乘飞机、软卧（那个年代不够级别不可乘坐）去上海、江西的军工厂移交技术。年年先进工作者的我，可称作是国家高尖端科技平台上的一名骄傲的小小科技工作者。

1987 年夏末的一个午后，一位刚从德国"洪堡基金"学术交流回国的高工同事，拿着一张《青年报》，报上有一则中国文化书院招聘秘书的广告，对我说："你是人大函授秘书系毕业，也许这个适合你。"另一位曾出访澳大利亚的科技人员高工也在一旁鼓励说可去一试。我先生（同一研究所高工）也很支持我，他一直认为我们工作环境高污染、高辐射、高磁场、高电场、高噪声，对女性健康存有巨大危害。他不惜代价，希望我能换个文化类工作，即便将来挣不到钱，他会养我。于是乎，外子即刻以他出色的文笔（竖版硬笔书法及文采飞扬的文言文）为我撰写了一封自荐信。很快我便收到了面试回复，当时真的是意外之喜。

对此极力反对的是我的所长和主任，阻止放人。因为我当时在所里角色还是蛮重要的。张所长说："如果你想学以致用，不愿在生产第一线，可以来当所长、所办或对外经营办秘书。总之，懂文秘又懂电真空技术的双料人才，是所里目前稀缺和急需的。退而求其次，如果非走不可，想出去看看世界，暂办个停薪留职，玩两年再回来。"

三十岁出头的我，满腔热血，生性外向，崇尚艺术和多彩生活，怀揣崇高理想与浪漫情怀，更向往出国深造（当时因私出国机会为零）。

鉴于程式化的日常工作过于严谨，黑白灰的生活枯燥乏味，欲求从事文化艺术类工作的幻想暗自萌生。

此时，书院和鲁军恰逢其时，为我们描绘的正是这样一个美好前景宏伟蓝图：高大上的文化事业、最高平台的文化讲座、高雅的驻外教学机构工作环境，这正是我可望不可即的理想阁楼。

假如既能弘扬优秀中国文化，助其走向世界，又有机会走出国门深造，为实现憧憬已久的梦想，做出一些牺牲，放弃人人羡慕的花园式研究所的铁饭碗，又有何妨？我下定了走的决心。当书院人事部马丽莉来所里调档时，我坚决要求把档案放到北京市人才交流中心，当时就是如此决绝。

极力阻止反对的还有我父母。放弃公职不是儿戏（当时我的二哥、三哥和妹妹在内蒙古、黑龙江兵团等地，返城尚无好的安置，我的工作是全家最好的），他们都以为是我疯了，没有公费医疗和退休金，将来如何生存？一辈子为革命抛头颅洒热血，无私奉献的父母却为我的前途操碎了心。

冲破了重重阻力，我义无反顾。

二、书院的培训与就职

经历了和平门（河北梆子剧团）书院副院长鲁军的面试，经历了前门人人大酒楼半个月密集培训，经历了国宝大师们高强度的学术讲演心灵洗礼和鲁军强大魅力的演讲攻势，经历了层层淘汰，最终成功被幸运之神砸中，成了中国文化书院的一员，似有人生中彩开挂的感觉。

那年的讲座，让我们有幸与汤一介、季羡林、庞朴等几位国宝级大师、学术大咖相遇，初识大家风采，他们在各自领域中独领风骚，皆以学术成就自创学说名声如雷贯耳，让我们开阔眼界，受益匪浅。我对来自台大的陈鼓应先生印象最为深刻。陈先生风度翩翩，不拘小节，授课不是循规蹈矩站在讲台后，而是双手插在裤兜里，或背靠着讲台，或游走于听众席间，身着牛仔裤却滔滔不绝大声吟诵着庄子的《逍遥游》，一副出世道家风采。

三、文化书院秘书生涯

1987 年 12 月底，我正式入职中国文化书院，被分配到秘书处工作。当时的秘书处共 6 人：副秘书长魏婕（鲁军院长的左膀右臂），主任雷音（管理统筹秘书处），学富五车、博古通今的马先生（后为冯友兰先生秘书），文案写手王满利，内勤兼会务赵昌宁（部队文工团转业，不久被裁员），我是外联公关兼会务。

那时我的担子比较重，院内院外，上上下下，主项杂项，事无巨细，都要涉猎，似乎一个人要做一个团队的事情，好在那时候还年轻，很能吃苦。

后来随着时间推移，书院几经变故，秘书处解散，只剩下我一个人，分在了学术委员会，跟随历史学家学术委员会主席庞朴先生做学术委员会秘书，直到 5 年后离职为止。

工作岗位从中国最高科技平台转移到中国民间文化平台，我对待工作极其认真负责的态度，是我一生做人做事坚守的原则，承自科研所的低调严谨的工作作风、高调主动热忱的服务精神，赢得了众多老先生和导师们的认可好评，并结下许多私交友谊。

热爱工作、崇拜学者使我积极向上，不畏辛劳。每天上班路线从东郊到西郊，来回 4 个多小时，当时到人大附中和北大，只有 302 路一趟公交车，挤得像照片。天天披星戴月，天不亮出发，天黑回家，这样持续了多年。

　　我参与的文化书院各届国际学术研讨会会务筹备和服务于院内的办公会数不胜数。自打上任秘书以来，就没有空闲过一天。

　　正值鼎盛时期的书院，各种会议活动层出不穷。三天一大会，两天一小会，秘书处更是忙得不可开交。大会时我要全方位联络和接待，小会时我要做记录和端茶倒水。会议多如牛毛，根本记不住名称，只知道每个会都具有国际影响力和重要历史意义，因此我必须全力以赴。

　　每次会议都要把导师名录电话挨个打上几遍。走流程：会议邀请、确认出席、送往迎来、酒店住行、会场布置、会议就餐，等等，精准把控，以点带面。三页导师名录、重要人物家庭地址，几乎倒背如流。

　　鲁军那时候对我们要求极其严格。负责外联公关的，必须依靠自己的本事为书院创收。这要求我重点练习公关语言技巧。

　　为设计书院院标、信笺、汽车等，鲁军带领我们一行人到中央工艺美院商洽此事，特别要求我与专家接谈。鲁军说，如何全面清晰地阐明我们的宗旨要义，你先想好了把文字写在纸上，背熟后去谈。

　　联系的饭店、会场，必须做到既要高品质、高规格，又要便宜优惠。他说，不管你用什么方式，必须达到目的。

　　记得颐和园听鹂馆的那次超大型晚宴的场地和餐饮，是我和雷音主任去谈的。经过友谊宾馆多次大活动洗礼，经验十足。雷音把关，我主谈，很成功。会后，雷主任对我会务工作的整体表现，第一次给予了很高的评价。她说，小文，刚知道你工作很细，布置会场也这么面面俱到，真能干。我们用几十米长的白绢，请导师们签名作诗，蔚为壮观，留下了书院历史的最强音和最美画面。

　　诗书画印文人墨客之四绝，相得益彰。书院还特请琉璃厂萃文阁篆刻大师刘铁宝先生（齐白石高足刘冰庵之侄）为很多知名学者大儒篆刻了私名章和闲章（阴文阳文一对），由我们取回，又在听鹂馆晚宴上赠予导师们。这款既高雅又有温度的礼品，从石料到文字的形式意趣，都十分考究，耐人寻味，备受老先生们喜爱（秘书处备有印迹存档）。

　　无论走到哪儿，做什么事，多快好省（钱）的模式，是书院衡量我们工作的唯一准则。

另有一次，西苑饭店的大型国际会议，场地及宴会也是我一个人去谈的。我怕优惠力度还不够，又私下去找了西苑饭店的老总尤军涛小姐（小尤是我大哥的同班同学）。我用同样的说辞，她给了我们大大的优惠折扣（能不要的费用都不要，在原来优惠的基础上又打个大折），场地及餐饮费足足优惠了近万元（那个年代是多么大的面子和收益啊）。我大喜过望，回来报告鲁军，鲁军只是淡淡一笑，口头鼓励了一番，说"下次继续加油"之类的话。

虽然为书院工作几年，在物质上我从未得到过额外奖励和实惠补偿，甚至应得的部分也常常被亏欠。但是我仍然努力工作，因为我满足于精神层面的收获，只有我独享直接与国宝学者见面交流的工作氛围，在大师们身边学习，这是书院其他同仁们无法比肩的殊荣，令大家羡慕不已。

四、我与国宝大师们的特殊交往

在文化书院工作的几年，工作性质决定了我能与中国学界泰斗国宝大师们近距离接触、直接交往，在最高国际文化交流平台上探究、学习、成长，这份专属的荣幸、独享的幸福，成为我此生最宝贵的珍藏。

会务之外，我经常有各种事由和机会到老先生们家中拜访。留下了许多非常有趣而美好的记忆。

例如，印象最深刻的是与冯友兰先生及家人的交往。我们常因公到冯先生燕南园的"三松堂"别墅老宅。冯先生老年后期双眼失明。每当他需要查阅资料时，就从自己书桌前站起来，先向右后方走几步，然后再机械地向左沿着走廊数几步，就到了一大排书柜前，摸索第几层、第几列，准确无误取出书来，很快翻到某页，正是他当下所需。如此神奇的一幕，看得我们个个目瞪口呆。

冯先生逝世后，国际追思会由我独自负责向国内外发放邀请函、会务统筹、全权接待、会议服务，事无巨细。追思会之后，宗璞先生（冯先生的女儿兼秘书），特地把我请到家中，跟他美国回来的哥哥说："哥哥咱们要好好感谢文小姐，是她一直在为爸爸的事操劳，咱们送她一本《三松堂》吧。"兄妹二人各执一枚冯先生的大印，在扉页上盖章留念，以示感谢。当时我特别激动，感觉劳动被人尊重是多么幸福的事啊，这也是我第一次接受学者馈赠的宝贵礼品。

季羡林先生家在朗润园，季先生带着我看他住宅对面的私人图书馆，环绕书柜们前后可转好几圈。季先生抱着他的宝贝猫咪，给我讲述他在年青时代北大读书时与老师叶公超的故事（叶公超先生青年才俊，风度翩翩，永远西装革履，一口流利的英语）。

到梁从诫先生家时，梁先生给我看他妈妈林徽因许多没有公开过的照片，都好美。讲他儿时和妈妈及全家有趣故事（当时社会上，还没有像现在这样普遍热捧林徽因和梁思成呢）。我是先睹为快，无比敬仰。

与会期间，在高规格国际学术会议上，接待过许多顶级学者、社会名流，引导搀扶是我的职责，有无数难忘时光，留下珍贵回忆，甚至还结下了宝贵友谊。

周谷城先生（全国人大常委会副委员长，历史学家，我们湖南益阳老乡）每次来书院参加活动，都是声势浩大，气场爆棚。值得庆幸的是，书院存有我扶着周老的工作照，留下了我与国家领导人兼大学者的亲切合影。

那时我还没有画廊，也没意识刻意留存一些纪念照片。后来经营画廊后，通过北师大办公室侯老师（启功先生专属负责人）订购过启先生书法大作。启先生既是无比亲切的导师，又是德艺双馨的艺术家。

我去李学勤先生（史学家、考古学家）紫竹院的家多次，家中浩瀚藏书是一大景观。最后一次给他送去《梁漱溟全集》，并提出希望历史所图书馆购存一套，他痛快应允，立即给我写了张字条。第二天，我便带着书去了日坛附近的社科院历史所，图书馆员热情接待了我……

每次会议见我在室外迎候送往时，金克木先生（文学家，翻译家，北大梵文、印度文化研究专家）总是说我最辛苦，外边太冷啦，他常常会紧握着我的手不放，一直为我取暖。

吴晓铃先生（中国戏曲专家、小说专家）在 1988 年同我们一起去新疆、西安游学时，他的学生（西安兵马俑博物院院长）帮他拎包，他却转身帮我拎包，还总是说"女士第一"，处处照顾我。

袁晓园先生（汉字专家、中国第一代女外交家）是 30 多年前我入职文化书院第一次参加大型国际会议时，第一位由我专门负责单独接待的导师，理所当然在导师中是印象最为深刻的一位。记得那时我们在友谊宾馆驻会，袁先生在友谊宾馆有个私人诊所，我每天负责接送她，陪同开会和吃饭。那时她已年逾八旬，但衣着相当华丽考究，每天用很长的时间精心化妆（浓妆），我就一直在一旁耐心等候……第一次见到这么生活精致又有学问的女性学者，大开眼界，大为欣赏。

她对我印象非常好，说一定要送给我几个字。虽然去友谊宾馆方便又顺路，会后我始终没去取。因为实在不好意思，刚刚来书院，什么事情都还没做，岂敢受此大师礼赠。但是每每想起也多有遗憾，为了纪念我们这段首遇不凡的友谊，后来我特地去荣宝斋拍卖行，拍得一幅她的书法对联作为珍藏，以弥补此憾。

虞愚先生（佛学家、哲学家、书法家）为了表示对我服务的感谢，也给我写了幅书法，要我去家里取，我怕违反纪律，亦不敢去。直到我多年以后到厦门大学参观游览时，看见石刻上陈嘉庚先生邀请他写的对联和文章，才发现他是个多么著名的学者及书法家，与这样一位大师擦肩而过，失去了一次难得的收藏机会，甚是遗憾。

与海外学者哈佛大学的杜维明先生、夏威夷大学的成中英先生，会下多有交往，为他们买书购机票，亦得到好评。

总之，大家们个个学问了不得，却没有一丝架子，对我们工作人员特别亲切友好。

陈鼓应、包遵信，两位最活跃的少壮派导师，都曾向书院申请想要我去当他们的私人秘书。

陈鼓应先生后因我给他做的讲演记录，请我去他家吃了饭，并成为朋友。送我他的著作《庄子今注今译》和《老子注译及评介》，给过我很多直接指导。陈先生还向我借过26永久自行车在北大代步一年多。在此期间，我只能骑我先生的28飞鸽自行车，经常是上不去摔下来，最后这辆车还让我给丢了。我通常把自行车放在汽车站、地铁口，无缝衔接接力赛，省时省力。自行车我一共丢过六七辆。北京人说，没丢过几辆自行车的都不是北京人（这是题外话了）。

说起与陈鼓应先生结缘，不禁想到庞朴先生，我在同一天与两位学术大师相识。1988年元旦刚过，是我入职正式上班第一天，鲁军率领秘书处领导魏婕和雷音、秘书赵昌宁和我，到友谊宾馆参加一个规模盛大的国际学术研讨会（忘记了会名）。我们需要次日清晨迎接所有与会学者，因为人员超额，会场临时由主楼换到科技大会堂，我们配合书院学报主编左锋先生在大堂和宾馆大门口安置了紧急通告牌。

小赵负责会场内接待，我负责场外引导。当时严冬腊月特别冷，我穿着一条裙子和呢大衣，美丽"冻"人。在瑟瑟的寒风中，咬着牙送往迎来一批又一批与会者。

那天有两位迟到者，一位是骑车来的庞朴先生，我没看见他，他也没看见通告。因为找不到会场，所以从来没迟到过的他，耽误了大会主持的发言，非常恼怒。他的抱怨，最终归结到我的工作失误。

第二位陈鼓应先生，姗姗来迟。一下出租车便说："这么冷的天，这么漂亮的小姐在等候我，实在过意不去。"问我叫什么名字，为了感谢，要请我吃饭。

两个迟到者，两位名人大咖，两种截然不同的态度和结局。感谢和批评，强烈的反差。若不是有个好评兜底，好评与差评抵消，说不定我第一天就被辞退了。

不管怎么样说，这就是我与两位学者第一天相识的契机，也是事后得以成为良师益友的缘分。

多少年后，庞先生还一直嘲笑我，眼睛太高，只看得见坐车的，看不见骑车的。

我与学者们交往都是非常愉快的，无论素养、眼界、学识、格局都大大地提升了，对日后我的事业及人生，都有着直接或间接的影响和助益。

回忆与书院同事们往昔相处的点点滴滴，也有很多愉快和感动。

那时我负责会务和外联，与同仁们交往少于学者，但是大家给予我的许多帮助和友谊令我至今难以忘怀。负责书院的国际教学部的黄信万老师，是从国家广电局辞职来书院的一位热血青年，英语特别好。身为将军子弟，为人坦诚，一身正气，大公无私，是非分明，乐于助人，是书院同仁们的良师益友。

黄信万是给我帮助最大的人。当年我经常因公外联、筹备会务或去老先生们家拜访，回书院错过饭点是常态。每次我没来吃饭，都是他为我打好饭菜留在暖气上，还经常不要饭票。他说他有钱（他的幽默感人人皆知），他熟悉北大所有的食堂，骑车带我们吃遍校园里 1 ～ 5 学生食堂，到处去找好吃的，和他们一起吃饭，是我最快乐的时光。

我永远记得，在我最困难、最弱势的时候，他伸出温暖的援助之手。只可惜自离开书院以后，我们各奔东西，难得见面。几十年来，除了书院雅聚上偶尔能见上一回两回面以外，交往仅限于书信或电话问候。

前不久惊悉疫情中他已病逝，于 2021 年 1 月不幸离开了我们。我真的好难过，他也算是我一段人生中的贵人，我没有机会回报他，我将会永远感恩他、纪念他。

五、编辑《梁漱溟全集》

回忆起庞朴先生，自然而然会联想到《梁漱溟全集》。梁全集由中国文化书院学术委员会编辑，庞先生是学术委员会主席。庞先生主持编辑工作，而我是学术委员会秘书，跟随庞先生参与梁集日常编辑工作。

书院现任院领导希望我着重回忆这一段工作历程。说实话，这恰恰是我最不愿回忆的一段悲催往事，追溯这段历史是不得已而为之。

原本骄傲的工作狂幸福感满满，但提起这段编辑工作，一地鸡毛。

有幸参与编辑《梁漱溟全集》既是我的高光时刻，同时也是至暗时刻，成就感挫败感参半。那些绕不过去的曾经，确是我人生长河中的重要一段，也是在文化书院曾经工作的重要一环。

当年曾经精神压力、经济压力、不公平待遇、不愉快情绪、负面因素伴随着我工作始终，曾经甚至让我觉得这段人生好失败。

如今换个角度重新审视，不以成败论英雄，结局似乎也没有那么惨。不以物喜，不以己悲，困难挫折提供了成长的价值，淡然包容格局能冰释前嫌。

1988 年秋到 1993 年夏，我有幸参与中国文化书院学术委员会有关《梁漱溟全集》八卷（后简称梁集）的编辑出版工作，历经 5 年艰苦卓绝的努力，最终在各界人士通力合作下，成功使一部历史文献巨作问世。

因梁先生曾在山东工作过许多年，对山东有着特殊的影响力和重要历史贡献，故山东人民出版社社长张士宝先生主动前来书院请缨，通过与其他几个出版社的积极竞争，最后拿到了梁集的出版权。

在出版社通力合作和鼎力相助下，我协助庞朴先生开启了编辑《梁漱溟全集》承上启下的日常工作：上至联络梁漱溟先生二子梁培宽、梁培恕先生，频繁出入北大承泽园的梁家；下至与梁先生全国各地旧部友人（重点重庆北碚）和各处编者们沟通交流；同时也负责查阅各大图书馆、中央党校、档案馆的有关文献资料。

5年间历经坎坷，最终实现了这部历史文献的出版。八卷巨作完成之日，也是我们历史使命终结之时。但令人奇怪的是，书院和我们对此没有一个庆典，也从未有人过问过这套书。

说实在的，做这套书不像大家想象的那样一帆风顺、光鲜亮丽。如同唐三藏西天取经，经历九九八十一难，身心疲惫，忍辱负重，劳其筋骨，方成正果……何出此言？

第一，零起步，资金严重匮乏。书院从未拨过一文启动资金。本套书出版社不盈利（力求社会效益），故稿费编辑费极其有限，并且是后期支付，基本上按字数付给了梁家属和编者们。

第二，无经费，人员匮乏。梁集书院内工作人员仅我一个人，除承担编辑业务外，还身兼内勤外联所有打杂跑腿事项。

第三，顶着精神压力、是非纷扰、节外生枝的打击，坚持走下去，排除万难，赢得了最终胜利。有人曾认为我参与编辑，是为赚钱捞取政治资本，对我的工作不予认可，百般挑剔，甚至欲取而代之。也有人认为，这是一项历史使命感极强的工作，前程似锦，机会难得，加入其中，必将名扬四海，名利双收，利益均沾。

殊不知，我又是单枪匹马，又是身无分文，全凭单纯善良的愿望、对文化名人坚定不移的敬仰，但行好事不问前程，只需耕耘不问收获，拼着命跑完了漫漫五载的马拉松。

我每天步行、骑车或乘公交，去各大图书馆档案馆查资料，与家属学者编者们联络，去济南山东人民出版社交稿交流，其间出公差一应车马费、差旅费都是我自掏腰包，并且是在没有分文工资的前提下自掏腰包，有谁能相信，有谁能撑得起？个中滋味，一言难尽。

1988 年秋，刚刚接手编辑梁集，恰逢书院闹分家，我们每个员工都必须要站队表态。无意中，我成了两派政治斗争的牺牲品。当时我不知道应该站在哪一边。宏观的事情不了解，仅凭对鲁军和王守常（代表院部）的个人朴素感情而论，难分伯仲，这两位院长平日里对我都很好，并且十分关照，如果是大活动结束收工晚了，他们一定会从香山或颐和园驱车送我回家，不计其数，不辞辛劳，对员工关怀备至，常令我感动不已。

庞先生是我的顶头上司，指示我："表态时，你就说我站在学术委员会这一边。学术委员会在哪儿你在哪儿。"对领导的话，我从来都是俯首听命的。可是后来才发现，学术委员会根本没有行政实权和经济来源，它只是一个虚设的办公机构，只管派活，不管发工资，待明白后，为时已晚。

院部和鲁军两方面从此都不管我，我的人事关系空悬，停薪大约长达一两年（时隔已久，记不清了）。庞先生对此深表无能为力，但也不同意我辞职。他给我画了个充饥大饼：梁集是一部多么重要的历史文献、多么伟大的巨作，需要编辑，编辑工作又是一个多么光荣的使命，坚持做完，对你一生将会有特殊的意义和影响力，而且书能传世，工资问题假以时日必定会解决的。

出于对梁漱溟先生的敬重，出于忠于职业操守的道德，不忘初心，不计报酬，咬紧牙关，砥砺前行。

没有钱就回家跟我先生要，人手不够抢进度时，就调动我先生下班后加班加点，帮我们校对大宗高难度冷僻古文言文。对我先生一个高科技理工男还具有这么深厚的中国传统文化古文功底，庞先生曾表示极为惊讶，更不必提我先生还做得一手好菜，庞先生品尝多次后更是赞不绝口。是的，哪里去找这种免费为书院做事，不求名利、不计报酬、无怨无悔的人？我先生理当受到尊敬，得到赞扬。

虽然这样努力工作着，但北大哲学系某编辑还莫名其妙跳出来给书院上书，说我不适合做编辑，欲取消我的工作资格。直到现在我都不明白我做错了什么，何曾得罪过他。一个书院以外的普通编辑，伸手干预文化书院的人事任用，于他有何好处吗？此事倒是对我的尊严打击甚大。多年以后，他在书院一个雅聚宴会上想与我合影，我不屑一顾。

总之，文化不能与政治和人事掺和，搅到一起就会变味儿，掀波澜起异端。

很长时间以来，书院从来没有一个人提及过《梁漱溟全集》一个字，更没人来认可我的辛劳付出。我实在忍无可忍，就去圆明园小南园（书院办公驻地）找王守常院长讨工资，询问为什么停发我的工资。我还在为书院工作着。我本是应聘来的，是书院分配我去学术委员会工作的，并不是某个人硬塞进来的私货。

守常院长说，不知道我一直没有工资，让我去找副院长梁从诫。梁先生找财会核实后给我恢复了工资，但没有补发。

我就是这样一个夹缝里求生存，任人摆布和碾压的一棵小小草。但我忠于职守，尊敬领导，听话照办，做事认真负责，何错之有？种种不公正，是对我善良的屈辱践踏。现在想来，怪谁呢？

当年梁漱溟先生曾因参政而经历了一段曲折人生，如今我因他和政治因素也获得了一段曲折经历，不知这算不算因缘巧合。

我与世无争，善良为本，追逐理想，内求自安。30年过去了，直到现在，我也不敢奢望这部书还能给我带来什么受益。但我确信，我的人生福虽未至，祸已远离。一味善良的人，终会有福报。

克服重重困难，《梁漱溟全集》八卷成功出版了，终于抵达胜利彼岸，完成编书大业，不辱使命，内心安宁，得以慰藉。

在中国文化书院工作数年，经风雨见世面，虽然荆棘遍地，挑战无数，但毋庸置疑，它将我的人生历练得更加精彩，文化素养、思想境界都进一步得到提高。

最后，回顾一下我与历史学家文化大师庞朴先生一起工作的点滴。

八十年代末，庞先生几乎天天到北图看书。正好我也需要时常到北图查阅梁先生有关资料。这里便成了我们工作碰头的临时办公室。

庞先生作为知名大学者，看书是在一个特定的贵宾小阅览室里。小阅览室空间很大，地毯沙发环境优雅舒适，通常只有他一名读者在那里看书，多人服务。每天上午，他把想看的书单写在一张卡片上，用一只精美的银盘递给图书馆员，然后管理员为他找出书奉上。而我小人物，必须在公共大阅览室里查阅浏览我工作所需资料。我常说，大人物小阅览室，小人物大阅览室。

好在那时有北图高级馆员焦树安先生关照我，他是北图馆长任继愈先生的研究生，1988年夏我们一起到新疆、西安去游学时成为朋友。焦先生请他的同事们帮我查阅梁先生冷僻难寻的旧档资料，帮了我很大的忙，给予了极大支持和友谊，我非常感激他，可是未等我面谢，他已与世长辞，留下心中永远的遗憾。

我和庞先生虽然不可以一起看书，但可以在一处吃个午饭。北图午饭时间，我除了向他汇报梁集工作进程以外，另有一些额外的收获，颇有意趣。

庞先生是吃饭钟点按时出来，在小卖部休息厅与我会合（那时没有餐厅）。庞先生永远是从皮包里取出一份三明治（那是庞师母为他精心准备的，两片面包中间夹两片生菜，生菜中间再夹一片薄薄的午餐火腿方肠和一片奶酪）。那时不知西餐是啥滋味。只见红绿白相间色彩搭配甚是好看，庞先生穿着一件紫红色（黑色领口、袖口）的毛衣，吃得津津有味，一副优雅绅士风度，让人羡慕。

我一个穷学生式有业无薪游民（有工作没工资），我家先生赞助我每日餐费和车马费，所以我永远是一瓶酸奶、一个面包。我也吃得是津津有味，一副非常知足的样子。因为我天天有牛奶有面包有书读，还有美丽的理想憧憬着，"面包会有的，牛奶会有的"，潇洒自信。

如此这般，我们在北图持续了一年之久，一起走过了书香四季，我也在精神层面上受益匪浅。

记得有一位文化书院我的前任青年领导说，他对我的工作一向十分满意，对我人品也极有好感，只可惜我不谙世故，在文化书院站错了队执迷不悟，还幸福感十足，真的挺为我惋惜的。

在我离开文化书院之时，庞先生送给了我一幅书法：

无，老子曰：天下万物生于有，有生于无。

利姮女史雅正　庞朴

这个"无"字，内涵无比丰富深奥，一字一世的隽永，书法行云流水洒脱，一笔成型，结尾落笔处有一个点，意味深长，可谓点睛之笔，足以给四年的编辑工作、六年的书院奇缘和我们的相处高度的概括与总结（存有照片纪念）。

感谢庞先生给我文化启迪、再造之恩，将我培养成了一个精神贵族。一生不追名、不逐利，不物质、不奢求。荣辱不惊，简单快乐。知足感恩、珍惜缘分。让我这辈子活得通透自然，在后来服务于文化艺术界最高平台时，洒脱自信有担当，为我提供了情绪和成长的双重价值。

吃完饭，与庞先生聊天，亦是我恶补文化课之时。庞先生见什么讲什么，古今中外、天文地理，耳濡目染，潜移默化，给我以文化熏陶。有时，他也带我到北图旁边紫竹院去散散步。见到青竹就给我讲苏东坡，"宁可食无肉，不可居无竹。无肉使人瘦，无竹令人俗"；看见了斑竹，就会给我讲"斑竹一枝千滴泪"，舜帝的两个妃子娥皇与女英哀悼丈夫，泪染青竹，泪尽而死，所以斑竹统称"潇湘竹"或"湘妃竹"。

聆听经典故事，从中汲取文化滋养。庞先生笑称，我也是他的研究生之一，可称编外（北大、社科院之外）研究生。消遣中，我这个普通人，一天天成长起来。感谢庞先生栽培。可惜当年我并没有特别珍惜这种机会，不用脑子不用心，工作忙坐不住，没有让这么多宝贵的学习时光更好增值，最终仍然是那个永远毕不了业、不成器的编外研究生。

六、书院的熏陶对我日后文化事业的影响

离开书院，我在一家香港赛欧美医疗旅游公司，任驻北京办事处代表两年多。我的香港公司老板是位极有经济实力又酷爱艺术的台商。一个天作之合，我们在外企公司和大使馆举办中国画展，深受欢迎和追捧，自此打开了一扇国际交流之窗，开启了我 30 年艺术家经纪人生涯，圆了追逐艺术之梦，回归了自我本心。

1996 年我在丽都商街自创"文心阁"画廊 Winnie's Gallery，张仃先生（时任中央工艺美院院长、艺术界泰斗）为我写了牌匾，让我独享艺术界高不可及的殊荣。

当年的丽都饭店是最早最火爆的外国商圈，每个大牌外国公司在此均有总部或联络处，是每个别墅区班车停靠的第一站，亦是美联航每天三架班机抵京的驻地，飞行员和空姐们都是我的座上宾，外企大公司的老板大

都是我的顾客，此时此地开画廊可谓天时地利人和。

30多年来，我凭一己之力，把画廊作为桥梁和纽带，将高精尖优秀中国文化艺术传递给高大上的国际友人，为驻华使馆、无数外国公司、总裁官邸、顺义别墅区、涉外大酒店，推荐古董字画、画框精装，把它打造为20多年前京城外宾圈最受欢迎的画廊品牌店。

说到我之幸运：源自万变不离其宗以优秀的文化交流为主导；源自我帮他们收藏到了升值空间可观的藏品；源自我一贯诚信善良严谨不卑不亢为人风格。

我的成功转身，得益于满腔报国热忱，得益于文化书院国际视野、素质培养、文化熏陶。"越是民族的、民俗的、优秀的，越是世界的。"正是40年前文化书院的比较文化、比较美学给了我甄别藏品真伪的能力以及评判美丑的标准。文化书院早期的战斗洗礼也没有白费，赋予我拼搏商海的坚强意志。

为中国文化添砖加瓦，实现文化书院初衷，也给了父母一个交代。

老革命的老爸老妈，开始是不同意我做生意的，后来我也得到了他们的认可。他们说："多年来你做的是国内外文化交流事业，还帮助解决了农民工就业，实在是不容易。"

我先生说，我的成功是找到了一个适合自己的工作，交了许多值得交结的朋友，与有文化素养的学者、国际名人成为知己好友，是用多少金钱都无法取代的。

我的人生感悟，年轻时看山是山，中年时看山不是山，现在看山还是山。收获一轮又一轮脱胎换骨的磨炼，得到儒释道践行渐悟的修为。

简单快乐，珍惜缘分，心存感恩，平安健康，此乃我现阶段的坐标和人生终极目标。

2024年7月15日

我与中国文化书院绿色文化
分院的历史交织

——十二年环保与文化的同行

张继莲

张继莲（1956— ），1987年入职中国文化书院，1993—2005年在中国文化书院绿色文化分院工作，期间担任办公室主任和常务理事。

随着2024年初的钟声渐渐敲响，我收到了中国文化书院领导的信：为了纪念书院成立四十周年，计划出版一部文集，将收录一些老员工的回忆，以此缅怀那些共同走过的岁月。而绿色文化分院是不可或缺的部分。这个重任自然而然地落在了我的肩上，因为在分院十二年的工作经历中，只有我一人全程参与了它的成长与变迁。

面对这项任务，我迟迟未能动笔，心中充满了踌躇与思考。时过境迁，我该如何开始讲述这段历史？从哪里寻找切入点？绿色文化分院的故事，不仅仅是一系列事件的堆砌，更是一段情感的历程，一种精神的传承。它需要被以一种真实、深刻而又引人入胜的方式呈现出来。

在无数个静谧的夜晚，我反复思考，试图寻找那个能够触动人心的开篇。我想要捕捉那些在分院工作的日子里，最令人难忘的瞬间，最深刻的感悟，以及最宝贵的经验。我想要通过文字，让读者感受到绿色文化分院的独特魅力，体会到我们对环境保护事业的执着追求。

最终，我明白，这不仅是一次写作任务，更是一次心灵的回望。我将用我的笔，记录下绿色文化分院的点点滴滴，讲述那些年我们共同经历的风雨与阳光。这将是一部充满情感与智慧的文集，是对书院四十周年最好的献礼，也是对自己职业生涯的一次深刻总结。

1987年，我有幸调入中国文化书院办公室，开始了我与这一学术殿堂的不解之缘。尽管在1987—1993年这前五年里，我并未深入参与书院的日常运作，但我始终与书院保持着紧密的联系。

先说说我参与的由梁从诫先生主持的《知识分子》编辑部的工作。我担任发行部的工作，工作地点在华文出版社，基本上是志愿服务。

1994年，中国文化书院迈出了具有里程碑意义的一步——成立绿色文化分院。我有幸成为这一重要时刻的见证者和参与者，投身于环保事业的宏伟征程。自那时起，直至2005年，我一直在这个平台上工作，目睹了分院从诞生到茁壮成长的每一步。在这十二年间，我与分院携手并进，参与了众多富有成效的项目和活动，为中国的环保事业贡献了自己的力量。

这段时光，不仅构成了我个人职业生涯中极为重要的篇章，也是一段不断学习和成长的宝贵经历。在书院的岁月里，我有幸接触到许多杰出的学者和专家，从他们的智慧和经验中汲取养分。这些互动极大地拓宽了我的视野，丰富了我的知识储备，并激励我不断探索和思考。

回首与梁先生的相识

1985年，我以自由职业者的身份，享受着与孩子共度的宝贵时光。在那个电脑还远未普及的年代，我买了一台铅字打字机，这台打字机具有独特的节奏和清脆的敲击声，也让我获得了源源不断的工作机会。无论是初露锋芒的作家，还是经验丰富的老手，他们的手稿在交付出版社前，往往需要转化为整洁的打印稿。我深知，每一个铅字的敲击，不仅代表着文字的记录，更意味着创作者情感与思想的传递。

这份工作对我而言，不仅是生计的保障，更是一种文化传承的责任。无数珍贵的手稿，通过这台打字机转化为规范的铅印文本，我不仅为他人的梦想助力，也在无形中丰富了自己的内心世界。那段岁月，如同铅字在纸上留下的印记，深刻而持久，成为我人生中不可磨灭的一部分，食指和中指上至今仍在的老茧为证。

从事打字工作还意外地引领我走进了一个杰出人物的圈子。1986年，我获得了一份殊荣，负责将梁思成先生的手写书稿《图像中国建筑史》打成正式稿，这份工作让我有幸与梁从诫先生结识，当我收到这份沉甸甸的书稿时，我惊讶地发现每一页都布满了四种不同颜色的密密麻麻的批注，这些色彩斑斓的笔迹（黑色、红色、蓝色以及黄色）不仅是书稿经过四次深思熟虑修改的证明，也是学术探索严谨性的生动体现。

这份书稿用的是当时常见的400格稿纸，其宽阔的边缘为内容的扩展和深化、修改提供了充裕的空间。书稿上的涂改液痕迹色彩斑斓，交织在一起，记录着作者每一次思考和完善的过程，犹如一幅幅精心绘制的彩色图案。在将这份手稿转化为打印稿的过程中，我遇到了不少古建筑领域专用的生僻字词。面对这些挑战，我只能"照葫芦画瓢"，模仿原稿的样式，尽力完成打字工作，这无疑是一次不小的挑战。然而，当整部稿件打印完毕后，梁先生在审校过程中却遇到了新的难题：由于忘记了不同颜色笔迹所代表的校对意图，他不得不依据我打印的版本来核实哪些内容应被保留。对此，梁先生却给予了我极高的评价，他说："我在校对时忘记了哪些颜色代表要留下的内容，只好以你打字的部分来核实。没想到你处理得很好，说明你的文字功底不错。"这不仅是对我工作的认可，也是对我专业能力的一种肯定。

我深刻体会到了梁思成先生对中国古建筑的深刻见解，这份传承不仅让我感受到了他对文化遗产的珍视，更让我领悟到了他对中国文化传承的无限热爱。在与梁从诫先生的交流中，我们也谈及一些社会问题，常被他对中国环境保护的热忱所感染。他提出的每一个问题，进行的每一次讨论，都流露出对中国这片土地深深的关怀与社会责任感。

曾记得有一次，梁先生问我："你怎么会在家里工作？"我回答说："单位不在北京，还在山西，还未调回来。"他紧接着问："山西哪里？"

我答道："山西五台。"他又问："五台哪里？"我回答："五台豆村。"听到这里，梁先生突然从沙发上站起来，惊喜地说道："太神奇了，太神奇了。我家和五台豆村有着非常奇妙的缘分。你知道豆村有个佛光寺吗？"我回答说不知。他讲了父亲梁思成与母亲林徽因对佛光寺的考察经过和对中国古建保护所留下的遗憾……我仿佛能感受到林、梁二位先生当年发现这座古寺时的激动心情，也能感受到梁从诫先生对这片土地深深的眷恋。这些经历，让我对中国古建筑的认识更加深刻，也让我对梁家三代人对文化传承的贡献有了更加真切的理解。自那一刻起，我与梁先生共同踏上了一段二十年的人生旅程，这是一段难以忘怀且充满宝贵记忆的时光。这段旅程不仅是我们职业生涯的一部分，更深刻地影响了我们的人生观和价值观。

从那以后，我多次前往佛光寺，或独行或陪同友人去探寻那座与梁先生家族有着不解之缘的历史遗迹。

我的一段环保历程的开始

我不记得从哪一年起，每年 3 月，全国两会召开的日子，在这个国家政治生活的重要时刻，梁先生抓住了两会间隙的空闲时间，和几位志同道合的朋友，在他所住的宾馆，开展了一场关于成立组织的深入讨论。在这次会议上，朋友们一致认为，成立组织的时机已经成熟。至于组织的具体发展方向和内容，大家期望梁先生能够发挥他的智慧和热情，引领前行。梁先生被称为该组织的创办人，几位参与讨论的朋友们则被称为发起人。他们的共识和所有参与行动者，标志着一个全新环保组织的诞生，它为中国的环境事业发出自己的声音。

这个组织后来正式名为"自然之友"，能够参与"自然之友"初创阶段的工作十二年，对我而言，是一笔无价的人生财富。一切始于对"做什么"和"怎么做"的探索，所有的工作基本上是"无中生有"，有的是因事而有，有的是因人而生。总之，在未知中前行，仿佛是在摸着石头过河。

虽然几位发起人因各自工作繁忙难以全身心投入，实际上他们参与的工作也很少，推动组织发展的重任主要落在了梁先生、他的夫人方晶老师以及我的身上，偶尔还有不固定的志愿者加入我们的队伍。

在"自然之友"的早期日子里，尽管我们有了自己的办公室，但办公用品非常匮乏。幸运的是，朋友们慷慨解囊，为我们提供了一些旧桌子。一次偶然的机会，梁先生在办公楼下发现了一对旧沙发，我们毫不犹豫地决定将其回收利用。经过一番清洗和修缮，我们用一块漂亮的布覆盖在破旧的扶手上，让沙发焕然一新。

同时，又有朋友捐赠了几把五十年代的椅子，他们戏称这些椅子可是"文物"。这些来自不同时期的家具，不仅解决了我们的燃眉之急，也增添了办公室的温馨与历史感。

在那个时期，"自然之友"的工作涉及方方面面，从策划活动到发送通知给会员，再到活动的组织与实施，每一项任务都需要我们亲力亲为。从 1994 年到 2005 年，我几乎忘记了"周末"的概念，因为许多会员都会选择在周末抽出时间参与环保活动。他们的热情和积极性，激励着我不断前进。

这段经历虽然充满艰辛，但也让我深刻体会大家为共同理想而努力的满足感。我为能够在"自然之友"这个大家庭中贡献自己的力量而感到自豪，也对那些年我们一起走过的日子充满感激。

随着"自然之友"在国内和国际上的影响力逐渐扩大，媒体的采访也日益增多。面对人手紧缺的挑战，接待工作和日常事务处理占据了我们大量的时间。许多工作看似无中生有，但每一项都是组织发展不可或缺的一部分。

我名义上是办公室主任，但实际上工作涵盖了"自然之友"办公室的管理、所有的活动策划、媒体接待、财务管理以及资料整理等，还是梁先生日常工作的助理。现在回想起来，除了节日假期，在那十年中，我几乎没有休息过。

梁先生曾不止一次地表达他的感激之情，他常说："没有张继莲，就没有今天的'自然之友'。"他对我工作的认可和赞扬，不仅让我深受鼓舞，也成为我继续前进的动力。他的这些话语，充满了对我所做贡献的肯定，也体现了我们对环保事业的深厚情感和坚定承诺。

中国文化书院的环保新篇章

在中国文化书院成立十年之际的 1993 年，梁先生作为副院长，主持着书院的工作，他提出了一个创新的想法——成立一个新的机构。面对文化与环保两个方向的选择，梁先生深思熟虑后，决定投身于环保事业。当时，中国正面临日益严峻的环境问题：沙漠化速度加快，森林砍伐现象严重，而媒体和民间组织对这些问题的关注和行动却十分有限。

时间流转至 1994 年，中国文化书院迎来了它的十周年庆典，这一年也成了书院发展史上的一个里程碑。书院不仅庆祝了十年的学术积累和文化传播，还获得了国家民政部社团司的正式认可与支持。在这一重要时刻，书院正式登记备案，成立了绿色文化分院，标志着书院在环保领域的新起点。

绿色文化分院，是一个致力于推动环境意识和文化传承的新学术平台。梁从诚先生作为书院副院长兼任分院院长，他的领导力和专业知识为分院的发展注入了强大的动力。分院的成立不仅代表了书院对环境文化事业的重视，也体现了书院对环境问题的深切关注和对可持续发展理念的坚定追求。

绿色文化分院的成立与使命

在北京第八中学那宽敞明亮的大教室里，我们齐聚一堂，迎来了绿色文化分院历史上一个具有里程碑意义的重要时刻——她正式成立。这一天，众多来自社会各界、心怀环保热忱的朋友汇聚于此，他们的到来为我们的会议增添了无限活力，共同见证了这一历史性的瞬间。

在绿色文化分院的成立大会上，季羡林先生以其特有的智慧和见识，向我们传达了他的祝福与期望。他语重心长地说道："纵观中国悠久的历史，历史学家层出不穷，他们记录着时代的变迁，传承着文明的火种。然而，真正投身于国家环保事业，为之奋斗不息的人，却是凤毛麟角。"这番话语，不仅是对梁从诚先生——一位从历史学者转型为环保先锋之人——的致敬，更是对我们每一个在环保领域默默耕耘者的深切勉励，也深刻地表达了对梁从诫先生以及所有致力于环保事业人士的期望。他期望我们能够继承和发扬光大环保精神，为国家的绿色发展贡献力量。这次集会也意味着向社会公示绿色文化分院的正式成立，更是一个集结号，号召更多有识之士加入环保事业中来，共同为我们的绿色家园贡献力量。

组织有了，在一次聚会中，梁先生与朋友们热烈讨论着分院的未来。一位从事设计的朋友提出了一个宝贵的建议：我们的组织应该拥有一个响亮、易于传播、能给人留下深刻印象的名字和标志。梁先生在谈到分院的使命时，强调了自然环境的重要性，呼吁我们要保护环境、善待动物。他的话语中流露出对自然的深厚情感和对环境问题的深切忧虑，突然灵感迸发："噢，与自然做朋友，就叫'自然之友'如何？"这个名字立刻得到了大家的认同和赞赏。从那一刻起，中国文化书院绿色文化分院有了一个响亮的别称——"自然之友"。为了使这个名字形象化，朋友即刻行动起来，将两片树叶放入复印机进行扫描，创作出了一个简洁而又充满生机的标志。这个由两片树叶组成的图案，不仅象征着自然与和谐，也代表了我们与自然为友的愿景。

"自然之友"的标志设计独具匠心，它采用了最质朴的自然元素，却能够传递出深远而强烈的环保理念。这个别号和标志的诞生，不仅在名称上，更在形象上将绿色文化分院与环保事业紧密地联系在一起。它象征着我们对自然的尊重和对和谐共生的追求。

从那一刻起，我们这群"自然之友"怀着期待，自觉地担负起守护这片土地的责任，肩负起环保的重担。我们深信，每一份对自然的尊重，每一次与环境的和谐共处，都是我们应尽的义务。

不仅仅把"尊重自然，和谐共生"当作一句响亮的口号来喊，更是将其作为行动的号角，召唤着每一个人，无论男女老少，都要迈出实实在在的步伐，为了我们赖以生存的家园而奋斗。我相信，真正的环保是从身边的小事做起，从节约一滴水、一度电开始，从减少使用塑料制品，不使用一次性用品开始。我也相信，每个人的小小努力汇聚起来，就能形成保护地球的巨大力量。

所以，从现在做起，从自己做起，用实际行动来证明我们的承诺。不管是参与一次植树活动，还是倡导一次节能减排的行动，抑或是在日常生活中做出更加符合环保理念的选择，都值得鼓励和赞扬。

作为中国文化书院绿色文化分院的院长，后来梁先生被称为"梁会长"。这个称呼的起源有些人至今尚未完全明白，它似乎并不符合常规的称谓规范。尽管如此，这个称呼却饱含着公众的信任和期望，它超越了形式上的合理性，更多地体现了一种情感上的认同和尊重。

有时也有人会对"自然之友"这个称呼提出疑问，但并不深究。这或许是因为在这个称呼背后，是我们共同的环保愿景和为之付出的努力。它代表了我们对自然的热爱、对环境的关怀，以及对未来的承诺。

这个称呼，有理有情，它不仅是对梁先生个人的尊重，更是对我们整个团队和我们所从事的环保事业的认可。它激励我们继续努力，不断推动环保事业的发展，为建设一个更加绿色、更加和谐的世界而奋斗。

"自然之友"早期的探索

1995 年，首先是确定了会员制，最初加入会员的大多是媒体记者、教师和关注环境问题的人，会费为 10 元 / 年，后来也有终身会员，会费为 500 元 / 年。当"自然之友"这艘船刚刚扬帆起航时，我们面对的是一条充满未知与挑战的道路。一系列问题摆在我们面前：我们的使命是什么？我们应该如何行动？在组织成立之初，由于没有固定的办公场所，就以梁先生的家作为临时的聚集地，所有的活动和工作讨论都在那里进行。然而，即便在这样艰难的起点上，我们仍确立了清晰的定位原则："不唱绿色高调，不做绿色救世主。"这一理念对于提升公众环境意识具有深远的指导意义。

在 90 年代初，公众对环保的理解还停留在相当基础的层面上，主要集中在不随地吐痰、不乱丢纸屑、减少使用一次性筷子和节约水电等日常行为上。然而，随着时间的推移，生态环境的破坏和严重的环境事件逐渐出现，成为公众关注的焦点。特别是 1996 年之后，这些问题开始引起社会的广泛重视。后来生态旅游兴起，虽然这本是人们亲近自然的方式，却意外地成为公众对生态的新破坏。

在这样的背景下，"自然之友"不仅是一个环保行动的倡导者，更是一个引导者和教育者，致力于提升公众对环境问题的深层次认识，推动社会各界采取有效行动，共同守护我们宝贵的自然遗产。

随着"自然之友"作为中国首家环保非政府组织（环保 NGO），其名声传遍国内外，它标志着社会发展趋势的一个新纪元。梁先生因此受邀参加了世界各地的活动和会议，频繁地与国际组织交流。在一次会议上，他结识了香港明爱基金会成员。对方热情地提出，愿意支持作为中国首家环保 NGO 的"自然之友"，但需要我们提出项目申请并附上预算。对于初次接触项目的我们来说，既不懂项目如何规划，也不清楚预算如何制定，又希望能够得到支持。我们决定申请一个环保知识类系列图书的出版项目，因为当时国内这方面的书籍，特别是针对儿童的读物，几乎一片空白。对方同意了我们的请求，并及时地将资金拨付到了"自然之友"的账户上。

梁先生认为，有了资金，我们可以租用一个办公室了。我也认为这是一个好主意。然而，事实证明我们的做法并不可行，因为我们错误地将原本应用于所申请事项的资金用在了不合适的地方，这在社会资助款的使用上是一个严重的忌讳，也为我们后续的报账工作埋下了隐患。幸运的是，我们最终得到了资助方的理解和支持，他们提供了解决方案，帮助我们走出了困境。这次经历不仅让我们获得了圆满的结果，也让我们在组织运作和资助资金规范使用方面得到了宝贵的成长和提高。

尽管"自然之友"已经拥有了固定的办公室，但随着工作的日益繁杂，业余时间变得越来越宝贵。在这种情况下，梁先生提出了一个建议："你的工资由自然之友承担，是否可以辞去现有工作，全职加入？"当时，我在联合大学建材学院的三产部工作，家人考虑到稳定性和保障问题，并不赞同我辞职。面对这种不和谐的局面，我感到困惑和无助，最终决定将几乎所有的业余时间都投入"自然之友"中。

在组织的初期，由于资金有限，我们无法购买更多的办公用品。因此，沙发、桌椅、文件柜等都是我们从各处捡来并重新利用的，成为我们这个环保组织的一道独特风景线。在很长一段时间里，《北京青年报》的校样成为我们日常办公的主要用纸。除非是正式的公文，我们使用的基本上都是"再用纸"，甚至连名片也不例外。

这些举措不仅是对资源的节约和再利用，更是"自然之友""真心实意，不唱绿色高调"理念的具体体现。我们通过实际行动，展现了环保组织应有的责任感和实践精神。这种精神激励着我们不断前行，用更加务实和创新的方式，推动环保事业的发展。

环保理念在媒体中的传播与实践

在 1996 年这一关键年份，我们为组织和项目打下了坚实的基础。那一年，我们不仅清晰地界定了前进的方向，还更坚定地迈出了步伐，开启了一段富有深远意义的环保之旅。

环境意识报纸调查报告

本次调查的核心目标是评估全国报纸对环境议题的关注度和报道深度。为此，我们精心挑选了 80 种具有广泛代表性的地方和全国性报纸，展开了一项全面的环境意识调查。

调查目的：

揭示媒体在塑造公众环境意识方面的关键作用。

分析过去一年内报纸对环境问题报道的频率与深度。

评估媒体报道对环境议题的广度和深度。

调查范围：

我们的调查覆盖了包括地方性日报、行业报、全国性大报在内的多种报纸类型。

报纸样本从一线城市扩展到乡镇地区，确保了调查结果的全面性和多样性。

调查结果：

调查结果显示，不同报纸在报道环境意识方面存在显著的差异。一些报纸展现出对环境议题的高度重视，使用了充分的篇幅来报道，并进行了深度分析。然而，也有部分报纸在环境问题报道上的投入相对较少，这可能反映了对环境议题重要性认识的差异。通过这项调查，我们不仅揭示了媒体环境议题报道的现状，也强调了加强环境报道在提升公众环保意识中的重要性。我们期待媒体能够进一步发挥其影响力，为推动社会关注环境问题和实施行动提供更有力的支持。"身体力行，不唱绿色高调"不仅是我们的宣传口号，更是我们行动的座右铭。在这一时期，我们把环保工作落到实处，组织了一系列社会公众参与的环保活动，如植树、捡垃圾以及举办环保知识讲座。我们注重实践，让环保理念深入人心。当我们决心投身环保事业时，同时也清楚地认识到，无论是提升公众环保素养，还是探索已发生的环境问题的解决方案，都需要我们在不断探索中前行。在经验积累的过程中，也遇到了各种意料之外的挑战。

同年，"自然之友"得知日本治沙专家远山正瑛先生在内蒙古恩格贝治沙已有5年时，"自然之友"迅速组织会员前往那里。70名志愿者在三天内共植树2 700棵，活动圆满成功，所有参与者都感到无比兴奋。然而，1997年再次组织前往恩格贝时，一位CCTV（中央电视台）的刘姓记者因为看到门楼上同时悬挂中国国旗和日本国旗，心生愤慨，便将日本国旗取下。这让当时的负责人王明海非常为难，气氛顿时紧张起来。面对这一突发状况，我们共同商议后果断决定提前结束活动，并向大家宣布树

苗供应不足。果然远山先生向王明海先生询问起国旗去向，王明海先生巧妙地回应说，因为中国国旗有些破损，所以全部取下，等待新国旗买来后再一并升起。

远足植树也是"自然之友"组织的一项重要活动，它不仅促进了人与自然的亲密接触，还对生态环境的可持续发展做出了积极贡献。在中国西北部陕西榆林，我们组织了一系列植树活动，旨在恢复和保护当地的生态环境。这个曾经饱受荒漠化困扰的地方，现在已经变成了"自然之友"植树活动的示范点。通过与当地社区的紧密合作，我们动员了数百名志愿者参与植树活动。每一次远足植树，都是对这片土地深深的热爱和对未来绿色家园的美好憧憬的体现。

在活动中，我们不仅种植了适应当地气候的树种，还对参与者进行了生态保护知识的普及教育。我们希望通过这些活动，提高公众对生态脆弱性的认识，激发他们参与环境保护的热情。随着时间的推移，这些树木已经在当地形成了一片片绿色的屏障，有效防止了土壤侵蚀，改善了当地的微气候，为野生动植物提供了宝贵的栖息地。这些成就是"自然之友"和所有参与者共同努力的结果，也是我们生态文明建设承诺的兑现，未来在陕西榆林以及其他需要生态修复的地区开展更多的植树活动，为建设更加绿色、更加和谐的世界贡献我们的力量。

在 1997 年之前，中国尚未普遍面临大规模的环境问题，公众的环境意识和对环保的理解也相对有限。然而，即使在这样的背景下，我们曾遇到了一位来自河南的热心女士，她的名字或许未被广泛记载，但她的行动却值得尊敬。她深刻认识到随意丢弃电池对环境造成的严重破坏，因此，她开始自发地收集废旧电池，并将其妥善存放在自己家中，累计数量已达数吨。尽管她的努力遭到了家人的反对，但她对环境保护的执着并未减弱。她曾尝试向当地环保局反映这一问题，希望能找到一个有效的解决方案。遗憾的是，她并未得到及时的响应和帮助。在无奈之下，她向"自然之友"寻求帮助。面对这一挑战，我们必须承认，当时的我们同样感到力不从心。

这一情况不仅反映了我们在处理废旧电池方面的设施、方法和渠道的不成熟，更暴露了当时政府和社会在废旧电池回收处理方面意识的不足和体系的不完善。这不仅是对"自然之友"的一次考验，也是对整个社会环保意识和行动的一次警醒。这使我们深刻认识到，环保不仅是个人的责任，更是整个社会共同面临的挑战。它需要政府、企业和每一个公民的共同努力和参与。从那时起，我们更加坚定了推动环保意识、完善回收体系和寻求可持续解决方案的决心。

这些经历让我深刻认识到，环保事业任重而道远。我们需要不断学习、探索和创新，以更加科学、合理的方式应对各种环境问题。同时，我们也要提高公众的环保意识，构建全社会共同参与的环保体系。

随着会员数量的稳步增长，"自然之友"的组织者们的压力日益增加。百人百趣，会员们的关注点各异。为满足他们多样化的兴趣和参与热情，我们陆续成立了多个兴趣小组，其中有观鸟组。野外观鸟不仅是一种愉悦的户外活动，更是监测生态变化的重要手段。

为了提高公众的环保意识，我们必须深入探索，并采用多种宣传和教育手段。这不仅包括传统的教育方式，还应该涵盖创新的内容和形式，以吸引更广泛的受众并激发他们对环境保护的兴趣，提高他们的参与度。

自 20 世纪 90 年代以来，我们持续鼓励公众参与鸟类观察和数据记录工作。特别是对北京雨燕的环志项目，不仅增强了公众对鸟类保护的参与感和责任感，也让他们有机会亲身体验自然的奥秘，近距离观察鸟类的生活习性，了解它们迁徙的路线。

每年的 4 月 5 日，我们都会举办北京"爱鸟周"宣传活动，吸引越来越多的家长带着孩子参与其中，共同感受鸟类世界的魅力。1999 年，在首都师范大学高武教授的专业指导下，"自然之友"编纂了《北京野鸟图鉴》，这本书不仅成为观鸟活动的宝贵指南，也为普及鸟类知识做出了重要贡献；也可作为业余观鸟者在野外现场观鸟时的参考，从而运用提高他们的兴趣和信心，并吸引更多的人来参加观鸟爱鸟活动。

通过这些活动和成果，我们希望能够激发更多人对生态保护的关注和热情，让每个人都能成为自然保护的积极参与者和倡导者。此书是"自然之友"书系的第 1 种。

"自然之友"合唱团的成立不仅使热爱自然的歌唱爱好者汇聚一堂，更成为宣传自然之美和生态保护理念的一道亮丽风景线。合唱团的成员来自各行各业，他们因对自然的共同热爱而聚在一起。通过歌声，他们传达了对大自然的敬畏之情，以及对生态环境保护的深切呼唤。每一首歌曲都是精心挑选的，旨在唤起听众对自然和谐共生的向往。社区活动和公益演出让更多人听到了合唱团的声音。这些活动不仅丰富了社区文化生活，也提高了公众对环境问题的认识。

此外，"自然之友"合唱团还积极参与环保公益活动，我们相信，音乐能够跨越语言和文化的界限，触动人心，激发更多人加入到自然保护的行动中来，合唱团的成立和活动一方面满足了爱唱歌的会员的需求，更是"自然之友"推广环保理念的一次新尝试。我们希望通过音乐这一人类共同的语言，让更多人感受到自然的魅力，理解生态保护的重要性，共同为

构建一个绿色、可持续的未来而努力。

"自然之友"中，植物组的成立是一个值得称赞的举措，它体现了我们对已遭破坏的自然界自我修复能力信任和尊重。植物作为生态系统的基础，对于维护健康的生态平衡和促进环境自我恢复具有不可替代的作用。正是基于这样的认识，我们成立了植物组，旨在深入探索和研究自然生态自我修复的可能性。

我们选择在延庆的松山自然保护区进行长期观察，这里丰富的植被和多样的生态环境为我们提供了理想的研究场所。在这一过程中，我们荣幸地得到了中科院地理所杨斧和首都师范大学高武两位资深专家的悉心指导。他们的专业知识和丰富经验，为我们的研究工作指明了方向，提供了坚实的学术支持。

经过几年的持续观察和研究，我们得出了积极的结论。松山的植物群落展现出了强大的生命力和自我修复能力，即使在遭受一定程度的干扰后，也能通过自然演替逐步恢复到原有的生态状态。这一发现不仅验证了自然生态系统的韧性，也为我们今后的生态保护和修复工作提供了宝贵的经验和信心。

此外，"自然之友"还致力于举办绿色公益讲座，邀请环境与可持续发展领域的专业人士，长期在各地举行面向公众的讲座和报告。我们希望通过这些活动，传播绿色文明的理念，提高公众对环境保护的认识和参与度。这些讲座内容丰富、形式多样，涵盖了生态保护、资源节约、气候变化等多个方面，旨在引导公众树立绿色发展的理念，践行可持续的生活方式。

1997 年：自然之友的挑战与机遇

随着十年的风雨兼程，"自然之友"已成长为中国环保领域内具有良好公信力和深远影响力的非政府组织（NGO）。我们的努力不仅为中国的绿色事业贡献了力量，更在社会的发展中发挥了积极作用，成为环保领域的标志性组织之一。

1997 年，对于自然之友而言，是一个挑战与机遇并存的转折点。在这个时期，环保宣传活动在社会上蔚然成风，各种组织纷纷投身于这一事业。面对这样的形势，梁先生提出了富有前瞻性的思考：如果三年后人们对这些活动的记忆将烟消云散，那么我们就应该停止当前的做法。这种思考，或许源自一位历史学者对事物深远影响的衡量，也深深影响了我后来在面对各种选择时的决策方式。

这一年3月的两会，梁先生作为政协委员提交了关于首钢搬迁出北京的提案。此提案的提出是为了缓解首都的环境污染压力，加快首钢搬出北京的进程。

11月，我们一行15人有幸受到德国"拯救我们的未来"基金会的邀请，踏上了赴德参观学习的旅程。我们的脚步遍及了华德福学校以及一些当地的普通中小学、环保组织和开设生态教育课的学校，这次出访不仅拓宽了我们的视野，更让我深刻体会到了我们国家在环境保护和可持续发展方面，已有可以让别人来学习的成就。我们惊喜地发现，在资源再利用方面，我国已经走在了前列。废品回收的实践，在当时已经成为一种创新的环保行动。

在邀请方周到的安排下，我们一行人踏上了莱茵河的游船之旅。这是一次难忘的经历，我们有幸亲眼见证了一个令人震撼的环保奇迹。河水清澈见底，河床的石头在阳光下清晰可见，它们呈现出深沉的黑色，这是河水污染留下的明显痕迹。河水长时间的冲刷未能完全抹去这些黑色印记，它们现在成为莱茵河治理成效的有力证明。

讲解员向我们娓娓道来："大约二十年前，也就是1977年左右，这条河的水还是一片臭黑。"他的话语中透露出对过去污染状况的深刻印象。他还分享了一个生动的故事："二十年前，我妈妈洗好的衣服都不敢挂到室外晾晒，因为空气中的污染物会再次将衣服弄脏。"

这次经历给我们上了宝贵的一课：环境保护绝不能滞后于经济发展。一旦环境遭受破坏，其治理成本之高，将远远超出我们的想象。因此，我们应当在发展的同时，注重生态保护，实现绿色可持续发展。

通过这次德国之行，我们更加坚信：通过国际交流与学习，我们可以相互借鉴，共同进步。我们将带着这些宝贵的经验和启示，为推动我国环境保护事业的发展贡献力量，大家充满了信心。

同年，青海省成立了可可西里国家级自然保护区，标志着对这个脆弱生态系统保护的重视。然而，保护区的初始资金和人员编制并未包含野牦牛队的成员，这使得这支勇敢的队伍面临被撤销的风险。扎巴多杰，时任青海省西部工委书记，不仅积极向社会和媒体宣传可可西里的严峻形势，也呼吁外界关注并支持他们的保护工作。

在这样的背景下，《绿色时报》主编胡勘平向"自然之友"寻求支持。由于《绿色时报》不便直接邀请，而梁先生当时在国外开会，我听到胡编辑介绍情况后，果断决定由"自然之友"发出邀请。

会议结束后，梁先生回到北京，对我做出的决定表示惊讶："你真是胆子大，竟敢做出这样的决定。"尽管在此之前，社会对可可西里及其所面临的挑战知之甚少，包括媒体在内。即便面临批评，我至今也未曾后悔做出这个大胆的决定。

8月初，扎书记来到北京，他不仅要克服因醉氧而感到的晕沉，还向办公室的志愿者分享了许多他们保护可可西里的感人故事。我们通过讨论确定了宣传策略，以大学学生社团为主要合作伙伴，邀请扎书记进入大学校园，讲述他们在保护可可西里行动中的困难与决心。我们制作了一些展示藏羚羊被猎杀的图片展板，扎书记在北京十几所高校演讲时进行了展示。

藏羚羊绒因其珍贵而成为世界奢侈品围巾（披肩）的主要原料，主要消费者是欧洲国家，如意大利、法国和英国。1995年至1997年间，藏羚羊因藏羚羊绒的高价值而遭受盗猎，可可西里的其他动物也遭到了不同程度的伤害，藏野驴、野牦牛等物种受到了严重影响。除此之外，当时在青海省政府的批准下，一些企业获准进入可可西里的腹地开展淘金活动。这些商业行为，尽管可能出于经济发展的考量，却给这片本就脆弱的自然环境带来了深远的负面影响，造成了难以弥补的生态损害。

可可西里的生态系统极为敏感，这些淘金活动不仅扰乱了当地生物的栖息地，还可能引发土壤侵蚀、水源污染等一系列连锁反应，对高原的生态平衡构成了严重威胁。这些活动造成的破坏，往往需要漫长的时间才能得以恢复，甚至在某些情况下，伤害可能是永久性的。这一现象也引起了社会各界的广泛关注和深刻反思。它提醒我们，在追求经济发展的同时，必须更加重视生态环境的保护，寻求可持续发展的路径。对于可可西里这样的生态宝地，我们有责任采取更为审慎和负责任的态度，确保其珍贵的自然资源和生物多样性得到妥善保护，留给未来的世代。

"自然之友"通过与媒体合作，将可可西里保护藏羚羊的英雄事迹传播开来，使得可可西里、藏羚羊以及野牦牛队的动人故事迅速传遍中国。这种宣传不仅提高了公众对可可西里保护工作的认识，也激励了更多人参与环保行动。

1998年，英国首相布莱尔来北京进行国事访问期间，梁先生作为NGO代表应邀与其座谈，借此机会递交了一份关于猎杀藏羚羊的信函给他和英国大使馆。很快收到回复：布莱尔表示回到英国后将立即处理此事。英国警察总署给"自然之友"回信，表示已向全社会发出限时登记令，并倡议欧洲其他国家也应采取同样的措施，得到了各国的积极响应。

在那一年的重要时刻，梁从诫先生应美国总统克林顿的邀请，准备出席在广西桂林人民公园举行的圆桌座谈会，主题围绕环境问题。这不仅是一次国际交流的良机，也是展示中国民间环保力量的重要场合。

然而，就在梁先生怀抱着一份精美包装的礼物，准备进入公园的时候，我们意外地被现场的警察拦了下来。一位警察警惕地询问："你拿的是什么？"梁先生镇定地回答："这是送给总统的礼物。"警察继续追问："申报了吗？"梁先生坦诚地表示："没有，我们是非政府组织的。"这时，一位身材魁梧、气质威严的年长警官走了过来，他坚定地说："非政府也不能无政府！"这句话让我们意识到，即便是在民间组织的交流中，也必须遵守规则和程序。

随后，一位美国警官过来解释："这是总统请的客人……"经过一番沟通，梁先生最终顺利地进入了会场。这次经历不仅让我们感受到了国际交流的严肃性，也加深了我们对民间组织在环保领域作用的认识。

通过这次圆桌座谈会，梁从诫先生和其他中国民间环保人士有机会与国际领袖直接对话，共同探讨环境问题的解决方案。这次活动不仅提升了中国民间环保组织的国际形象，也为推动全球环境保护事业的发展做出了贡献。

在"自然之友"和社会各界的共同努力下，1999年5月，我们为野牦牛队募集资金购买了两辆北京吉普车，这些车辆被充实到巡逻第一线，保障了队员们巡逻时的生命安全。梁先生以"自然之友"的名义向国家环保局、国家林业局提交了《关于保护藏羚羊问题的报告和建议》，建议由中央主管部门对藏羚羊保护区工作进行统一领导，并建立青海、西藏、新疆三省区的联防制度。

1999 年春季，"可可西里一号行动"在国家林业局森林公安局的组织下，青海、西藏、新疆三省区在可可西里地区开展了为期三周的反盗猎行动，CCTV 进行了连续的报道，这是保护藏羚羊和其他野生动物的重要举措。

1999 年 5 月，梁先生一行 15 人（各电视台、电台、报纸的媒体人）踏上了前往可可西里的征程，以实际行动支持野牦牛队的保护工作。在这片广袤而神圣的土地上，他参与了一场意义非凡的仪式——公开烧毁了几十张非法缴获的藏羚羊皮。这一行为不仅是对盗猎行为的强烈谴责，也是对野生动物保护决心的有力宣示。这些行动不仅展示了"自然之友"在环保领域的积极作为，更是对生态保护理念的坚定践行。通过这些不懈努力，"自然之友"为中国的环保事业做出了不可磨灭的重要贡献。这次可可西里的环保之旅，不仅在中国环保史上留下了浓墨重彩的一笔，更成为一个激励人心的标志性事件。它的影响力远远超越了行动本身，鼓舞了无数人投身于自然保护的伟大事业，点燃了公众参与环保的热情。

然而，不幸的是，在这次意义非凡的旅程的归途中，我们遭遇了一场车祸。尽管时间已经流逝，但那次事故所带来的后遗症至今仍在困扰着我，时刻提醒着我环保之路的艰辛与不易。

通过这些公开行动，"自然之友"传递了一个明确的信息：保护野生动物和维护生态平衡是我们每个人不可推卸的责任。这些行动不仅彰显了环保组织在提升公众意识、推动政策变革以及直接参与保护工作中的重要作用，也强化了"自然之友"在环保领域的领导地位。

在这一时期，"自然之友"的宗旨经历了深刻的转变。将最初的"不唱绿色高调，不做绿色救世主"更新为"真心实意，身体力行"。这一变化体现了组织对环保工作的更深层次的承诺和实践，强调了以实际行动来践行环保理念的重要性，也标志着我们对环保事业有了全新理解和更坚定的承诺。我们相信，通过真诚的态度和切实的行动，我们能够更有效地促进环境保护，激励更多人参与，共同构建一个和谐共生的生态环境。

"自然之友"十二年环保教育征程

2000年起"自然之友"致力于在全国范围内推广流动教学模式，并通过交流、培训、研讨等方式，不断提升流动教学的专业水准。

提高公众对环境问题的认识和理解，也加强了社会各界对环保行动的支持。通过实际的行动，"自然之友"展现了其在环保领域的领导力和创新精神，进一步巩固了其作为环保 NGO 的标杆地位。

绿色希望行动：这一年，"自然之友"携手中国青少年基金会希望工程"绿色希望行动"在徐永光先生的提议下应运而生。该项目专注于全国各地的希望小学，组织了 20 多个志愿团队，集结了近 100 名来自全国各地、各行各业的志愿者。他们带着热忱和知识，深入 10 多个省、自治区的 100 余所希望小学，开展环境教育活动，播撒下绿色的种子，培养孩子们对自然的深沉热爱和保护意识。采用活泼多样的形式引导孩子们认识自然，以及人与自然的关系，人只是生态链中的一个环节而并非高于其他物种。

流动青少年可持续发展教育——"羚羊车"：2000年，"自然之友"从德国引进了流动环境教学模式，启动了中国第一辆环境教育教学车——"羚羊车"。多年来，"羚羊车"在实践中不断探索新的教育理念与模式，累计访问全国各地 400 多所小学，使约 50 000 多名师生受益。2001 年，"羚羊车"项目荣获"福特汽车环保奖"，标志着我们流动教学模式推广的卓越成就。

保护地与公众参与：我们致力于保护和维护保护地的生物多样性、自然及文化资源。2004 年底，由"自然之友"主办的"最后的净土——我们眼中的保护地"图片展，以及相应的讲座、研讨、公众调查活动陆续开展，我们还将图片展推广到南京、大同等地，引起了公众的广泛关注——在 7 个公共场所展出，总计受众超过 10 万人。此外，在北京和南京的 10 所高校巡展，进一步扩大了影响力，尽管参观高校展览的具体人数尚未统计。

2001 年，随着北京申奥成功，北京市奥组委迅速向众多 NGO 发出邀请，号召大家共同参与绿色奥运的建设。"自然之友"积极响应，提出建议，强调从健康生态的角度出发，构建绿色奥运，并突出了民间组织在其中所能发挥的力量。梁先生明确指出："在与政府间的关系上，我们的角色是协助而非干扰。"他的这一观点对我有着深远的指导意义。我有幸参加了几次会议，亲耳聆听了各机构提出的宝贵建议。

2002 年，全球环境基金第二届成员国大会召开，"自然之友"受邀承担"草根环保论坛"的组织工作。50 多家中国 NGO 参与了此次盛会，梁先生代表中国环保组织发表了演讲。

2003 年 11 月，自然之友组织了"遗产保护与可持续发展论坛"，邀请了北京大学世界遗产中心主任谢凝高教授、北京大学环境学院生态学系陈禀洛教授、联合国教科文组织北京办事处主任杜晓帆先生、中国社会科学院环境与发展研究中心主任郑易生先生等二十位专家学者，共同探讨了环境和遗产方面存在的问题、挑战及对策。

2004 年 4 月，自然之友组织了峨眉山温泉度假区旅游开发与保护高级专家研讨会，邀请了著名建筑学家罗哲文先生、建设部规划院高级城市规划师张兵先生、国家商务部建筑规划专家虞河岳先生等，共同讨论旅游开发与自然保护的平衡。

2005 年 4 月，内蒙古自治区额尔古纳市市长钱瑞霞专程到北京拜访"自然之友"，和梁先生探讨如何在发展与保护之间找到平衡。梁先生当场表示可以邀请专家共同研究更有效的策略。随后，在 6 月举办的额尔古纳市人民政府和"自然之友"（中国文化书院绿色文化分院）联合主办的"额尔古纳生态高层研讨会"上，邀请到的专家、学者有汪松教授、陈克林先生（湿地国际——中国项目办事处）、王维平教授（循环经济专家）、齐莉梅研究员（中国社会科学院农村发展研究所）、张德柱（呼伦贝尔林业局局长）、潘岳（国家环保局）等 20 人，媒体人有敬一丹、王军、赵永新等 14 人。会议内容包括：

1. 政府、NGO、企业共同关注一个地区，共同探讨如何在保护自然资源的同时进行科学利用，发挥各方优势；

2. 通过专家论证，肯定了额尔古纳的绿色定位和保护、利用自然生态的理念，制定可持续发展的策略，争取政策支持，并借此扩大额尔古纳市的对外影响力，实现对外传播的目的；

3. 专家们一致认为，发展生态旅游在额尔古纳市是有可行性的。

2005 年，回顾过往，我在十二年的"自然之友"管理工作中，曾组织过大大小小的活动无数次，但以上这三次论坛，我面对压力与挑战着实是前所未有的。会议内容安排、专家的选定和联络、活动的开展与总结，基本上都由我一人完成。这些经历对我而言，是一段宝贵的成长旅程。

每一次会议的策划和执行，都是对我的组织能力、沟通技巧和专业知识的考验。我学会了如何在紧张的时间压力下，协调各方资源，确保每一个细节都能精准落实。在这个过程中，我不仅提升了自己的项目管理能力，也锻炼了解决问题的能力。

与来自不同领域的专家学者、政府官员和 NGO 同仁的交流，极大地拓宽了我的视野。我学会了如何倾听不同的声音，理解不同的观点，并在此基础上寻求共识。这些对话和讨论，让我对环境保护的复杂性和紧迫性有了更深刻的认识。

此外，我也深刻体会到了团队合作的力量。虽然在很多情况下是我一人在前线作战，但"自然之友"的每一位成员，无论是提供智力支持还是情感鼓励，都给了我巨大的帮助。共同的目标和信念，让我们能够克服重重困难，取得一次又一次的成功。

在"自然之友"的十二年里，我从一名满怀热情的环保新兵成长为一名在环保领域能够独挑大梁的老兵。我不再是仅凭一腔热血行事，而是在实际工作中不断积累经验，成长为一个更加成熟、专注于环保的人。

我学会了在环保领域这个充满不确定性和挑战的世界中，如何保持冷静和清晰的思路。在面对复杂多变的环保问题时，我能够坚定自己的信念，不随波逐流，而是用扎实的专业知识和实践经验来指导行动，确保每一步都朝着正确的方向前进。

通过不断的学习和实践，我深刻理解到，环保不仅仅是一种理念，更是一种行动。我努力将环保理念转化为具体实践，通过参与和推动各种环保项目，为保护我们共同的家园贡献自己的力量。我相信，只有将理念落实到行动中，才能真正实现环保的目标。无论面对怎样的困难和挑战，只有我们保持清晰的思路和坚定的信念，才能用行动践行环保理念，为地球的美好未来贡献自己的一份力量。

1999 年 5 月，对于"自然之友"而言，是一个值得纪念的月份，因为我们的书系迎来了第一本儿童读物《地球家园》的出版。这本书以生动有趣的方式，向孩子们介绍了我们共同的家园——地球，激发了他们对自然环境的好奇心和保护欲。

紧接着，《为无告的大自然》也与读者见面了。这本书的书名原本是季羡林先生亲笔题写的"为无告的大自然请命"，但遗憾的是，由于出版社审稿时未能通过，最终不得不删去"请命"二字。尽管如此，这本书依然记录了"自然之友"丰富多彩的活动和不平凡的发展历程，展现了我们对环境保护事业的执着追求。

在 2005 年之前，"自然之友"书系陆续出版了一系列优秀的作品，包括《北京野鸟图鉴》《20 世纪环境警示录》以及译作《与孩子共享自然》等，不仅丰富了公众的环保知识，也提高了人们对环境问题的认识和关注。这些书籍的出版，是"自然之友"在环保领域影响力的体现，也是传播环保理念、普及环保知识的重要途径。

荣　誉

"自然之友"以其卓越的环保实践和教育贡献，荣获了包括"亚洲环境奖""地球奖""大熊猫奖"以及国际认可的菲律宾"雷蒙·麦格赛赛奖"等多项国内外大奖。这些荣誉不仅是对"自然之友"十年来不懈努力的认可，也是对其在中国环保事业和公民社会发展中所做贡献的肯定。如今，"自然之友"已成为中国环保领域内具有良好公信力和深远影响力的非政府组织（NGO），并被誉为环境行动的标志性组织之一。

愿　景

"自然之友"的愿景是将环境教育和自然保护作为坚实的基石，致力于建立和传播具有中国特色的绿色文化。我们希望通过教育和行动，激发公众的环保意识，培养负责任的绿色公民，从而促进可持续发展事业的繁荣。我们相信，通过不懈努力和社会各界的共同参与，我们能够构建一个和谐、绿色、可持续的未来。

时间就像一条河流，悄无声息地带走了岁月，却也给我留下了宝贵的经验和教训。这一路走来，我不仅对环境保护有了更深刻的认识与忧患感，也更加坚定了我投身于这项崇高事业的决心。每当"自然之友"获得荣誉，我都感到无比自豪，这些认可成了我不断前进的动力。

对我来说，能够成为"自然之友"这个大家庭的一员，和一群有着共同梦想的伙伴们一起奋斗，是一种无上的光荣。我们的目标是通过教育和保护行动，培育出一种具有中国特色的绿色文化，推动我们的社会向着可持续发展的方向前进。我坚信，只要我们持续努力，中国的山将更加郁郁葱葱，水将更加清澈见底。

回首在"自然之友"工作的十二年，"自然之友"已经远远超出了我们最初的设想……它不仅是一项事业，更是一种生活，一种深入人心的绿色生活方式。

完稿于　中坤大厦

2024 年 8 月 5 日

我与"中外比较文化研究班（函授）"

陈万清

陈万清（1958—　），北京广播电台退休记者、编辑。1987年书院"中外比较文化研究班（函授）"学员，1988年—1989年在书院从事教务工作。

1987年，我参加了中国文化书院举办的"中外比较文化研究班（函授）"，成为它的学员。这年下半年，在报上又看到文化书院向社会公开招聘员工的消息，我经过反复考虑，寄去了一份应聘信，愿辞掉当时的公职到书院这所民办机构。我那时在北京燕化公司炼油厂厂工会工作，端着铁饭碗，且刚刚由厂里掏学费上完市总工会职工大学大专班。

到10月底，我收到了书院的应聘培训通知，地点在前门东大街的人人大酒楼。来参加培训的，竟然有好几十号人，大家都是有固定职业的啊。可想而知，中国文化书院当时带给人们多大的理想和期望。

一个月之后，收到了书院的录用通知书。当我拿着商调函办关系时，遇到阻力，厂里不放我走。为此，我登门我的直接领导、厂工会主席家去磨。记得工会主席十分不解和气愤地对我说："去那，你也不过是个高级催本儿！"最后，炼油厂同意放我走了，但要我把大专班学费3 000元还回厂里。虽然，我铁了心要去书院，但在那个年代我一个月才挣几十块钱，家里积蓄根本拿不出 3 000 元。我把厂里的要求跟副院长鲁军说了，没想到，他立即答应由书院为我垫付这笔钱。

1988 年元旦一过，我就到中国文化书院上班了。副院长鲁军先前跟我说，要我办一份读书报，但到了书院之后他就不再提办报的事了。他要我到正在香山举办的一个短期高级研讨班，协助在那主持办班的鲁小光。鲁小光跟我一样也是这次应聘来书院的，他比我早到了一些时间。香山高级研讨班在春节前结束，等春节过后，鲁军告诉我读书报暂时不办了，要我去了教学部，主管"中外比较文化研究班（函授）"的教务工作。从那以后，我一直待在"中外比较文化研究班（函授）"，直到这个班结束。

"中外比较文化研究班（函授）"，我很熟悉，因为我也是它的学员。这个班开班快一年了，教学工作都很顺利。它影响非常大，在全国有学员一万二千多人。比较班是函授教育，书院为学员编写了十五种教材，每月编发《中国文化书院学报（函授版）》，还组织全国面授讲座。

学报，每月一期，四开四版。学报编辑印刷都不在院内，主编是北京市社科院（市委党校）的左锋、辛章平，组稿、编辑都由他俩负责，印好给送过来。我为他俩提供除了给学员的通知外，还有刊登学员来稿专版的稿件等。他俩每个月必来书院一次，送报纸连带取稿。在学报即将出来前，我们先抄好信封，学报一到，装封寄出。负责比较班的就我一个人，但长期雇着两个人，都是退了休的中学教师。全国学员人数超过一万二，抄信封、装报纸、粘信封是一个大工程，基本是承包出去，完成一件几分钱。教学部有位聘来的中央教科所退休干部，叫杨甦。发学报的事就交给他了。他有一个小圈子都是退休人员，每次他把活领走交给他们做。一万两千名学员地址姓名造册，每个省份编辑一大本，连西藏都有，刻蜡版油印。每次给学员邮寄学报、教材、通知等，就把这二十多本学员花名册搬出来。抄地址、姓名，真是有点工程量。

学报，是学员与书院沟通的桥梁。学员要了解教学动态、交流心得，都离不开学报。学员们也非常看重这份报纸，遇到邮寄不到或丢失的情况，就来信索要，我们再给补寄去。有一件事，值得讲一下。我负责比较班以后，接到很多学员反映第四期学报一直没有收到。第四期学报应是上一学年的，发行时我还没有到书院呢。负责学报印刷、发行的，其实还有一位叫王永年的人，他也是市社科院那边的。过去一年了，还不停接到学员来信反映没有收到第四期学报，而且人员那么多，我想应该不仅仅是寄丢了的问题，或者就是没给他们寄。我联系王永年问他当时的情况，他说不出所以然。联系了几次都没有结果，我就让书院司机带我去了王永年那里。他那边有个小库房，打开门我们一起进去，发现堆着很多种余下的学报和辅助资料等，其中第四期学报有很多。我就告诉他要把余下的第四期学报拉走。他开始不同意，说这些东西属于书院早期组织者陈战国，不能动。我说，学员没收到的学报必须补寄，其他的问题我不过问参与。他妥协了，让我把剩在他那里的学报拉走了。回来，补寄给了学员。

发给学员的十五本教材，是陆陆续续编印出来的。我接手比较班时，已近第二学年了，但还有一半的教材没有发到学员的手里。没出来的原因，都是作者没有按时交稿。像《比较美学》，原定作者后来去了深圳教学，没有按时写出来，一催再催，还是说写不出来。最后，只好改由叶朗承担了，他来担纲，由他的研究生编写。这本书，好在在比较班结束前赶着印出来了，赶快发到学员手里。还有，《中国文化概论》，作者是李中华先生，他中途出国去进修了，没有按时完成。但李先生回国后立即赶写，也是在比较班结业前印好发到了学员的手里。而计划中的《文化学概论》就没有这么幸运。由于没按时完成，又一时找不到替补作者，就用新出版的汤一介先生的《中国传统文化的儒道释》、庞朴先生的《文化的民族性与时代性》替代。

还有面授讲座。面授有两种形式，一种是全国性的，即利用暑假、寒假在全国开辟几条线路，每条设置两个函授点，组织导师一行前往给学员面授。面授的第二种方式，是针对北京地区学员不定期地举办讲座。所有面授内容，都是导师讲课，帮助学员打开眼界，拓宽知识面。举办面授，也是书院及导师与学员见面、交流的一个机会。

我到书院后，赶上了第二学年的全国面授，我作为组织者带着面授老师去了东北这条线。林娅老师主管书院教学，她把全国面授的老师、内容、线路等设计好，然后刊登到学报上，告知学员。学员看到面授通知，根据时间、地点，自己决定参与哪个面授点的面授。

每条线路安排两处面授点，东北方向安排的是天津和哈尔滨两个面授点。每条线路，有两名书院工作人员负责组织工作，联系导师，落实车票、食宿、面授点等。很多工作，多亏有当地学员帮忙，不然靠两个人根本完不成。面授安排在七月中下旬，我五月初就先去了两地踩点。天津确定在天津市冶金局党校，党校的一位教师是比较班学员，叫王丽华，她很乐于帮忙，而且人缘很好，学校本来放暑假她却叫食堂的大师傅来加班。哈尔滨的学员们就更不用说了，市委政策研究室的曾立群，还有市委理论刊物《学理论》杂志社副总编辑薄喜茹等，他们利用人熟地熟之便，帮我安排得妥妥的。

临近出发，却着了几次大急，最后全家"总动员"帮我排忧解难。原定和我一起去的书院同事，突然家里有事，去不了了。面授需要十来天，事到临头，现抓人抓不到。于是，我就找到自家兄弟，他在交管局工作，要他请假跟我一起去。他还真请下了一个星期的假。我安排他只去哈尔滨面授点，我先带第一拨导师过去，安排好那边的事宜，带第一拨导师转战天津面授点之后，他再跟第二拨导师过去，一直盯在哈尔滨面授点，直到全部结束他再撤回。相比之下，买车票着的急，比组织面授大多了。该买车票了，来到北京火车站，暑假期间的各种车票早就预订完了。我哪知道，暑运车票一向是最紧张的，一票难求。我当时真傻眼了，面授这么大的事，我这条线的面授导师有北大李中华、何芳川、许抗生，政法大学张晋藩、社科院杨雅彬、何光沪，中科院自然科学史所的苟老师（记不得名字了），外院二分院的王老师（记不得名字了）等九位；还有，从各地参加天津、哈尔滨两地面授的学员，也不下千人。如果因为车票问题取消面授，会承担多大的责任啊。我使出浑身解数，想办法，找关系，全家总动员。邻居的朋友在北京铁路局，辗转求他从内部开出座位号的纸条，也只能是硬座。我和李中华老师就是凭座位号先上车，然后再找车长上车补票。我们从头天下午上车，经过一宿，第二天上午才到哈尔滨。车厢里挤满了人，连座位下都躺着人，想去厕所都过不去。后面的几位老师运气好点，是我当老师的大姐找到毕业后在旅行社的学生，给买到了软卧票和机票。因为我已经出发了，她正好放暑假在家，她就一趟一趟地把车票、机票给每位面授老师送到家去。不管经历了多大艰难险情，总之每位老师都给订上了票，按时出发，圆满完成了面授任务。

北京学员的面授，虽然不定期，但也大约两个月安排一次。面授初衷不是教材辅导，只是为了开阔学员眼界，因此都是专题讲座。面授导师多是各学术领域的活跃人物，时间正处于20世纪八十年代，思想界、学术界都很活跃，很需要让学员了解新知识新动态。我安排过社科院宗教所的吕大吉、何光沪、何新，近代史所的丁守和，中科院自然史所的潘吉星等，给北京学员讲座。

北京学员面授，地点开始多安排在劳动人民文化宫内的劳动剧场。考虑到这里位于市中心，交通四通八达，便于住在各地的学员前来。但也有学员反映，先进文化宫大门，如果忘带听课通知书还要买门票，觉得不方便。于是，我找到在对面"革博"工作的名叫黄效东的学员，联系他们的会堂，以后面授就改到"革博"会堂去了。地点没大变，进出却方便了。那时的会场租金极其便宜，租半天"革博"会堂也就四五百块钱。

有天庞朴先生找到我，说台湾学者王晓波来北京，可以安排一次给北京学员讲座。王晓波是自1949年来台湾首位来大陆的访问学者。考虑到当时两岸还没有实现全面接触，为减少不必要的政治影响，庞先生建议这次活动不要安排在劳动人民文化宫和"革博"这样的敏感地方。于是，我找到在崇文区教育局工作的父亲，联系到位于珠市口大街东侧的崇文科教馆。这个具有"划时代"意义的海峡两岸学术交流活动，竟然躲进一处安静简陋的大教室里举行。庞朴先生主持了那天的活动。还有一次，台湾的胡秋原先生到北京，来到文化书院，也是庞朴先生要我邀请几位北京学员，和胡先生座谈。

1988年底，比较班接近尾声。按计划，每位学员根据两年所学的"中外比较文化研究"的十五门课程内容，需撰写一篇结业论文，题目自定，提交给书院。从后来收集到的学员论文看到，确有不少富有高水平的论文，甚至有学员把自己出版了的专著当作结业论文提交上来。北京舞蹈学院的罗雄岩老师的结业论文就是他的《中国民间舞蹈文化》一书。他题签送了我一本，还要我转送庞朴先生一本。罗雄岩在该书"前言"中写道："作者想在三十多年来从事民间舞蹈教学、采风与搜集有关资料所获得的经验的基础上，从文化角度对中国民间舞蹈做系统的探讨。"这本《中国民间舞蹈文化》，是他的教学讲义，虽然成书但还没正式出版。我把罗先生赠书转交给庞朴先生，庞先生非常肯定这本书，他说还没有一本当代人的"中国舞蹈史"专著。湖北社科院的一位研究员学员，把他刚刚出版的一本"行为科学"的专著，当作论文交来，他也送给了我一本，专门题签。北京广播电台记者范阳，是古典文学研究专家范宁先生的女儿，受其父亲影响她也非常喜欢古典文学，她把她的一部探讨《红楼梦》的专著作为论文提交了上来。

书院非常负责任，对这上万名学员提交的结业论文非常重视，安排了近20位书院导师、高等院校教师和社科院研究员等，审阅论文，好多都是学科专家，包括书院院长汤一介先生，导师乐黛云、庞朴、李中华、林娅、许抗生和社科院社会学所主任杨雅彬等。我一位一位地先与他们联系，说明情况，询问是否可以承担这一任务。绝大多数书院导师和院外人员，愉快地接受任务。审阅的要求是，每篇论文要写出评语、评分，优秀的单独挑出来，有日后结集出版的考虑。当时给予审阅老师的报酬并不高，每位也就几百块钱。像汤院长、乐先生几位书院导师都没要报酬。我的论文，走了个后门，拿给张岱年先生看的。他当年八十多岁高龄，不但认真看了我的论文还写了几百字评语。我对张先生这种爱护学生认真负责的精神，非常感动。我当年送给先生一盒圣诞蜡烛，聊表敬意。张先生还表示不必这样客气。

比较班学员一万两千人，两年坚持下来，提交毕业论文的仍有好几千人。这个数量还是很惊人的。一个函授教学班，没有任何组织约束，全凭对"比较文化"的热衷追求。坚持两年自学，而且自觉完成论文，这种求学精神真是难能可贵。学员的论文都是通过平信或挂号信寄到书院的，北京学员有人专门送到书院来。每天少的要收几十件，多的时候收到几百件。每天三四个人拆信件，拆开登记，然后看看题目按学科分类，每类交给专门的审评导师。

1988年底，我提议为学员办"论文辅导班"，院方同意。辅导班一共办了三期，都在北大，每期一周时间。每次都会有来自全国各地的二十来名学员。学员在北大很方便，吃饭在学生食堂，饭好还便宜。讲课以讲座和交流为主，请来讲课的老师很厉害，有张岱年、季羡林、周一良、侯仁之、阴法鲁、白化文、金克木、叶朗等，辅导班主要是开阔学员知识眼界，给学员提供与导师交流的机会。这些先生都很乐意和学员交流，不摆架子。记得，季羡林先生每次都是最早走到"一教"，从不用车接，他说反正每天都要散步。"一教"那时很简单，现在人一定想象不到，教室的讲台只放着一条长凳。每次先生都是坐在长凳上讲座，与学员交流。周一良和白化文先生是安排一同来的，结果两人就同坐在这条长凳上。白先生幽默谦逊，面对周先生总是以"我老师"相称。当时书院有个规定，请书院导师讲课，都不用付给报酬。这样，日后还闹出一点误会。有一天，乐黛云老师找到我说，白化文先生在校园里遇见她提起"讲课费"的事。乐先生的意思，白化文先生可能不清楚书院的规定，就给白先生开个"特例"。

临近结业，学员对两年的比较文化学习非常留恋，写信建议，希望院方编一本比较文化研究班同学录，再搞一本结业证书。院方都答应了，学员们很高兴。当时，书院面临刚刚分家，经费非常紧张，要拿出印制同学录和结业证书的钱，确实很困难。最后院方决定，要学员补缴10元作同学录和结业证书制作费。通知发出，学员都积极响应，立即把钱寄来。

整理同学录，是一个大工程。历时两年的时间，很多学员的基本情况发生了变动，有的工作、职务变动了，有的地址改变了，有的学员去了国外，甚至有学员已辞世。我们首先认真核对每位学员的情况，把最新正确的信息手抄到油印的大本花名册上，然后交给印刷厂录入计算机，打出校样，一一校对。

同学录的封面，是书院的同事戴宪帮助设计的。为了增加纪念意义，我还想到找导师为这本同学录题辞，目的是通过这些学者的勉励，让大家永远保持追求知识的精神。联系到导师，大多数导师都愉快地答应了。记得有冯友兰先生、汤一介院长、季羡林先生、庞朴先生、叶朗先生、牙含章先生等，来写题词。请张岱年先生写了序言作寄语。张先生文章最后一段，表达的是我们今天继承中国的传统文化，也应该认真地学习西方文化。后来，由于版面紧张，印张使用不匹配，只用了汤院长和季羡林先生的题词，其他导师的题词被印刷厂技术性地撤掉了，非常遗憾。

比较班的毕业证书，设计非常特殊，彰显"比较文化"研究班特点。封皮是大红缎面烫金字，内容除学员照片、中国文化书院钢印、汤一介院长章外，特意把十五门比较文化课程和几十位导师罗列在上面。证书上还有一句格言"让中国文化走向世界，让世界文化走向中国"，设计之初，后面那句"让世界文化走向中国"中的"走向"我写的是"走入"，李中华先生发现后，改成"走向"。后来我才知道，这句格言出自冯友兰先生。

1989 年的夏季，中外比较文化研究班，经过两年学习，圆满结束。8 月，中国文化书院在北京大学举办了结业仪式，北京学员及部分外地学员，参加了结业仪式。这时，我也离开文化书院，到北京国际艺苑工作了。

那时，我与书院俱少年

杨敬（1964—　　），曾任北京西城区政协委员、民主同盟西城区区委委员。1987 年底至 1989 年底为中国文化书院员工。

20 世纪 80 年代是思想解放的年代，有着无数的可能和机会。那时的大学生是天之骄子，他们在校园里接触到中外各种文化流派，并且逐渐学会表达自己的想法，张扬个性。部分毕业生不接受学校分配的工作，自主择业。那是一种又忐忑又兴奋的感觉，并不是因为能预料到未来有多美好，而是因为自己敢于向组织的安排说不。在我的同学中竟然还有毕业40 年，档案至今仍留在学校的。

我也是这些大学毕业生中的一员，没有去学校分配的单位报到，宁可多花几个月寻找自己想要的工作，幸运的是我找到了中国文化书院。

作为一个中文系的毕业生，我一直对中国传统文化情有独钟。接触和了解西方文化是为了开阔思路，以便更好地学习中国文化。中国文化书院以弘扬和传播中国传统文化为己任，书院的导师都是国内顶尖的学者。书院的运营者多为北大哲学系的老师兼任，所以学院的氛围仿佛大学校园，轻松而民主，同时又不乏工作的激情。这些都对我有着无法抗拒的吸引力。

在我入职的时候，书院开办的多期大学后教育大获成功，热爱和渴望深入学习传统文化的人们蜂拥而来，来自全国各地的学员不计其数。邮寄函授教材，组织著名学者现场授课的工作让书院的工作人员忙得不可开交。

1987年末，书院筹备创办大型双月刊《中国学导报》，以国外汉学研究者为主要目标读者，意图将中国传统文化的传播领域扩展到全世界。

1988年，《中国学导报》出版。16开96页，内容涵盖人文科学领域各方面的研究成果。从约稿组稿到编辑校对都由我负责，令我感到压力山大。我用了大量的时间泡图书馆，查阅（更多的是学习）资料，寻找作者。

我的领导是魏常海老师。他是北京大学的教授，也是书院的创办人之一。他对我和同事们的态度就像对学生一样，总是鼓励、肯定和引导，从来不对我的工作指手画脚。如今想来，是他的"放纵"让《中国学导报》里融入了许多我个人的喜好，也让我在刚入行的时候就学会了"主编办刊"的理念，为我以后在报社工作打下了良好的基础。

魏老师在工作之余是个有趣的人。记得那时他刚学会开车，有一天我下班去赶公交车，他载我到车站，差一步没有赶上，他立刻喊我上了他的车，一脚油门冲到公交车前面，载我到下一站，然后高兴地说："还是我快。"

人民大学的庞朴教授是《中国学导报》的编委之一，总是一副儒雅而风度翩翩的样子。他和魏老师一样，尊重我的想法，给了我极大的自主权。

我们部门的田锐是经贸大学的英语老师，是书院女生眼里的白马王子。他的工作单位距离书院太远，要横穿北京城。为了方便，他在办公室里架起了折叠床，工作太晚就住在书院。书院有体力活的时候肯定少不了他。他参与翻译了《卡耐基传》，他说这是他在书院的一项重要成果。他是最晚离开书院的人之一。听说他最终辞掉了经贸大学的工作，出国了。

刘小玲在大学时学日语，她在书院的主要工作是向日本发行《中国学导报》。那时没有互联网，国际长途电话费极贵，而且通话质量不高。她只能依据"大黄页"寻找日本汉学研究机构的地址，然后一个个抄写在信封上。可惜，大部分"查无此人"。

每两个月，我们部门全体出动，到位于雅宝路的国际邮局，将装在信封里的杂志寄给国外的研究机构和图书馆。然而，我们收到的反馈只是极少的几封充满了溢美之词的信件，大量邮件却因投递地址错误而被退回。

我们每次都是用书院的班车把邮件运到国际邮局。那是一辆国产的中巴车，机器盖子在车厢内部。车子质量差，隔三岔五在途中抛锚，当时没有随叫随到的救援，亏得司机小马技术高超，每次都是他打开机器盖子，这里捅捅，那里扳扳，半小时左右就能修好。记得有一次别人开这辆车，坏在路上怎么也弄不好，最后叫来小马才让车子重新活过来。大家都说这辆车是认人的。

《中国学导报》因为没有可以公开发行的期刊号只能作为内部交流资料，而且仅面向国外的汉学研究者，这一定位显然没有考虑到市场因素。为了能在国内外同时公开发行，魏老师和编委们努力争取获得一个合法期刊号，但没有成功。加上发行不力，杂志不得不收缩，从 96 页缩减到 72 页，从双月刊变成季刊，同时校准接收机构地址。然而，改进的效果并不明显，最后无疾而终，我也离开了书院。

我在书院仅仅工作了一年多，对我而言，这一年多仿佛是我学生生涯的延续，和现在职场上的感觉不同。师生关系、同学关系多过上下级关系、同事关系。书院本身缺少一个市场主体应有的运营姿态。如今想来，这恰恰是书院陷入困境的重要原因。

和我毕业时不接受学校分配工作一样，书院的创办者们也认为自己除了大学校园，还有更多施展才能的天地。初期快速增长的财富令人惊喜，更令人盲目，让他们想当然地认为成功可以复制。

记得一次书院发动全体人员印发、邮寄了几千份招生简章，大家热热闹闹地忙活了一周左右，但回应者寥寥。人们对国学的热情并没有维持太久，能够沉下心来接受"学院派"教学的人没有想象中的那么多。让人文学科的知识变现是一件很有技术含量且很难的事。

国学的再次兴起应该是易中天、蒙曼等人利用电视媒体，将传统文化通俗化之后的事了。在自媒体盛行的今天，与旅游结合，与商业结合，传统文化正以一种接地气的方式传播。而这些显然是书院创办者们不屑于做的。

《中国学导报》的出现也是如此。书院的导师与国外汉学界的学术交流反响热烈，便由此认为他们需要这样一份杂志了解中国国内的研究成果，实际上并没有对目标读者和市场作深入调研。只想卖掉自己的产品，而不是生产市场需要的产品，对发行工作更是毫无概念。我后来去报社工作的时候，才知道发行的重要，每到发行季，报社领导会亲自出马到全国各地宣传，拉订单。无论产品有多好，市场营销都是不可或缺的一环。

不得不承认，一直在象牙塔里的大学老师们，对市场是陌生的，但对这个陌生的新世界有着真切的渴望，迫不及待地闯进去，进去之后却又不知所措。这也许是那个年代敢于冒险者普遍的状态。

我记得有人说过"个人是历史的人质"，表达了个体在历史洪流中的渺小感和无力感。在那个伟大的时代，在中国文化书院的旗帜下，一群有理想、敢为人先的人们聚集在一起，为弘扬中国传统文化挥洒激情，尽管最终的结果是黯然离场，但仍在这个领域中留下浓重的一抹色彩。我曾经是其中的一员，何其有幸。这一年多的经历也成为我职业生涯中最特别的一段时光，久久难忘。

继绝学　阔视野　开新纪

——中国文化书院对我的深刻影响

程方平

程方平（1956—　），中国人民大学教授、博士生导师。1985 年中国文化书院学员。

1985 年我从中央教育科学研究所又回到母校北京师范大学，跟随我硕士阶段的导师著名教育史大家毛礼锐先生攻读教育史博士学位，准备在隋唐五代和辽金元两个断代和科技、民族等教育史方面展开深入的学习与研究。而在此时，全国各高校，包括北京大学、北京师范大学等，还没有完成"拨乱反正"和思想解放的重要工作，而且高端的学术资源，包括专业教材、学术专著、名著译介、国际学术交流等还很少，尽管北师大的图书馆和教育系的资料室在教育界及学术领域都以专业典籍的收藏闻名，但如饥似渴求学的我们还总觉得难以满足。为此，毛先生及教育系为我们提供了很贴心、很开放的帮助，允许我们外出访学求教，并给予了经费和其他政策方面的支持。当时我们的哲学史课，是请中国人民大学的李炎、方立天和张立文三位老师讲；佛教史请中国社科院的郭朋先生讲；史料学请著名史家谢国桢先生讲。除此之外，还能在本校和外校想尽办法，向著名学者直接请教，包括张岱年、周谷城、张岂之、牟钟鉴、王世舜、邱汉生（哲学思想史），赵光贤、陈述、陈直、启功、刘乃和、黄永年、金开诚、裘锡圭、贺梓诚（史学、文字、文献），季镇淮、吴组缃、芦荻（文学史），张晋藩（法制史），沈善洪（伦理学史），卿希泰（宗教、哲学），沈灌群、陈学恂、杨荣春、程舜英、韩达、陈景磐、张瑞璠、李国钧（教育史），王焕勋、陈友松、黄济、顾明远（教育学），陶愚川、水天同、余叔通、张志（外语、比较文化），韦启美、陈叔亮、郑可、刘梦溪（艺术）等，使我获得了多方面真诚、有益的高水平指点，为专业研究奠定了良好的基础。

在中国当时百废俱兴、锐意进取和面向世界的社会氛围和学术环境中，作为年轻学子，我们还特别渴望能通过更大、更开阔、更多元、更高水平的学术和教育平台，进一步了解国际最前沿的研究动态和学人贡献，追求更为高远的学术目标，并借以提升自己的综合素养。恰好在这一时间段我们了解到，以北大知名学者为主的一批中国顶级的专家学者，如梁漱溟、冯友兰、张岱年、季羡林、汤一介等，成立了一个颇有传统教育形式和精神，却又充满学术创新和国际视野的中国文化书院。这个书院给我们的突出印象是既传统，又充满文化活力；既像大学，又在许多方面超越了当时中外大学的固有规范，向全社会开放。能到这样的组织中学习、交流简直是难得的幸事，是求知学子心向往之的理想旅程，也是中国的高等教育和学术研究，在拨乱反正之后重新出发时具有深厚底蕴和国际先进水平的一次成功、卓越的实践。

报名参加中国文化书院的专题培训之后，我的心情是非常激动的。因为根据书院的安排，我们能聆听著名大师和国际知名学人的教诲，能与他们近距离交流，请他们为我们排忧解难，为日后的发展指明更为远大的方向。在一期这样的专题培训研讨中，我们能接触的国内外顶级学者至少有20名，且在结业证书上都留有他们的名字，这在当时来说，是没有一所中外高校能媲美的。特别是来自美国、日本、俄罗斯、英国、法国、德国等，以及我国港、澳、台地区的知名大学和研究机构的专家，让学习者的视野得到了极大的拓展，深切感受到，跟从"中国文化书院"游，不亦乐乎！

高等教育是基于教学、科研、服务三大功能充分发挥综合作用的，直至今日，也没有一所高校能像中国文化书院那样用这样的能力、魄力、精神和行动力去创造高校的特色与辉煌。可见，中国文化书院在当时的发展和探索，带给教育界、学术界及全社会的启示，绝对不仅仅在学术研究方面，对于中国高等教育和学术研究的促进显然是多方面的，对当时方兴未艾的中国改革和发展事业具有多方面的积极意义和促进作用。

作为一个非典型、非官方的学术与教育组织，中国文化书院当年的实践和积极探索不仅为改革开放，尤其是文化教育界的思想解放树立了高标，也打造了卓有成效的实践典范。在当时，许多高校的老中青教师或学者，还没有条件和机会将自己的研究成果集合成教材、专著、译著等正式出版，而中国文化书院却能利用自己搭建的平台帮助这些人实现理想。在一段时间里，中国文化书院资助了一大批人推出了诸多专业领域"白皮"著述，虽不是正式出版，仅在书院范围和教学研究领域中传播，却能大大提升整个高校和科研体系中学术发展速度和水平。比如在我们熟悉的教育研究领域，一些后来的学术带头人，他们最早的学术出版物就是中国书院推出的这类"白皮"书，这与中国传统书院立足自身、编辑出版不同于"殿版（官方正式最高水平的出版物）"的"院版（传统知名书院自己推出的学术出版物）"出版物传统，也是一脉相承的。

在中国文化书院创办和逐渐兴盛的同时，中国的文教和学术事业，也有了很好的发展势头，前有《走向未来丛书》，产生了广泛和深刻的影响；后有"二十世纪文库"（累计 100 种国外各专业顶级成果的翻译出版）、"地球村文库"、"20 世纪教育名著系列"等随之出现，为中国文教和科学事业"面向现代化、面向世界、面向未来"开辟了很好的先河。

在参加中国文化书院的专题学术活动之后，我们与书院及其专家一直保持着良好的关系，并不断地通过求学问道，提升自己的研究水平。比如，我和师范大学专注教育研究的不少博士生及年轻教师，曾多次就教育史、思想史等与现代改革与发展的关联问题请教过张岱年、梁漱溟、季羡林、周谷城等先生，请他们参与指导我们的专业学习、论文答辩和项目研究，见证了梁漱溟与晏阳初二先生的世纪见面（同为乡村建设、改造和中国社会发展做出举世瞩目的成就），并经常感动于他们对年轻人真诚的指导和无私提携。

在新专业设置、高效教学改革和研究能力的提升方面，中国文化书院给予我们的帮助和启示是更为重要和难得的。例如，在 20 世纪中后期，全球的环保问题日益突出，环保类专业设置的重要性和建设也逐渐被重视，但相关的教育和研究或依托于地理等传统专业，或因与各种利益团体形成冲突而被打压。就在这一时期，中国文化书院明确支持著名学者梁从诫先生在已有的书院框架下成立"绿色书院"，并从研究、调查、专业介绍和传播、新专业建设、改善社会意识等方面做了诸多非常重要的基础工作，为中国社会的良性发展进行了重要的先行探索。

在高等教育的教学改革方面，中国文化书院也继承了中国书院的优良传统，包括"会讲"（不同的专家、教授就同一问题从自己研究的角度同时阐述，给予学习者更多启发）、"论辩"（在教学中鼓励学习者提问、质疑）、"讨论"（相当于合作学习，与西方传入的"讨论法"相近）等。后来高校一直强调的"通识"，在中国文化书院的课程安排中也有充分的体现。对于当时的年轻教师和学者而言，这些基本的哲学、历史、方法论、价值观等素养的培养，是有共同需求和重要基础作用的。我们的成长历程说明，中国文化书院所提供的这类教育是丰富深刻和受益终身的。

中国文化书院作为文教学术创新探索的领头羊，其积极作用不只促进了正规高等教育的发展，也为非官方、非正规文教科研机构的良性发展提供了学习的典范。特别是在 21 世纪以后，一批高水平书院的复兴、发展，都或多或少地借鉴了中国文化书院的经验和思想。而在这一时期，中国的书院传统是可以"活"起来并发挥巨大作用的，能在中国高水平的"学习型社会"建设中发挥重要和不可替代的巨大作用。因为自"五四"以来，前有毛泽东、胡适等人从不同的角度认为中国的书院传统既可与西方的大学互补、媲美，其根本经验和精神也有异曲同工之妙；后有当代的诸多"新"书院（包括在各类正规教育机构附设、政府兴办、民间及学术机构举办等）的探索，也在为中国教育与科研事业的发展创新，贡献着独特和鲜活的经验。而这些探索和实践显然都具有中国特色、中国智慧和中国传统文化教育的深厚底蕴。

一直以来，对于中国文化书院的贡献，在学术上谈论的较多，在教育、学风建设、大众影响等方面涉及较少。我作为一名教育研究者，这方面的感受和体验可能更多。后来有幸与中国文化书院的掌门汤一介院长有更多的交流（汤先生2011年作为什刹海书院的创院院长，我具体负责该书院的教研推进工作），曾就我的上述拙见征询汤先生的看法，并很高兴得到他的认可。

受中国文化书院的影响，我个人的学习与科研探索更积极主动了，也在1987年组织创办了教育与科普研究所（民办），于1992年参与创办北京私立华诚学校并担任校长，推进全国多所书院的复兴、创建和教研创新探索，积极尝试"书院学"研究，在诸多方面都进行了有益的改革实验，有力地促进了教育理论与实践"中国化"的尝试。使我个人的文化教育研究有了更开阔的思路和实践支撑，对形成自己的教育和学术思想有着深远影响。

在中国文化书院成立40年之际，回顾我个人从书院得到的诸多恩惠和深刻教益，每每都会涌起对中国文化书院、诸多著名学者由衷的怀念与感激。他们传递给我的不仅是智慧的研究方法、渊博的知识、超凡的视野，更是他们崇高的人格、态度与精神。所以我一直都认为，中国文化书院的贡献，既有巨大的学术和文化价值，也有在教育和中国文化史上继绝学、阔视野、开新纪的巨大贡献。这是每一位曾经直接受益或受到间接影响的人，都应该永久铭记和感谢的。

我在中国文化书院受教育的回忆

余三定

余三定（1956—　），湖南理工学院原院长。中国文化书院
"中外比较文化研究班（函授）"学员。

自从进入初中二年级以后，我养成了写日记的习惯，至今已写了四十多本。为了写这篇回忆性的文章，我仔细查阅了我 1987 年至 1989 年共计 3 年的日记，现将日记中记录的我在中国文化书院受教育的具体情况择要叙写如下。

入学与毕业

我的日记对我参加中国文化书院的学习，从入学到毕业都有具体的记载。

我 1987 年 2 月 2 日的日记写道："下午，上邮局向中国文化书院函授部汇去 80 元，报名参加该院'中外文化比较研究班（函授）'的学习。"1987 年 2 月 16 日的日记写道："收中国文化书院入学通知，我的学号为'018–10306'。"各学员都有正式的学号，可见当时中国文化书

院的组织和管理是比较正规、比较规范的，工作程序也是颇为严谨的。

1989 年 7 月 22 日的日记写道："今天收到中国文化书院寄来的毕业证书，毕业证书写明：'自 1987 年 5 月至 1989 年 5 月就读于中外比较文化研究班（函授），毕业论文合格，准予毕业。本研究班系大学后教育。'并有院长汤一介的签章。毕业证书还附有所设课程、执教导师名单，印制颇精美。"

参加函授

中国文化书院的中外比较文化研究班（函授）的教学形式主要是函授（即非面对面的教学方式），根据我的记忆，主要是从如下三个方面（或曰三种渠道）进行。

其一是，发放书面教材。1987 年 5 月 15 日的日记写道："收到中国文化书院'中外比较文化研究班学员证'、《中国文化书院学报·函授版》第 1 期及三本教材《比较教育学》《比较法学》《印度文化概论》。其喜。"除了第一次收到的这三本教材外，后来我还陆续收到了《比较史学》（1987 年 9 月 15 日收到）、《比较哲学》（1988 年 6 月 15 日收到）、《中国文化概论》（1989 年 2 月 2 日收到）、《比较美学》（1989 年 8 月 28 日收到）、《日本文化概论》（没有记载收到时间）等。上述教材每本的封面和扉页上方都清楚地标明《中外比较文化教学》丛书，封面下方还有"中国文化书院"的篆刻印章，书前有署名为"中外比较文化教学丛书编委会"的《总序》，然后依次是扉页［扉页的书名下标有著（编）者姓名］、目录、正文。虽然是内部印刷，但非常精致。这些教材我不但当时阅读了，而且至今珍藏着。

其二是，发放《中国文化书院学报·函授版》（报纸型）。在我的印象中，这份报纸大概每个月收到一期，其主要内容是阐述有关中外比较文化的重要问题，回答、解释学员的提问。学习结束后，我曾将所有报纸装订成册，遗憾的是，由于时间久远，现在我怎么也找不到了。

其三是，发放导师讲课磁带。导师讲课磁带的数量甚多，讲课者都是学术界的大家和教育界的名师。当时，我除个人订购了一部分磁带外，由于 1985 年开始担任我们学校中文系副主任、1987 年初开始担任中文系主任，为中文系订购了近百盒讲课磁带。每周星期二下午在开完中文系的例会后，我就组织老师们在电教室听讲课磁带，很受老师们的欢迎。这样前后大概听了两年多。

参加面授

中国文化书院的中外文化比较研究班虽然主要教学形式是函授，但也认真组织了面授，我参加了在长沙岳麓书院举办的湖南学员的面授，时间是 1987 年 8 月 11 日至 8 月 15 日。

我的日记记载，8 月 11 日晚从岳阳坐火车到长沙，晚住长沙饭店。8 月 12 日上午，在长沙办事并到袁家岭新华书店购书；中午，赶到湖南大学岳麓书院；下午，在岳麓书院参加中国文化书院中外文化比较研究班的面授，听北京大学哲学系赵常林教授讲"马克思主义关于文化的几个问题"的后一部分（前一部分他已在上午讲了），日记中说"很有启发"。当晚及以后住宿都被安排在湖南大学幼儿园内，吃饭则被安排在湖南大学的食堂，报到时每人领一个饭碗和一双筷子，学员自己购买餐票，开餐时到食堂窗口排队打饭。8 月 13 日，全天听北京大学历史系范达人副教授讲"关于史学比较的几个问题"，我的日记中说"很有新意"。8 月 14 日，上午听人民出版社哲学室主任金春峰讲"汉代经学"，我的日记中写道"非常扎实"。当天下午，我逛书店去了，第二天（8 月 15 日）返回岳阳（日记没有载明是面授结束了、还是我因有事提前离开了）。

从我的日记中可以看出，中国文化书院中外文化比较研究班面授的几个明显特点：其一，讲课者都是来自北京大学、人民出版社等重要学术单位的卓有成就的知名学者；其二，所讲的主题都是有关文化或文化比较的内容，可以说讲课者是专门为这个班准备的；其三，学员吃住等生活方面的安排比较到位；其四，就我的记忆而言，听课者比较踊跃，当时的课堂是安排在能坐一百多人的大会议室，每堂课都有一百多人参加听课。

接受论文指导

中国文化书院中外比较文化研究班的学员毕业，没有其他考核方式，就是提交一篇论文。为了帮助学员较好地完成论文撰写，中国文化书院在北京大学举办了"论文指导班"，我参加了"论文指导班"。

我的日记记载，1988 年 11 月 18 日晚坐 2 次特快出发往北京，于 11 月 19 日晚到达北京，被安排住在北京大学 48 号学生宿舍楼 3 单元 1 层，4 人住 1 间；11 月 20 日上午到北京大学 4 号教学楼报到，参加中国文化书院中外文化比较研究班的"论文指导班"。11 月 21 日上午，参加"论文指导班"开班典礼，我当天的日记写道："中国文化书院'论文指导班'上午在北京大学第一教学楼 102 教室举行开班典礼，张岱年、季羡林两位重量级的先生出席并讲话，后由庞朴先生做'怎样写论文'的辅导报告。我的论文题目是《试比较菲尔丁与金圣叹的小说理论》，下午在宿舍修改已完成的论文初稿，并编拟出论文提纲。"11 月 22 日的日记记载，上午在"论文指导班"听焦树安老师讲"比较哲学"；下午到北京大学中文系听李光中老师的"西方文论"课。11 月 23 日的日记记载，上午、下午在"论文指导班"听乐黛云老师讲"比较文学"，日记写道："乐黛云老师出国多次，曾在美国学习和研究，待过三年，非常了解国际比较文学的发展历程和动态，讲课时很能展得开。"11 月 24 日的日记记载，上午到北京大学中文系听黄子平老师的"当代文学"课，下午在"论文指导班"听李中华老师讲"中国文化概论"。11 月 25 日的日记记载，全天在"论文指导班"听北京大学社会学系讲师宋凤翔（30 岁）讲"社会学"，日记中写道："宋凤翔老师既有理论，又能联系实际，讲得很好。"11 月 25 日的日记还记载，晚上参加中国文化书院召集的座谈会，征求学员们的意见和建议，中国文化书院院长汤一介到会并讲话。11 月 26 日的日记记载，上午在"论文指导班"听陈其南博士（原在台湾任副研究员，现在香港）讲"文化的理念"（人类学的研究），日记中写道："陈其南老师讲中西文化的比较很有新意。他用了较长时间回答学员们的提问。"11 月 27 日的日记记载，上午在"论文指导班"听冀建中老师讲"方法论"；下午、晚上在宿舍看《比较文学简编》（陈挺著）。11 月 28 日的日记记载，上午、下午在"论文指导班"听叶朗教授讲"现代美学的基本观念——更新美学体系的两个基本方面"，日记中写道："叶朗老师提出了一种新的美学体系构架，他讲课逻辑性很强，很严谨。"11 月 29 日的日记记载，当天到《求是》杂志社等处拜访几位学者。11 月 30 日的日记记载，上午在宿舍看书；下午到中国文化书院院部（在中国人民大学附中内）参观，购买书籍；晚上，应约到北京大学比较文学研究所接受论文指导老师张文定老师的指导，随后到了张文定老师家里坐（张文定老师当时住在北京大学东门外喜洋胡同，住室比较简陋）。日记中写道："张文定老师待人极热情、诚恳，交谈几句就消除了距离感，他针对我的论文主要做了一些启发、开拓性提示，获益很大。他还热情地借给我两本书。"12 月 1 日的日记记载，上午坐 9 点发车的 145 次快车离京返岳。回家后，我根据张文定老师的指导意见对论文进行了修改，然后邮寄给中国文化书院。

我在这里要特别说明的是，自那次接受张文定老师的论文指导因而和张文定老师相识后，我们建立起了很好的亦师亦友的关系（他既是我的老师，又是我的真诚好友），一直至今联系非常密切。我每次去北京必定和他相聚，每次相聚他必定送北京大学出版社的书给我；他也应邀到我们学校来过多次，他每次来我这里也必定带北京大学出版社出版的书给我，加上北京大学出版社原总编辑张黎明等几位朋友的赠书，我的南湖藏书楼内专门设立了一个特色藏书室"北大版典藏室"。由于张文定老师的牵线和帮助，我在北京大学出版社先后出版了 3 本书，其中一本《新时期学术发展的回瞻》由他亲自担任责任编辑；我兼任《云梦学刊》主编期间，主持召开过 12 次有关"当代学术史研究"的专题学术会议（学术会议在北京、上海、天津、广州、南京、武汉、合肥、石家庄、岳阳等不同的城市举行），他为了支持我，挤出时间至少参加了其中的 8 次，并多次提供书面发言稿，其中有一次其书面发言稿在《云梦学刊》发表后，被中国人民大学"复印报刊资料"《社会科学总论》全文转载。

结　语

光阴荏苒，现在，离我 1989 年 7 月收到中国文化书院的毕业证书已经过去三十多年了，但我在中国文化书院受教育的点点滴滴，至今印象深刻，至今让我感到特别的温馨和温暖。我要由衷地感谢中国文化书院的创办者（主办者），由衷地感谢中国文化书院的导师们。

2024 年 7 月 4 日稿毕于
岳阳市南湖畔

精神家园

孙春红

孙春红（1960—　），中国文化书院"中外比较文化研究班（函授）"首届学员。

古今多少事，诗书圣贤心。

中国文化书院成立四十周年，我六十五岁，与中国文化书院结缘近四十载。痴心仰慕，情系书院，历久弥笃，不能自已。

说起中国文化书院，我总有一种亲切感，一种道德感，一种精神力量。这不仅是因为中国文化书院里有许许多多我素来敬仰的文化大师、学界泰斗、老师和朋友，还由于中国文化书院出版的不少书籍引导我走上了读书与思考的智慧之路，但更为重要的则在于中国文化书院有一种强大的精神力量，驱使着万千莘莘学子在人生旅途上终身求索。

高尔基说："书籍是知识的源泉，只有知识才能解救人类，只有知识才能使我们变成精神上坚强的、正直的、有理性的人，唯有这种人能真诚地热爱人，尊重人的劳动，衷心地赞赏人类永不停息的伟大劳动所创造的最美好的成果。"作为一个教师、一个学子、一个读书人，书籍是我的精神食粮。因为，我从小就喜欢看书，也养成了买书、藏书的习惯。我读书比较杂，兴趣又比较广泛。从小至今，一共读了多少书，真是难以统计。在小时候从看家传藏书《三国演义》《西游记》《水浒传》《古文观止》等开始，继而到读《儒林外史》《聊斋志异》《世说新语》《今古奇观》《红楼梦》，及《唐诗别裁》《宋诗别裁》《钢铁是怎样炼成的》《悲惨世界》《战争与和平》《大趋势》《第三次浪潮》等经典书籍，"旧书不厌百回读，熟读深思子自知"。

一九八七年，我上了中国文化书院"中外比较文化研究班（函授）"，这是一个学制两年、开设了贯通人文学科多个领域的十几门课程的高层次学术文化研究班。虽然不给正式的研究生毕业证书，也没有学位，只颁发了一个大学后教育的毕业证书，但是，中国文化书院让我和我的学友们与当代中国文化大师、学界泰斗、名家导师雅聚一堂，让我们亲聆所言，亲见所行，心心相印，欢悦与共，悲哀同历。导师们的真知灼见、谆谆教诲，至今仍为我辈学子倾耳聆听。"仿佛置身于精神的乐土，智慧的海洋。""倾听，是对智者的钦佩和对仁者的虔敬，是对真善美的崇尚和追求。"

二十世纪八十年代，中华大地掀起了规模空前的"文化热"，这是社会需要的呼唤，同时又是历史发展的必然。每一时期的文化思潮都波澜起伏，有高潮、有低潮，有波峰、有波谷。一方面是"长江后浪推前浪"，一方面又是"过了高潮有低潮"；一方面是"江山代有才人出，各领风骚数百年"，一方面又是"或看翡翠兰苕上，未掣鲸鱼碧海中"。但是，其总的趋势是向前发展的，而且每一阶段的历史往往既是前一阶段的继续，又是后一阶段的准备，可谓是"奇外无奇更出奇，一波才动万波随"。中国文化书院四十年的艰辛历程，可以说是"筚路蓝缕，以启山林"，鼎新革故，继往开来。她肩负着中国文化走向世界，世界文化走向中国的历史重任。她，敢为天下先，敢于想前人之所未想，敢于言前人之所未言，敢于行前人之所未行，开创了当代中国一九四九年以来大规模、高层次民间办学的先河。中国文化书院为我们"中外比较文化研究班"首届学员开设了"文化学概论""比较科学方法论""中国文化概论""西方文化概论""印度文化概论""日本文化概论""马克思主义文化学""比较哲学""比较史学""比较美学""比较法学""比较文学""比较伦理学""比较宗教学""比较教育学"等十五门学科的课程。书院导师个个学而不厌，诲人不倦，博览群书，严谨治学，他们以自己渊博精深的理论学识和坚韧不拔的启蒙精神，孜孜不倦地把中国文化的优秀传统和中外文化比较研究的学术理念、学术成果传授给我们这些后辈学子。书院导师们用心良苦，立志高远，其目的就在于振兴中华，爱我民族，爱我国家，保住中国文化的根基和命脉，倡导人们继承和弘扬中国文化的优秀传统，积极加强中外文化的比较研究，"研究国故""融汇新知"，努力促进中国文化的现代化。

沧桑沉浮多少事，历经风流百年心。中国文化，文化中国，一百多年来，在中国文化的发展历程上始终存在着"古今中西"之争……当代中国正处在一个社会转型和"百年未有之变局"的历史时期，在全球化的思潮影响下，外来文化和中国文化发生碰撞、冲突、融合，使得许多人产生文化理念、价值判断上的迷茫。中国每一个有社会良心的知识分子时刻都关注着"中国向何处去""中国社会怎样才能走向现代化""如何客观而理性地学习、理解、融合中国传统文化、西方近现代文化以及当代中国文化""如何才能使中国文化重塑辉煌"。中国文化书院"慎思明辩，从容擘划"，以老子"生而不有，为而不恃"的精神，无为而治，有为而行，继承北大校风，"兼收并蓄""和而不同"，诚邀海内外最好的专家学者来书院执教讲学，本着"教育是一种唤醒。教育的最终目的不是传授已有的东西，而是把人的创造力量诱导出来，将生命感、价值感'唤醒'"的信念，抱着对自己的民族和文化、对人类和世界文化的责任感和对全球意识的历史使命感，以坚忍不拔的春蚕精神把中国文化的优良传统推广到全国，传播于世界。以重建和提高中国人的文化精神和民族精神为己任，倡导人们阅读古今中外文化典籍，汲取中国文化以及其他国家和民族文化的精华，努力发掘人类文明的真精神。

中国文化书院继承前贤"为天地立心，为生民立命，为往圣继绝学，为万世开太平"的学统，以建设"现代化的、中国式的新文化"为主旨，一方面从容讲文论学，一方面弘扬中华优秀文化，发扬自强不息、厚德载物的民族精神，源源不断地为我们读书人推出一套又一套、一本又一本介绍中国文化、介绍西方文化、介绍中外文化比较研究的丛书、教材和学术著作。《中国文化与文化中国》丛书、《神州文化集成》丛书、《魏晋南北朝文化史》丛书、《港台及海外中国文化论丛》、《梁漱溟全集》、《论中国传统文化》、《中外文化比较研究》、《文化与科学》、《文化与未来》、《论传统与反传统（纪念五四运动七十周年国际学术会议论文集）》、《中国宗教：过去与现在（北京国际宗教会议论文集）》、《冯友兰先生纪念文集（冯友兰哲学思想国际学术研讨会论文集）》、《文化的冲突与融合（张申府、梁漱溟、汤用彤百年诞辰纪念文集）》、《北大校长与中国文化》等二百多部，在当代中国学术界产生了很大的影响。尽管这二百多部书中的思想境界有高有低，学术价值有大有小，文化方向或正或偏，著者的观点也不尽相同，智者见智，仁者见仁，但是，有一点是共同的，即"通过对中国文化的教学与研究，继承并发扬中国文化的优良传统，通过对外国文化的介绍和中外文化的比较研究，加强同世界各国的文化交流和学术往来，促进中国文化的现代化"，"让世界了解中国，让中国赢得世界"。

积沙成塔，积水成河，涓涓细流点点滴滴汇成沧海。沧桑沉浮多少事，诗书万卷圣贤心。朱熹《观书有感》云："半亩方塘一鉴开，天光云影共徘徊。问渠哪得清如许，为有源头活水来。"

四十多年来的沉潜涵泳，使我对中国文化书院倾慕不已，对书院导师们的景仰和热爱与日俱增。他们为我们读书人守护着精神家园，呵护着文化精英，为了中华文化的薪火传承，为了万千怀抱理想、追求真理的莘莘学子，书院导师们年复一年，日复一日，扎根基础，涵养精神，披沙沥金，兢兢业业，孜孜以求，为振兴"中国文化"与"文化中国"之造福当代、泽被后世、功德无量的学术伟业努力。

古人云："太上有立德，其次有立功，其次有立言，虽久不废，此之谓不朽。"学术伟业固然不朽，"惟有文章永不朽，辉同日月照后人"。道德风范更令人高山仰止。"云山苍苍，江水泱泱，先生之风，山高水长。"

"智山慧海传真火，愿随前薪作后薪"。三十多年来，我通读了书院导师们主编或撰写的许许多多的书籍，一次又一次沐浴在中国文化的光辉之中，一次又一次经历着神圣的精神洗礼。"吾养吾浩然之气。""大道之行也，天下为公。""天行健，君子以自强不息；地势坤，君子以厚德载物。""唯天下至诚，唯能尽己之性，能尽己之性，则能尽人之性，能尽人之性，则能尽物之性，能尽物之性，则能赞天地之化育，与天地参矣。""士以天下为己任。""先天下之忧而忧，后天下之乐而乐。""天下兴亡，匹夫有责。""风声、雨声、读书声，声声入耳；家事、国事、天下事，事事关心。"……可见，以孔子、孟子为代表的儒家思想，是中国文化的基石，是炎黄子孙的精神命脉。

岁月无痕，时光无声，沧桑巨变，大象无形。中国未来的发展依靠的是物质文明和精神文明两方面互动的力量。当代中国不但是一个政治大国，而且是一个经济大国。但是仅仅有经济和政治上的崛起，是不足为道的，还必须是一个有强大实力的现代化文明国家的崛起，这是炎黄子孙的心声，也是整个中华民族的希望。千百年来，伟大的中华民族从来就不缺少智慧与创造力，问题之关键仅在于是压抑还是发挥民众的智慧。伟大的人民大众从来也没有丧失爱我民族、爱我国家的热忱，没有失却传统的勤劳和勇敢的美德。在当今世界经济全球化、政治多极化、文化多元化的进程中，一切传统的观念、传统的生活生存方式都面临危机与挑战，在人类社会经历了原始社会、农业社会、工业社会，继而向信息社会即知识经济时代转型的过程中，人们产生了思想的混乱。我们似乎看到社会转型中迷茫的灵魂在寻求情感和精神的解脱与超越，似乎感觉到一场关系民族前途和国家命运的时代大潮正在经历能量的重组和释放。如何使人们走出传统的思维方式，形成与时代相适应的价值理念，从现实的纷乱与无奈中，看到希望，认清我们的国家和民族的前途命运，找寻当代中国社会向前发展的路径。回归自然，浪子回家。沧桑沉浮的数千年文化，五十亿年形成的地球，它不是人类可以随意改造的，我们人类必须学会尊重自己脱胎于斯而生长于斯的广博的自然和宇宙。在中国传统文化中，蕴含着"仁民爱物""厚德载物"的思想，主张人与自然和谐相处，崇尚"天时、地利、人和"，以及"天人合一""天人合德"的理念。老子的《道德经》写道，"有物混成，先天地生。寂兮寥兮，独立而不改，周行而不殆，可以为天下母。吾不知其名，强字之曰道，强为之名曰大。大曰逝，逝曰远，远曰反。故道大，天大，地大，人也大。域中有四大，而人居其一焉。人法地，地法天，天法道，道法自然"，

"是以圣人抱一，为天下式"。天地宇宙是一个有机的整体，"道常无为而无不为"。自然是整体，人类作为自然的一分子，应当爱护自然，维护大自然的整体性。人类是大自然进化的产物、大地母亲的孩子、自然生命之树的一支，与地球上其他生命物种同出一源。地球厚德载物，自然化育众生。可见，中国文化对当今世界的现代化文明具有重要的价值。如何理解与解决人与自然的矛盾和冲突、人与人的矛盾和冲突、人内心世界的冲突和不平衡？只要我们积极汲取生态文化、生态道德理念，积极融汇中国文化与世界文化的合理内核，对解决和探索这些问题必将大有裨益。

"六十余年妄学诗，工夫深处独心知。夜来一笑寒灯下，始是金丹换骨时。"陆游《夜吟》一诗总会引起我感情深处的共鸣。四十年时光弹指一挥间，读书人读书，学子求学，教师教学，工夫如何，也是深浅自知。寒灯窗下，回顾往事，历历在目，难以忘怀。《学记》云："学然后知不足，教然后知困。知不足，然后能自反也；知困，然后能自强也。故曰：教学相长也。"

读书院导师们的著作，倾耳聆听老师的谆谆教诲，令我顽石点头，茅塞顿开，既有恍然大悟的感慨，又有醍醐灌顶的欣喜。中国文化书院，将我引入了一个广阔的世界。中国文化书院——"精神的家园"，为中华文化的真火薪传，为千千万万怀抱理想的莘莘学子提供了永不枯竭的精神之源，德被之广，沾溉之深，怎能不令人油然而生仰慕不已之情，高山仰止之心！

今年是中国文化书院四十华诞，三十多年来的熏陶、滋养、培育，铭记心中。我愿以张载咏芭蕉的诗句"芭蕉心尽展新枝，新卷新心暗已随。愿学新心养新德，旋随新叶起新知"为座右铭，以"知困""自强"的精神，一如既往地在老师的教导下，沿着"中国文化""文化中国"这条万古不废的江河，溯流而上，上下求索。

二〇二四年四月十八日写于西安鸿宇轩

中国文化书院气象

——纪念中国文化书院诞辰 40 周年

王超逸

王超逸（1963—　），北京大学当代企业文化研究所研究员。
中国文化书院首届中外比较文化研究班毕业生。

前几天，刘若邻老师告诉我，今年是中国文化书院的四十周年华诞，
书院筹划出版纪念文集，导师们希望我写一篇纪念母院的文章，因而得以
忝列其中。我愉快地答应了若邻老师。

我是书院的第一届毕业生，从 1985 年到 1992 年，前后共七年，随
书院和导师探知求真。书院是我进德修业、做人做事、成长修炼的熔炉和
圣地。无论是风和日丽，还是世事跌宕，我始终与书院共命运。其间值得
回顾、眷恋的内容很多。

回顾书院不平凡的历程，书院的气象以及其格局、神韵、风姿，依然
让我心潮澎湃，感恩不已。

中国文化书院天然的宏大气象

中国文化书院的伟大，在于一部中国文化书院史，是半部中国改革开
放后的思想史，是半部中国改革开放史、半部中国式现代化史。主体性、

开放性、多元性、创造性、世界性，此"五性"是中国文化书院的根本的天然的气质。由此，文化书院呈现宏深博大、融贯会通、穷神知化、博通万物的气象是道法自然。

中国文化书院成立于上个世纪 80 年代的 1984 年。

这一年是中国历史上不平凡的一个年份：

这一年，邓小平视察深圳、珠海两经济特区并题词，在深圳的题词是"深圳的发展和经验证明，我们建立经济特区的政策是正确的"，在珠海的题词是"珠海经济特区好"；

这一年，中共中央、国务院批转《沿海部分城市座谈会纪要》，决定进一步开放 14 个沿海港口城市；

这一年，金岳霖先生在北京去世；

这一年，牟宗三先生著《时代与感受》出版；

这一年，李泽厚先生、刘纲纪先生主编《中国美学史》第一卷出版；

这一年，梁漱溟先生著《人心与人生》出版；

这一年，经中共中央主要领导拍板，中国文化书院横空出世，吸引了世界的目光。

那是个热闹的季节、激荡的季节、风流的季节，也是个开放的季节、包容的季节。海阔天高，气象峥嵘，纷繁复杂的思想、观念、观点共生共存，争奇斗艳。

一、地位至尊，中和位育

至尊，一般是指并世无两，具不世之功，对世界进步和发展具有震撼力和久远影响力的事件和人物。当我用"至尊"描述中国文化书院的历史时，我的心是纯净的、坦然的、严肃的。我认为，中国文化书院担当得起这个荣誉，当之无愧。它虽然不是国史馆所给予的史家定位，但是，它是关门弟子的切身体验，是个历史的存在。我不避嫌疑，由衷地赞美："大哉，中国文化书院！巍巍乎，中国文化书院！"

以下，让我细细道来。

20 世纪的中国内地和香港，有重要影响的书院是马一浮主持的复兴书院、钱穆主持的新亚书院、梁漱溟主持的勉仁书院和中国文化书院。这四大书院是中国近现代书院史、启蒙救亡史、思想史、复兴史上的大事。

中国文化书院是中华人民共和国成立后大陆成立的第一家书院。那时，国内掀起和深化了二次解放的思潮，形成了具有内生力量的文化热的潮流。一方面社会从伤痕文化、迷惘文化、反思文化走向了一种新的探索，这种探索和迷惘共存；另一方面国门打开，开放的政策不仅引进了西方的物质文明，更主要的是西方的各种思潮几乎在同一时间横向涌入，各种主义接连登场，哲学的、美学的、文艺学的、政治学、社会学的，几乎在同一时间，西方的社科、人文著作都被翻译到国内，在中国的舞台上大放异彩。

那时，国内形成了四大文化流派：一是中国文化书院——"传统文化派"；二是"走向未来"丛书——"科学派"；三是"文化：中国与世界"丛书——"人文派"；四是京外派——"高校派"（以武汉大学、复旦大学学者为代表）。至 20 世纪 90 年代，其中的"科学派""人文派"两派风流云散，不见踪迹，而"传统文化派""高校派"厚积薄发，生机勃勃。

"文化热"始于一个悠久而年轻的主题——"古今中西之争"。中国文化书院的诞生，说明中国的民族复兴、现代化道路的大业最终汇入了世界现代化的洪流，成为世界现代化的奔腾的一支。

从汤一介、乐黛云、季羡林、周一良、邓广铭、严家炎，到鲁军、李中华、魏常海、张学智、胡军，到王博、张国有、吴志攀，书院与以北大为代表的综合类高校的人文学科和社会科学形成了互补互衬的力量。阴与阳，乾与坤，专与博，一元与多元的互补关系，这是个玄奥的结合。

在此，我们不妨以书院和北大为例做一比较，以探讨其机理。北大是台面上的、体制内的高校。高校是个刚性结构，它是科研与教学并重的，科研重于教学，享受着国家计划内的财政支持。国家监管高校国有资产，还监管它的意识形态等上层建筑，也监管它的教学科研。它是一维的、自上而下的，是刚性的体制和结构。文化书院最终是归入社团管理的，它是多维的，上下左右连动的。它自由得多，轻松得多。它有自己的独立性、主体性、特色，有个体生命、意志、情感、温度、音响和色彩。这是近千年以来书院和官办教育机构的区别和差异，也是书院传统的生命力所在。通过大略的比较分析，我们得出结论：书院是半官半民的，承"天道""人道"，合理合情合法（法不设限）。对这个问题的剖析和对比，是可以部分地回答"钱学森之问""季羡林之问""梁漱溟之问"的。所以，文化书院的四十年，不仅仅只是四十年。它上承唐宋明书院传统，中承北大自 1898 年以来的 126 年的传统。从师承和家传来说，也是有明显线索的。梁漱溟先生 1916 年受北大之聘任讲席，1917 年进入北大讲学，直接参与了新文化运动。冯友兰先生从 1915 年进入北大读书，张岱年先生的兄张申府先生是梁先生的中学同学，汤一介先生的父亲汤用彤先生是梁先生的中学同学，并且此三人同庚，都是 1893 年生人。所以，中国文化书院与民国时期的北大有着天然的联系，也承续和发展了民国时期北大的精神气象和校风学风，并有自己的使命和宗旨。

二、大师云集，名家荟萃

中国文化书院首任院务委员会主席梁漱溟先生，名誉院长冯友兰先生，学术委员会主席张岱年先生。第二任院务委员会主席季羡林先生，第二任名誉院长张岱年先生。首任院长汤一介先生，首任常务副院长兼秘书长鲁军先生。院务委员会是最高和最终决策机构。

站在新文化运动的发展史上，中国文化书院是骄傲的，它的奠基人是亲历了新文化运动的两位老人——梁漱溟、冯友兰，他们都是新文化运动的参与者、见证者、推动者。这就是文化书院的基因和基石。

对于导师的聘任，院务委员会过会研究，选聘的标准十分严格。我曾听鲁军副院长谈到，当时有部分学者有教授和研究员职称，也有一定的学术地位，他们心仪文化书院，希望得到延聘，但是书院还是秉持了严格的标准，未能通融，为此书院也得罪了不少学人。由此可见，书院殿堂的清洁，导师选拔的含金量。

那时，从 20 世纪 20 年代就成名成家的一流学人到 80 年代已有稳固学术地位的学人，不少被延聘到书院，有"老中青"三代学人之说。老一代学人有梁漱溟、冯友兰、张岱年、季羡林、任继愈、周一良、邓广铭等，中年一代学人有李泽厚、庞朴、汤一介、乐黛云、朱伯崑、余敦康、戴逸、厉以宁，青年一代学人有鲁军、李中华、王守常、魏常海、陈战国、梁从诫等。海外和美籍华人、台湾地区学者有成中英、杜维明、陈鼓应、韦政通、林毓生、魏斐德等。

1981 年，国务院学位委员会发布了首批博士生指导教师名单。他们是自 19 世纪末西方教育制度引进中国以来，第一批博士生导师。首批博导的遴选程序极其严格，列名者堪称一时之选，一定程度上代表了十年浩劫之后中国学术界最高水准。而中国文化书院就有十位博士生导师赫然名列其中。他们是：张岱年、季羡林、邓广铭、周一良、侯仁之、石峻、戴逸、何兹全、任继愈、李泽厚等。

在首批导师名录中，就有至少五位院士。他们是冯友兰、季羡林、任经愈、侯仁之、陈可冀先生。

书院首批导师就有 62 位。他们中多数寿数很长，都是时代的风口浪尖上的人物。他们洞察时事，纵览历史，因时而变，因时而动，因时而进，为后人留下了宝贵的精神遗产。

以下我重点回忆和怀念梁漱溟先生，同时也忆及部分中青年导师。

从辈分来说，梁漱溟先生无疑是中国文化书院的开山人、奠基人，是书院的灵魂人物。

20 世纪的中国有四大思想家在影响历史的进程，一是梁启超，二是蔡元培，三是鲁迅，四是梁漱溟。梁先生生前对前述二公都写下了深情而客观的纪念文章，他几乎用了同一个定语表述。

梁漱溟先生在《纪念梁启超先生》一文中，三次提到"他的天下"之说。说 20 世纪上半叶，先是梁任公的天下。梁任公少年得志，如"长彗烛天""琼花照世"，一鸣惊人。后是蔡元培先生的天下。蔡公中年登场，开新文化风气之先。这两篇文章都是写于 20 世纪 40 年代，他未言 20 世纪的下半叶是谁的天下。但是，他长长的生命几乎横贯一个世纪。他的前半生指点江山，激扬文字。1953 年，他以儒家的宏大气象，吐出了孟子的浩然之气。

1942 年，梁先生从香港回内地桂林，乘坐的小舟在海中突遇风波之患。他坦然安定，泰然处之。事后不久，他给两个儿子写信，阐述这次所遇险境的心理："孔孟之学，现在晦塞不明。或许有人能明白其旨趣，却无人能深见其系基于人类生命的认识而来，并为之先建立他的心理学而后乃阐明其伦理思想。此事唯我能作。又必于人类生命有认识，乃有眼光可以判明中国文化在人类文化史上的位置，而指证其得失。此除我外，当世亦无人能作。前人云'为往圣继绝学，为万世开太平'，此正是我一生的使命。《人心与人生》等三本书要写成，我乃可以死得；现在则不能死。又今后的中国大局以至建国工作，亦正需要我；我不能死。我若死，天地将为之变色，历史将为之改辙，那是不可想象的。乃不会有的事！"

记得在 1985 年 3 月的一天，春寒料峭，中国文化书院在中国青年政治学院举办了第一期"中国传统文化讲习班"。梁先生在班上发出了铿锵倔强的声音："我不是一个书生，我是一个要拼命硬干的人，我一生是拼命干的。"

那是梁先生被迫沉默 30 多年后又复出社会，第一次公开演讲发出的钱塘音、狮子吼。当时，我作为年轻的学子，在台下仰望头顶瓜皮帽的干瘦老人的形象，只感觉他的气象宏大。我的思维瞬间凝固了，旋即热血偾张。我仿佛看到了两千多年前的孔子、孟子、墨子从历史的天幕上款款向我走来。一种圣洁的氛围弥漫在我的周围，充满了会堂，旋即弥漫了整个太空宇宙——人间竟有孤直声，天地纵横英雄气。

这可以说是中国文化书院历史上不能不记下来的一页。

梁先生在《纪念蔡元培先生》一文中，谈到蔡先生的气度："这就是一种气度。这一气度完全由他富于哲学兴趣相应而俱来的。换言之，若胸怀意识太偏于实用，或有独断固执脾气的人，便不会如此了。这气度为大学校长所必要的；老实说，这于一个为政于国的人有时亦同属必要吧！"

梁先生引申说，这也是作为政治家应有的气度。文中他又做概括归纳："他不要笼络天下人，他更不想强制天下人听他的。一切威迫利诱的手段，他都不用。然而天下人却自为他所带动。他毕竟成功了，毕竟不可磨灭地成功了。"

此文附录了三个附记，其中第二条附记是这样写的："又文中'他不要笼络天下人，更不想强制天下人听他的，……反之那些玩手段的欺人自欺，亦或自觉得一世之雄，却每每白费力，落得一场空；这亦就是儒书上

'不诚无物'一句话了',盖有感于当时执政者蒋介石而发,时当抗日战争中期,百事望之于蒋,而误于蒋,深有慨于心也。"

该附记写于 1970 年 11 月 8 日,作者落在纸上的文字,是一种解读。五十多年后的读者再读,从接受美学的角度说,会有不同的历史"寓言"智慧的发现。梁先生的概括是历史规律的"有所见"。

最后,梁先生对蔡公的伟大刨根究底。

"总之,我所了解的蔡先生,其伟大在于一面有容,一面率真。他之有容,是率真的有容;他之率真,是有容的率真。更进一层说:坦率真诚,休休有容;亦或者是伟大人物之所以为伟大吧。"

梁先生与蔡先生互为镜子,蔡先生的范式、伟大又何尝不是梁先生的写真?

梁先生是"问题"中人。举其大端,他一生共有五大贡献,总抓手是提出了"这个世界会好吗"的"梁氏之问"。一是乡村建设运动;二是1946 年,作为中国第三方政治力量,调停国共矛盾,为和平奔走;三是1953 年,为农夫而发声;四是创立两大书院——勉仁书院、中国文化书院;五是系统完整的哲学体系。

1953 年,正是梁先生生命的一个甲子年,之后他的生命走入了一个"V"字形,人生跌入了深渊,也沉潜到了低谷。他的一峰一谷的人生转折正是历史给他的大机遇、大运势。之后,邓小平同志复出,梁漱溟先生迎来了命运的转折,所以中国文化书院是梁先生送给中国 20 世纪后半叶的一份国宝级重礼。他是继梁启超、蔡元培、鲁迅之后的杰出的思想家。"这个世界会好吗"的"梁氏之问"是他贡献给世界和人类的中国智慧和最有价值的历史命题、哲学命题。

书院在中国的存在已有千年历史。据邓洪波总结,书院的特点主要有三:第一,书院是儒学的大本营;第二,书院与儒学的一体化;第三,书院的社会属性。[1]

梁先生一生都怀揣着书院梦。梁先生由北大讲席到乡村建设研究院,到勉仁书院,到中国文化书院,有他的一以贯之的志趣和思想脉络,这就

---

[1] 肖永明:《儒学·书院·社会——社会文化史视野中的书院》,北京:商务印书馆,2018 年。

是梁先生自述的"认识老中国，建设新中国"的夙愿。

1984年，创建中国文化书院时，梁先生已91岁高龄，依然披挂出山，出任首任院务委员会主席、基金委员会主席、学术委员会主席，在海峡两岸竖起了思想道德的制高点，竖起了正义的大纛。

1987年5月5日上午，首届"中外比较文化研究班"在北京中直礼堂举办开学典礼，94岁高龄的梁先生在成立大会上首先登台讲话。

为存史料，兹将全文恭录于下：

> 我很荣幸，要我先讲几句话。我是在清朝末年参加辛亥革命的人。（鼓掌）辛亥革命结束了清廷的统治，这是中华民国的开始。我是参加了那个革命运动的，所以以二十岁到现在我九十四岁，我亲眼所见，亲身经历了漫长的、复杂的、说不完的事情。我不愿意说太多的话，耽误大家的时间。我结束一句，就是讲学问，我不敢谈。但是为国事奔走，搞社会运动，我确是精力很多。（鼓掌）限于时间我没有法子向大家报告，我在社会上为国事奔走，号召搞乡村运动，可惜我没有时间把这个乡村运动同我为国事奔走的情况向各位来报告。我结束我的话，我不是一个有学问的人，不是一个搞书本知识的，我是一个在人生的道路上时时刻刻地在那里实践的一个人（掌声）。[1]

20世纪80年代初期，梁先生与美国历史学家艾恺对话。他面对国外的史学家，发出了沉重的历史疑问："这个世界会好吗？"梁氏的"三个天下"之论和他的看似不连贯的三个时段的"三句话"（"我不能死""这个世界会好吗""我太疲倦了，我要休息"）有何内在联系，有何历史意蕴？世人对此研究不深，理解不透。关于香港脱险的父子之间的那封信，以往多是传闻，查阅《梁漱溟往来书信集》下卷可以看到书信全文和后记，当是确凿无疑。浅薄的人以为这是梁先生的自不量力夸下海口，如果

---

1 《中国文化书院学报》第3期第4版，1987年6月10日。

以史家的眼光来透视，以大历史眼光来审视，当看清梁先生对 20 世纪下半叶他所自觉担负的伟大历史使命。

作为海外回响，他的事功在牟宗三先生看来，还是没有达到历史所期望的应有的高度和完美。牟先生在纪念梁先生的文章《他独能生命化了孔子》一文中，不无遗憾地指出："可惜梁先生并未能再循其体悟所开之门，再继续前进，尽精微而致广大，却很快地即转而为他的乡村建设事业，自己弄成了隔离与孤立。这就是他的生命已降落而局限于一件特殊事业中。这是他的求效求成之事业心太重，就是说'我要做一件事'。此中之'我'与'一件事'，俱是表示他的生命之降落与局限。这不是宁静与凝聚。须知文化运动，弘扬教法，不是这样形态所能奏效的。后来他又降落而局限于一时之政治漩涡中，即民主同盟中。这是他个人的悲剧，也是弘扬孔教上之不幸。他的文化意识只类乎苦行的社会意识，所以容易落于横剖面的社会主义之范畴下。至于民族国家，历史文化，自由民主，道德宗教，这种纵贯的、综合的、纲维的文化意识，他并不够。这还是由于他体悟孔教的生命与智慧之不透。"

牟先生无疑是梁先生的同道，都是孔学史的重镇。读到牟先生这段话，吾心有戚戚焉。我们无法苛求于古人，无法苛求于先辈了。

梁先生那一代人生逢乱世，他和他的先师孔子一样，如丧家之犬，但仍能坚守情淡气和，谨守君子之风，古代士节，举世唯一。我们固然希望 20 世纪最有可能构建自己宏大完美思想体系的梁漱溟、梁启超、蔡元培、鲁迅能构建出具有世界特征、世界影响力的，与康德、马克斯·韦伯、维克、克罗齐、尼采相匹敌的理论体系，但是历史的客观环境，历史的发展进程，没有为上述先贤提供这种可能。这种由"历史的必然要求和这个要求的实际上不可能实现之间的悲剧性的冲突"（恩格斯语）所塑造的悲剧性格，令人深表同情和敬意。从这个角度说，梁漱溟先生是一位悲剧式的理想主义者，他是历史的"中间物"。然而，他在暮年的回顾和总结的结论并不是句号，而是巨大的问号："这个世界会好吗？"这是"梁氏之问"，也是历史之问、时代之问、世界之问、未来之问。他把这个巨大的疑问又交给了代代后来者。

1988 年 6 月 23 日，梁先生倒下了。

作为大思想家的梁漱溟先生的阔大气象，无疑是中国文化书院的廓大气象，是二十世纪后半叶中国的阔大气象。

三、遗墨托孤，旨宏意远

中国文化书院确立的宗旨是："通过对中国传统文化的研究和教学活动，继承和阐扬中国的优秀文化遗产；通过对海外文化的介绍、研究以及国际性学术交流活动，提高对中国传统文化的研究水平，并促进中国文化的现代化。"在宗旨中，一是以促进文化的现代化发展方向为鹄的；二是文化的开放包容气象"让中国文化走向世界，让世界文化走向中国"；三是界定了世界文化的多元性、世界文明起源的多元性；四是倡导了文化的全球意识和寻根意识，厘清了文化的两大特性（民族性、时代性）；五是走出古今中西之争，立足更高的站位；六是瞩望新轴心时代。

1987年秋季，中国文化书院首届中外比较文化研究班正式开学，《中国文化书院学报》正式面世（8版）。

梁漱溟先生为研究班题词寄语："发扬我传统文化互以对方为重的伦理精神，而吸收西方现代自然科学和物质文明，为世界辟造社会主义之新局。"

张岱年先生题词："现在是中国文化继往开来的新时代，希望中国文化书院研究班对于建设社会主义新文化做出重要贡献！祝贺中国文化书院开学。"

季羡林先生题词："愿中国文化在全世界范围内发扬光大！"

侯仁之先生题词："发扬祖国传统文化，必须坚持取其精华、去其糟粕、古为今用、推陈出新的原则。"

何兹全先生题词："业精于勤荒于嬉。录韩愈进学篇句，书赠研究班同学。"

庞朴先生题词："关乎人文，以化成天下。"

牙含章先生题词："谨向中国文化书院比较研究班的开学致以衷心的祝贺！并希望它取得应有的贡献。"

张晋藩先生题词："从中外文化的比较中拓宽知识领域，充实学术素养，探索科学规律。"[1]

今天，当我翻开文化书院的《学报》就可以看到，如张岱年先生担忧"现在既然认识了传统的弊病，何以今天活着的人只能甘受传统的束缚不能摆脱呢"[2]，季羡林先生说"愿中国文化在全世界范围内发扬光大"。他们在中西比较文化的视野下，对传统文化有着坚定的自觉，在多数人的盲从和迷惘中，有着开阔的气象、深邃的目光和哲学的远见。

四、践行宗旨，传经布道

书院从教师力量到学科建设，是一个会通、博通的通达架构。

从 1987 年暑假和寒假的讲座路线和导师看，从讲座主题和导师专业领域看，那时共分 6 条主线，仅暑期讲学就有如下主题和导师。

地点：长春—哈尔滨—沈阳

导师及题目：张岱年"民族性格与民族精神"、朱德生"西方哲学思维方式"、晁华山"印度与中国佛教文化"、魏英敏"关于道德原则的比较研究"、丁枫"马斯洛心理学及其对美学的影响"、李放"近代资产阶级法学流派评介"、安后念"苏联哲学七十年"。

地点：武汉—长沙—广州

导师及题目：汤一介"中国文化发展的前景的探讨"、乐黛云"后现代主义与文化未来的发展"、范达人"关于史学比较的几个问题"、金春峰"中国经学"、赵常林"马克思主义关于文化的几个问题"、萧萐夫"十七世纪中西文化交流"。

地点：西安—成都—重庆

导师及题目：庞朴"论传统"、叶朗"中国古典美学的特点及其与西方美学的融合"、何光沪"比较宗教研究"、许金声"马斯洛自我实现心理学"、郑也夫待定。

地点：呼和浩特—银川

导师及题目：阴法鲁"中国古代音乐和文学的关系"、周一良"关于

1　中国文化书院中外比较文化研究班毕业班《学员名录》"序言"。
2　中国文化书院中外比较文化研究班毕业班《学员名录》"序言"。

中外文化交流的几个问题"、吴大英"社会主义法系"、李士坤"弗洛伊德思想评述"、张立文"中国传统文化及其形成和演变"、林建初待定。

地点：乌鲁木齐—西宁—兰州

导师及题目：张晋藩"浅谈中国法制历史的特点"、方立天"佛教和中国传统文化的冲突和融合"、谢龙"现代思维模式和哲学观念"、许抗生"谈谈关于中国传统文化的几个问题"、杨雅彬"西方社会学的传入及其在中国的发展"、周宏志"高等教育比较"、蒙培元"从李退溪情感哲学看儒家思想对东方文化的影响和发展"。

地点：昆明—贵阳—南宁

导师及题目：戴逸"关于文化研究的几个问题"、宁可"中国地理环境对中国文化的影响"、孙长江"对近代中外文化交流的反思"、丁守和"近代思想文化研究中的几个问题"、包遵信待定、葛雷"漫谈西方文化"、刘笑敢待定。[1]

从中我们可以看出，书院在学科设置和学科架构上儒道互补、文史哲会通、中西马会通。从首届中外比较文化研究班课程设计来看，共有 15 个专业的课程，核心是比较方法论。

"中外比较文化研究班"所设课程（1987—1989 年）：

1. 中国文化概论；2. 日本文化概论；3. 印度文化概论；4. 西方文化概论；5. 文化学概论；6. 马克思主义文化学；7. 比较哲学；8. 比较文学；9. 比较美学；10. 比较法学；11. 比较史学；12. 比较宗教学；13. 比较教育学；14. 比较伦理学；15. 比较方法论。

据不完全统计，整个 80 年代书院历次讲座约有 146 个主题，100 多名专家学者主讲，大致分类不妨做以下归纳：文史哲、政经法、自然科学、生命科学、生态学、未来学、现象学等元学科和几十个从学科。从书院的主辅线方向看，在传统文化研究之中，儒学研究和"仁道""恕道"的继承依然是主线。

那时，学员生活艰苦，导师也艰辛，只为了"学以致道"，只为了"教以弘道"。导师们有的年老体衰，有的带病踏上征途。有一位颇受欢迎

---

1 《中国文化书院学报》第 3 期，1987 年 6 月 10 日。

的导师刚从外地调到北京，单位尚未安排住宿，晚上只能睡在办公室。几张办公桌白天办公，晚上拼凑起来就是睡床。为了缓解这位导师的经济困窘，书院教务处率先安排他授课，印发他的讲义，以此为他补贴一点家用。

我对中国文化书院的感念

一、薪火相传，学科构建

自 1985 年 3 月始，我参加中国文化书院主办的传统文化讲座，1987—1989 年首届中外文化比较研究班，1990—1992 年企业文化理论研究班，先后 7 年就读于中国文化书院。

20 世纪 80 年代中后期至 90 年代初，是中国改革的挫折时期。亚洲"四小龙"次第崛起，东亚经济的奇迹成为世界政治家、经济学家关注的焦点之一。农村经济冲破了藩篱正在喷发，中国的体制改革、企业管理改革势在必行。我继两年制书院中外比较文化研究班毕业之后，又继续攻读两年制企业文化理论研究班，这是从比较文化研究班到企业文化研究班的一个自然过渡。由宏观文化到亚文化，由形而上到形而下，由理论科学到实用科学。当时，导师们对课程的设计科学、严谨、实用，有 11 门学科，其中 5 门学科更具超前性（"中日比较企业文化""中美比较企业文化""儒家文化与东亚工业模式""基督教文化与西方工业模式""企业文化与企业伦理"）。

理论上的储备基本完成了，如何找到一套可实际操作的流程，现实逼迫我们必须直面这个难题，破解这个难题。1998 年，世界掀起了知识经济的思潮。这一年，组织上派我首先到亚洲最大的咨询机构——台湾咨询集团，去学习他们的实操方法，之后又到美国、日本、韩国、中东地区考察。台湾的工商业发展程度那时是走在大陆前面的，它们的咨询设计又吸收了日本和新加坡的先进理念而集大成，具有世界领先的东亚的以汉字文化圈为底色的儒家的东方风情和生命情调，一时引领大陆企业文化建设、品牌建设、战略管理、市场营销管理、社会责任管理的风尚。应该说，中国咨询业的发育、成长、成熟与文化书院的理论播种和与对外开放的商务活动、文化活动的交流是分不开的。

亚洲"四小龙"崛起的国际情势，文化书院敏锐的洞察力，一系列前沿性新兴学科、跨学科如未来学、战略学、决策学、预测学的战略架构，其综合作用的结果，为中国后来构建比较企业文化学的基本原理、跨文化管理学的基本原理，储备了跨世纪、跨学科的综合型、顶层设计型、智库型人才。

对于从中国台湾以及日本、新加坡引进的流程技术，我思考消化了多年，最后提炼、升华、结晶出民族化、本土化、国际化、特色化的新管理模式，纳入了由我和李庆善先生合著的《企业文化学原理》一书中。随后，我又撰写完善了《比较企业文化学原理》一书。此书得到了书院导师厉以宁先生和鲁军先生的鼎力支持，书中的重要章节厉先生和鲁先生都亲自执笔。该书从主题、立意、问题意识到架构，从编、章、节、目的规划，到后面的思考题、案例，都得到了两位先生的精心指导。厉先生特意为该书写了万言长序，鲁先生特意为该书写了万言长跋，对这一新兴学科予以扶持，对青年学人倾心呵护。这是厉先生在管理创新、企业文化管理创新领域向世界的最后交代。此著填补了国内学术空白。上述两著都由高等教育出版社出版，是为全国高校通用教材。我可以欣慰的是，本人为高校经管类三级学科的架设和完善贡献了自己的智慧。

多年来，我承接了不同领域的重要课题，有的是国家部委，有的是外资企业，有的是央属企业，有的是国际跨国公司。如香港和记黄埔有限公司、深圳盐田港集团、交通运输部、住房建设部、中国石油天然气集团、中国轻工业品进出口总公司、中央电视台中视传媒、中国通用技术集团、中国新兴集团等。这些课题都涉及复杂的国际背景和国外市场，涉及比较政治学、社会学、经济学、管理学、国际法、地域文化等跨文化、跨学科知识。我领衔的主题都能得心应手，从容应对，让委托方满意，发现并解决在资本运营跨国经营之中存在的突出问题、主要矛盾。在多年的实践之中，我还有自己的"有所见"。如远在 2001 年，我提出了"实施国家企业文化安全战略"。2008 年，我提出了"新质文化、新质价值"的前沿概念，《关于企业社会责任建设的几大问题》一文刊载在 2008 年《紫光阁》杂志第五期。饮水思源，源头之一就是当年书院架设的知识结构、价值结构、能力结构、境界结构，经过多年的消化反刍，化作了个人内在主体性的智慧、力量和工作作风。

在我多年的学术研究和工作实践中，之所以能厚积薄发，源泉不竭，是因为抓住了管理学既是科学又是艺术，抓住了企业文化学跨学科的人文性与工具性的特点，打了一口深井，开掘了经济生活、管理生活、科技生活及其学科的"本"。那么，"本"是什么呢？——"人文科学"。由末逐本，由流溯源，以人的创造与需求为核心，由此导向人的自身价值的实现，这是科技、经济与管理生活的根本，是企业文化的根本。既有合理的物质功利性，又有对人的生命价值的实现的研究。我以母院的跨学科背景，以母院的格局、气象为底气，以沉入社会生活现实的扎实深厚的作风，在我的学科领域做出了应有的成绩。如果说我与同辈学人有点不同的话，自豪地说，也许是我的根更深，滋养更弘富，眼界更高、更远、更宽广。

我所做的基本都是助力前辈大师的原创性思想落地、开花、结果，进行创造性转化、创新性发展。我的核心专业领域是企业管理和企业文化，属于应用学科和实用学科，与前辈大师比较起来，既不宏大，也不崇高，既不优美，也不动听，但是，为中国式现代化事业所急需、所必须。它让我得心应手，从心所欲，属于"乐之"，属于"为己之学"。当然我也并不觉得它渺小和卑微。

我在书院写毕业论文时，汤先生、乐先生分配张文定先生做我的指导老师。有一年，我到北大出版社看望文定老师。老师拍着我的肩膀，很感慨地说："还是那时书院开拓了我们的国际化视野。"本来我们是师生关系，可是老师屈尊俯就，把师生关系亲切的圈定为"我们"，让我心里感到幸福温暖。

前几年书院编辑了一套八秩导师文集丛书，王守常院长题写了四个大字"返本开新"，昌明书院积几十年的积累和探索所沉淀下来的文化旨归是"旧邦新命"、"返本开新"、薪火相传。

二、代际传承，文脉相继

2009 年 7 月 11 日，季羡林先生不幸驾鹤西去。那时小女还在中学读高三。一早，我刚到办公室，小女打电话特意告诉我："爸爸，季爷爷走了。"声音呜咽，言语凄凉。7月14日上午，书院在北大人文教室组织举行了季先生追思会。会议由王守常院长主持。我携小女参加了这次重要的追思活动。守常老师还让我代表学员在追思会上做了发言，《人民日报》、人民网对这次实况做了适时传播。

中学毕业后小女已有比较独立的思想。一天，我与爱人到蓝旗营李中华老师家去与老师商量，征询老师的意见。老师说师母已在法国多年，他的两个公子小学毕业后就先后去了法国，母语基本忘记了，中文阅读和会话都有障碍。老师言语间颇为遗憾。老师的意见是，如果孩子有志向，有天赋，家庭又具备经济条件，出国留学深造、培养高端人才是条重要的道路，但是，应该在国内打好母语和传统文化的坚实基础，这样才不至于走弯路。

老师的话现身说法，既有经验中的教训，又有殷殷的嘱托，对于我的家庭决策提供了重要帮助。当年，我即送小女到美国读书，完成了本科学业，后来又到英国完成了研究生学业，专业是国际政治学。自2015年以来，小女就职于联合国，现在已经9年时间。她的工作得心应手，实现了她少年时的梦想。可以说，是书院的甘霖浇灌了我们父女两代。2010年，《中国书画界》杂志记者刘淑兰女士曾跨洋采访小女成长的经历和经验。小女回顾了家学、师承、地望、江山之助对她的身心熏陶，也感恩季羡林爷爷、鲁军先生、李中华先生、胡军先生对她的呵护。后来在2010年12月26日，在北大博雅国际饭店举办的年度雅聚上，我将杂志呈给了汤一介先生。汤先生看到下一代的成长喜上眉梢，连声夸赞。书院的摄影师抓拍到了汤先生欣赏该杂志时一脸慈祥、一脸欣慰的难得瞬间。小女也将我是书院培养的父亲引为一生的荣耀。

小女在国外七年，选择了难度较大的元学科"国际政治学"专业。她是带着我嘱咐的四句话"开大船，到深海，撒大网，捕大鱼"而远渡重洋的。我知道，我作为父亲的心志是承接了书院的深邃大观的气象，小女是接过了我的火炬，理解了作为父亲的心声，塑造了她的主体性内生力量，所以才前方有目标，奋斗有乐趣，胸中有格局，肩上有责任，脚下有力量。

三、谆谆教诲，任重道远

记得有一年李中华老师携夫人齐彦芬师母到北京亚运村新荣家园看望

鲁军老师夫妇，我在场作陪伺茶。茶间，中华师和鲁军师都感慨——"我们那时都年轻"，言语间颇显沧桑。中华师还不无自豪地说："书院还是培养了不少人才。"

后来，由我主编的《中国企业文化品牌》丛书，中华老师欣然同意名列编委会委员，并为其中的《国学与企业文化管理》一书写了"序言"。"序言"的最后老师对亲传弟子的人生志向与学术追求有这样的肯定和鼓励：

> 本书主编王超逸同志是 20 世纪 80 年代北大哲学系、中国文化书院、中国企业文化研究院重点培养的专业人才，也是我与鲁军先生、汤一介先生的学生。那时我与鲁军先生都年富力强，担任书院副院长，负责院务和教学工作，汤一介先生任院长。20多年来，超逸矢志于国学研究、企业管理理论、企业文化理论的研究和实践。他的学术视野宽广，感触敏锐，每每追踪、引领专业潮头，善于面对和抓住时代提出的重大课题进行思考、探索，不断推出新的科研成果，解决时下的突出问题。目前已是本学科领域有独特贡献的中坚力量。
>
> 更可贵的是，他善于将科研与市场结合起来，将学术上的远大抱负与经营管理结合起来，树立"市场优先"的观念，从而使他的科研事业有了强大的动力，焕发出旺盛的生命力。今天，他又将"国学"与"企业文化管理"这两个领域进行科际整合、嫁接，将国学资源和灵魂注入企业文化管理学科，以此催生出新的学科，这是对内圣外王思想的实践，也是对建立中国解释学的大胆尝试和探索。他试图为国学理论的落地、深植探索出有效的路径与方法。记得 2004 年，超逸发表了《书院与经世致用、知行合一》一文，以此纪念书院 20 周年诞辰，也借此回顾、阐发了自己的经世致用、知行合一的治学路径。"市场优先"观念的确立，敏锐观察、独立思考的精神，迅速完善一套认知系统和操作系统的能力，是年轻一辈学人的特征，也是北大所以既悠久又年轻的特征和传统。这是大有益于新学科的

建设，大有益于国学精神转化、国学资源开掘、国学功能实现，大有益于完善和提升我国管理者素质和提高我国企业文化管理整体水平的。

2012 年，我精心辑录影印了《中国文化书院学报》，时间上至 1987 年 4 月，下迄 1989 年 1 月，共 23 期，装订成册为合订本。一为吾民族存史；二为纪念那段逝去的岁月；三为激励后学，为吾民族延续根脉。25 年来，我流转迁徙，转蓬四方，不知别离了多少风华烟云，然《学报》如十世单传、掌中火种，战战兢兢始终伴在身边，须臾未得离舍。即便客居异地，时值隆冬，凭窗沉思，白河消瘦，岸柳梳妆，哲人多已逝矣，吾亦银丝染鬓，不觉感慨系之：韶华易逝，人生易老……

2016 年 10 月 16 日，国家对台办批复的"中华民族海峡两岸敬天祈福泰山大典"隆重举办。应中国政府邀请，美籍华人、世界著名哲学家、美国夏威夷大学终身哲学教授、中国文化书院导师成中英先生从夏威夷来到泰山，为大会作"从天人合一到世界大同"的主题报告。根据筹委会安排，我做成先生的助理，服务左右。借此机会，我将珍藏多年的《中国文化书院学报》合订本，郑重地呈给了成先生。成先生抚摸着学报，欣慰之至，感慨万千，看到前辈学人多已逝矣，不胜惆怅凄凄。成先生随后将这份珍贵的历史文献带到了美国夏威夷大学。成先生还为他的新著《新觉醒时代——论中国文化之再创造》[1] 一书为弟子题字勉赠——"学以致道"，以示嘉勉。

行文至此，回顾最近一次我回书院，至今也已 15 年了。那是参加 2009 年 7 月 14 日书院在治贝子园北大人文教室为季羡林先生举行的追思会。

最后一次为导师送行，是 2023 年 2 月 27 日，在北风中，在八宝山为导师厉以宁先生送行。

最后一份《唁函》，是 2024 年 7 月 4 日为导师成中英先生逝世发去的唁函。

1　成中英：《新觉醒时代——论中国文化之再创造》，北京：中央编译出版社，2014 年。

"人生代代无穷已。"人总是要走的，这是客观规律。四十年前，我还是风华正茂，四十年后，我已两鬓斑白，迟早也要追寻导师们而去。"纸墨更寿于金石"（鲁迅语）。前辈先贤生命虽然停止了，但是，书院的院风、学风，导师们的思想、智慧和热量留在了人间，留给了人类。

鲁军先生在《中国文化书院学报》（1987年12月号第9期第1版）中寄语学子："合古今东西文化汇集熔铸于此，后百千万年人才胚胎奋兴于斯。"

我是驽马，不敢以骐骥自喻。但是，"驽马十驾，功在不舍"。虽不能至，心向往之。我可以无愧地告慰母院，我的生命是充实饱满的，我没有停止一天的思考、探索和奋斗，无论在主观上还是在客观上，本人都为书院学统、道统的继承、创新，为这个国家和民族的发展奉献了一份光与热。

我祝愿母院青春永驻，繁荣昌盛！

我祝愿导师们思想永辉，健康长寿！

我相信，中国文化书院在陈越光院长的领导下，定会再振雄风，再创辉煌。

2024年7月20日

遥远的呼唤：
我与中国文化书院的精神链接

陈　霞

陈霞（1966—　　），中国社会科学院哲学研究所研究员。1987年5月—1989年5月为中国文化书院"中外比较文化研究班（函授）"学员。

一

我1983年上大学，那个时候特别流行《八十年代新一辈》这首歌，大街小巷都在唱"天也新，地也新，春光更明媚，城市乡村处处增光辉"。一切都欣欣向荣、生机勃勃。校园里出现了各式各样风靡的"文化热"，我们这些年轻学子对于知识如饥似渴，我也积极去听各种学术讲座。1987年我通过专升本考到了四川外国语学院，偶然在报纸上看到中国文化书院招收学制为二年的"中外比较文化研究班（函授）"学员的招生广告。我当时被这则信息里面的"中外比较文化"所吸引，当即决定报名。同学们不理解：我们即将毕业，还花钱去参加函授干吗？但我还是毅然决然报了名。报名办法倒不复杂，将姓名、地址、年龄等信息填在一张简单的报名表上，直接邮寄到中国文化书院指定的在北京的地址，且缴纳学费100元即可。那个时候我们每个月的生活费也就20元左右，一次性拿出

100 元可不是轻而易举的事情。我缴学费后不得不找同学借饭菜票借了好几个月。

报名后不久，我就收到了中国文化书院寄来的《中国文化书院学报》，此后每个月都会给我们邮寄一份。这份报纸里面的信息很多、内容丰富，包括国内外知名学者的观点摘编、论文荟萃、书院活动、学员互动、书院通知等。我从中了解到了书院的各种活动及动态，感到与书院的老师们有一种精神上的交流，与许多素未相识、大名鼎鼎的老师们亲近了起来，我简直如获至宝。毕业后，我去西昌农业专科学校（现西昌学院）基础部当英语老师。我给中国文化书院写了一封信，告知新的收件地址，书院就把函授学习资料转寄到了西昌。由此可见，各位老师们认真负责，学员与书院之间的交流也十分通畅。

中外比较文化研究班的导师阵容堪称当时学界的顶级组合。书院是1984 年由北京大学哲学系几位从事中国哲学研究的青年教师发起、以冯友兰先生为首签名、得到了胡耀邦批示的民间教育机构。梁漱溟为院务委员会主席，冯友兰为名誉院长，汤一介为院长。我们那个班的执教导师有梁漱溟、冯友兰、张岱年、季羡林、虞愚、杨宪益、袁晓园、周一良、何兹全、牙含章、阴法鲁、启功、任继愈、丁守和、石峻、朱伯崑、庞朴、戴逸、李学勤、吴晓铃、汤一介、张晋藩、李泽厚、厉以宁、乐黛云、谢龙、包遵信、张立文、方立天、许抗生、宁可、孙长江、金开诚、金春峰、叶朗、严绍璗、梁从诫、陈鼓应、田昌五、李中华、王守常、陈战国、林娅、魏常海、田志远，外籍学者有成中英、杜维明、冉云华、林毓生、傅伟勋、陈启云、姜允明、高宣扬、赵令扬、霍韬晦、竹内实、韦政通、倪德卫、魏斐德，共 59 位，都是如雷贯耳的顶尖学者、学术泰斗，高山仰止。虽然大部分的导师我都没有直接打过交道，但觉得和他们之间有一条精神纽带，受到了他们的感染。

中外比较文化研究班尽可能为学员提供更多的学术资源和师生交流的平台。书院给我们开了 15 门课，分别是中国文化概论、日本文化概论、印度文化概论、西方文化概论、文化学概论、马克思主义文化学、比较哲学、比较文学、比较美学、比较法学、比较史学、比较宗教学、比较教育学、比较伦理学、比较方法论。围绕这些课程，书院的导师们为我们编写了 15 本教材，每本教材都在 40 万字左右。教材分两部分，前半部是老师阐发自己的观点，后半部分是参考资料，摘编了国内外该领域的精彩论述，非常有助于我们自主学习和扩展阅读。这套教材和报纸我视若珍宝，很长一段时间都放在我书柜最显眼的地方，一大排整整齐齐的，感觉很气派。后来我搬过很多次家，这批东西是走到哪搬到哪的。

尽管函授教学以自学和通信辅导为主，但寒暑假期间，书院还给我们组织了面授。到我们西南片区面授的是傅伟勋先生。1987 年 6 月 15 日他到了川外，给我们川东地区的学员面授。带队老师说七八月还会在重庆搞一次规模更大的面授，时长为 7—10 天，大家简直喜出望外。当时的课堂上座无虚席，气氛热烈，依稀记得傅伟勋教授讲到了生死智慧与宗教解脱。他提出的"创造的诠释学"理论，强调了诠释的开放性和创造性，丰富了中国哲学的方法论。那个时候我的学术根基尚浅，对许多概念不甚理解，但"诠释学"却留在了脑海里。

课程学习后，我开始写毕业论文，做了中外洪水神话的比较研究。经过两年的函授学习，撰写并提交论文，我最终欣喜地获得了毕业证，这代表着专家们的肯定，上面写着："毕业论文合格，准予毕业。"我感到十分惊讶、自豪，我们这个班居然颁发的是毕业证，而不是结业证，毕业证上还特别说明了"本研究班系大学后教育"，这简直可以看做硕士研究生班了。我至今珍藏着这张函授班毕业证书，它成为我后来攻读硕士、博士的起点。后来才知道，这个班在全国招收了 12 000 名学员，我们四川省有1 033 名学员，可惜这个班只办了这一届。

二

中国文化书院这一宝贵的学术平台让我终生受益。我当初报名参加函授的时候还是一名 20 岁出头的大学生，作出这一决定并没有经过多少深思熟虑，可能是自己感染了当时大学校园里流行的"文化热"吧，但没想到这两年的学习潜移默化地影响了我的一生。

首先最明显的一点是，我从一名英语专业的学生、大学的英语教师转型成了一名从事中国文化研究的科研人员。现在回想起来，这样的人生转折的缘起也许是当年种下的"比较文化"种子，后来它不知不觉地发芽生长。在 20 世纪 80 年代，外来思潮大量涌入，中国文化书院是那场"文化热"中少有的致力于中国传统文化教学、研究、传播、弘扬的机构。对我而言，我对自己国家的古典传统只有一些支离破碎的了解，对其感到陌生和神秘，却有一种莫名的吸引力。现任中国文化书院院长陈越光先生认为，当时中国文化书院的那一群文化导师，试图恢复传统的"师道"精神，接续"五四"以来的中国学术传统，为现代教育提供了一种补充和选择，其实要完成的是"一个时代的补课"。

传统文化涵盖了价值追求、生活方式、语言表达、风俗习惯、精神信仰、审美趣味、饮食起居、衣着服饰、景观格局、心理偏好等方面，几千年来深深渗透于生于斯、长于斯的人们的精神世界中。中国文化书院唤起了我们对中国文化的自觉意识。在我个人的工作经历中，从大学英语老师转型为中国哲学研究者，可以说中国文化书院所承载的文化命脉流淌在了我的生命里。

其次，虽然书院以传统文化为依归，但它注重的是传统文化的现代转化，这一点至今仍深深地吸引着我。传统文化本来就一直在不断地被选择和被创造。过去几千年不断有新的元素进入，也有不合时宜的内容被淘汰，有损有益、有因有革，没有一成不变的传统文化。从传统转向现代，生产、生活方式发生了革命性的变化，我们需要与现代社会相适应的文化和价值观念。现代人有现代人的需求，传统文化要来影响和指导现代人的生活，它自身也需要作出改变，以与现代社会相协调、相适应。这就要求传统文化的继承者适应社会发展的需要，以现代价值取向为指导，在本民族文化传统中挖掘能够推动当前社会进步的文化资源，增强文化自觉，进而促进社会心理和社会风尚的更新，形成具有现代品格的文化。现代社会人口流动性增强，我们更多地处于由陌生人构成的社会之中。我们需要在文化比较、文明互鉴中建立起现代社会，需要培养建基于理性之上的公平、正义、法律、自由、平等、民主的理念，以及契约、信用、文明、遵守公共秩序等公共道德，广泛关注超出个人利益之外的公共事件，具有公共关怀、公共精神、科学精神、人文精神、法治精神，促进传统文化的现代化。文化不同于制度，后者是程序化的社会安排，在人的控制之内，可以在短期内改变。文化的现代化则需要以现代社会能够接受的方式逐步推进，于和风细雨中更新人的面貌，熏陶出理性、宽容、大度、乐观、幽默、闲适的精神气质。这一直是我自己的生命追求。

再次，中国文化书院启发了我的研究方法，其奥秘就是"中外比较文化研究班"的"中外"和"比较"。书院的导师们具有包容开放的世界眼光。我们获得的毕业证书首页印的就是"让中国文化走向世界，让世界文化走向中国"。中国文化书院在弘扬中国文化的同时，注重吸收和借鉴其他文明。这从它的课程设置中就能看出来——马克思主义文化、西方文化、印度文化、日本文化等，都让我们去接触和学习，哲学、史学、文学、美学、宗教学、伦理学、教育学、法学都让我们有机会从中外比较的视角去认识和了解。乐黛云老师在《理想、热情与全民文化诉求：忆中国文化书院》中提出："我们叫中国文化书院，但也不是只讲中国文化……而这里的文化指古今中外的大文化概念。……我们的目标就是寻找适合我们自己的文化定位，所以我们的目的并不是宣传中国文化或者外国文化，而是要提高整个社会的文化水平。"这是多么高远的追求啊，感召着我去理解中外文化的差异与共性，在比较中增进多种文化之间的交流，促进文明的发展和进步。

三

汤一介先生在《"纵浪大化中，不喜亦不惧"——汤一介先生谈中国文化书院》中提到 80 年代三个颇有影响的文化机构，即"走向未来丛书"编委会、"文化：中国与世界"丛书编委会、中国文化书院。前两家早已停止活动，只有中国文化书院活跃至今，它延续了 80 年代的精神和思想，走进了"不惑之年"。

回忆我与中国文化书院这段经历，我一直有种幸运感：我这个生于60 年代中期的人，成长的最关键阶段是在 80 年代度过的。70 年代末，我们刚刚走出贫乏的童年和少年时代，80 年代初，我们进入了青春期，中国的文化、学术、时代精神也进入了一个色彩斑斓、激动人心的时代。今天回头来看，80 年代的种种局限挡不住它带给我们的生命激荡。之后，不管 80 年代之后这三十余年世事如何变幻，80 年代所培育的生命和精神类型、所储存下来的能量，始终在我的内心深处不曾消散，我因此而怀念 80 年代，怀念那两年在中国文化书院的函授学习。中国文化书院导师们的教学，他们所指导的阅读，让我这个对传统、对伟大文明、对学术怀着不可名状之渴望，朦胧地感受到与我自己年轻的生命有着某种联系的古老的、深厚的、闪烁着文明光辉的"根"的存在。

时间过去了三十多年，我此刻所纪念的是那种滋养生命的培育，而对于那个时代所提供的"养料"，内心却不时升起一种宿命般的感叹，为我这个年龄的学者提供了足以让我们受益一生的基础资源，支撑我去寻找"文化热"这股思想潮流背后更深层的传统、更大的"道"、更深厚的精神力量。当年书院导师们怀着深厚情怀所开办的"中外比较文化研究班"对学员的影响是深远的。作为其见证人与参与者之一，与之相遇，有幸结下一段奇缘，是我学术生涯中一段宝贵的经历，我对中国文化书院充满感恩和敬意。

与中国文化书院几位
"大先生"的交往

崔向全（1957—　），曾任某中央级报社新闻部主任、总编
室主任，曾任中国文化书院大众传播分院副院长。中国文化书院
会员。

中国文化书院成立四十年，决定编辑出版一本纪念文集，多年老友书
院副院长苑天舒几次约稿，盛情难却。

结缘书院

20世纪末，经朋友介绍，结识了中国文化书院秘书长苑天舒。因之
前在报社工作多年，有很多媒体朋友，天舒遇到新闻报道和文化宣传方面
的事时常找我商量，也会邀请我参加中国文化书院雅聚活动。进入21世
纪，一次雅聚，书院副院长李林找到我说，书院需要加强大众传播方面的
工作，能否与他一起筹建中国文化书院大众传播分院。书院有许多知识渊
博的大先生，能与他们多些交往，把他们的想法更广泛地传播出去，是件
很有意义的事，我愉快地接受了邀请。

已离开报社的我联系了中华全国新闻工作者协会党组书记副主席

翟惠生、人民网总裁何加正、新华社副总编辑吴锦才、《科技日报》总编辑陈泉涌、《工人日报》副总编辑吴新民、《经济日报》总编室主任张小国、《中国证券报》社长陈乃进、《中国商报》总编辑李守仲、《中华工商时报》总编辑黄文夫、《国际商报》总编缉王作言、《中国质量报》社长张凤山、《中国工商报》副总编辑苏菲、《北京日报》副社长杨永安、《北京晚报》副总编辑张淼、《北京青年报》副总编辑孙伟、《京华时报》副总编辑刘明胜和中国玉雕大师李博生等新闻界、文化界朋友，请他们担任大众传播分院导师，大家共同推举《人民日报》原总编辑范敬宜出任中国文化书院大众传播分院名誉院长。我来到时任全国人大教科文卫副主任的范总在人民大会堂的办公室商量此事，范总得知季羡林担任中国文化书院院务委员会主席，欣然同意。《范敬宜诗书画》《敬宜笔记》刚刚出版，范总热情题款相送。他很关切地问到季老，表示对季老一直很敬仰，但未曾谋面，希将自己的新书送上，面聆教益。

2001 年 9 月，中国文化书院一年一度的雅聚活动在友谊宾馆友谊宫举行，给季羡林、侯仁之、何兹全三位 90 岁和几位超过 80 岁的老先生过寿，并宣布中国文化书院大众传播分院成立。

季羡林、张岱年、启功等数十位著名学者与会，气氛热烈，喜气洋洋。其间，季老即兴走上讲台，"今天大家来庆寿，很高兴。之前北大、清华都来祝寿，我现在成了过生日专业户……"，台上台下笑声一片。季老 90 高龄，手上没有一片纸一个字，思维缜密，丝丝入扣，娓娓道来，言简意赅，朴实，风趣，幽默。

经常出入大场面同桌的报社老总们全神贯注，喜笑颜开，钦佩之情溢于言表。发言完毕，我们高兴地从季老手中接过中国文化书院大众传播分院院长、副院长和导师的聘书。

图 1　季羡林为崔向全颁发大众传播分院常务副院长、导师聘书

图2　北大季羡林家中，季羡林与范敬宜第一次见面，从右到左为：范敬宜、季羡林、崔向全

相见恨晚

2002年初，我陪范总来到北大朗润园季老家中。

范总给季老带去了《敬宜笔记》和《范敬宜诗书画》。季老身边工作的李玉洁老师则将我在通话中提到的、范总十分喜爱却没有买到的季老所著《牛棚杂忆》送上，说："这本书现在市面上没有，是季老仅存的。"第一次见面，两位平易、质朴的老人，从牛棚、右派谈起，家事国事天下事，无所不谈，相见恨晚。

在交谈中，季老对范总的人生经历很感兴趣。范总表示一生对他影响最深的，一是家庭环境，特别是母亲的熏陶，一是二十年"右派"生涯的磨炼。季老说："我一生中有两大遗憾：一是遗憾没有当上'右派'——也许因为我还不够好；二是遗憾没有享受过母爱——因为过早地离开了母亲，想不到从此没再见到她。"言谈之间，流露出深深的怅惘。也许因为我之所无，为他之所有；我之所有，为他之所无；两个忘年之交的距离迅速缩短了，竟然越谈越投机，完全不像初识。

几天之后，季老写下《读〈敬宜笔记〉有感》："没有半句假话、大话、空话、废话和套话，讲问题单刀直入，直抒胸臆。我想用四个'真'

字来表示，真实、真切、真诚、真挚。可以称为四真之境。……敬宜不但在写作上有坚实的基础，他实际上是中国古代称之为'三绝'的人物，诗、书、画无不精妙。他还有远胜于古代的'三绝'之处，他精通西方文化必是古人难以望其项背的。我杜撰一个名词，称之为'四绝'。我突然浮想联翩，想到了范敬宜先生的祖先宋代文武双全的大人物范仲淹。他的名著《岳阳楼记》是千古名篇。其中的两句话'先天下之忧而忧，后天下之乐而乐'是今天许多先进人物的座右铭。孟子说'君子之泽，五世而斩'，现在看来，范仲淹之泽，数十世而不斩。今天又出了像范敬宜这样的人物。"

一个月后范总在《新民晚报》以"谢季老"为题把与季老见面的经历和感受写了出来："这些日子，我一直沉浸在一种复杂的心情之中。古人云，人之相与，有'白头如新'，有'倾盖如故'。我与季先生的交往，可以说是'倾盖如故'了。正因为'如故'，直到今天还没有为这篇文章当面或打电话向季先生道一声谢，生怕说俗了反而有渎清听。这种中国传统文化人之间淳朴的神交，似乎越来越近乎神话了。"

书画传情

中国文化书院大众传播分院成立不久，一次组织导师们到京郊观摩交流，范敬宜主持导师们座谈。这些导师重任在肩，本职工作繁忙，有些彼此之间并不熟悉。会议刚开始有些冷场，范总驾轻就熟，开始点名，"小何，你先说说"。被范总称为"小何"的是人民网总裁何加正，我自八十年代初认识加正兄已有几十年，他多次获得中国新闻特别奖和一等奖，是范长江新闻奖获得者，政策水平高，头脑清楚，思维敏捷。"既然范总点将，我就说说，当下文化下乡是个大文章，有很多事情可以做……"何加正侃侃而谈，大家你一言我一语，各抒己见，座谈会顿时热烈起来。

当晚，曾在谷牧身边工作的李林副院长找到我："向全，有一事想请范总帮忙，你看是否妥当？"听罢，我也感觉没底："咱们去找范总说说看吧。"

来到范总房间，还未开口，范总洞察一切地看了看我们："有事，说吧。"我单刀直入："书院有事想请谷牧老出面，您的诗书画都好，谷老也

图3　座谈会上，从左到右为何加正、崔向全、王守常

很喜欢，不知可否为谷老画个扇面？""这个好办。"范总一口应承下来。

　　6月的一天，范总约我到他家中取字画，来到万寿路著名的部长楼门前，正要打电话，忽然看到范总轻快地骑着自行车从大门外过来："我刚出去买点菜。""您还骑车买菜？"我一脸惊讶。范总随和地微笑："习惯了，活动活动。"如果不认识范总，谁能想象到这位熟练的骑车人竟是年过七旬的《人民日报》原总编辑。

　　范总家住顶楼，没有电梯。拾级而上，范总夫人已在大门口相迎。打开房门，水泥地面，四白落地，没有任何装修装饰的痕迹，与交房时的状态基本无异。"您怎么不找人收拾收拾？"我脱口而出。"太麻烦，习惯了，"范总笑笑，指指身旁的夫人，"她也不喜欢，说装修会影响环境。"随和、亲切、质朴，一如既往。

　　范总先将送我的一幅四尺整张书法作品展开，是杜甫的《望岳》，"岱宗夫如何？齐鲁青未了。造化钟神秀，阴阳割昏晓。荡胸生曾云，决眦入归鸟。会当凌绝顶，一览众山小"，字体俊秀，笔力遒劲，舒张有度，浑然天成。书前落有细朱文引首章"素心爱云水"，落款题写"壬午夏日录杜甫《望岳》向全先生雅正吴郡范敬宜"，并盖上"吴郡范氏"和"敬宜"两枚印章，上阴下阳，殊为规范。这是真正的用心之作，是一幅完整讲究的书法作品！范总身为人民日报总编辑、清华大学新闻与传播学院创院院长，对我这个年龄相差二十七岁的晚辈竟称"先生"，手书杜甫名诗，大

图 4　范敬宜所赠书法作品《望岳》

气磅礴，情真意切！我大喜过望，愧不敢当！

　　范总又从书案上拿起两张画好的扇面，一个是水墨山水，画面虽小却精，远山近水，层峦叠嶂，还有行云流水的题诗，诗书画俱佳。另一个扇面是浅绛山水，笔简墨淡，生机盎然。"名门之后""江南才子"，果真名不虚传！"这两幅都拿走吧，选一幅送谷老。"范总说。

　　毕竟做过报纸副刊和星期刊的主编，对诗书画略懂一二，可与范总一起细细欣赏扇面。"这个扇面是仿石涛的，谢稚柳的夫人陈佩秋曾亲口对我说'你临摹的石涛比谢稚柳临的还好'。"范总少有地露出"得意"的笑容。"您觉得诗书画对新闻创作帮助大吗？"见范总谈兴正浓，我将话题转回到老本行。"书画创作其实对新闻工作和教学颇有益处，经常能在审时度势、谋篇布局之际，给人以灵感和启发，其中的妙谛，只可意会，不可言传。"范总笑着回答。范总学养深厚，观点独具，娓娓道来，令人茅塞顿开！

惺惺相惜

　　范总自第一次见面之后很久没有见到季老，也没有读到他的文章，十分惦念。他给季老写了封信，也一直没有收到回音，放心不下，给我打来电话询问。进入 2002 年，季老连续病了几场，动了一次大手术，已入住

301 医院。2003 年 8 月的一天，季老身边工作的李老师给我来电说，两个月前季老曾给范总写了封信，尚未发出，这几天常常提到他，"8 月 6 日是季老 93 岁生日，北大和清华的校领导再三要求过来，能否请范总也来一下"。我第一时间将季老的信件交给范总，转达了季老对范总参加生日会的邀请。范总看到信后喜出望外！但不巧的是，他前几天骑车上街，不慎摔了一大跤，行动不便。范总请我代向季老转达生日祝福的同时，希望再约一个与季老见面的时间。

范总后来在《敬宜笔记续篇》详细介绍了季老那封信的内容："小崔带来了一封先生两个月前给我写的、但迟迟未能寄出的信。信不长，但对我在清华大学新闻与传播学院的讲课表示了深切的关注。他写道：你现在讲授'新闻评论与专栏写作'课，这实在是一个很有趣的题目。你驾轻就熟，当无困难。不过你提到的'范文'，到今天已经陈旧。我们今天所需要的不是这样的文章，而是能够充分说理的、心平气和的、能以理服人的文章。至于文字，我认为，一要准确，不夸大，不缩小；二要生动，有灵气。如果你的学生中有人写文章稍稍接近这样的水平，那就再好不过了……我现在是出院尚无定期，季荷开放之日当能回到北大。真诚欢迎你来看一看。最后的祝语是'既寿且康'。"

"读了先生的信，我内心激动不已。他写此信的时间是 6 月 15 日，正是他病情很不稳定之时，可是他对自己的健康状况一字不提，关心的只是改进文风，改进教学方法，培养优秀的新闻人才，并且切中时弊地表达了他对新闻评论的观点，字里行间充溢长者之情、学者之风。"范总与季老惺惺相惜，他在季老生日当晚写下四十行长诗《寿季老》，计划与季老见面时作为补送的"寿礼"。

几天之后，我陪范总带着他自己书写装裱好的祝寿长诗，来到 301 医院看望季老，没有任何寒暄，季老第一句话便对范总说："我一直在想，你的评论课应该怎样讲。我建议你，不要用任何现成的教材，也不要花许多精力去找范文、备教案，那是会束缚学生思想的。你应该主要通过自己的写作实践，向同学们讲我这篇当时是怎么构思的，那篇当时是怎么立意、论证、运用材料的，让同学们去心领神会，千万别把八股腔传染给他们，那样会害他们的……"

病榻前范总展开手书祝寿长卷，一字一句念给季老："仁者寿，智者康，既寿且康古难全。唯我季翁能兼得，华夏文坛谁比肩？耳聪目明扛鼎笔，神清气爽人中仙。桃李三千何足数，四海喁喁仰高贤。论文自古重风骨，道德文章孰为先？历代文豪如星汉，欲求铁骨属人难。当年沧海掀浊浪，几人谔谔敢诤言？先生一身担道义，雨骤风狂腰不弯。史家正气诗家性，一卷宏文留人间。云开日出仰天笑，等身著作成指南。门前冠盖若云集，名高天下犹谦谦。一袭青衫三十载，爱书爱猫爱季莲。爱书为养浩然气，爱猫仁心出天然。爱莲托物明心迹，出淤不染守清廉。荷塘白猫相为伴，心如明月照清泉。癸未七月介眉寿，谈笑风生百花妍。嗟余伤足举步难，徒羡欢声绕尊前。权将芜词四十句，恭献师表意绵绵。班门弄斧翁休笑，失粘错韵翁莫嫌。"

2004 年后范总连患两场大病，先是脑出血，幸而发现早抢救及时，恢复得还好。不久又患视网膜爆裂脱落，再度住院，遵医嘱需安心静养，我自然尽量少去打扰。

2009 年 7 月 11 日中午，电话响了，来电者是范敬宜："季老的事听说了吗？"话语中含着深深的惋惜。开了一上午的会，其间收到一个短信："季老走了。"我当时有些不信，季老前几天还在题字，没听到任何身体不适的消息。范总的电话印证了这个传言，是真的！"我只是与季老见了两次面，都是你陪着，这几天正想约你去看看季老，没想到……"

当天下午中国文化书院来电通知，7 月 14 日将在北京大学举办季羡林先生追思会。我将消息告诉范总。"我就不去了。"范总语调中带着些许遗憾。"咱们上次看季老您写的寿诗还有底稿吗？"我问。几年前陪范总去 301 医院看季老，范总作诗并手书长卷裱好送给季老，情真意切，恍如昨日！"收录在《敬宜笔记》续篇中了，送你一本做个纪念吧。"

隔日，7 月 12 日早 8 点，电话再次响起。范总来电说："书已放在传达室了，你来取吧。"拿到书，附有范总的手札："向全老弟：奉上《敬宜笔记》续篇一册，其中涉及季老的共四篇，我都夹上纸条，供查阅。赠季老的那首诗，即在 154 页。我与季老两次见面的情况和季老为我写的代序《读〈敬宜笔记〉有感》，都在本书中。您如有机会参加追念季老的活动，望转达我的哀悼之情。谢谢！祝暑安！范敬宜 2009 年 7 月 12 日。"

7月13日我匆匆草就《忆季老》一文发表在人民网上。7月14日在北大治贝子园，中国文化书院召开季老追思会，我带着范总的嘱托和此文参会，将季老与范总的珍贵友谊告诉了更多的人。

范总与季老交往不是很多，见面仅仅两次，都是我陪同前往。两位谦恭、质朴、博学的老人，一见如故，惺惺相惜，情真意切，彼此惦念，真实，真切，真诚，真挚，感人至深！

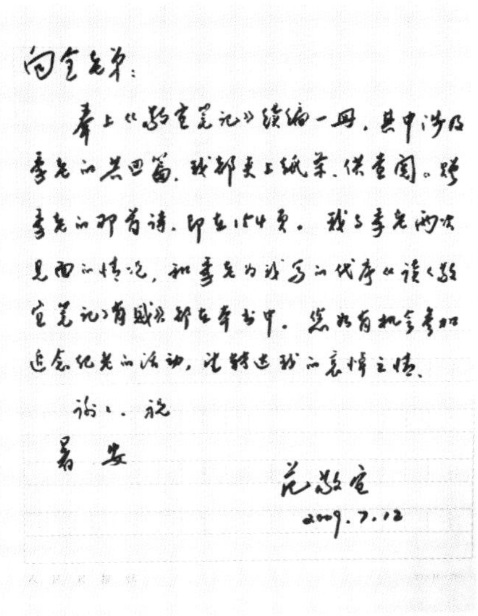

季老离世一年后，2010年11月13日范总因病重突然走了。

图 5　范敬宜的手札

与范总的相识相交与中国文化书院大众传播分院的建立不可分割，也与范总和季老一见如故、惺惺相惜的深厚友情紧密相连，我作为两位文化大家珍贵情谊的穿针引线和全程见证者，理当把这一段真实感人、近似神话、难见来者的友情记录下来。

谦谦君子

2006年，一位朋友找到我说台湾年近八旬的美籍画家黄磊生有一个未了的心愿：生前能在祖国首都北京举办一次个人画展，一直未能如愿，希望给予帮助。黄磊生先生主动从台湾打来电话，全权委托我策展，承诺可授权我独家办理相关审批手续并独家对外发布所有文稿。我请示了书院王守常院长并获得了支持。

4月29日至5月7日，由中国美术家协会艺术委员会、中华全国台湾同胞联谊会文化宣传部、中国文化书院共同举办的黄磊生六十年绘画艺术展在北京中国美术馆举行。全国人大常委会委员、《人民日报》原总编辑范敬宜，中国企业文化研究会理事长、全国政协常委商业部原部长胡

图 6　黄磊生六十年绘画艺术展开幕式，从右至左：
李燕、汤一介、杨立舟、吴广沛、黄磊生、范敬宜、胡平、陈杰、王常连、刘大为等

平，中华全国台湾同胞联谊会副会长陈杰，北京市政协副主席王常连，中国美术家协会副主席刘大为，中国文化书院创院院长汤一介，台湾三石画会会长吴广沛等海内外嘉宾出席了开幕式并为开幕式剪彩。上图生动地记录了剪彩仪式上，作为主办单位领导之一的中国文化书院院长谦虚地站在一边，位居中央的稳重而心细的范敬宜先生正侧身寻找汤先生的一幕。

全国台联副会长陈杰代表三家主办单位致辞，肯定了黄磊生先生作为岭南画派的重要传人，数十年来为中国画走向世界、为海峡两岸文化交流做出的重要贡献。黄磊生先生此次在中国美术馆展出近百幅作品，其中《阿里山云海》《玉山高峰》《春风又绿江南岸》等均超过四十平方尺，气势磅礴、震人心魄。此次画展盛况空前，黄磊生夫妇欣喜异常。

在祖国首都北京举办画展的愿望得以实现，年事已高的黄磊生又向我提出一个新请求：希望中国美术馆收藏他的作品。中国美术馆是中国唯一的国家艺术博物馆，收藏作品标准要综合考量艺术价值、历史价值、文化价值和学术价值，通过艺术委员会和馆长的认可。美术馆负责对接此次画

展的庞桂馨女士，高效率地联系上刚刚外出归来的时任中国美术馆馆长的范迪安（现任中国美术家协会主席），我向范迪安介绍了这次画展的背景和策展情况。当说到这次画展中国文化书院是主办方之一，范敬宜和汤一介都很支持时，范迪安微笑地说："我们成立有'范仲淹研究会'，范敬宜是会长，我是副会长。"好巧不巧，原来两位都是范仲淹的后人！范敬宜既是《人民日报》原总编辑，又是彼此了解的老朋友，信任自不待言！范迪安看了画展后亲自启动收藏程序，选中了黄磊生最具代表性的画作《玉山高峰》作为美术馆收藏作品，并马上安排了画作收藏仪式。多年夙愿得以实现，黄磊生喜笑颜开！

中国文化书院为促进文化交流又办了一件实事，汤一介很高兴，在美术馆展览大厅紧紧地握着我的手说："这个活动很成功，这是书院促进文化交流合作的新方式，非常好，我就是要支持你！"汤先生谦谦君子，温文尔雅，既是师长又是朋友，话语中饱含着真挚的肯定与期许！

京郊昌平山前暖带产的苹果是中国国家地理标志产品。昌平地处太行山脉和燕山山脉的交汇处，两山阻挡住了来自塞外的寒风，土壤中富含磷、钾、铁等矿物质。天时地利的优越自然条件，使得昌平苹果着色快且含糖量高，口感爽脆，正因如此，昌平自古便有着苹果"福地"的美称。有一次看望汤先生，顺便带去两箱昌平崔村镇香堂村的苹果，性情豪爽的乐黛云老师品尝以后赞不绝口："吃过这么多苹果，就你带来这个好吃，口感真好！"香堂苹果得到汤先生、乐老师的认可，从此，拜见汤先生夫妇成了每年的"规定动作"，每当苹果熟了的时候，我都会到知根知底的果农朋友家摘下上好的苹果给先生送去。疫情期

图7　好久未见，书院雅聚时与乐黛云老师交谈

师祝寿宴

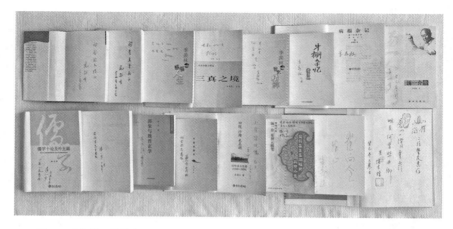

图 8 季羡林、范敬宜、汤一介、乐黛云、陈越光、李博生等先生赠送的部分藏书

间，北大出入不便，仍会请守常院长或天舒将苹果转送到汤先生家中。

汤先生和乐老师时有新作发表，也会留下书题上款赠送给我。随着交往的增多，赠书题款也由"向全同志"变成"向全先生"，再变成"向全小友"。长期交往中，真切地感受到两位先生的真诚、善良、谦和与深刻！与汤先生、乐老师也逐渐由生到熟，知无不言，乐在其中！

匠心独具

中国玉器诞生于原始社会新石器时代早期，至今有近万年的历史。玉是中国传统文化的重要组成部分，以玉为中心载体的玉文化，贯穿了中华文明史，是中国文化有别于世界其他文明的重要标志。

1988 年我采访第七届全国人民代表大会，结识了当时是北京玉器厂总工程师的李博生代表。李博生是国务院授予的我国首批国家级中国工艺美术大师，是国家级非物质文化遗产代表性传承人，在玉雕界享有中国的"罗丹"之美誉。他多次在北京大学、中央美院、中国艺术研究院、中央电视台、北京电视台等单位做关于玉文化的讲座，被誉为玉文化的最佳传播者。他琢玉六十余载，创作的《恨福来迟》以其娴熟精湛的雕工和深刻的寓意夺得了全国玉雕人物评比第一名，创作的《无量寿佛》《夜游赤壁》《十八罗汉》等艺术珍品，荣获中国工艺美术品百花奖金杯奖、"金凤凰"创新产品设计大赛金奖等几十项国际和国家级大奖，作品被收藏于世界各地。

李博生是多年老友，也是大众传播分院的导师。一次拜访老李，刚进门，嫂夫人钱岳生就难掩内心喜悦地递给我一封信："你看看这个。"这是不久前法国总统希拉克的外交顾问访问中国，特地到老李家看望时带来的希拉克总统亲笔签名的感谢信："我借此机会对您创作的精美玉器表示感谢，请接受我的敬意。"

事情回溯到几个月前，时任中国外办主任的戴秉国即将带团访法，需要一件适宜赠送给从小就痴迷于中国文化的希拉克总统的礼物，这个任务交到李博生手中。如何制作一个既具有中国文化特色又饱含深意的国礼呢？思考中的老李无意中看到对面墙上挂钟的表针正在"哒哒哒"有节奏地转动着，他豁然开朗，中西合璧的《乾坤在握》诞生了：作品的正面是一个平面，代表大地，代表稳定，刻有中国传统文化中代表时间的日晷造型，用干支搭配 12 个时辰。另一面是一个饱满的圆弧造型，代表苍穹，代表圆满，也代表玉最美好的一面。乾坤即为天地，《乾坤在握》不仅暗合总统身份，还代表着对命运的把握！一位法国总统，一位中国工艺美术大师，两个种族不同、文化背景不同、人生经历不同的人，以玉为媒，进行了一场完美的跨越时空的对话！

相识几十年，还未见老李匠心独具的神思妙想和精湛技艺竟达到如此炉火纯青的境地！我问："老李，在您眼里，玉是什么？"老李低头沉思片刻："美石为玉，玉就是大地的舍利，是这个世界浓缩的精华。玉文化是'大地之诗'。手中磨玉，就是心中求道。我总喜欢这样与玉对话：'我问你是谁，你原来是我，我本不认你，你却认得我，我少不得你，你却离得我，你我百年后，有你没了我'"……

书院是个神奇的地方。一次参加书院雅聚，碰到了多年未见的书院导师欧阳中石先生。1983 年我主持全国第一份食品专业报《食品周报》副刊工作，结识了一批书法家和画家，欧阳中石即是其中的一位。中石先生毕业于北大哲学系，思维活跃，逻辑性强，谈兴很浓。当时他刚从通州调到市里不久，就住在朝阳门内，交往中除了他自己受邀为报社题字，还喜

图 9　中国文化书院院长陈越光赠书
《八十年代的中国文化书院》

图 10　兼任大众传播分院院长的李林
与导师们在一起，从右至左：吴锦才、
李林、崔向全、孙伟

图 11　新的大众传播专业委员会筹备组听苑天舒副院长讲书院的故事，从左至右：黄薇、
陈泉涌、杨永安、黄文夫、何加正、苑天舒、崔向全、吴新民

欢推荐其他的画友、书友发表作品，眼见推荐的书画作品白纸黑字地出现在报纸上，他总是难掩发自内心的喜悦。

一次去他家中取稿，中石先生从画案旁拿出一幅字说："你帮了这么多朋友，大家都很感激，这一张是我给你写的。"展开一看，书文竟是"一言九鼎，只字千钧"！先生谬赞，很是惭愧！这件书法作品是中石先生的心意，也是人生的一个记录，至今已珍藏四十余年！

书院的先生和大先生很多，耳濡目染，受益良多！书院成立已四十年，每当回忆起与先生们的交往，总是感觉沉甸甸的，很亲切，很温暖！这些交往殊为难得，弥足珍贵！

以器说法

——"传统文化与人文家具"主题研讨 [1]

周　默（供稿）

　　周默（1960—　　），北京大学美学与美育研究中心研究员，中国文化书院会员。

王守常：

　　今天有幸在治贝子园召开"中国传统文化与文人家具"的座谈会。参加这个会议的有北大朱良志教授、徐天进教授，安徽省博物馆的刘传铭教授，中国古代家具研究专家周默先生，同时到会的还有中国文化书院、北京大学的几位老师。

1　2013 年 11 月 5 日，中国文化书院在北京大学治贝子园举办了"传统文化与人文家具"座谈会。书院有四位导师参会——北大哲学系王守常教授、朱良志教授，北大考古文博学院徐天进教授，安徽省博物馆刘传铭教授。邀请的嘉宾有中国古代家具研究专家周默先生等人，参会者还有书院及北大的几位老师。此文为座谈会纪要的主体部分，讨论内容涉及中国古代家具审美。关于文人家具的讨论，在艺术史学界及中国古代家具研究领域产生了深远的影响，至今仍是有待深入讨论和研究的重要课题。本文由周默先生提供，以纪念中国文化书院成立四十周年。整理时编者略有改动。

徐天进：

原来说就在书院喝着茶，朱老师倒上酒，冒着烟，大家聊一聊，这样有一点火花感，有点生动。好多先生可能都去看过"与物为春"的展览（注："与物为春"是梓庆山房主办的家具展），我想今天咱们聊的不一定局限在梓庆山房的作品上。现在收藏热，文化也热，这个到底应该怎么看？不仅仅是家具领域，其它领域好像也是一团混乱。我们不敢说想正本清源，但是我总觉得学术研究机构应该有自己的立场，在这些问题上应有自己的主张。今天讨论的题目特别大，"传统文化"这就非常大。"文人家具"是不是老早就已经有的概念？好像没有。我不知道现在还有没有文人，传统意义上的文人已经不存在了。"文人家具"在当下有没有它的价值和意义也是一个问题。家具的历史可追溯到自有人类以来，我们现在比较熟悉的是明、清家具，更早的——如先秦两汉时期的——也有许多线索。但这些东西离我们今天的人很远，其资料大家也不熟悉，我们以今天为契机，将来可以更多地关注这一方面的内容。

很多人认为明式家具不行，料用得不够，工又简单，一点雕饰也没有，还卖得这么贵，没有道理。一看清代的家具，用料扎实，用工复杂，与其价格相符。这跟个人的偏好有关系。一个时代的家具和一个时代的风尚也有关系，清代不仅仅家具是这种风格，丝织品也是这种风格，瓷器也是这种风格，大的时代风格有可能就是这样。很多先生可能没有看过朱良志老师为周默先生《雍正家具十三年》所作的序。我觉得其中对家具的阐释，尤其对文人家具的阐释十分深刻。朱老师是否可以在这里跟大家介绍一下你对"明式家具"或者梓庆山房家具的一个评述？

朱良志：

我是一个家具爱好者，但对家具毫无研究。这几年读了一些家具方面的书，主要是受到周默兄的影响，一开始看他的《木鉴》，后来看他的《紫檀》，又看他的《黄花梨》。我们在一起喝过无数次酒，听他对家具娓娓道来，有时候还非常动情。有时候在泰国、缅甸的山里面给我打电话，一谈到家具的时候就眉飞色舞、忘乎所以。就是他对家具的挚爱使我感受到他真是一个既有学术水平，又有情怀的人。做这样的东西从中国目前的状况来说具有不可多得的、非常重要的学术分量。这次我读他的《雍正家具十三年》，整天做文献的人可以讲是非常令我汗颜的。因为他非常细致，一天天地在大量的文献中去寻找家具的蛛丝马迹，读了那么多的书，那么耐心地一遍一遍地修改，真是令我非常崇敬。然后谈到他对家具的理解，对当今社会形态、心态下人们对家具的利用，我们还是忧心忡忡。沈平先生也说，有的东西跟我们传统的东西背离很远，和我们的生活也不相契合。那种显示自己的权贵、那种粗俗的"土豪金"的感觉泛滥于家具行业，这样发展下去，不仅仅暴殄天物，糟蹋了很多良材，同时也将家具行业推入深谷。这样发展下去实际上是非常没有前途的，所以我们几个人在一起聊过很多次这个问题。

"与物为春"展我也去看了，令人动心，虽然谈不上令人震撼。那么多美妙的家具，是对明式家具内涵的多重表达，而且复原当时的生活，不仅仅是做一个东西出来，同时在利用木料上有很多自己探索的努力。不是大量使用名贵材料来标榜自己，而且整个风格就如我昨天下午在北京画院溥心畬的画展所见，非常悠淡、深邃。溥心畬作为末代皇室，面对乱世，他始终心不动。从德国拿了两个医学博士学位，回国以后，让他去做官，他也没有去。1949 年他去了台湾，宋美龄让他做她的绘画老师，他拒绝了。他似乎整个的一生都是拒绝的，一直在安安静静地做自己的事情，他完全不像乾隆那样非常权力化，什么画都可以在中间乱画一通。说乱画一通这个词比较重了，反正是糟蹋了不少好画。但是，溥心畬就是非常细心地、优雅地在探寻着中国传统的、文人深邃的诗意与画意，和人的生命追求契合，特别感人。"与物为春"展之作品也使我感受到这样一种风范在里面。我觉得淡淡的，没有很繁复的雕琢，没有很大的气势。但是你要耐下心去，你会感受到一些非常令人感动的细节。就像我们说八大山人讲的涉世，你如果用生活的态度来对待它的话，那么你从中间能得到很多很多收获。

在周默《雍正家具十三年》中，他就提出了明式家具主要是由苏州审美风气所产生的家具，体现出了吴门风味。实际上讲明式家具可能要延续到雍正时期。这一判断跟我的判断是契合的（因为我一直是做传统艺术的），比如我做中国画的研究，乾隆到嘉、道以后，中国的风气突变，绘画传统一蹶不振，再也出现不了像石涛、八大、龚贤这样的一些大师，就像扬州八怪那样的都出不了了。那么到海派以后，大量的模仿西方的东西，实际上不仅仅跟传统不契合，也没探讨到一条比较成功的道路。我们今天可以证明那个时代是中国文化最晦暗的时期，一直到民国。民国年间，"五四运动"批判了很多，但"五四"有一个非常重要的功能，就是把一潭死水激活了，把人的创造热情激起了，把人思想中活跃的东西激发出来了。在中国绘画传统中就可以看出，"五四"一过，大家辈出，像黄宾虹、齐白石、徐悲鸿、傅抱石、刘海粟、张大千、溥心畲等。这些大师要放到嘉、道时期的话，那完全不能同日而语，那个时候像任伯年、任薰、任预等为代表的海上画派，其艺术水平完全不能跟他们相比。张祖翼称"江南自海上开市以来，有所谓海派者，皆恶劣不可注目"。思想自由虽然发展到比较偏的道路，但是也带来了一些比较活跃的东西。周默兄的判断跟我是一致的，就是说乾隆以后这种东西是大变的。那么在乾隆之前，要不要回到传统？我们生活在现代，为什么要回到传统中间？我们做家具是面对现代人的生活、现代人的眼光，现在国际化、信息化已经到了何种程度。我们再回到那个年月，真的是中国"梦"了，那是不可能的事情。所以我们必须要立足于现代人的生活方式，寻找一种合适的语言。在这中间我就感觉到周默兄提出的概念很重要——就是"文人家具"的概念。这个文人家具不是文人所做的家具、文人想用的家具。文人意识是我们所谓的士夫气，文人家具即一种体现出文人意识的家具。这一思想是跟中国发展的大潮密切相关的。我也经常讲中国艺术大致上可以分为两个阶段：一个是中唐之前，可以叫汉唐气象。一个是中唐以后，直到雍正时期，可以叫宋元境界。宋元境界就是比较重视内在心灵体会。实际上文人意识就是宋元境界最好的体现。最早出现是在五代，就是从中唐和五代期间，理论比较成熟的时候是在北宋时期。大体以苏轼、米芾、黄庭坚和李公麟等文人集团提出来的，叫士大夫气，我们今天叫文人意识。

我觉得有几个方面是非常重要的。

第一个方面是写意的，就是境界创造的。这个写意，比如说做一个家具，不仅实用，而且要表达我自己的心境。我和周默兄曾讨论《长物志》

的长应该读 cháng 还是 zàng 的问题时，我讲有大量的资料可以证明应该读"cháng 物志"。因为身无长物，是讲人占有物质是有限的，但是为什么有叫 zàng 物志呢，因为我们人不是利用物，不是消费物，而是把人的生命延伸到其中，物是人生命的一个部分。那么这种写意的家具传统是整个中国文人艺术传统的一部分，都是讲究这种艺术创造。

第二个方面，它是一种内在的自我生命感悟。它不是某种权势、钱势，或者道德，它是一种自省意识、内在生命觉悟意识，就比如早期的文人画。早期绘画很多是功德画，比如说佛教的经变画。到北宋以后文人画大量的出现，这个情况就完全不一样了。直到元代以后，在文人画的传统发展中，它更强调人的内在精神的创造。

第三个方面，文人家具乃至整个的中国文人艺术最重要就是对物的一个态度，就是一定要超越于形式之外。留意于物，就是我去欣赏一个物，流连于物但不能被物所左右，人不能成为物的奴隶。这也是在家具这个行业最容易出现的问题。刚才沈平先生说清代家具中间有一些拼材料、拼外在的现象，可能都跟文人家具的势态是不太吻合的。因为我在研究中国艺术史时，感觉这三个方面是比较重要的，即它的写意性、自省意识、对物的态度——超越形式之外，去追求意味。

我觉得文人家具是整个文人艺术发展中的一个组成部分。我现在讲园林，比如说宋徽宗的园林，大量的石头，天下名贵的石头，尤其是太湖石、灵璧石基本上被囊括殆尽。苏州狮子林，最先建于元代，虽然后来有部分复建，但技术还在，这个狮子林用石量是最大的，但是最不成功。跟网师园、艺圃这样的小园林是完全不能相提并论的。明代中期以后，园林建筑跟早期的完全不同，隆几方土坡，引一溪清水，栽几棵杂树，建一小桥，筑三五间茅屋，真可谓"小院香径独徘徊"。园林设计者都是画家，强调意境构造，这跟早期拼体量的那种做法完全不能相比。我们今天看很多园林也有拼体量的。书法也是，唐代法度谨严，但到宋代以后，尤其是黄庭坚和苏轼，意思萧散，文人意识非常清晰。跟家具特别像的，比如说篆刻，篆刻在明代中期之前，石头一般是不做篆刻的材料的，到明代中期以后那种刀起石落，追求自己内在感觉的所谓文人印、士夫印，成为一种主流，这种主流一直到西泠八家，到吴昌硕，到现在。实际上整个中国艺术发展，都有一个文人艺术和非文人艺术的区隔的问题。"文人家具"这个概念的提出我觉得还是非常有必要的，针对目前家具发展的乱象有作用，对契合中国的传统、对寻找中国家具内在的意脉有作用。回到家具的实用化、艺术化的讨论，家具本身就是艺术品，这一提法我是完全赞成的。

徐天进：

说文人画，紫砂里面还有文人壶，但是其他的艺术品还没有很明确的，比如文献也好、落款也好，用以证明文人的参与。画都是文人自己画的，家具设计与制作我不知道有没有这样的一个线索。比如说我们现在提出来的、正在做的这些家具，它是文人喜欢用的家具，还是普通百姓也用的家具，又或者是皇家用的家具？我们把现在的文人欣赏的家具定义为"文人家具"，这是它与生俱来就有的天然的联系。当然像明清的一些文人的杂记、小说里面，对这类事物有一些描述，喜欢用什么、不喜欢用什么，书房里面东西该怎么摆放之类。但我不知道周默先生在提这个概念的时候，在史料的梳理方面有没有注意到这个现象。中国传统手工艺很长时间一直都不被重视，也就是我们对手工业的工匠一直不重视，没有留下说这是谁做的。在很长的一段时间里面找不到家具是谁做的，谁用的可能也不知道。这个是不是一个时代的风尚呢？现在沈平先生、田家青先生等人把家具当成艺术品来创作、来设计。文人家具概念提出来了，接下来可以在资料的收集和整理方面多用点心了。文人画也好、文人印也好，以及其它与文人有关的，这些都是很明确的，它本身就是由文人所用的。但是唯独这个家具，实际上所谓的明式家具就是在讲文人家具。我们现在笼统地讲明式家具，是明式或明代家具里面也有多种风格，还是大概就是这种风格？我觉得未来的研究里面这可能是一个话题。

我也是不懂家具的，家里面也没有什么家具，都是门板，腿也是自己用钉子瞎钉的，然后他们每次一去就说"你的家具都该扔了"。所以基本上对家具也没有什么了解。但是我想做考古的就是比较注重物的本身，不同的时代因为有不同的生活方式，整个器用也会不一样。我们通过考古也可以看得到，从先秦到两汉、到隋唐、到宋元，中国的家具一直在变。原来没有椅子的时候，家具完全是另外一个系统，类似日本现在的系统，都是又低、又矮，到了有凳子以后开始有整体变化。炊煮方式的变化带来了整个陶瓷系统、日用器皿的变化，这个一直是跟时代的生活方式密切相关的。我们今天看到的古典家具不太适合在现代的空间里面使用，舒适度也好、尺度也好，很多东西搬到我们的楼房里面，搬到我们现在三室、四室一厅的房子里面，好多就不一定合适。但是这不影响我们对原来东西的继承，我把梓庆山房的家具更多地看成是继承，就是说对原来的——技术也好、造型也好、包括材料也好、工艺也好——一种继承。但是要让这些东西完全融入我们现代人的生活，我觉得是一个刚刚开始的阶段。这个中间可以推敲、可以重新思考的东西还有很多。

现在所谓的古典家具热，我觉得称为"珍贵木材热"可能更准确一点。因为材料的稀缺让很多投资、投机的人涌入古典家具的领域里面来。我们现在对"古典家具好在什么地方"的回答，更多的可能是认为这个材料好——不管是紫檀也好、黄花梨也好。对材料的重视远远超过了对家具本身的重视，所以经常碰到很多人买家具的时候，包括看梓庆山房的家具，说这个不行。前几天我也有做家具的朋友过来看，说这个材料不行，腿那么细，牢固的程度不行，用的料也太少。不是看家具有多美，他先看材料，我想这不是个别的看法，是相当一个群体的看法。很难由文人来倡导生活的时尚，我觉得现在我们生活的风尚跟文人基本上没什么关系。他们是远远落伍于时代的一群人，特别是古典家具这一块，我们都知道古典家具的价格不是在学校教书的这些先生们所能承受的价格。他们压根买不起。我觉得做学问的、真正的读书人基本上没有有钱人。这样珍贵的材料和精工细琢的家具至少在目前这个阶段跟文人关系不大，不太容易产生直接的关系。

我觉得还有一点很重要，我们能不能用一些很普通的木材、很便宜的材料制作能用且很美观的家具。这个我觉得应该是可以的。后来听说要做好的话，工钱就很贵，用很好的技术工人做很便宜的材料出来的产品，入不敷出，工厂就维持不了、生产不了。但是我还是觉得我们应该去想办法不以材料来论家具，当然不同的材料适合做什么样的家具它有一定的关系。我觉得这块还是有空间的，就是做家具跟其他的艺术门类一样，让它能体现当下的特征，而不是简单的仿古或者复古。这个时代要发展，我们在忠诚地继承传统的基础上还是该面向未来。我们都喜欢回顾过去，都觉得过去的时代好。当下也是这样，所以各个领域的复古潮一浪高过一浪。现在我们满世界最时尚的东西，像国学热，是不是真的国学热我不知道，王（守常）老师这边有很多热衷于国学的学生，佛教、昆曲、古琴、香、茶。大家都热衷于这些东西是真的还是假的，搞不清楚。在这样的一个思潮里面我们如何在家具的领域做点有意义的事情。我觉得梓庆山房的家具给人提供了一个线索，我能感觉到、能看到未来阶段可能会有一个好的发展。我觉得跟当下的关系还有很大的空间可以考虑，那些东西适不适合在我们现代的空间里面用。我们现在的生活方式的确改变得太大，虽然桌、椅、板凳还是继续在用，是不是我们能够很好地回到日常，回到生活的空间，我觉得还是有比较大的空间可以发展。

周默：

我整理雍正时期有关家具的史料时，唐英、郎世宁、怡亲王关于家具的设计、尺寸、材料的评论，原档中有大量的记载，按道理他们当然是文人。再往前推，有不少关于家具的文献，如王圻《三才会图》、戈汕《蝶几图》、屠隆《考槃余事》、文震亨《长物志》、李渔《闲情偶寄》等对家具的尺寸、陈设、设计、雅俗都有很详细的论述。我向朱良志老师请教有关家具的自由与羁绊的问题。所谓羁绊，或在很早时期便已存在，无非在清中期以后表现得更加明显而已。所以说越晚，家具的不自由表现得越明显。乾隆时期有关家具的史料我现在已经整理完了，原档显示文人的参与越来越少。雍正的前五年，每一件家具都要讨论，几个人都是大学问家，来来回回地讨论，用什么材料、用什么样的尺寸。根据这些文献与留存的明清部分家具，我提出了文人家具的概念。我觉得文人家具的概念具有非时间性、非地域性。清朝家具、明朝家具，抑或宋代家具或者是宋式家具，上溯至唐代都有一些家具都可称为文人家具。在这些具体的家具中都留有文人参与的痕迹。文人家具，首先要好玩、好用，还得要好看。宫廷家具首先讲究尊严、地位、权势，这是摆在第一位的。民间家具、老百姓的家具、民俗家具首先就是实用。它们三者是完全不一样的。现在很多人讲广作家具、京作家具，最值得称道的当然是苏作家具。苏作家具即文人参与的成果。王世襄《明式家具研究》里面已经有了一些具体的史料。清华大学的胡文彦教授《中国家具文化》一书里也有很多文人（包括画家）参与家具设计的记录。

徐天进：

说到家具，实际上按理讲我们应该有这方面的研究，为什么没有呢？原来我们考古基本上到宋为止，宋以前的才需要考古，以后的——尤其是像明清的——太新、太近，文献也多，东西也多，考古的价值不大。所以刚才你讲到苏作、广作、京作，我想提出这些概念可能有一定的道理，广作有广作的风格，苏作有苏作的风格，这种分类我觉得可以。明式、清式也是一种分类，按时间或地域。我们做考古，什么都喜欢做谱系，比如说陶瓷的谱系、玉的谱系、青铜器的谱系，起源何地，分出来不同的时代、不同的风格，非常清晰。根据其材料、工艺特征、装饰技法等综合总结，理出发展的一个脉络，从起源到消亡的整个一个谱系。我不知道家具这块有人做过这个工作没有，可能有人做过，我没看到。

家具因为南北方的地域差异，生产生活方式也不同，能取到的材料也不一样，最后加工出来的器物可能也不一样。正因为这些不一样，才造就了某一个地区、某一个时代特有的家具风格。这个特殊的家具有它相对应的人群，你不能说让全国人民都用明式家具，让全国人民都喜欢明式家具，这个不现实，而且这个做法也不好。不好的东西还得存在，这是一个多元的社会，有喜欢雕龙画凤的，他喜欢了就好。如果要继续做这个研究，我们在此基础上还可以做点工作，从头到尾地梳理一遍，至于给它一个什么名字，我觉得倒是次要的，总是要理清楚一点。现在还是过于笼统，包括明式家具，也没有一个严格的概念、一个严谨的界定。我觉得对整个家具的梳理还不够清楚，特别是家具的时代性和地域性发展的整个脉络。明式家具从哪儿来的，我不太清楚，跟宋的可能有一定的关系；宋的家具是从哪儿来的，可能跟唐还有关系，就是说整个脉络。按照我们习惯的做法，是先把这一堆资料给拢在一起，排一排，看看相互之间的关系怎么样。

朱良志：

王世襄先生讲明式家具的时候，主要在讲苏作家具，讲具有很高品位的家具。在明代，使用家具的地方很多，有些艺人制作的家具具有很高的艺术性，体现出了对家具用材天性的理解，用材、用色达到了很高的和谐程度。就像欣赏古琴一样，他提出了很多种风格，悠淡、清远。我们今天讲明式家具，实际上是把它作为一个艺术对象来研究的。刚开始我们讲"文人家具"也不是广义的家具。我觉得还是要脱离市场化来讲，市场化包括两个方面，一个是大的市场的运用，另外一个就是拍卖市场。只有如此，把对象限定在很高的艺术品位上，才能深入研究。王先生所言明式家具的十六品与八病源于《二十四品》，"清奇"就是《二十四品》中间的一品。我觉得这是对中国传统艺术观念的一个概括，这样的研究很有价值。我们要怎么使家具保持很高的审美品位，把家具当作一门艺术来研究而不是简单的使用品？当然中国古代的艺术概念与西方是不一样的，因为艺术的概念就是在生活中间，生活即艺术。把生活过得很有品质就是我们追求的审美情趣。

刘传铭：

我刚开始听了各位老师的发言，有点感动，所以要求讲几句。"与物为春"家具展我很早就接到邀请了，因当时在外地，非常遗憾没有看到这个展。不过我从网上看了一些图片，大概知道。刚才有老师讲到这个展览虽然不震撼，但确实使我动心了，我觉得这个词用得很准。只看图片我也有点动心，守常兄说有这么一个研讨会让我过来，所以我就谈谈关于文人家具与中国传统文化的问题。

大家刚才都在讲文人家具到底是什么概念，我想用四个字，叫"士心匠作"。士，封建士大夫的士，匠是工匠的匠。为什么用这四个字呢？因为大家刚才讲了中国的古典家具，实际上我们能看到的非常少了。由于材料的关系，没办法保护，我们现在只能从中国古代绘画里面看到一点点唐以前的东西，这些可以数得出来，因为这样的画不超过 30 张，大家都非常熟悉，比如说《韩熙载夜宴图》《高士图》《高逸图》，但这些画的是晋以前的故事。那个时候连桌子都没有，桌子是家具里面一个重要的构成。

连桌子都没有还谈得上什么家具？实物就更不要谈了。所以我们当下所说的传统家具，从实物上来看，能传达出来一个时代风格的大概就只有明式和清式了。说到传统家具，不能说宋元没有，零零星星的，构不成整个时代气息。在这样的规范内，我们来说说中国传统文化与文人家具之间到底是什么样的关系。很多家具的专家或实践者都在探索，无论是制式、材料，还是制作的工艺水准等方面，大家都会有很多的心得。我是一个穷人，但是我又喜欢享受，喜欢奢侈的生活，所以我自身就比较关注这些传统文化，再加上我又多年在博物馆工作，自己又在大学里面教中国美术史。所以古典家具就多多少少跟我的生活和我的生活情趣发生了必然的联系，我就开始——完全谈不上成体系——关心它。

中国古典家具和古典建筑，现在能够看到的实物，可能古典建筑相对完整，风格样式更具体、更生动一点。留下的家具时代没那么早，古建是砖石的，而家具基本上都是木质的。如果说中国传统建筑其内在精神和家具有共通点的话，其中最重要的一点就是结构了。家具有家具的结构，建筑有建筑的结构。结构是什么，是这两种东西中的核心的核心，结构里面包括了一个最重要的因素，对我们家具和建筑来说叫榫卯结构。何谓榫卯呢？我跟学生上课，这么解释榫卯：阳为乾、阴为坤，阳为榫、阴为卯，阳为男、阴为女，阳为公、阴为母。所谓的榫卯，它们能连接在一起，就是两个生命里面最有活力的东西结合起来了。

好的家具，不管是明朝的还是清朝的，只要是好的，能够作为一种优秀的文化保留下来的时候，里面一定有具有生命力的东西，这个生命力本身就是生命现象的表述。另一个就是阅读者、使用者、欣赏者叠加于家具和建筑上的人文的审美。文人家具也离不开人，有我们认同的文人的情怀、文人的审美，甚至于文人的生活习惯、个性化的需求。至于家具，这就形成了我们想要说的"文人家具"。我们讨论文人画，文人画跟文人家具这两个概念又有一点关系——一个是画，一个是家具。文人都没有了，哪还有文人画呢？现在没有文人，哪还有文人家具呢？所以现在我们要做文人家具，就是对优秀的传统文化的一种敬畏、一种审美，对历史长安的回望，是对民族文化情怀的表达和热爱。在这样的前景下，说到将来怎样将所谓的"文人家具"扩大化，将来怎么推而广之或者是使其产业化，我认为谈都不要谈。我们今天坐在这儿，非常好，因为有很多专家，包括多方面的文化学者，大家还是更多地从文化精神的角度去谈论这个问题。

说到家具，材料很重要。材质是多种多样的，现在社会上对木材的普遍认识也有误区。很简单，刚才周老师说到木材的贵与贱的问题，倪瓒《六君子图》画的是六种树，即松、柏、榆、楠、樟、槐。他为什么不把一些学者认为的珍稀树木都画上去呢？他认为这六种树能代表中国文人的君子之风，所以不用画六君子，画六棵树就可以了，这是他对树木的内涵表达。我举个例子，现在说到贵贱，也是商人的分类，为了要表现所谓的文化，故又要反扣历史文化。据我所知，中国家具在明以前，因为南北的气候关系，对材料几乎不做区分，而且要上漆，明中期以前都是要过漆的。为什么呢？材料好坏不重要，披麻挂灰把它裹起来，同样防水，同样防潮，没有问题，因为那时候的工艺水平在那儿。可是到了明中期以后，大家发现所谓的花梨、樟木的花纹非常漂亮，首先有贵人、大文人认同其审美。由于贵人、文人的认同，大家就需要找硬木了，为什么？因为太松散的、生长速度太快的乔木，花了很多的心思、时间和工艺造出来的家具三五年受潮了，腿断了，结构松散了，就坏了。这个时候时代的风气为之一变，在变的过程里大家开始找，除了花梨以外，还有其他的硬木也很好看，于是乎逐渐变成了一种审美的风尚。一个风尚的形成是由于复杂的社会因素，包括工艺水平、生产技术、社会财力等。到了清朝，情况又变了，刚才朱老师说的文化分期我是比较赞同的。因为乾隆六十年是古代和近现代的一个分水岭，除了政治经济的原因以外，我主要看的是文化。中国画，陈师曾《中国古代绘画史》写到乾隆年代时，一刀砍了。后来学生问他："你为什么不写了？"答曰："乾隆以后两百多年中国画以及中国文化都到此为止。"我们今天说明式家具，说传统家具，肯定（我也没有看过文献）是我们后人总结的。明朝人绝对不会说我们自己来做一套明朝家具，清朝人绝对不会说做清朝家具。它是那个时代大家的共同的认识。就这样引起了大家的审美意识，不管是商界也好、不管是生活里面，大家都按照这个形制来做。实际上王世襄老师关于明式家具研究离我们最近，前人对明式家具就没有过多的认识与研究。美国的夏威夷博物馆最好的明式家具是德国的古斯塔夫·艾克先生在工作了许多年以后，夫人曾幼荷捐献的，后来还捐了七件给恭王府，但他的大批的好东西都留在那里。好的家具不是没有，我们还没看到，国内还没机会看到。相关的研究工作要不要做，从继承优秀的传统文化的角度，尤其是热爱家具、喜欢家具、迷恋家具的角度，我觉得还是要做。对细节的工作，即所有的制式、所有规范，尽量贴近古制。为什么？我们对待传统文化，也有三种态度。一个就是照着讲，第二个是接着讲，第三个是重新讲，家具也不例外。所谓照着讲，就是要把明式的榫卯、尺寸变都不变，包括材料、包括所有的细节都做到位。所有的线条，是带一点弧度、是挺拔的，这个一定得做到位。通过这一件器物回到那个历史的氛围里面去，因为这是历史文化传承准确的表达。接着讲，就是在这个基础上有所改变。因为家具材料不一样、环境不一样。最近有一件事，家具界的朋友都知道，新西兰有一种特别稀有的木材——不是树化石——十七世纪早期英国人在新西兰发现的克里木。维多利亚时期运了一批到英国，英国的皇宫里面有一个宫就是用这个克里木做的，现在全世界储存量大概在 45 000 立方米左右。其中有一家中资公司跟新西兰政府合资成立了新西兰木业公司，就是要将那里的木材运回中国。非常喜欢木头的中资公司老板要把克里木引进中国市场，请我做他的顾问。木材怎么进入中国市场？适合于做什么家具？也请了家具界的顾永琪，爱马仕的中国家具是跟顾永琪打双商标的，应该说作为中国人是很值得自豪的，一个世界顶尖品牌请我们一个中国设计师。我想研究家具的人很熟悉顾永琪的家具。当时我在南通张謇博物馆里跟顾永琪有过一个争论。木材的处理，说起来是一个技术性问题，但是这个技术性问题就动了文化的神经了。他对木材的处理，为什么大家认同呢？因为不变形。所有的木材，如果没有经过非常好的处理，榫卯就会松动，就会变形。他的家具一件几十万甚至上百万元，这个东西他要保证他的品牌，所以不管什么木头它一定要处理。他处理的方法他是保密的，但我知道他的办法：就是加蜡蒸煮，木头放到加了蜡的溶液里蒸煮出来。结实是结实了，但是木材异化了，徒有木材的形式，不能称之为木材，因为它使木材发生了本质上的变化。什么叫"与物为春"？刚才讲到家具的生命的价值，生命体现的文化意义在于它是活的。你不要看树已经死了，不要看工匠给它做的榫卯使它不能动了、不会变了。但是它会有一种微小的、你体察不到的，或许能感觉到这种文化生命的气场，这是很重要的。木材固化，是不变形了，木材死了，没有伸缩自如的生命现象，这是我坚决反对的，虽说市场可能会认同。比如市场上有的人买的就是不变形的，这个就没有办法了。

我还想讲一个问题：中国文化书院一直就是关心、在做这些工作，要做的事真是太多了，实际上关于中国传统文化的多样形式，应该做下去。古代建筑除了北宋李诚的《营造法式》还有不少经典文献。家具呢？我不知道家具的图志有没有完整地保存下来。明式家具到底是怎样的一个东西呢？某一形式是怎样的尺寸、什么材质，其渊源在哪？这里面有大量的工作需要去做，该说的话还是要说。有人说北京梓庆山房的家具用料不讲究、腿这么细，实际上这个批评的人就是对中国传统文化一点都不了解，家具结构很多都跟建筑两个字是叠起来的。腿不粗，不是舍不得用料，是只能这么用，这就是审美趣味在里面。

王守常：

家具展之名"与物为春"，源于《庄子·德充符》，这四个字用得非常好。人与物之间那种关系如春天般温暖，是很契合的，这就是文化。周默所著《黄花梨》一书让我写一个序，我不懂家具，只是从自己的认识写了一些文字。我为明式家具下了一个定义："大家共识是到了有明一代，中国传统家具经过长足的发展已达到了高峰。制作之精妙，器形之简洁，气象之内敛而流畅，素逸而庄恭，在中国家具史中独树'明式'典范。"然后周默兄还直表扬我说，是把明式家具的概念写得最清楚的。我觉得无论是家具、书法、绘画等，都跟审美的概念相通，所以我就想起从书画史着手。从五代以后全是高远、深远、平远，到宋以后就开始在乎山水，特别讲究留白。明式家具讲究虚实关系，这跟书法、绘画一样。书法也是一样，左边大一点、右边就小一点，右边长一点、左边就圆一点。明式家具很简约、很大气、很雅气，没有火气也没有燥气，所以重新给明式家具定个位，那就要找一个词。什么样的词符合我们的审美标准，明式家具走的是一条怎样的路？周默最大的贡献是对材料的理解和研究，刚才说腿细，什么材料经得住这个承受力？说这腿大，但是傻了，现在家具都是论斤卖，不是论结构和样式卖，这就糟践了很多珍稀的木材。今天的中国家具怎么走上了如此不归路？后来我就把"阳明心学"拎了出来，它实际上就是简约，就是以心观物，不把物当成一个超然接地的东西，和他看到的实际有关。他与物之间实际上是融为一体的。为什么阳明心学在明代影响那么长时间，对明式家具的审美起到了一定的影响？这个我没有文献材料，我是大胆地猜测。这不是我的专业，只能从哲学的角度去谈一点。形上的道和形下的器能否找到一个很契合的点去讲？道载于器，道寓于器，从审美上讲，应该就是跟阳明心学的理论有关系。

朱良志：

文人家具中有几个概念。文人，当然是身份。其实我们研究文人画，首先要确定这是不是文人之画，体现出一定文人意识之画才叫文人画。那么什么叫文人意识呢？站在传统的角度来讲：士气。刚才刘老师所说的那个"士心匠作"，那个"士"，即士气，士夫气。苏轼《跋宋汉杰画三则》称："观士人画，如阅天下马，取其意气所到。乃若画工，往往只取鞭策皮毛槽枥刍秣，无一点俊发，看数尺许便倦。汉杰真士人画也。""士人画"有一种"俊发"——超越形式的精神气度，如同画万马奔腾，略其玄黄牝牡，取其意气而已。所谓"士夫气"，就是不为法度拘束的萧散精神。第二个文人意识在一定程度上讲就是一种生命关怀的意识，但这两个不一定画等号。有人问我文人意识是不是知识分子，对于我们现在来讲，到处都是文人，但是没有知识分子。但是我们今天讲的知识分子的概念跟文人的概念还是有一定的区别的。知识分子比较重视外在社会担当、社会责任这一方面。中国的文人既具有外在的东西又具有内在修养。外在的东西有内在的修养，是由内向外的。文人、文人意识和知识分子这三个概念我觉得是不一样的。在这个意义上讲，为什么说明代的经典家具可以叫作文人家具，清代一些家具不能叫作文人家具？为什么宋徽宗的家具都能叫作文人家具呢？就在于以"吴门"为代表的家具延续的时间较长。那个时候诞生了文人园林、文人篆刻、文人绘画、文人建筑等，文人家具是其中一个重要组成部分。苏州，就是"吴门"这个地方还是起了很大的作用。文化性格能够体现出儒家的"温温恭人"，我写文徵明的时候始终忘记不了这四个字。一研究沈周就忘不了儒家哲学的"潜心内转"，他把外在的张扬化为内在的一种韵意，不雕不斫，淡然无极。在平淡幽深中能够看出内在的悠长。这种东西像音乐一样，值得你反复地、慢慢地在心里面揣度，而不是外在的形式上的一种竭力地铺排。文人家具为什么归于"吴门"，归于明代中期，是有一定的因缘的。直到雍正时期实际上都是对这个时期的继承。文人画也是，文人画的主题，董其昌是对"吴门"画派的继承。实际上我在研究八大山人、石涛等，这些人实际上也是对"吴门"这个地方的回应。包括像徐渭，像陈老莲，都可以说是"吴门"精神形象。我觉得从这个意义上讲，明式家具、吴门家具就是文人家具。

徐天进：

说起来紫砂也是。紫砂是在宜兴，实际上还是在吴门。在苏州，当时这些紫砂艺人来往最多的是画家、文人。文人壶、文人家具好像两者还是有相通的地方的。

朱良志：

我感觉，篆刻关于徽派和浙派的辩论，实际上是把握了一个重要标准，就是吴门标准。徽派接受了一部分，浙派也接受了一部分，二者又不是重合的。比如说程邃，篆刻的功夫是非常好的，但他喜欢搞大篆。有时候字体就比较猎奇，那么这个可能就不太符合文人的意趣。何震创新，法古而不泥古，但常为人所讥。文彭的刀法沉静清丽，创吴门一派。何震刻风雄健有力，与"温温恭人"的含蓄精神相违。这个东西是相辅相成的。

王守常：

两年前我看过两个展览：一个是契丹贵族展，一个是女人生活贵族展。这两个展让我很震惊，也就是契丹这一支草原文化的人还没有进入农业文明的时候，已经跟中国传统的绘画联系到一块了。陈寅恪为什么把宋文化当成中国文化发展顶峰呢？还是因为宋以儒家文化为主题，容纳了佛教和儒家、道家。这个结论不仅他，像汤用彤先生他们，都承认这一点。这不是国力的问题，我们不理解为什么要把宋文化当成中国文化的顶峰，从宋以后完成了三教合一的概念。不是说佛教没有意义，是不是佛教把文化连接在一起，这个结论稍微大了点，我个人的意见不一定正确。

徐天进：

刚开始讲到士气，文人精神。这些年听到中国人因为中国古典家具热，给环境造成的祸害也不小。现在说中国境内的木头没有了，扫到东南亚、南美、非洲，连片地砍伐森林。这个是在我们的文化背景下，大家的一种疯狂。过去说是疯狂的石头，现在是疯狂的木头。在这样的背景下面，我们如果还在大量地用名贵材料做家具，我总觉得哪个地方感觉有点不太妥当。当然他们做家具用材节省，精打细算，都是量材为器。整个大的环境并不乐观，有时候我去福建等地的家具市场看了，真的是可怕，叫暴殄天物。一棵树要好几百年才长成，一下就砍了，然后就变成钱了。前两天一个浙江的商人，他在柬埔寨承包原始森林，一包就是几千亩，一年能伐 500 亩，平着推，剃光头，根都不留。这种采伐方式我觉得是太恐怖了，似乎现在国家出台了有关保护珍稀树种的规定，价格也随之暴涨。但这依然挡不住中国人发财的梦想。这个也是做家具的、家具行业的人需要思考的一个问题。尽管我们微乎其微，我们是一个企业，或我们做的家具只是一点点。但都是由一点点构成了我们中国家具这么大的市场。全世界在砍伐森林，大部分都是中国人。在这样的背景下，我们也希望周默先生能够振臂一呼，我们用更环保的材料来打造实用的、精美的、现代的文人家具。

周默：

现在有木材商千方百计希望将红木标准的 33 个树增加一些，所以我曾下过一个结论，每增加一个树种，实际上就为这个树种在全世界立了一块冰冷的墓碑。这个树种肯定很快就会灭绝。

徐天进：

从现在的社会现实背景来看，这确实是一个问题。我们喜欢玉，就到处去采玉。喜欢翡翠，可能那边的山也要被挖得差不多了。就是说这种掠夺式的开发、采伐的确是灾难。那么我们是不是可以为了满足我们的需要或者说是文化追求而不顾这些问题呢？我觉得这个问题是需要思考的，也需要一定的态度。士气在哪里？是不是可以这样，为了自己的一点雅兴或者雅趣，而大量购买这些东西？我一再提到，我们的文物收藏也是一样。文物的收藏因为喜欢古代文物的人多、市场的需求大，所以我们现在从沙漠到海洋，全是盗掘、盗挖、盗捞，现在没有被破坏过的遗址几乎没有。原来是挖墓，但是那个量不够。现在是挖遗址，完整的瓷器不行，瓷片也可以。你现在去福建的建窑看，比矿山还可怕，那里没有一块地方是没有被刨过的。景德镇市政府的楼底下都被挖空了，就是挖地道，刚好御窑在那下面。定窑也是被挖得一塌糊涂。反正现在只要是个窑址都有人挖，墓地就不用说。新疆戈壁里面也是，那是无人区，也到处都是坑。渔民现在都不打渔了，都捞沉船，捞沉船比打渔挣钱快。看到大家喜欢这些东西是好事，但是这助长了盗墓的风气。珍贵木材也是一样。造成这种状况我们应该持一种什么样的态度？当然这个不在我们讨论的范围内，但是它是一个问题。就是我们倡导什么，我们是否依然还倡导以名贵木材来做家具，还是我们有别的方式依然可以做出具有审美价值、具有使用价值的家具？用现在的材料行不行，我想可能也未尝不可。我们用金属也好、有机的材料也好，我觉得我们还是需要在另一个方面上有些思考。让所谓的士气对社会的担当、责任从我们选材料的时候开始就注入了这个精神。这个是业外的人凭空那么一想，真正实现起来可能不是那么容易。但是我想在眼下铺天盖地的红木甚嚣尘上的时候，我们的一个态度应该是什么样的。

周默：

现在全世界很多国家像紫檀、象牙、犀牛角等很多东西是禁止贸易的，但在日本这类贸易是合法的。最好的紫檀、象牙、犀牛角都在日本。如果国际公约破坏其传统文化，日本是不参加的。我特别反对把没收的象牙、犀牛角一把火烧掉。这是我们每年都干的一件事。我也赞同徐老师刚才所讲的观点，"唯材料论"而不重审美也许是当今家具行业长期存在的一个大问题。

朱良志：

这里面有几个问题。第一个是家具取材和象牙等取材还是不一样的，取材于植物，植物也是生命。但是植物的生命还是和动物的生命有很大的区别。第二个就是我们制作名贵的家具肯定还是需要一些贵重的材料。现在倡导使用一些一般的材料，但像榆木很难做出沉稳高古的紫檀家具的效果。就是说有些东西是不可替代的。但是可以提倡一些观念，刚才讲文人意识、文人家具，但要惜料，要合理地利用，不要把物当作消费的对象，而是将其视为一种生命的组成部分。而且制作家具本身就是很节俭的，损之又损以至于无为。而我们使用家具、消费家具，也应该本着这一观念，而不是满堂都是紫檀木就好了，木材的种类、颜色可以多样、和谐，恰到好处即美。

徐天进：

这也是一种观念：怎么使用家具。

朱良志：

我们现在讨论"伪自然主义"。就是说我们现在有吃素的，包括还有很多不能消费这样的东西。我觉得人类的生活方式就如一个丛林，有些东西是链条式的存在，要是脱离了这个链条，在大的方面也违背了自然的环节。我们在这个地方要注意节奏，刚才刘老师说了，阴阳协调。注意这种节奏，契合这个节奏。不是把物当成对象，当成消费的产品，而是和我相互依偎的生命共同体，体味生命的价值。石和中国人的审美生活密不可分，东坡称："园无石不秀，斋无石不雅。"石涛认为石为"我心灵之石""我生命之石"，它并不是一个外在的物："山林有最胜之境，须最胜之人；境有相当，石我石也，非我则不古；泉我泉也，非我则不幽。"品玩家具，也就是刚才刘老师讲到缘的问题，石缘、木缘。我在文献中间看到很多木缘，一件好的东西流到好多地方，最后还是留在自己身边，如自己的生命。这种意识才是在我们文人意识中比较重要的方面。

王守常：

今天的"中国传统文化与家具"座谈会不仅讨论了文人家具的概念、渊源、审美及其与中国传统文化的关系，也涉及不少与我们日常生活相关的话题。正如徐天进所言，"生活艺术化，艺术生活化"。文人家具就是中国优秀传统文化中一个重要的组成部分，也是源于日常生活之艺术。这个话题，已不是一个简单的技术问题或工艺问题，而是一个审美问题，更是一个哲学问题。

谢谢各位老师及朋友来到北京大学治贝子园做客！

风华四十载，守正再出新

薛　镭

薛镭（1960—　），清华大学经济管理学院企业战略与政策系副教授。中国文化书院文化经济分院院长，中国文化书院会员。

江流万里，绵延不绝；文脉悠远，与古为新。书院作为我国古代重要的教育机构，从唐朝到晚清，有数千年的历史，在学术研究、文化传播、文脉传承等方面为中华文明的延续和发展作出了重要贡献。80年代，随着改革开放步伐的加快，学术、文化事业也开始出现蓬勃发展的局面，各种文化学术团体如雨后春笋，在沉寂多年的中国大地上发芽出土、成长壮大。其中就包括在1984年由梁漱溟先生、冯友兰先生、张岱年先生、汤一介先生等我国老一代著名学者共同发起，一批有志于发展和创新中国文化的老中青三代学者共同创建的中国文化书院。中国文化书院的成立是我国80年代"新启蒙"等理念的直接体现，也是思想解放浪潮的重要组成部分。最难能可贵的是，中国文化书院能在各式各样的思潮涌动中岿然不动，并愈发蔚为壮大。从创办时起一直保持活动至今，并在一定程度上推动了中国文化事业的发展。这是因为，书院始终立足并坚持中国传统文化这一根本，固其本源，不忘初心。思想解放也需根基牢固，恪守正道才能推陈出新。

四十载惊涛拍岸，九万里风鹏正举。2024年，中国文化书院40岁了，站在四十的关口望去，中国文化书院在过去的这四十年里，在民族文化复兴和人民文化事业发展方面发挥了非常重要的作用。展望未来，中国文化书院这棵大树向上开枝散叶，"让中国优秀传统文化走向世界，让世界优秀文化走进中国"之根向下愈扎愈深。

星月流转，岁月变迁，社会在发展，时代从未停下脚步。在这波澜壮阔的四十年里，我们国家从开启新时期到跨入新世纪，从站上新起点到进入新时代。一代人有一代人的使命，一代人有一代人的征程。我国经济水平的提升，改善了文化领域的业态，也极大地推动了文化复兴。面对社会新形势、文化领域的新律动，书院也在进行新的探索。2022年陈越光先生担任书院院长后，他力图在坚持书院宗旨不动摇的前提下，赋予书院新的生命、新的底色。文化经济分院为中国文化书院新阶段新成立的首个分院，具有特殊意义。

文化经济分院的成立，可以说是时代和社会发展的产物。

一方面，经济基础决定上层建筑，与之相应，文化对于经济的反作用也不容忽视。习近平总书记强调："推动经济高质量发展，文化是重要支点。"先进文化与生产力中最活跃的人的因素一旦结合，劳动力素质会得到极大的提高，劳动对象的广度和深度会得到极大的拓展。人们文化素养的提高对文化产业所要提供的精神产品提出了更高的要求。只有推动文化产业提质增效、高质量发展，才能促进文化市场的革新，进而为经济社会持续健康发展注入更多活力和动力。

另一方面，文化越来越成为引领经济发展和企业发展的推手，文化能赋予经济发展以更强的竞争力。"文化产品日益丰富多样，文化产业成为国民经济的重要组成部分，物质产品生产中的文化含量越来越高。文化就像经济发展的'助推器'，作为推动高质量发展的重要支点。文化的作用不仅体现在自身的高质量发展上，也体现在'文化+'的赋能效应上。文化为高质量发展提供价值引领、注入强大动力，对于满足人民美好生活需要具有重大而深远的意义。"[1]

1　杨斌、周庆安：《以文化为重要支点推动高质量发展》，《人民日报》2024年7月16日。

文化经济分院以书院深厚的文化底蕴为基础，加上清华大学文化经济研究院学术及科技支持，创造出一种具有创新性和前瞻性的发展模式。这种模式不仅深度挖掘和传承了中华文化的精髓，还巧妙地将文化与经济、产业、科技、教育、公益等多个领域有机融合，形成了一种独特的"产学研"一体化生态体系。

在此契机下，中国文化书院第五届理事会第三次会议审议了由中国文化书院文化经济分院筹备组提交的设立文化经济分院申请（已经书院院长办公会讨论并通过），决定批准成立中国文化书院文化经济分院。根据陈越光院长提名，聘请我担任中国文化书院文化经济分院院长。2023 年 2 月 22 日，由中国文化书院主办、清华大学文化经济研究院支持，北京朝阳文旅发展集团有限公司、北京郡王府饭店协办的"中国文化书院文化经济分院成立暨捐赠仪式"，在北京郡王府饭店通过线下、线上相结合的方式举行。来自学界、商界的近三十位学者和企业家参加了会议，中国文化书院陈越光院长主持成立仪式。在宋军先生、李玮先生和李林先生的见证下，陈越光院长和我为中国文化书院文化经济分院揭牌。文化经济分院由其管理委员会进行日常管理，根据中国文化书院的章程开展与文化经济相关的学术研讨交流、教育沙龙、书籍编著出版、咨询服务等符合书院宗旨的各类活动。

"文化，可喻之为山。壁立万仞，挺拔巍峨，为地之锁钥，为天之柱石。"[1] 成立文化经济分院为中国文化书院开启了新篇章。分院呼应新发展阶段下的中国经济、文化发展的新趋势和新特点，将文化领域和经济领域的产学研资源有效集聚，通过它们的交流合作和碰撞激发，在文化和经济融合发展的理论和实践上，做出具有创新性的贡献。

文化经济分院成立的一年半以来，围绕着文化和经济领域，召集了一批具有社会影响力和专业影响力的专家学者担任导师，主要有首席经济导师、首席公益导师、首席文化导师、首席艺术导师。召集一众导师，是为了通过专题讲座、高端论坛、私享沙龙等活动，再辅之以文化研学和课题研究，进一步推动文化经济领域的教研和科学发展。文化经济分院以文化

---

1 金苍：《"文化自信"三喻》，《人民日报》2016 年 7 月 7 日。

企业家定制项目为主题进行了首次探索：该项目是中国文化书院文化经济分院为中国企业家量身定制的全新企业家文化素养提升工程，围绕科学精神、跨文化视野、市场经济洞察、艺术与体育领悟四个维度，通过讲座、参访、沙龙等形式，搭建文化交流平台和文化熏陶空间，从全球视野出发，为中国企业家的事业高度、思想境界、文化境界、生活品质带来全方位的升华与提高，形成独特的企业家生命力成长体系。该项目的核心价值为文化经济融合、修炼品格素养，思想交流碰撞、守望终身学习，前瞻经济大势、纵论政策选择，激发产业创新、提升社会责任。项目为期两年，首期共有三十余位企业家成员。截至目前，中国文化书院文化经济分院的文化企业家定制项目，每一模块的地点都各不相同，历史悠久的北京、江南毓秀的苏州、盛大辉煌的敦煌、人文荟萃的成都等，这些城市都是人杰地灵的文化之乡，都是华夏民族的文脉之所在。

文化是经济发展之魂，经济是文化发展之基。中国的社会经济发展如今到了文化建设的时代，我们需要审视中国自有的文化和各国的先进文化，以及对中国未来的经济发展和创新怎样做出新的定位。未来，文化经济分院将继续聚焦在文化与经济产业融合发展的实践探索中，这种融合不仅顺应了全球经济发展趋势，也符合社会多元化、个性化消费需求增长的需要。

分院会始终牢记陈越光院长在当初成立仪式上对于文化经济分院意义的分享，即在当今时代下，在现代市场经济面前，中国文化需要回应的三重关切：中国文化如何回应"韦伯命题"；中国文化如何造就一代有文化准备的企业；中国文化如何形成有企业支持的创造性发展？陈院长的三重关切可以说是高瞻远瞩，不仅为中国文化书院文化经济分院的发展指明了方向，更为中国企业未来的定位找准了锚点。我们更不会忘记肩头所担负的社会责任。首先，不同领域先进的研究者和探索者将助力分院成为一个输出先进观点的阵地，切中时代脉搏、把握行业发展规律。其次，依托中国文化书院和清华大学文化经济研究院的资源优势，将分院打造成文化与经济有机融合和共生发展的智库平台。再次，文化经济分院将继续秉承着为文化强国建设、经济强国建设做出重要贡献的初衷，开展行业交流、学术研讨等文化活动，为新时代背景下文化和经济融合发展做出具有创新性的贡献。最后，文化经济分院的交流是立足我国的经济文化，同时又面向全球、兼容传统与国际化视野的交流。我们致力于通过华夏文明的独特魅力凝聚文化共识，通过与其他文明的多维碰撞凝聚国际力量，从而推动优秀传统文化创造性转化，使之成企业创新性发展之力，共同赓续中华优秀文化，激发产业创新。

四十载风雨兼程，中国文化书院如同一盏明灯，在黑暗与光明交织的历史洪流中，照亮了中华文化传承与创新的道路，搭建起一座连接古今、沟通中外的文化桥梁。几代学人，他们以芝草无根之坚韧，筚路蓝缕之勇气，用智慧与汗水铸就了这座学术殿堂。他们的赤子之心，如同璀璨星辰，穿越时空的界限，激励着后来者继续探索与追求。他们的精神，如同云山之苍苍、江水之泱泱，深远而悠长。中国文化书院所承载的不仅是学术研究的重任，更是文化传承与创新的使命。四十年来，它始终秉持"让中国优秀传统文化走向世界，让世界优秀文化走进中国"的初心，不断拓宽国际文化交流的广度与深度，为中华文化的繁荣发展贡献了不可磨灭的力量。

展望未来，我们期待中国文化书院能够继续发扬主体精神，保持开放包容的姿态，容纳多元文化的交流与碰撞。在全球化日益加深的今天，我们更加需要这样一个平台，来汇聚世界各地的智慧与力量，共同推动人类文明的进步与发展。愿中国文化书院在新的征程上，如日中天，蒸蒸日上，成为更加璀璨夺目的学术明珠，照亮人类文化的未来之路。

祝贺中国文化书院成立四十周年！愿我们携手并进，共创辉煌！

书院导师们令我感动的二三事

黄加林（1961—　　），曾在中国驻欧洲使馆工作。曾任北京首旅集团培训中心执行总监和项目公司副总经理。中国文化书院会员。

中国文化书院即将迎来建院四十周年的纪念日。学习历史时，觉得历史的进程如此漫长，而留心身边的人与事，却觉得时间过得很快。

我是九十年代初期认识汤一介先生并与中国文化书院结缘的。参加书院的活动时，看到那些如雷贯耳的学术大家坐在自己身边，和蔼可亲地和周围的人打着招呼，慢条斯理地和人交谈，觉得自己犹如在梦境之中，感觉很不真实。待我了解了他们的生平，拜读了他们的著作，对于他们的人品和学识便更加由衷地钦佩和敬仰。

给我留下深刻印象的书院导师很多，在此，我记录几段亲身经历的小事，作为我对于中国文化书院四十周年历程的认知，也是我对中国文化书院深深爱戴之情的浅显表达。

季羡林先生是我接触比较多的书院导师。他没有直接给我学术上的指导和点化，但是他平易亲人的品格和大道至简的治学精神令我受益匪浅。

有一次，和几位师长一起到季先生家里拜访。季先生穿着他平日喜欢的蓝色卡其布中山装，坐在椅子上和我们聊天。话题转到了季先生一直穿的蓝色中山装上。季先生说："我早年在国外穿了很久西装，回国后还是觉得穿中山装舒服自在。"他又向我们讲起了他当北大副校长时的一段趣事。一年北大新生入学，有名新生拎着很大的包裹来报名，进了北大校园，看见路边走过来一个身穿蓝色中山装的老头，就把他叫过来，说："老头，给我看下包，我去报名。"老头点头说，好，就在原地一直不动地给他看包，直到一个小时后这个学生才回来取他的包裹。后来新生在开学典礼上看到，站在讲台上给大家作演讲的正是那个老头，他就是季羡林先生。

季先生讲着这个故事，神情很是开心。我听着他的讲述，眼前浮现出当时的情景，深深地为季先生的人品所折服，他身为国学大师，却如此低调平和，乐于帮助青年学子，这充分地显示出了他对年轻人的关怀与包容。

每次和季先生聊天，我的最大感受是"如沐春风"。他的讲话中没有宏大的哲理，也没有长辈的教诲，都是在和周围的人平等地交流，坦率而直白，但却让我感到莫名的感动和内心的震撼，真正的大家，经历了常人没有经历的苦难，钻研了历史和文化的浩瀚宝藏，获得了终身的成就和声誉，却依然如此平和、真诚和简朴。这是我们学习的榜样。

下面讲述的是我学术研究的一段经历，其中也充满了中国文化书院创院院长汤一介先生对我的支持和鼓励。

1987 年 6 月，我在意大利罗马的书店里看到一本新翻译出版的意大利文《孙子兵法》，我感到很好奇，就买了一本。细读之后，了解到这个译本是译者通过《孙子兵法》的英文版转译过来的。我对照着中文的《孙子兵法》，发现仅仅是第一篇《计篇》，错误就高达 18 处，有的句子，译者根本没有理解中文原著的意思，就直接将句子删除了，使其译文的逻辑和原文完全相悖。

这让我渐渐产生了一个想法：要从中国古文直接翻译一版意大利文的《孙子兵法》，让更多的外国读者和对中国文化的研究者能够读到原汁原味的《孙子兵法》，不求文字的精美，要首先达到"信"和"达"。

1988 年，我有机会见到了汤一介先生，斗胆向他讲述了自己将《孙子兵法》翻译成意大利文的想法。汤先生对我的想法颇为赞赏，鼓励我勇敢地去做这项工作。他表示，我们中国人应该对自己先辈的经典著作有更深刻的认识和理解，也应该有能力将这些经典著作传播到世界各国，让世界上更多的人接触和了解中国源远流长和价值重大的传统文化宝藏。并告诉我在翻译过程中如果有何问题和困难，都可以来找他，他尽量帮助我解决。得到汤先生的肯定和鼓励，我对完成这项艰巨的工作充满信心，更感到承担了一份沉沉甸甸的责任。

我开始在图书馆查阅有关《孙子兵法》的图书资料。可以查到的《孙子兵法》版本有近百种，各个朝代的都有。在这么多的版本中，如何筛选出一本最接近原著的版本作为翻译的母本呢？这是一个巨大的挑战，又是一个必须完成的任务。

经过初步阅读和筛选，我决定以《十一家注孙子》为底本，参考其他比较可信的版本，校勘出一本自己认为最接近原著的版本作为翻译的母本。我将这个想法向汤先生做了汇报。他肯定了我的想法，并向我推荐了当时刚出土不久的《银雀山竹简版孙子兵法》。但是该竹简出土时，连接竹简的皮绳已经腐烂，竹简被腐蚀，顺序全无，且一见空气，立即发黑，很难辨认。经过国家文物局考古队的大力抢救和各方专家的共同努力，将竹简的内容进行了辨认、排序，得到了《孙子兵法》的部分残缺文本，有一大部分无法辨认了，但这给了我一个比较清晰的《孙子兵法》的框架，确实是 13 篇，而不是后世所传说的 16 篇，甚至是 36 篇。我可以笃定地按照 13 篇的结构去深入挖掘《孙子兵法》的具体内容。

在近两年的研究工作中，汤先生一直很关心我的工作进展情况。经常询问我的情况，有没有什么具体问题需要解决。他语重心长地对我说："做学术研究，最重要的是要耐得住寂寞。没有人能够帮助你解决所有问题，就需要你自己咬紧牙坚持。坚持就是胜利。"每当我盯着眼前的古籍，对着难以确定的词句，百思不得其解的时候，我就会想起汤先生对我说过的这句话，鼓舞着我继续钻研。

1988 年 3 月，我有幸遇到了拉依蒙多·卢拉奇教授（Raimondo Luraghi）。他是意大利军事历史协会的主席、意大利热那亚大学的历史教授，也是一位经历了第二次世界大战的反法西斯战士。我和他一见如故，他对中国的历史和现状非常感兴趣。当他知道我正在将《孙子兵法》翻译成意大利文时，他对我的想法大加赞赏，鼓励我一定要完成这项工作，他说："你努力做好《孙子兵法》的翻译工作，我来帮助你找到意大利的出版社。届时，我来为你的译作写前言。"

在研究《孙子兵法》的过程中，我写下了大量的笔记、注解，经过一篇篇的反复比较、校勘、研究后确定下来的古文，成为我进行外文翻译的母本。我要全力以赴地把这个《孙子兵法》的"精确本"（我自己的叫法）做到最好，这不仅是我个人的事情，也代表着一个中国人对自己古代圣贤的尊崇和热爱，也代表着我们现代中国人对自己优秀传统文化的尊重、传承和弘扬。通过自己的译文，让外国的读者们感受到中国古代伟大的思想家的战略眼光、宏大胸怀和精辟论述，跨越两千多年，依然闪闪发光，这对分析和研究现代世界的形势有着高屋建瓴的启示和指导。

1988 年 9 月，卢拉奇教授通知我，有一家意大利的出版机构同意出版我翻译的《孙子兵法》。这让我喜出望外。

我把这个消息告诉了汤先生。他听后很高兴。同时他说："《孙子兵法》的外文译本，对于我们国家的对外文化交流是有重要意义的。我争取在国内给你找到出版的机会。"过了不久，汤先生给我打电话，告诉我，军事科学院正在组织专家团队，准备对《孙子兵法》进行一次全面的校释，出版一册"精确版"的《孙子兵法》白话本，命名为《孙子校释》，同时会附有多个语种的译文。他向军事科学院的专家推荐了我，让我参加此次《孙子兵法》的校释和意大利文版的翻译工作。

我去拜见了全面负责此次《孙子校释》工作的吴如嵩老师。他对《孙子兵法》的研究有很深的造诣，同时熟悉一批与《孙子兵法》研究相关的专家学者，大家都是满怀着对孙子和《孙子兵法》的敬仰来从事这项工作的。他了解了我的经历后，对我的工作给予了肯定，也欢迎我参与《孙子校释》的工作，负责意大利文版的翻译工作。

《孙子兵法》共 6 600 多字（包括标点符号），翻译成外文，大约是 1 ：4 的比例，即一个古汉语字对应 4 个外文词，各个语言不同，译文的总字数也会有一定的差别。

1989 年的 9 月初，我终于译完了《孙子兵法·用间篇》的最后一段话："昔殷之兴也，伊挚在夏；周之兴也，吕牙在殷。故惟明君贤将，能以上智为间者，必成大功。此兵之要，三军之所恃而动也。"

我拿起这一摞沉甸甸的译稿，这是我几个月翻译的成果，更是我两年多来的研究积累。我心里最强烈的感觉，就是汤先生告诉我的"要耐得住寂寞"。

又经过两个月的努力，经过了三次修改，我的《孙子兵法》意大利文译本终于定稿了。我又投入了《孙子兵法》译本"引言"部分的写作。在做这些功课的时候，我真为自己作为一个中国人而感到骄傲和自豪，同时也感到，自己掌握了外语工具，也对中国古典文化有一定的理解，因此自己有责任、有义务为传播中国文化、促进中外文化的交流做一点力所能及的工作。

在 1990 年 4 月初，我完成了全部的翻译和写作工作，将书稿寄给了卢拉奇教授，就像是把自己创作的一个宝贝送到一个遥远的鉴定所，等待权威专家们的严格审查和鉴定。只有耐心地等待，等待。

同时，我也积极参与《孙子校释》一书的翻译工作，多次和负责不同语种翻译的伙伴一起，与负责古文校释的老先生们讨论每一个字、每一个词的确切含义，以保证我们各个译本之间保持完全一致。我们往往会把老先生们问得难以招架，连连说："你们做翻译的，比我们校释古文还要咬文嚼字，刨根问底。"最后我们大家都会心一笑，彼此理解，因为我们都是在为中国文化的传承贡献绵薄之力。

1990 年 9 月，《孙子校释》正式出版。我带着一本刚刚出版的新书去看望汤先生。他接过《孙子校释》，一边翻阅，一边高兴地说："真好，真好，这是我们书院的学友第一次把中国古代经典著作译成小语种出版，很有意义啊！"我深深地感谢汤先生为我提供了这次难得的机会，参与高水平的古籍研究翻译工作。汤先生说："这是你通过自己的努力争取来的机会，你的收获不仅仅是一本译作，更是对中国传统文化的理解和感悟。希望你为中国文化的传播和对外交流继续努力！"这些话我记忆犹新，时时回想起来，都是对自己努力钻研中国传统文化的鞭策。也是因为取得了这个小小的成绩，让汤先生介绍我进入了中国文化书院这个充满学术氛围和融融亲情的大家庭。

1990 年 12 月，我收到了卢拉奇教授给我写的信，信中说，我翻译的《孙子兵法》已经由意大利陆军参谋部军事历史研究所于当月出版了。这一刻，我觉得自己几年来的所有辛苦付出都是值得的，这是我在学术研究道路上具有重要意义的里程碑，又是一个新的征程的开始。1991 年 1 月，我终于收到了意大利寄来的《孙子兵法》样书。我认真地阅读着自己熟悉的文字，好像是自己创作出的宝贝穿上了编辑和出版社精心制作的包装，更加完美、出色和高贵。闻着油墨的香味，我觉得这是世界上最好闻的味道，这是传播知识和智慧的味道，也是所有读书人熟悉和喜欢的味道。

　　直到今天，每当我看到书架上的这两本《孙子兵法》时，就会回想起汤先生对我的谆谆教诲和亲切鼓励，都会想起钻研《孙子兵法》的日日夜夜。这是我一生都享之不尽的精神财富，也是我作为中国文化书院一员的骄傲和自豪。

　　书院另一位让我十分尊敬的导师是陈越光先生。在他担任书院副院长时，我就认识了他。而在一次中法学术交流会上的经历使我对他有了更加深入的认识。

　　在中国文化书院成立后，中法文化交流和学术交流一直持续至今。我有幸在一次中法学术交流会上担任陈越光先生的法语翻译。陈越光先生的发言思路清晰，逻辑性很强，同时他没有使用深奥的专业术语，而是用易懂的语言讲述中国文化的深刻含义。他也还照顾翻译，控制发言的节奏和时长，不给翻译过大的压力。有时还会给我解释一下所引古典语录的含义。

　　在陈越光先生发言之后，更考验陈越光先生和我的环节接踵而来，这就是讨论和回答提问环节。面对外国学者的提问，陈先生都能够深入浅出地予以回答，并能引用法国和西方学者的论述予以佐证。我切身体会到陈先生有一种超强的能力，虽然他不懂法语，但他能够很准确地捕捉到外国学者发言中的核心含义和关键词，并能够充分理解和归纳，再给予合理的解释和积极的回应。这对于现场的翻译来说，是一种畅快淋漓和富有成就感的工作状态，如同一对双打选手，一个主攻，一个助攻，彼此配合默契，并能获得对方的认可和赞同。那次的会议持续了一整天，陈先生的精神状态很好，思路敏捷，逻辑清晰，看得出来，他为此次国际学术会议做了充分准备，这也显示出他日常学术研究的扎实稳健和思考所达到的深度和广度。在会议结束时，陈先生和我握手，对我说："今天我们合作很愉快。谢谢你的帮助。希望我们今后有机会再一起合作。"

多年之后，我拜读了《一个有思想的行动者——陈越光NGO讲演集》。书中所收集的讲演每一篇都不算长，但是可以清晰地反映出陈先生为每次讲演所付出的心血。他的发言没有华丽的辞藻和大量的专业术语，但都充满了一位中国学者对历史、对中国文化、对世界发展趋势等的严谨思考和积极评价，也充满了对青少年一代的亲切关怀和殷切期望。他在历次国际会议上和跨文化学术研究会议上的发言，都给我留下深刻的印象，也使我对他的学术思想脉络有了更加清晰的认识。从此以后，我和陈越光先生建立了亦师亦友的关系，每当他在国际文化交流活动中发表讲话时，我都对他的深刻思考和前瞻性的判断感到钦佩，也产生了很强的共鸣。

中国文化书院在成立时就明确提出其宗旨是"让中国文化走向世界，让世界文化走向中国"。从书院创建时的一大批国学大师，到现在书院担任各项工作的师长和同事们，都在身体力行地践行这个宗旨，踔厉奋发，笃行不怠。

借用陈越光先生的一段话来结束我的短文，"当我们在等待历史的时候，历史也往往同时在等待我们。人是有责任的，至少思想是你的责任"，"承担思想的责任"。这正是中国文化书院的使命，这就是中国文化书院的精神，也是中国文化书院的价值。

祝中国文化书院越办越好，兴旺长久。

张岱年先生的"兼和"思想
及对我之影响

蒋 晔

蒋晔（1962— ），中华社会文化发展基金会执行副秘书长，中国文化书院会员。

一、尘封半个世纪的"兼和"思想

1998年3月，我来到北京大学中关园，拜访了中国文化书院创始人之一张岱年先生，这一年他年届90岁，居住的房子非常简陋、狭小。师母冯让兰告诉我，房子有70多平方米，使用面积有50多，他俩在这里已住了几十年。屋子里上上下下堆满的全是书，如果多去几个人，找个能坐的地方都很难。那一天，对于我这位36岁的晚辈所提出的许多问题，岱老都认真地给予了解惑。他还送给我一本刚刚由华文出版社出版的《东方赤子·大家丛书：张岱年卷》，并题下一行字："追求真理，弘扬正义，为振兴中华而努力！"这次拜访岱老，使我第一次对岱老的"兼和"思想所产生的原因，有了一个初步的了解。

在这次交流中，我问岱老："近些年来，在政界流行着一句非常时髦的问候语：'哎！近来混得怎么样？'您对此有何评价？"

406 | 文化启蒙 薪火相传：中国文化书院40年回顾

他说："我听说过。这是旧社会流行的一句话，现在又复活了。哎！人生怎么能'混'呢？这很可悲啊！如果一个人、一个社会，都是'混'的心态，这个人，这个社会，哪里还有希望啊！一个人如果'混'着过，整日是糊里糊涂过日子，那就不是人了，而是普普通通的动物了。'混得怎么样？'这个思想是一个大的错误，是一个根本性的错误。人和动物之所以有所区别，根本点就在于，动物都是糊里糊涂地活着，而人不是：人有思想，有自觉的反省；人有追求，人有理想，人有丰富的精神生活。凡是有'混'的想法的人，都是水平、素质很低的人。我们民族最为艰巨的任务，就是提高人的文化素质，改造我们的国民性。"

我问他："怎么样才能改造我们的国民性呢？"他说："那就是要创造一种新的文化。"我追问："什么是中华民族的新文化？"

他告诉我："那就是既要反对'全盘西化'的观念，也要反对过分宣扬中国传统文化的观点。前一个观点，是对自己民族的妄自菲薄；后一种观点，是对自己民族的妄自尊大。这两个'妄自'都不好。我的观点是要来一次东西方文化的'综合创新'。我想，中国文化是世界上伟大的民族文化之一。一个民族的文化，如果不与较高的、不同的文化相接触，便容易走入衰落之途。一个民族的文化与较高的文化相接触，固然可以因受到刺激而获得大进；但若缺乏独立自主的精神，也有被征服和被消灭的危险。中国人如果守旧不改，则无异于等着毁灭。如果以为自己的文化百不如人，则难免有被外来侵略者征服的危险。中国旧文化的改造，同时就是新文化的创成，也可以说是中国文化的复兴。

"中国文化中病态的、腐朽的部分，应当克除。而其中健康的、活的部分，则不仅应当保持，而且应当发展、提高。西方文化好的、优良的，应尽可能地采纳吸收过来，而其中不好的、有弊端的，则无须追随模仿。所以，新文化的创造，不能凭空，而必须有所根据。

"为此，我们只有创造出一个尊重民主、尊重科学的百家争鸣的政治环境，我们才能在兼容并蓄的大前提下，去粗取精，把人类创造的一切文明，为我中华民族所用，如此努力，我们才有希望。人类的文明历史表明：在文化前进的过程中，哪个时代的思想自由奔放，哪个时代的文化就必定繁花似锦，哪个时代的经济将必定昌盛发达！"

《东方赤子·大家丛书·张岱年卷》封面　　　　张岱年先生给作者的题字

　　为了将张岱年先生的谈话内容告诉更多的朋友们，我很快写出了一篇文章《张岱年：沉思一生》，以整版的篇幅发表在 1998 年 9 月 22 日《河南新闻出版报》"20 世纪中国文化名人精神历程系列访谈"专栏。

　　此后，我因儿子在北京大学附属小学上学，为了接送孩子方便，我就在中关园租房居住，这样我与岱老就成了邻居，所以与他老人家及师母的接触，就自然多了起来。更由于北京师范大学是岱老和师母的母校，2002 年北师大为筹备百年校庆，就邀请岱老参加多次筹备会议，我也有幸参与了母校百年校庆的筹备工作。所以，每次开会，我都有机会当面向岱老继续请教。这样，我对岱老创建"兼和"思想的来龙去脉，有了更进一步的理解。

　　帮助我真正理解岱老"兼和"思想深邃之处的，是岱老新中国初期所教的老学生——清华大学人文学院教授刘鄂培先生。刘教授因在 1985 年开始主编六卷本《张岱年文集》，并出版《张岱年先生学谱》《张岱年哲学研究》等著作，而对岱老的"兼和"思想体系理解得极为深刻。"兼和"思想首创于 1948 年，首创人是岱老，而将尘封半个世纪的"兼和"思想，第一次完整阐发出来并使之发扬光大的，是刘教授。

1985 年，张岱年先生从北京大学退休之后，清华大学聘请他担任思想文化研究所首任所长。张岱年让学生刘鄂培开始主编《张岱年文集》，该文集经过多年的资料搜集、整理工作之后，陆陆续续在 1989 年至 1995 年由清华大学出版社出版。在编辑六卷《张岱年文集》的过程中，刘鄂培惊讶地发现，张岱年先生早在 20 世纪 30 年代就已经指出融中国传统哲学、社会主义和资本主义哲学为一体的新哲学和新文化之路。

1998 年 4 月，在清华大学甲所会议室召开了一次关于编写《综合创新——张岱年先生学记》的启动会议，张岱年参加会议倾听大家的意见并讲话。在讲话中，他引用了"颜李学派"的佳话以鼓励在座者。"颜"即清朝初年河北人颜元（号习斋），是老师；"李"即李塨（号恕谷），是弟子。颜习斋的哲学思想经弟子李恕谷的阐发后更加完备，形成了历史上有名的"颜李学派"。张岱年关于"颜李学派"的讲话，对刚刚编撰完六卷本《张岱年文集》的刘鄂培来说，是一个极大的鼓舞。"颜李学派"清朝初年诞生于河北省，其核心思想是"实学"，即重"实文、实行、实体、实用"，与清初官方提倡的宋明理学相对立，是 17 世纪中国思想界对传统思想文化有所突破的一个新的学术流派。刘鄂培深知自己老师倡导"颜李学派"的意义，他通过编辑《张岱年文集》，也为全面了解、阐发张岱年的思想体系，做好了充分的学术准备。所以，他的内心深处已升腾起一个信念，并将其作为自己的使命：在张岱年的哲学思想中，找到一条"一以贯之"的红线，从而形成一套新的哲学体系、一个新的学派。

刘鄂培教授曾让我阅读一篇文章《记与张岱年师的一次重要谈话》，现将全文摘录于下：

> 1999 年 6 月 10 日，清晨得悉岱老在前两天摔了两跤，身体不好。上午 9 时半，我急忙到岱老寓所。门铃响后，开门的是岱老。我的忐忑之心，已平静下来。
>
> 岱老说，这次摔跤是由于便秘服泻药引起的，一下午连续腹泻五六次，腿乏力而摔的。他边笑边说："我还要争取活到 95 岁哩！"岱老精神很好，我放心了。于是，请岱老看我近来所

书的自勉条幅："兼和"。"兼和"两字乃岱年师的哲学思想之精髓，亦为其治学立身之道耳。岱老说："写得很好。"我进一步作解释：

（1）您的"兼和"是"兼赅众异而得其平衡"，是对史伯"以它平它谓之和"一语准确的阐发，与过去解释为"以此一对立面克服其他对立面"的解释是不同的。您的理解是"和"中包含有"众异"，"众异"之间取得平衡就是"和"，不是一个对立面消灭另一个对立面。

（2）您的"兼和"既不同于北宋张载"仇必和而解"的重"和"，又不同于苏联和新中国成立后30年的"斗争哲学"。"兼和"是不偏不倚的"对立和统一"的学说。

（3）"兼和"是您的文化观"综合创新"的哲学基础，是您的治学和待人之道，是您的哲学中的精髓所在。

岱老说："你的理解很对。现在还很少有人是这样来理解我的哲学思想的。"

我再问："以'兼和'作为贯穿在您的哲学和文化观中的核心思想如何？"

岱老微笑着说："可以这样。"

岱老最后说："我现在住的房子小，没有地方挂。搬家以后，请你写一幅送给我怎样？"我愉快地回答："好，一定送给您。"

近来，我一直冥思苦想的问题是：以什么思想贯穿在《综合创新——张岱年先生学记》一书之中？通过此次与岱老谈话，我更充满了信心。我体会到：（1）岱老的哲学思想是以辩证唯物论为基础的，一生坚持不渝。但他不是简单地照搬教条，而是将辩证唯物论中国化，丰富了辩证法和唯物论。（2）岱老的文化观"综合创新论"即"兼和"思想在文化方面的运用，它超越于近百年来的"体""用"之说，是符合中国国情需要的"拿来主义"，其前提："人类的文化是人类共同创造的，因此为人类所共享。"

1999 年 6 月 10 日晚

又记：

> 1999 年 6 月 18 日，再次到岱老寓所。岱老说：此纪要所写"深合我意"。我立即又提出一个问题请教岱老："您对'万物一体'的天人合一观、《中庸》中的思想'万物并育而不相害，道并行而不相悖'，在 30 年代与 80 年代看法不同？"岱老说："是。"我又问："转变的关键在于 40 年代提出了'兼和'思想？"岱老表示同意。
>
> 1999 年 6 月 18 日

1999 年 6 月 18 日，张岱年对这份谈话纪要作出如下批示："鄂培同志所写，深合我意，对于我的思想有深刻理解，我非常感谢！"

可以讲，1999 年 6 月 18 日是一个重要日子。1948 年张岱年先生在著作《天人简论》中提出的"兼和"思想，在被尘封了 51 年后，由他的学生刘鄂培通过长时间的研究，并在 1998 年张先生"颜李学派"讲话的启发之下，终于得到了正式完整的阐发。

二、什么是"兼和"思想

张岱年的哥哥张申府，是著名哲学家。1931 年—1936 年，当张申府来清华大学哲学系执教时，针对中国学术论坛上鼎足三分的状况，他提出了"孔子、列宁、罗素三流合一"的设想。这里所说的孔子、列宁、罗素并不是指这三个人，而是指以孔子为代表的中国哲学传统、以列宁为代表的世界上方兴未艾的新传统、以罗素为代表的西方最好的传统。"三流合一"即指哲学的三大流派应放弃门户之见，各取人之所长，以补己之不足，从而形成一个兼综各流派之长的新学派。

1936 年，张申府因营救"一二·九"爱国运动被捕的学生而入狱，离开了清华大学哲学系，由他提出的"孔子、列宁、罗素三流合一"如何得以实现，这个在理论上进行探索的重任，自然落在了张岱年的肩上。

1936 年，张岱年发表了《哲学上一个可能的综合》一文，文中提出"今后哲学的一个新路，当是将唯物、理想、解析，综合于一"。其中"唯物"是指以辩证唯物论为基础，与中国传统唯物论、辩证思维相结合并使之中国化。"理想"是指中国的道德理想与人生哲学，这是中国传统哲学之所长。"解析"是指"逻辑解析法"，这是西方哲学之所长。将以上三个方面综合于一，这就提出了一个将中、西、马的哲学精华融为一体的哲学新模式。

1937 年，张岱年完成他的巨著《中国哲学大纲》，1941 年到 1948 年又完成了他的《天人五论》，前者为史，后者为论，史论结合，从而建立了他的哲学体系。《天人五论》包括《哲学思惟论》《知实论》《事理论》《品德论》《天人简论》，其中《天人简论》是对前四论的总结。张岱年在《天人简论》中首次提出了"兼和"思想，并作出了界定：

> 最高的价值准则曰兼赅众异而得其平衡。简云兼和，古代谓之曰和，亦曰富有日新而一以贯之。《易传》："富有之谓大业，日新之谓盛德。"……惟日新而后能经常得其平衡，惟日新而后能经常保其富有。

1999 年刘鄂培手书"兼和"

但可惜的是，《天人五论》创作之时，正值抗日战争和国内战争时期，1949 年之后又遭遇不断的政治运动，从"反右"一直到"文化大革命"结束，由于上述原因，该书一直未能出版。到了 1989 年至 1995 年，经过刘鄂培主编之后，才得以出版，"兼和"思想才得以重现天日。我们可以从三个方面来理解张岱年先生的"兼和"思想：

（1）什么是"兼和"？张岱年将"兼和"界定为"兼赅众异而得其平衡"。"异"即差异，指矛盾，"众异"即众多的矛盾；"赅"意为全备；"兼"原意为一手执两禾，引申为众多矛盾集于一体。"兼和"的意思是将众多矛盾汇集于一体，并理顺众矛盾之间的关系而使之处于"平衡"状态之中。

（2）在中国古代哲学中，是否存在"兼和"思想？张岱年讲"古代谓之曰和"，对此作了肯定的回答。古代哲学家虽然没有提出"兼和"这个词，但"兼和"思想却是古已有之。

《易传》和《老子》所说的"和"，即是"兼和"。可见张岱年的"兼和"思想，是中国古代哲学重"和"思想的提炼和升华，显示出张岱年对中国古代哲学的精深理解。

（3）"兼和"思想是对中国传统辩证思维的继承和创新。周幽王二年（前780年），史伯在与郑桓公的对话中提出：

"和实生物，同则不继。以他平他谓之和，故能丰长而物归（生）之。"（《国语·郑语》）

中国古代哲学中有过"和同之辩"，在"和"与"同"这对范畴里，哲学家特别看重"和"。史伯认为"同"不能产生物，只有"和"才能使物"丰长"、产生新事物，也就是"和实生物"。

张岱年认为在"兼赅众异而得其平衡"中的"平衡"，不是永恒不变的，而是一种动态的平衡。

"中庸"思想作为中国传统的辩证思想，是三千年来中国哲人智慧的结晶。将"中庸"思想与西方辩证法，尤其是唯物辩证法作一比较，我们可以发现两者存在明显的差异：西方辩证法认为量的积累导致质的飞跃，促使事物向上、向更好的方向发展。而"中庸"思想则认为量的积累达到"无过无不及"的最佳状态时，就要保持这一最佳状态，以避免事物向下、向坏的方向发展。可见西方辩证法具有创新的活力，而中国的"中庸"思想显现出停滞、守成。张岱年对此有一番精湛的论述：

"古昔哲人常言中庸，中庸易致停滞不进之弊，失富有日新之德。今应以兼易中，以兼和易中庸。"1987年，在《张岱年文集》出版时，张岱年在《天人简论》之后附上《又记》，其中提出"尚未过时"的观点就有"以兼和易中庸"。由此可见，张岱年将中华民族传统文化中的"中庸之道"提升到一个新境界，即"兼和之道"，这是几千年来中国哲学思想上的一大突破，也足见这一观点在张岱年学术体系中的重要地位。

"兼和"思想的理论价值及实践价值，主要有以下几点：

（1）"兼和"思想，一以贯之于张岱年学术体系之中，并成为其理论基石。

（2）"兼和"思想，为中华民族、为全人类照亮了一条通往和谐之路。"兼和"既是对片面强调"斗争哲学"的批判，而又不同于不谈斗争的"和平主义"。

历史的教训已经证明，"斗争哲学"与"和平主义"，都是违背"两"与"一"相互依存、不可偏废的原则的。因此，唯有"兼和"思想才能为中国的和平发展，为构建和谐社会、人类命运共同体，探索出一条可行之路。这就是"兼和"思想的理论价值与实践价值之所在。

张岱年提出的"兼和"范畴，是中国和世界哲学史上的首创，为什么称之为张岱年哲学思想的精髓呢？第一，"兼和"是中国传统的辩证思维与西方辩证法的有机结合，以中国人民喜闻乐见的形式、语言来表达，实现了古代辩证思维的现代化和西方辩证法的中国化。它既弥补了"中庸"思想的不足，又丰富了西方辩证法。第二，"兼和"准确表达了矛盾的对立、斗争（"两"）与统一、和谐（"一"）的关系。"兼和"范畴的提出，是对辩证法的重大贡献，是人类文化精神的一次升华，是当代中国哲学界奉献给人类的大智慧！

张岱年创建"兼和"思想的价值，就在于尊重异、鼓励异，是"兼赅众异而得其平衡"，而不是对"异"的打击，也不是"求大同，存小异"的取向，更不是"尚大同"，而是对"不同"的高度认同。我在 1996 年拜访张岱年先生时，他告诉我："再漂亮的花，如果世界上到处都是这一种花，那将是一种恐惧。万紫千红、百花齐放才最好。"

三、"兼和"思想产生的重要影响

1984 年，张岱年与冯友兰、梁漱溟、季羡林、朱伯崑、汤一介等先生一道，共同创建中国文化书院之后，便以满腔热忱投入 20 世纪最后一次文化热潮，并根据当时中国国情和世界形势的变化，发表了《综合、创新，建立社会主义新文化》一文，正式提出了他的文化观"文化综合创新论"。从文化观的雏形到文化观的正式提出，经过了半个世纪的推敲。两者在融合中西文化精华于一体的理念上是一脉相承的，而后者的综合性更强，在内容上更为广泛，建设具有中国特色的新文化目标更为明确。因此，一经提出就得到学者和有识之士的广泛认同或共鸣。

张岱年的"综合创新"是将多种外来的哲学、文化与中国的哲学、文化相结合。因此，从哲学意义上说，"综合创新"的理论基础即是"兼和"。他在哲学上首创的"兼和"这个范畴，并不见于中国传统哲学，而是将西方的辩证法思想与中国传统的"重和"思想和"两""一"学说相结合，用中国的形式、语言来表达，使之中国化。"兼和"既符合客观的辩证法，又是具有中国特色的。张岱年将外来哲学、文化中国化，对中国哲学、文化的发展做出了重大贡献。

2004 年 4 月，张岱年以 95 岁高龄溘然长逝，党和国家领导人均送了花圈，由此可见他们对张岱年学术思想的高度重视。

为了纪念张岱年诞辰 100 周年，2008 年春节，从大年初二开始，我陪同刘鄂培教授先后拜访了任继愈、何兹全、王学珍、衷尔钜、李学勤、方克立、顾明远、黄济、胡显章、中国文化书院创始人之一冯友兰先生的女儿冯钟璞、中国文化书院院长汤一介、岱老的儿子张尊超、张岂之、羊涤生、何兆武、欧阳中石等先生，刘教授又将文件托人送达正在患病住院的、中国文化书院创始人之一季羡林先生，97 岁的季老在医院签字倡议，积极推动纪念活动，该活动建议书在 2008 年 6 月 23 日由邢贲思先生签字后，由楚庄先生呈送时任中共中央政治局委员、国务委员刘延东处，得到了肯定和支持。我对刘教授说："今年的春节过年，您让我过了一次真正的'岱年'。"

刘鄂培不仅完整总结、系统阐发了"兼和"思想，他还将这一思想推向当代全球最大的体坛盛会——奥运会。根据 2006 年 11 月 3 日时任中共中央政治局委员、北京市委书记、北京奥组委主席刘淇的批示精神中提出的"中国印"摩崖石刻工程，其选址于 2007 年 7 月 23 日正式确定，即北京密云县云蒙山云龙涧主峰，并要求在 2008 年 7 月 13 日举行竣工剪彩仪式，因为这一天是申奥成功 7 周年纪念日，距北京奥运会开幕 20

余天，是开幕前向世界公布的最大事件。

根据"中国印"摩崖石刻工程设计及施工进度要求，2007年年底以来，北京奥组委文化部开始征集碑文。华夏文化纽带工程组委会、密云县人民政府也参与了应征，开始着手撰写碑文《"中国印"摩崖石刻记》。为此，双方分别先后撰写了两稿，共计四稿，均未达到北京奥组委对征集碑文的要求。2008年2月19日上午，即春节过后不久，华夏文化纽带工程组委会、密云县人民政府，在密云开会决定，由时任华夏文化纽带工程组委会执行委员会常委、中华社会文化发展基金会副秘书长的我参加征文活动，撰写新的一稿，会议要求务必在两天之内交稿，上报北京奥组委。

情况紧急，我夜以继日，将自己在2004年10月代表华夏文化纽带工程组委会向国家文化部起草的《关于申请举办"国际汉字文化节"的报告》中，关于"中国印"摩崖石刻的创意萌芽，以及根据2005年7月14日全国人大常委会副委员长韩启德就5月16日上报的《关于"华夏文化纽带工程"组委会一年一度或两年一度举办汉字文化博览会的预案》所作的重要批示的精神，再加上近十余年来我通过采访几百位文化大家所形成的对中华优秀文化的思考，两天时间一气呵成，形成初稿。然后由著名作家、茅盾文学奖获得者、已80岁高龄的宗璞教授提出修改意见。在此基础上形成了《"中国印"摩崖石刻记》新稿。[1]

在北京奥组委审定上述碑文之时，此时已81岁的刘鄂培先生，出于对北京奥运会的大力支持，以及对国家、对民族的高度责任感，用了好几天的时间逐字逐句审校《"中国印"摩崖石刻记》，先后提出了两点修改意见：一是将"惟道阴阳"改为"道合阴阳"；二是将"相得益彰"改为"兼和益彰"。还为碑文写了如下评语：

"'颂'文气势磅礴，意境深远，而且读之朗朗上口，堪称佳作。全文言简意赅，仅134字，紧扣'文化'这一主题。歌颂了中华文化之源远流长，阐发了中华文化之精髓所在，探索出中华民族历劫不衰之文化基因，展示出中华民族今日之新气质。尤其是在'颂'文的最后引用宋张载

1　文稿前面为"记"，用白话行文，以叙述"中国印"摩崖石刻的来龙去脉；后面为"颂"，以四言诗为主要形式，最后又以排比句来讴歌。

的四句话，并作今释，使全文达到高潮。展示出中华民族追求正义的高尚胸怀，以及对民生的关爱；显示出中华民族博采人类优秀文化之愿望，以及对世界和谐的愿景。

"我对'颂'文的原文仅改动了三个字：一、'惟道阴阳'改为'道合阴阳'，以扣《易传》'一阴一阳之谓道'；二、'相得益彰'改为'兼和益彰'，因考虑到张岱年师的'兼和'思想，是古训'厚德载物'一语在哲学上的提升。今求教于中石兄，并请斟酌。"

华夏文化纽带工程组委会迅速将刘教授所提意见以及欧阳中石先生所撰的"颂"文，一并上报北京奥组委文化活动部。2月底，北京奥组委下达奥组委文（2008）104号文件《关于〈中国印摩崖石刻记〉文稿的报告》，碑文由北京奥组委执行副主席刘敬民、王伟、蒋效愚予以签字正式确认。碑文刻在"中国印"摩崖石刻下方。在2008年7月13日举行的竣工仪式上，我国著名艺术家陈铎激情朗诵了这一碑文，该活动主办方还邀请音乐家为碑文"颂"部分谱曲，由青少年演唱，世界著名的美国NBC电视台在直播北京奥运会开幕式之前，用半个小时介绍中华文明，其中的一幕便是美国用太空拍照所拍摄的气势磅礴的"中国印"摩崖石刻及其碑文。

如果用最精炼的词语高度概括《"中国印"摩崖石刻记》的主导思想，我认为最好的词就是张岱年先生创建的"兼和"二字。北京奥组委所确定的这个碑文，其实就是"兼和碑"，这是中国文化书院名誉院长张岱年对全人类的伟大贡献，"兼和"思想将随着中华民族的复兴，和奥林匹克精神一道，对世界产生更大的影响。今天，"兼和"一词已凝固成北京奥运会的碑文，刻于青山之巅，载入不朽史册。

中国文化书院为庆祝成立40周年，发起了"我与书院"征文活动，我在修改此文时，正值第33届夏季奥运会在法国巴黎举行，我不禁感慨起来：中国文化书院作为一个重要的学术团体，竟然与全球最大的奥林匹克盛会结下了不解之缘，这个学术团体的名誉院长张岱年先生所创建的"兼和"思想，正以2008年北京奥运会"中国印"摩崖石刻碑文为载体，将长久、广泛地向全世界传播与中国文化书院重要创始人密不可分的中国智慧。

2024年8月20日

圣殿与回忆

——师从中国文化书院导师们的学习经历

李　克

李克（1963—　　），北京崇贤馆创始人，中国文化书院会员。

其实一直想写些文字，回忆我与中国文化书院以及各位导师们的渊源，但是在"内卷"日重的环境里，实在难以深思和细捋，所以迟迟未能动笔。今年，适逢中国文化书院成立 40 周年华诞，这回似乎再也没有拖延的借口。

如果要追溯这 30 余年的渊源，恐怕还要从 20 世纪 80 年代中期说起。1985 年 8 月，我从北京大学中文系毕业，被分配到国务院古籍整理出版规划小组办公室，简称"古籍办"，它设置在中华书局里面。我入职这年，刚好是中国文化书院成立第二年。最初我只是参与《古籍整理出版情况简报》的编辑，后来主任又派我到小组组长李一氓先生身边做文字秘书，前后共 4 年时间。我们"古籍办"因为氓公负责分配最初每年 170 万元其后逐年增至 400 万元的古籍整理项目经费，还因"古籍办"负责小组入选项目在各大图书馆复印资料的获准与优惠，所以一方面我们与社科类顶级学者们来往密切，另一方面则是各出版机构为寻求项目补贴或优惠会纷至沓来。基于上述原因，我们"古籍办"有时也会门庭若市。

记得第一次听到中国文化书院的名字，是庞朴先生因为项目的事情，来我们办公室。那时，庞先生任中国社会科学院《中国社会科学》杂志社的编审。他天生具有一种正气和贵气，稍长的头发和板正的服装总是非常儒雅而又不失潇洒。无论从谈话、举止上，还是他研究的课题上，人们都能感受到他一丝不苟的严谨和待人的真诚与豁达。而令我印象最深的是，庞先生当时在研究黄帝时期文献时的那份执着。他每次来办公室，总会向沈锡麟主任和我，讲述他查阅史料的进展情况，但是在多地多种文献中无法查到他需要的依据，这令庞公久久不能释怀。在 1988 年之后，庞先生再来办公室的时候，也会谈到学员报名中国文化书院课程的热情，以及《梁漱溟全集》项目的进展情况。但是，庞公更多的则是谈及国家在古籍整理方面的投资还远远不够。他最担心的是后备人才的问题。他建议说，能不能像培养运动员那样抓紧培养古籍整理方面的专业人才呢？古籍整理要经过几代人的努力，根本不是一两代人能够完成的。他说，现在的学者都已年近古稀或年逾古稀，却无人接班，实在令人担忧；国家应该尽早拟定培养人才的计划，编制预算，也可以设立古籍整理的出版基金。庞公好像从未聊过他个人的事情，话题每每都是国家社科政策的轻重缓急，这让我一点一点开始理解什么叫作思维的格局。

我最后一次见到庞朴先生是在 2008 年，在"国学网"尹小林董事长组织的一次"百衲本二十四史底本问题研讨会"上。也许是研讨主题的关系，庞公好像比以前言语少了很多。我能够清楚记得杜晓勤老师的发言内容，但是庞公是否发言，我已经全无印象。庞公似乎仅仅是因为义气，才过来给"国学网"站站台而已。会后，我特意找庞公，要求照一张单独的合影留念，以满足自己 20 年前期望亲近偶像的心愿。

如果回忆与中国文化书院创院院长汤一介先生的学习与交流的经历，准确地说，也就是在先生在世的最后两年，而且我与他连接最为紧密的应该是两个经典的出版项目。在 2012 年一个偶然的机会，我被邀请参加了王守常院长的一次活动。餐叙结束，守常院长被朋友们簇拥，开始泼墨挥毫。我当时提了一个"过分"的请求，希望守常院长为我们崇贤馆题写一个馆名。在场的朋友很多，大家都希望得到守常院长的墨宝，没有想到，守常院长居然答应了我的请求。在此后的交往中，我从守常院长身上再次体会到了北大老师对于学生的那种富有人文关怀的亲切感。这种感觉，逐渐激活了我对于中国文化书院的朝圣感和崇敬感。也恰恰是因为有了跟守常院长学习的机会，才有了其后跟随汤先生学习的令人难忘的机缘。

汤先生的人品，在学界广有口碑，我体会最深的则是先生对后学无私的奖掖与提携。早在 2010 年，我与中文系的师弟余世存决定一起编定一部《东方圣典》。这创意缘起于世存兄阅读的一部著作，那本书中谈到欧美的宾馆和酒店，床头往往郑重地摆着《圣经》，以提醒人们历史的由来、道德的准则和生活的规范。然而，华人却没人愿意做这样用经典培植社会诚信的工作。于是，我和世存兄商定，由我们团队按照他的提纲先做前期的工作，然后再由他来做后期的调整与核校。始料未及的是，这项目一做，竟然动用了 25 个人、花了三年多的时间。成稿之后，世存希望邀请一位融通中西思想的大先生来出任学术顾问。这部著作选取了西汉以前的 13 部中华经典，用古今中外几百部名著汇注的编撰方式，这种方式在西学东渐近 180 年里为首次使用，是一次大胆的尝试。那么，哪位学者能够真正对于中国哲学、西方哲学和印度哲学三者都能做到会通又颇具社会影响力呢？当时我们一致认为非中国文化书院创院院长汤一介先生和香港中文大学的终身教授饶宗颐先生莫属。

于是，我约了几次守常院长，他才终于有时间得以到治贝子园的小院里一聚。我先介绍了项目的草创之艰，希望可以诚邀汤先生出任该书的学术顾问，并且恭请守常院长给该书题写书名。没有想到，守常院长慨然应允。他让我们把该书的资料、样章、样书全部准备好，他会尽快转给汤先生来做最终的定夺。大概三周的时间，我每天在惴惴不安中等待消息。一天，终于接到守常院长的电话，让我马上来小院里见面。守常院长说，汤先生看了全部的资料还给了些鼓励与建议，并答应出任该书的学术顾问。那天走出小院，我手里拿着守常老师题字的信封，想着汤先生给予的鼓励与建议，我异常地兴奋。抬头看看北京湛蓝湛蓝的天空，感觉自己似乎做对了什么。就像小时候，突然得到老师的夸奖，那种激动的心情难于言表。这是先生对于我们三年多不懈努力的肯定，是先生站在我们身后，用最为深情的注视给予我们的助力。回程的路上，我无法平复内心激动，开到中轴路一段，眼泪居然夺眶而出。

后来我才了解到，那段时间汤一介先生身体已经非常虚弱，他更多的精力是放在了 10 卷本《汤一介集》出版前的校对上面。与此同时，我们 170 多万字的《东方圣典》项目，也终于即将面市了。当我接到参加 2014 年 6 月 19 日在北京大学人文学苑举办的《汤一介集》新书发布会暨学术座谈会的邀请时，我非常高兴，因为我可以当面将刚刚出版的《东方圣典》亲手交给汤先生了。此前我们仅仅选料制作样书，就经历了五六次的更迭，最后我是从法兰克福书展带回的典藏本《圣经》中找到的灵感，大家才达成了一致意见。所以，我充满期待，甚至想象了几种汤先生见到样书时的情形。

但是，现场的情况其实与我的想象差距甚远。因为从全国各地来了不少的知名学者和出版界的领导，大家纷纷过来向汤先生表示祝贺。为了不让先生过于分神，我只上前简单说了两句话，然后就礼貌地回到了自己的座位。汤先生身体瘦弱的模样，完全超出了我们的预想。汤先生在发言之前先向与会者解释说，医生已经严禁他参加活动了，更不准他做任何的发言。可是那天，汤先生却是异常坚毅、异常果敢，就像是一名在宏大战役的尾声拼尽全力的战士。先生作了近 1 个小时的发言，到了中间部分，先生的气力已经明显地跟不上了。在一次稍长停顿的当口，乐先生实在心疼得不行，想要替汤先生来讲，但是汤先生却非常坚定地表示要自己来讲完。那天作为主持人的中国人民大学出版社的贺总编，以及在场的所有人，大家心里都明白，这是中国知识分子一种传统的、弘道的精神，一种敢于担当的、伟大的儒者气概。汤先生居然坚持着把他准备好的讲话内容全部自己讲完。但是后来听江力兄说，那次演讲之后，汤先生有两天左右的时间，都是半昏迷的状态。我想，这应该是先生用生命里最后的力量，为后学们树立的一个为中国文化而抟心揖志的榜样。

记得多年前，曾看过一段梁漱溟先生在中国文化书院第一次开课时的讲座视频，那是自 1953 年 9 月之后的首次复出。当时已经 92 岁的梁先生，在演讲时，挥动着手臂，用尽力气地说："我不是一个书生，我是一个要拼命干的人；我一生拼命干。"那极具穿透力的语言震撼着每一个读书人。这应该不仅仅是梁先生个人的理念与风格，中国文化书院所有的导师个性和经历虽然不同，但是似乎都有一种实干的精神，一种用真理指导社会实践的笃行精神。这是一种对于民族、国家和母体文化的热爱，是一种在血液中奔涌的、从未停息的因子。

所以，在中国文化书院的传统中，无论是书院创院的五老，还是创院院长汤一介先生，几乎每一位导师都在传承着这种实干的精神。"文化革命"结束后，汤先生回到规范的学术研究之路。他先从道家传统入手完成《郭象与魏晋玄学》《早期道教史》，然后完成佛家思想研究，出版《佛教与中国文化》，最后归宗儒学博大的系统，继而请缨完成一项"知其不可为而为之"的《儒藏》工程。这种学术进阶的轨迹，与王阳明先生的思想历程有着诸多的暗合之处。汤先生作为学界的带头人，为这个时代所做出的贡献，绝不止步于学院派的学术演进，他从未停止积极地入世实践；也正因为有了创立中国文化书院的事功，才使得汤先生成为五四之后一代学人的领袖，成为"文化革命"之后学术思想接续者的榜样。陈越光院长在《八十年代的中国文化书院》一书中，对此做了非常精到的分析，所以我于此不做展开。

2014年9月，在汤先生的追思会上，我清晰记得守常院长含着眼泪说，这是可以带我们回家的先生。杨立华老师在缅怀导师的演讲中，也是几度哽咽，他回忆了先生在精神境界的重构和学术思想的建构上，给予了自己细致入微的呵护与栽培。足见汤先生在学术上的包容与海纳，在实践中的守死善道，在生命成长中的行胜于言，无形中成为几代人的精神引领者。在20世纪80年代末，汤先生就曾在《科技日报》上发表了篇短文，提出"中国社会的发展需要靠政府、知识分子、企业家三种力量的结合"的构想。我们看今天人类社会发展的规律与趋势，已经毫无争议地证明了汤先生的前瞻性与判断力。

时间回到2014年的下半年，当时由三智书院高斌理事长等合作者提出了一个方案，经过乐黛云先生、守常院长的认同与授权，我们接下了一项特殊任务——尽快编出一部精装单卷本的《汤一介哲学精华编》，给广大的哲学爱好者阅读。他们之所以会找到我们团队，原因是在汤先生生前，我们曾经请先生做过一部简明的自选文集——《儒释道与中国传统文化》。我们用自己的专利字体，用手工宣纸和线装形式，完成了这部精致的简明文集。据送去样书的、在场的朋友转述说，先生拿到成书时评价说："这是我出版的作品中，最美的书。"

那么，这次出版《精华编》，请谁来题写书名更为合适呢？谁能够与汤先生的学术地位更为匹配呢？2014年底，我们刚好在与香港中文大学的饶宗颐先生探讨以版画形式来复刻饶公的文人小品。所以，我就提出请饶公来题写书名。方案很快得到了乐黛云先生的认可。经过不到一年时间的紧锣密鼓的工作，我们终于在2015年8月28日将《汤一介哲学精华编》送到了新书首发式的现场。我们以宏阔的视野精选了先生的70余篇论文，汇编为论"天、地、人""儒、释、道""中、西、印""真、善、美"，以及论"商业文明"五个部分，希望让政企管理者和哲学爱好者，可以简明地了解先生的思想，继承先生的哲学志向。

《精华编》出版后，乐先生和汤门弟子们在北京大学，组织了一次新书研讨会。参加会议的学者们根据先生博大精深的哲学体系，又提出了一些切实的修改建议。所以，会议结束后，我们参与编辑的原班人马，决定再做一个升级的修订版。乐先生和汤先生的弟子们热情支持，推选了先生的博士生杨浩老师作为修订项目的专业指导。这种情况下，责编又经过近一年的编校努力，终于在2016年8月，将《汤一介哲学精华编》升级修订版如期完成。在汤先生逝世两周年之际，我们所有的参与者和该书出版的赞助者，可以以此来告慰先生的在天之灵了。与此同时，我也向香港中文大学饶先生的艺术馆寄赠了3本样书，并向饶公致以最真诚的谢意。

有时候我在想：虽然每一个时代必定会造就属于自己时代的思想者，但是像汤先生一样敢于承担的、知行合一的思想者和实践者，我们还是期待他们可以在我们的生活中，能够再次出现。

风景这边独好

彭明哲

彭明哲（1963—　），海南出版社北京分社社长，中国文化书院会员。

梅贻琦校长有言："所谓大学者，非谓有大楼之谓也，有大师之谓也。"

蔡元培校长亦尝曰："大学者，囊括大典，网罗众家之学府也。"进而倡导"思想自由，兼容并包"之理念，此则大学之所以为大也。

倘若比之于当今之大学，包括清华北大，大楼可谓大矣，而大师则寥若晨星。至于学术不彰，或遭规矩禁锢，或定于一尊。哪有蔡、梅校长之景象。

故有陈翰笙先生之"祝福北大今后办得像老北大一样好"之智语。

中国书院，亦与大学类似。20 世纪 80 年代创建的中国文化书院，就成了蔡、梅校长办学理念之践行者。

大学之大，大师之大也。书院之大，大先生之大也。

岳麓书院因有张栻，更有"朱张会讲"，而大闻名于天下也。

白鹿洞书院有院长朱熹，鹅湖书院有陆九渊，故能称之为大。

而中国文化书院之大，因有诸多大先生也。

中国文化书院创院之始，即大师云集，群星闪耀：

梁漱溟、冯友兰、张岱年、周一良、任继愈、朱伯崑、阴法鲁、季羡林、邓广铭、汤一介、庞朴、侯仁之、李泽厚、戴逸……

皆大师中之大师也。放眼全国，一人即一个学科之顶流，得一人即可独步于天下。而中国文化书院中之大师，竟数不胜数。故80、90年代之中国文化书院，风生水起，士林景仰，风光无限。

上述诸位大先生，或先后老去，或墓木已拱。他们之书院事业，陈越光院长之《八十年代的中国文化书院》之述备矣。

我自20世纪90年代中叶，与诸多先生有过交道，请安问学，点点滴滴，仿如昨日。

1994年，我负笈京师，在社科院历史所李师学勤先生门下问学。先生既是文化书院导师，又是历史所所长，其精深之学问，广阔之人脉，给我极大的方便。先生或电话，或书信，让一个地处偏远之学子，能顺利地进入大先生们之视野，幸何如之。当是时，我边访学边协助出版社从事些许古籍整理出版工作。《四库全书总目》《十三经注疏》之整理与出版，《传世藏书》相关之交通联络。这些大型项目之顺利出版，和书院导师之支持与指导，密不可分。书院导师或出任顾问，或任主编，或任编委，或任审稿专家。

季羡林先生惠我太多。记得当年我出版《世界文明史》（［美］威尔·杜兰著，全24册）时，先生出面，在北大勺园召开首发式，先生还有近万言"答记者问"，从多方面推荐此书。由于季先生之出席，京城学术圈群贤毕至。首发式前，曾与风入松谈销售事，经理很不情愿："先放三套试试吧。"而首发式后一天，便主动一次购入一千套，可见季先生在读书界之影响力。先生之"答记者问"，凡京城及全国各大报刊，争相转载，可谓一时风行，洛阳纸贵。《世界文明史》有着惊人之销售业绩，影响力波及今日，仍是畅销之学术经典。

季先生是《传世藏书》总主编，我负责京中学术联络，故常去先生家请益。

一般情形，我先到燕南园李玉洁先生家，李玉洁先生是季先生的秘书，又是热心人，关心后学。小聊一会，李先生便会陪至季先生家。具体事请示完，也会陪先生说说话，然求见季先生人多，每每是前客让新客。季先生气象恢宏，博古通今，西学中学融通，又是谦谦君子，对我等小辈要求，无有不应。诸如托请先生出任顾问，或作序题词之类，先生都一力应承。先生曾曰："我就是一只猴子，让人要要又何妨，只要对文化、教育有利，对后辈有益。"每每念此，心存感激，心中温暖。

第一次见汤一介、乐黛云二位先生是九十年代中期，李学勤先生主持之"国际汉学研究会"，地点在海口。我等在台下听二位先生之学术讲演及与外籍学者交流。英、汉语无缝转换，让我等惊叹。回京后，曾与李师母说："我尽心从事出版好了，几辈子也做不来大先生之学问。"

书院之大先生们，大都有留洋之经历，其中西学问是后辈学者无法企及的。

最难忘怀的是汤先生之"三智论坛"演讲。那时先生重病在身，从医院直接来的讲坛，漫长的十五分钟，让台下学生们心中揪心不安。先生讲演或有深意焉。先生着重讲了修齐治平之"平"。平者何？平者，平安、平等、和平之义也。身家平安，家庭之要义也。众生平等，独立人格之要义也。进而造就和谐之世界，则天下太平也。也许这是先生对身后世界的希望与嘱托。

乐先生行动不便，亦曾坚持出席新星出版社在涵芬楼二楼召开的《为国选士：老北大入学试题》之首发式，令我等感动不已。

限于篇幅，诸多大先生则不能一一列举。

还记得张岱老家中剥脱藤条之藤椅，侯仁之先生家客厅之《大清疆域图》及言及中轴线上之南顶子、北顶子村，任继愈先生家迎面而来之《百衲本二十四史》，厉以宁先生家中诗词读本，等等，斯人已逝，景象犹在目前。

前面是老辈学者，后继者如楼宇烈、李中华、王守常、陈平原、龚鹏程、刘传铭、马勇诸先生，其学问高深，声名显赫，亦是高山仰止。我亦是为诸先生著作服务之出版人。

书院规模有大小，其功能亦有差别。其教育功能当是首要，其次藏书、出版、祭祀和建筑。吾身为出版人，又是文化书院之会员，故为中国文化书院出版服务，为第一任务。

文化书院之出版工程，陈院长记录详备，我只将参与其中几项，作一回顾与展望。

《中国文化书院导师文集》，又分为"九秩"与"八秩"二集，东方出版社出版。

汤先生任名誉主编，并撰有总序：

> 回顾中国文化书院二十多年的历史，在它将进入"而立"之年时，我们从2010年起开始筹备编辑出版一套已故去和现在世九十岁以上导师每人一册的文集。在这套文集中，收入他们有代表性的论文和他们的子女、学生的纪念文章。这套文集不仅为了表示对他们的怀念和尊敬，而且它也从一个侧面反映出现代中国文化走过的历程。

王守常先生是主编，常师的话，总让我们动情。

他说："不为歌功颂德，只为记住我们自己的老师！当然，我们也企盼先生生于斯，长于斯的这方土地上，也应有属于他们的一座纪念碑。谢谢我敬爱的导师，谢谢你们带着我们，带着温暖的光明的信仰，找到自己，找到了家。"

这一套书凡四十种，一千五百万言，其版权落实，其编选体例，其编辑细则，费尽心力，个中欢喜与艰辛，虽不足为外人道，而自己参与其中，亦常有莫名之感动。感动于导师们的道德文章，感动于先生家人们及弟子的用心，感动于少平总裁及责任编辑王艳之支持和努力。

正如汤先生说的，"在我们编辑过程中，江力同志出力颇多"。为"导师文集"任劳任怨者，不辞辛劳者，不记个人得失者，莫过于江力了。

江力者，北大一文学青年也，讷言敏行，谦逊而刚毅，事事有落实，件件能安排，从不推诿，导师至上。能与之共事，吾之幸也。

"导师文集"之外，又出版"大师说"三种："说儒""说道""说佛"。常师主导，我与江力执行，还是王艳责编。

《严家炎全集》，新星出版社出版。

严先生是文化书院导师，中国现代文学学科"第二代学人"之领军人物；出版先生之全集，新星出版社之幸也。当常师与江力交代任务时，却颇犹豫。近些年，许多先生年事已高，而心心念念者，一生著作之重新修订与结集也。出版社或囿于经济压力，或因审读之费力，大都避而远之。但先生之全集，文化书院交代之任务，吾当迎难而上。幸不辱所托，《全集》出版得到学术界、读书界的欢迎，并成功获得第十届"春风悦读榜"年度致敬奖。

至于为书院导师著作出版服务，是我分内之举。如东方出版社"龚鹏程著作集"，已超过二十种，海南出版社出版"龚鹏程文选"六种，新星出版社的"马勇讲史·晚清四书"，海南出版社的"马勇讲史·史学九章"，从东方出版社、新星出版社至海南出版社，刘传铭先生《论语我注》《苏东坡大传》《苏州传》乃至"丝路百城"之出版。还有常师之《孙子兵法》、中华师之文集等，亦在编辑之中。

我们或可期待者，是今年年底，中国文化书院四十年之纪念庆典，海南出版社将隆重推出"中国文化书院导师名作丛书"。

"丛书"总设计、总主编是陈越光院长。

越光院长在八十年代还是青年时，就开始影响着青年一代，他是"走向未来丛书"和《走向未来》杂志的副主编。我们是读着"走向未来"成长的。

我尝言，作为出版人，最幸运者莫过于遇见最好的作者、最好的作品。我是幸运的，作为出版人，能遇到越光院长。且不说他作为编辑家专业功力深厚，是出版前辈，其在决策上之眼光与胆识，亦非常人所能及。他是行动家、实践家。

"丛书"出版，花落海南社亦是一件不容易之事。

越光院长在"丛书"总序中，开宗明义，"导师，是中国文化书院标志性的存在"。

三代知识精英，在中国文化书院的建设中，融汇于时代，完成了跨代际的文化结集。一百年过去了，江山代有学人出，我们如何面对前辈探索者的累累伤痕，和他们留下的丰富遗产？在学术传承中共情理解前辈的人生，从而真正懂得他们的境界和学问。

　　"精选数十位导师有代表性、有影响力的作品，每人一册，附以导论和学术年谱，每年一辑，四年出齐……以致敬在大时代的狂飙中迎风而立的几代学人。"

　　作为中国文化书院一员，我将为书院未来之出版事业，贡献心力。

　　中国文化书院，四十岁生日快乐。

生命的歌者

——我眼中的乐黛云先生

马明方

马明方（1965—　），北京大学物理系毕业，中国文化书院会员。

1984 年我就读于北京大学物理系，在校读书七年，时常听各类讲座，可能囿于专业所限，居然没有听说过中国文化书院。书院大师云集，梁漱溟、冯友兰、季羡林等先生的事迹倒是有所耳闻。直到 1998 年，我爱人苑天舒担任中国文化书院秘书长之后，我常以工作人员"家属"的身份参加书院活动，逐渐对书院有所了解。我有幸能近距离接触书院的导师们，他们在学术上各有专长，个性迥异，或儒雅，或豪放，或洒脱，或严谨，或幽默，不经意的闲聊常能给人以启发。与书院导师们结缘 25 年，对我影响至深的是乐黛云先生。

乐观坚强

2014 年 9 月汤先生去世后，我和乐先生有了更多的接触，逐渐熟悉起来。起因是乐先生要去银行办理一些业务，但前提是需要有一份公证书。有一次我去看望先生，她正在为办理公证一事发愁，于是我联系了公证处、银行等单位，将办理流程咨询清楚，凡是需要先生本人到场的事项，我都开车陪她去办理。乐先生膝盖痛，不耐久行，所以要尽量找靠近门口的停车位。每次我顺利找到车位，尤其来个标准的"倒车入库"，她都会毫不吝啬地夸奖我的车技，并开心地笑出声。办理银行手续很考验人的耐心，而这成了我们聊天的好时机。当时我对乐先生的学问几乎一无所知，所以聊的往往是我感兴趣的内容，音律、命理、《周易》以及各种社会见闻，乐先生时常在关键点上品评，有时她的一两句话会引起我的深思。

2015 年开春后，我和乐先生约好，每周三或周四下午我去看望她，然后陪先生一起练习古琴。乐先生对新事物始终抱有强烈的好奇心，她练得认真，不久就可以弹《梅花三弄》的泛音部分，她边唱曲调边弹琴，弹错时就会呵呵笑。先生更喜欢跟我谈论音律问题，"三分损益率"与"五度相生率"、"仲吕不能反生黄钟"与"毕达哥拉斯音差"等话题，虽然先生是中文系教授，但她对数理逻辑的问题非常敏感。先生住在朗润园，透过窗口便能见到参天的古树与静谧的湖水，耳边常是蝉鸣一片，左书右琴，岁月静好。这样的时光持续了一年有余。

2017 年春节，乐先生在三亚不慎摔倒，右腿骨折，两天后的夜晚由天舒等人陪同乘飞机回到北京，经过 301 医院于启林主任的帮忙，直接入住骨科病房。当晚不少人等在机场或医院，我见到了李中华老师、王守常老师，还有李林兄等人。这是乐先生摔伤后的第三天，骨折处内出血严重，任何移动都会因肌肉牵引而导致剧痛。当晚我留下来陪着先生，心电仪开着，有节律地滴滴作响。她只能安静地躺着，无法转身，一定没有睡好。她没有一声叹息，也没有提出什么要求，每次护士进来，她还表达谢意。第二天一早，江力兄最先来到病房。随后刘美珍女士（我们称呼她为小刘）带来早餐。小刘为先生简单梳洗后，陆续有先生的学生们赶来探望，乐先生坚持要靠着被子坐起来，我想她不愿以病弱示人吧。此时护士进来后惊讶地问，这还是昨天那位老人吗？随后医生为手术做了各项检查，并告知需要血源。消息传到北京大学、北京外国语大学，多位年轻学子前往医院，主动为先生献血。这令医护人员们都很感动。手术非常顺利，乐先生休养了多半年，身体才算康复。

生命的歌者

2019年初夏，先生约我到家里，她说准备出版一本自传《九十年沧桑》，并将文章的整理工作交给我来做，这让我非常意外。先生有那么多文学功底深厚且熟悉先生学问的学生，他们应该更适合做这项工作。我担心自己做不好，先生却说没有关系，不要有压力，并让小刘将先生已出版的40余种书交给我。

随后的几个月里，我每天下午研读先生的书，并详细记录每篇文章的提要，按时间、内容等分类，列明细目。首先阅读的是回忆性文字和散文。我在这些精致而传神的文字中，重新认识了乐先生。

先生的人生经历跌宕起伏，充满传奇。我想这源于她年轻时所处的环境，时逢巨变的社会，抗日战争、新中国成立、抗美援朝，她是亲历者；同时源于她聪颖好学、开朗乐观、积极向上的个性。所以，她注定是时代的佼佼者。1950年暑假她作为中国学生代表团的一员参加第二届世界学生代表大会，回国后写的文章《不能忘怀的友情》，该文曾影响了一代青年人，现在读来仍使人心潮澎湃。

作为一位思想活跃、心无城府的知识分子，在反右运动中被定为"极右派"并不令人意外。她在儿子不满周岁时即被下放到农村，从事体力劳作，养猪、种地都是一把好手，老乡们都很喜欢她。这样的条件下，她仍能抽出时间记诵英语单词。乐先生曾与我聊起那一段往事，她说，当时并不觉得生活有多么艰难、内心如何困苦，那些劳作对她而言，甚至是愉快的，随遇而安是那时的主要心态。她的文字中鲜见对个人所受不公待遇的抱怨，更没有消沉与绝望，而她对那些英年早逝的生命却抱有极大的同情。

先生勤于写作，是用生命在书写。她曾说："我写的都是真实的事件，表达的是内心真实的感受。"先生讲过这样一件事。"文革"期间她仍坚持写作，将一些手稿埋在蓝旗营父母家小院里的树下，后来再去寻找却没有了。我冒昧地揣测，也许是家人怕她再因文字惹祸，而销毁了。先生不置可否，淡然地说，也许吧。

宏观与微观

要想编好《九十年沧桑》这本书，需要通读乐先生的学术专著，理解她的学术脉络，便于选编文章。从书中我了解到乐先生在学术中成就斐然，被视为中国比较文学学科的拓荒者和奠基人。作为外行人，我实在不敢妄议她的专业学术，但有几点印象颇深。

乐先生在八十年代初到哈佛做访问学者，"开辟了一个新的学术空间"，此时先生正值知天命之年，开始了比较文学的研究与探索。经过先生及同道的努力，国内建起了比较文学学科，北京大学成立了中国第一个比较文学研究机构，中国有了自己的比较文学学会。60 多岁时，她敏锐地提出把比较文学定位为"跨文化与跨学科的文学研究"，它将处于二十一世纪人文精神的最前沿。70 岁有余，先生开启了跨文化之旅。80 岁的她，"第三次再出发"，探讨以东方智慧化解文化冲突。与乐先生的交往中，很少想到还有年龄这回事。她思维敏捷，对新事物满是好奇。她在不断地思考严肃的学术问题，同时又能充满热情地体会生活中的点滴美好。

我喜欢看先生的《美国梦·欧洲梦·中国梦》《中国文化与世界文化重构》这类大气磅礴的文章。她站在世界视角、多民族视角观察文化问题，立意高远，心胸开阔。我也喜欢阅读《中西诗学中的镜子隐喻》《不同文化中关于月亮的传说和欣赏》等研究性短文，具体而微，毫不滞涩，外行人也读得懂。在宏观与微观之间，来去自如，只有自由的灵魂才能做到吧。

2021 年 1 月，《九十年沧桑：我的文学之路》由中国大百科全书出版社出版。与其说我在帮忙整理书稿，不如说先生给了我一次很好的学习机会。

激励后学

我于 2010 年放下所有工作，开始潜心学习传统文化。最初接触的是古琴、音律，进而开始研究古代天文历法。在乐先生的鼓励下，我写了第一篇小文《天之律——朱载堉与〈律历融通〉思想初探》，主要谈明代朱载堉与他的律历融通思想，发表在 2015 年《跨文化对话》第 34 辑。乐先生嘱咐我两件事，一是凡读书要做好笔记，二是记录日常生活中有所触动的事。

在学习传统文化的过程中，有三件事始终让我困惑。第一，关于古代天文历法。我在物理系读书时非常喜欢天文学，曾坚持选修天文学相关课程，后来更是着迷于乐律、古代历法的研习，案头摆着多部关于天文学史、古代天文历算的书籍。这些书我都仔细研读过，大部分内容是从汉代刘歆《三统历》说起，那么汉代以前漫长的观象授时阶段是怎样的，可否用现代方法系统梳理汉代以前的天象及历法问题？第二，关于汉字的学习。受过良好教育的人，使用汉字几十载，似乎对汉字并无全面而系统的把握。为什么学习汉字那么难？第三，关于"天人合一"，它究竟是什么？

2015 年 11 月，一次偶然的机会，我得到《古代天文历法讲座》一书。这本书将读者带回到先秦时期，让人能重新认识、推演四分历。这正是我想要探索的问题。这本书的作者是贵州大学人文学院的张闻玉教授，他师承著名学者张汝舟先生。我在网上查了张汝舟、张闻玉先生的相关介绍，出乎意料的是他们并没有天文或者物理的学科背景，只具有古代汉语、先秦史学等传统学科的深厚底蕴。为解决内心困惑，我下决心要找张闻玉先生当面求教。

于是我开始多方打听寻找张闻玉先生。直到 2016 年 1 月 16 日，我去看望乐先生时，向她讲起运用《讲座》中的月相定点说、"三证合一"的方法论，依据铭文时日准确考订青铜器的年月日，用在铜器断代、武王克商的年代考证、西周纪年研究等方面构成了几近完美的一系列证据链条。乐先生非常感兴趣，很为我高兴，并告诉我第二天贵州省文史馆顾久馆长会来家里拜访她。经过乐先生推荐、顾久馆长引荐，我在春节后去贵阳拜访了张闻玉先生，蒙先生垂青，收我为弟子。闻玉师学承章黄，重视传统小学，文字、声韵、训诂是基础。自此以后，古代天文历法、传统小学是我每天的必修课，研读、写作成了生活的重要内容。我每次去乐先生家，向她汇报我的研究进展，总能得到她热诚的鼓励。她多次跟我说：

"做学问，写文章，不要管别人怎么说，坚持自己的观点是非常重要的。"（注：中国文化书院于 2020 年 9 月 20 日聘请张闻玉先生为导师）

如今，我的书稿《观乎天文——中国古代天文历法》即将在上海古籍出版社出版，关于文字、声韵的系列书稿也在完善中，我对传统文化中的"天人合一"特质也有了更多的理解与思考。可以说，是乐先生的引领与鼓励让我逐渐步入研究学问的生活状态。

疫情三年，鲜少见面，时常通过电话问候先生。今成此文，祝愿先生健康快乐！

2024 年 7 月 1 日

附记：此文写就后，7 月 6 日（周六）我专门去乐先生家，向她汇报此事。当时感觉先生有些疲倦。第二天，先生住院，第三天早上开始一直处于昏迷中。7 月 27 日凌晨安详辞世。未名湖畔的两只小鸟，将永远在一起了。

2024 年 7 月 27 日

我与中国文化书院

杨　骏

杨骏（1965—　），编剧、导演，南京大学原金陵学院微电影与媒体创意系主任，中国文化书院会员。

十多年前的冬夜，下着冷雨，我陪善饮的王守常先生夜酒，向他汇报我的创作动态——正在构思一部历史题材作品：1937 年腊月，日军攻陷南京后，进行了震惊海内外的大屠杀，中国匹大名刹之一南京栖霞寺的住持寂然法师及各僧众，付出鲜血和生命的代价，保护了两万多难民免遭日军屠戮，八年后，还是这批僧侣，以德报怨，保证了安置在此的投降日军官兵的安全。我希望将这个故事能被搬上舞台。守常先生对这个想法非常赞赏，告诉我去查李卓吾的《焚书》，其中有云："与其不得朋友而死，则牢狱之死，战场之死，固甘如饴也，兄何必救我？死犹闻侠骨之香，死犹有烈士之名，岂龙湖之死所可比耶……"王老师一口气背诵了近千言，后查原文，基本一致。我为此感到震惊，王老师淡淡一笑说：我教了三十多年的史料学，没有这点儿基本功，怎么对得起我的饭碗？我这才相信对史学、史料学下过功夫且有天分的学者，确实能达到常人难以企及的程度，就像黄季刚先生能流利背诵前四史一样。

当时，在导师苏叔阳先生的带领下，我们正在筹建中国文化书院戏剧研究中心（编者注：该研究中心属于书院内部门，未在民政部门正式备案）。因为苏先生身体欠佳，我便替代他担任执行主任一职。作为资深的影视编剧、央视特约总导演和在高等学府任教的我来说，戏剧创作是我的新挑战。在王老师的鼓励下，我沉浸到近现代史资料和佛学经典著作的阅读中。几年间，每次见到王老师，他必关心我的创作进展。随着功课越做越深，对题材的畏惧更甚，我终于还是选择了放弃。不过，几年的钻研，让我有了意外的收获——前后花了十个月时间，我终于创作了一部长达七万字的大型舞台剧本《曼殊上人》，以广阔的视野，展现了苏曼殊、章太炎、陈独秀、刘师培为首的一代学人的世纪传奇和精神价值。剧本得到中国作协相关领导的高度评价，全文刊登在《中国作家》2021年第11期上。在北京隆福剧场举办的"南大戏剧周"期间，进行了剧本围读活动，由中国文化书院和中国南社研究会共同主办，著名学者杨天石、张炯、马勇等先生出席活动。

余生也晚，中国文化书院成立之时，我还是一名中学生，对于中国传统文化的认识，还停留在阅读和批判《论语》中。最近，读到陈越光先生的《八十年代的中国文化书院》，让人产生一种"恨不相逢未嫁时"的历史遗憾和挫折感。我们进入大学时，才接触到"走向未来丛书"那样的普及性读物，至今我的书橱里还有一排，应该不少于30本，我曾经打算将这套小册子收齐，于我而言，这些印制粗陋的读本犹如黑暗之曜星、干涸之甘泉、铁屋之窗棂、生命中的富氧空气。通过阅读，我们认识了一位位前辈学者——梁漱溟、冯友兰、任继愈、李泽厚、金观涛等。再后来，我才发现他们都是中国文化书院的创造者和导师，那个时候，我已经和中国文化书院有了精神上的交汇，今天回头再看，我们这代人骨子里的某些烙印，跟中国文化书院诸老的勠力同心有着很大的关系。

作为一名后学，我钦佩诸位前贤的学识，仰慕他们的风骨，没想到有朝一日能和他们结识、求教并从中获益。随着与学界来往的日益密切，新世纪初，我结识了中国文化书院的诸位导师如王守常先生、李中华先生、苏叔阳先生等，又与年轻一代的苑天舒、张军、江力等结下莫逆友情，算是我与中国文化书院在精神相交之后的肉身联系吧。印象很深的是2004

年在香港世界佛教论坛期间，我作为顶级的电视节目策划人和知名的影视剧创作者，是颇受礼遇的嘉宾，频频出席一些高端论坛，以及香港理工大学校长潘宗光先生、大居士杨钊先生等主持的各种宴请。中国文化书院的导师王尧先生是我们江苏涟水人，他魁梧热情，声若洪钟。在席间，他问我祖籍哪里，我回答后，他当即断定我是蒙古族的回民，祖上是蒙元时期的某显赫家族。说得分毫不差。后来在若干学术会议上，我都开玩笑说，我与守常先生是蒙满携手——王先生复姓完颜，是正黄旗的皇族满人。玩笑往往基于材料的真实，否则就变成了无厘头的恶搞。出于对老先生的尊敬，在书院的各种活动中，我总是搀扶着一见如故的王尧先生，侍奉左右。其他朋友知道我与老人家亲近，也不来争抢我这个亲近长者的机会。但是王守常先生却非常倔强，有时候，因为下雨地滑，我想去搀扶他一下，总是被他一把推开，说自己不老。中国文化书院的导师都不老，青春常驻。

中国文化书院是一个传统国学研究和普及的机构，但并不封闭保守。据陈越光先生介绍，书院"九十年代中建立中国文化书院跨文化研究院"，对中国文化的内涵和外延都做了可贵的探索。除了影视戏剧文学的创作和教学之外，我还是一个文史爱好者，受书院各位导师的影响，对中国传统文化逐渐形成了自己的认识。

我始终认为，中国传统文化并不是一个常数，它是一个变量，始终处于流变之中。雅斯贝尔斯所谓轴心时代，在东方出现的中国文化或者叫中华文明，与今天我们心目当中的传统文化并不完全是一回事，后者只是汉文化的精英部分或者叫核心部分。而白马驮经西来之前的中国文化与今日的样貌有着巨大差异，因为强悍的印度文化进入中国，它将和外来的祆教、拜火教、景教等一起，接受汉文化炉火的淬炼，与之交融，最终得以汇入中华文化的长河中。《六祖坛经》之前的传统文化也与今天大不相同，那时，佛教延续了数百年的中国化进程，继三论宗之后，出现了属于中国本土的禅宗，在哲学、文字、音乐、美术、建筑等方面，对中国文化产生了巨大的影响，使传统文化呈现出崭新的面貌。而宋明理学之前的文化当然也与我们今天有着很大不同，那时候中国文化完成了儒释道合流，思想理论层面上产生了许多背离祖训但符合当时及后世价值需求的变化，其面目与轴心时代已经有了很大的不同，并对邻国日本产生了重大影响，使之脱胎换骨。在两千年未有之大变局以前的传统文化与当今更是大相径庭，因为比白马驮经时期更为强大、系统、先进的外来文化进入了，或以文化之，或以武相逼，总之像墨水入池一样渗透了我们的文化表和里，儒释道复又拆分，文史哲复又分离，千百年的道统被彻底打破了。

我所尊敬的学者、复旦大学教授葛兆光先生在20世纪90年代完成了皇皇巨著《中国思想史》，这本书曾经深刻地影响了我，最近几年又重读了一遍，依然感受到巨大的心灵撞击。我曾请教葛先生：20多年过去了，《中国思想史》的续编什么时候可以完成？因为《中国思想史》写到1894年的甲午战争为止。葛先生说，他准备了20年的材料，终于放弃了。他发现，已经没有了所谓的中国思想史，因为此时中国已经融入了全球，中国思想史成了全球思想史的一部分，所以，他主编了一套《从中国出发的全球史》。但是，我们不能否认，在两千年未见之大变局以后的新文化运动，其倡导的思想也成为中国文化的一部分，而中国文化书院以及它曾经在中华大地上产生并将持续下去的影响，也将是中国文化的一部分，王守常先生和张军先生发起与北京电影学院合办的中国文化讲坛，我们戏剧研究中心所做的一系列工作，也必将成为其中一部分。因为我们处在当下，也在历史里，更在未来的传统之中。

戏剧当然是传统文化的要件之一，drama这个词是个外来语，一般认为其源头在西方，源于古希腊的祭祀仪式，由歌队而起，直到出现角色，然后慢慢脱离宗教，成为独立的艺术形式。但轴心时代的人类心智发展基本同步，审美具备趋同性，早期中国也出现了大同小异的艺术表演形式，只是西方传统上更注重叙事，注重事件，所以会有希罗多德的《历史》，会有埃斯库罗斯的悲剧艺术。而东方文学早期更注重诗性，所以才出现"诗三百"，出现歌咏，慢慢形成了自己的优伶表演系统。西方有以莎士比亚为代表的众多现代戏剧名家，包括契诃夫、萨特、尤金·奥尼尔等经典作家，以和莎士比亚同年去世的汤显祖（1616年）为代表的东方戏曲界，也拥有了一系列的经典名家，如关汉卿、孔尚任、洪昇、李渔等。莎士比亚是西方传统文化的珍贵明珠，汤显祖同样是中国传统文化宝库中不可替代的优质遗产，当年致万人空巷、观者如痴的通俗艺术，经过历史的锤炼，终于成为传统文化的重要组成部分，这种大众接受度更高的文化形式，已经成为世界性的艺术语言。

中国文化书院进入戏剧领域源于 2012 年。当时，无锡的企业家谢咏和先生参与筹备"万和书院"（原本是希望成立中国文化书院太湖分院），打算利用企业礼堂，将其打造成学术讲座的教室，每年捐资百万元，进行传统文化教育。我劝其将礼堂改造成一座公益小剧场，以润物细无声的形式传播文化。因为是公益演出，所以得到江苏省内最优秀艺术家们的支持，愿意共襄盛举，我们得以最少的代价，为无锡市民奉献出最高端的演出，第一年度上演了近百场公益场次，演出单位包括江苏省昆剧院、江苏省锡剧院、江苏省话剧院、上海市话剧艺术中心、南京市越剧团、南京市话剧团等，成为轰动无锡的文化现象。举行公益演出的同时，我向获得赠票的市民提出了要求——每人捐一本书换取演出门票，以此来培养市民的公益意识。我们将捐赠的图书，每千册组成一个"无锡爱心书柜"，向全国征集获赠学校，此举引起了社会各界的强烈反响，各大企业主动认捐，无锡海澜集团、一汽奥迪、无锡万和集团等企业纷纷参与捐赠，"爱心书柜"项目成为无锡市精神文明的标兵。公益剧场开幕当天，几位中国戏剧梅花奖的获得者李鸿良、孔爱萍、单雯、施夏明等联袂出演的昆曲折子戏专场。中国文化书院以王守常先生为首的导师团队参加了剧场的开幕式，苏叔阳先生激动发言，称已经多年没有见过如此高水准的舞台演出，就是在那个时刻，我们开始动议成立中国文化书院戏剧研究中心。

我们在研究作为中国文化重要内容的传统戏曲之外，更要像无锡公益剧场一样，对小剧场戏剧在市场化方面做出探索。2017 年春，中国文化书院与扬州市委宣传部、扬州新区管委会等单位共同打造了又一座小剧场——扬州青麦坊，作为市场化戏剧演出、研发的孵化器。青麦坊占地两千多平方米，拥有近三百座的小剧场以及咖啡空间、人文书店、艺术培训教室等诸多功能空间。开幕之日，国内戏剧界的前辈，如上海话剧艺术中心的前院长沙叶新先生、南京大学戏剧艺术系教授吕效平先生等名家均到场祝贺。次年，在江苏省委宣传部的资助和支持下，青麦坊在南京和扬州举办了"一束光——国际小剧场原创戏剧双城双年展"，成为当年江苏省现象级的文化活动。

近三年来，我作为中国文化书院会员一直在关注戏剧界流行的新业态——沉浸式戏剧。不同于风靡全国的沉浸式文旅项目，有别于那种"秀"的表演，我们试图打造具有戏剧属性的剧场表演，目前正在与有关资本方合作，在南京夫子庙、重庆十八梯、杭州西湖等各地探索落地演出。我们已经邀请了戏剧文本创作、舞台美术制作、视觉效果设计和表演指导等业内最优秀的专家参与，这个探索得到了王守常先生、李中华先生等导师的热情鼓励，以及张军、苑天舒、江力等好友的支持。

我们相信，中国文化书院必将在志同道合的学人、同道的努力下，成为一棵传播中国文化的常青树。

最后祝愿中国文化书院——"如月之恒，如日之升，如南山之寿，不骞不崩，如松柏之茂，无不尔或承"！

我与遥远的中国文化书院

柳　理

柳理（1975—　　），凤凰网国学频道创始主编，华人国学大典策划顾问、总撰稿。中国文化书院会员。

（一）

我生也晚，二十世纪八十年代中后期，当北京的中国文化书院正轰轰烈烈引领文化热潮时，我还在长沙乡下的一所农村中学里念初中，最大的梦想就是吃上"国家粮"。每年暑假，大部分时间都在田里，跟着父母忙"双抢"，噩梦一般。改革开放的春风吹到了哪里，如何遍地开花，少年的我浑然不知。至于北大的时尚潮流，更是闻所未闻。

邓公"南方讲话"的次年，我考上省城的师范大学，如愿地把户口与粮油关系从农村转了出来。此时，市场经济的气息正迅速扩散，长沙的闹市区有很多夜总会、录像厅和桌球室；校园内外，到处可见路边摊和盒饭车，挂着"下岗职工"的牌子，犹如落魄的王孙。宿舍楼的告示栏上，最受欢迎的是家教信息、征稿启事，以及小商品批发零售信息。

在我们中文系，大一大二时同学们还揣着诗人心、作家梦，满身的文艺气质恨不得让全世界看见。而到了大三大四，仍在做文学梦的已寥寥无几。满大街的《废都》《丰乳肥臀》，跟地摊杂志摆在一起，剥光了文学的体面。虽说当时大学还包分配，可"大学教授不如摆摊的""拿手术刀的不如拿水果刀的""造导弹的不如卖茶叶蛋的"，诸如此类的"读书无用论"，剧烈冲击甚至瓦解着我们这些大学生的文化自信。毕业去广州、深圳工作，成为一种新时尚，近乎成功的标志。

前些年网上流行一句话："奋斗了二十年，才能和你坐在一起喝咖啡。"像我这样的农家子弟，不会把"喝咖啡"当作理想，更不知道奋斗的目标是想跟谁"喝咖啡"。九十年代中期，在我的大学课堂里，鲜有老师谈论海子、北岛与顾城，也没谁推荐"走向世界"与"走向未来丛书"，更无人提及中国文化书院。像梁漱溟、冯友兰、季羡林、张岱年这样的名公硕儒，仿佛存在于另一个世界，对我等平凡之辈毫无影响。人们喜欢成功学，喜欢厚黑学，喜欢金钱与物欲，一切都是那么现实，现实而平庸。这样的时代，不需要理想主义，不需要人文启蒙，欲望才是弥天大网，无远弗届。

现在看来，那是一个理想主义迅速遁迹、功利主义熊熊燃烧的时代。八十年代的文化热潮已然消退，道德与理想、民族与国家，仿佛一切的宏大和伟大都在解体，化为活色生香的饮食男女。谁还把文化当回事？谁还在意所谓的"启蒙"？

因此，以我的平庸与愚钝，即使系统接受过文学的科班训练，彼时并无半点所谓的"文学自觉"或"文化自觉"，所沾沾自喜者，不过是一些纸面上的知识和即将开启的"铁饭碗"生活。后来，即使从中学跳槽到电视台，工作十多年，依然不去想真正的文化人应该做什么，也不知道文化对这个时代有何意义。直到我接手一档历史人文类的讲坛节目，从新闻工作者转型为"旧闻工作者"，接触到很多有独立思想和启蒙意识的学者后，这才打开眼界，渐渐有了所谓的自觉意识。而随着互联网的普及，从BBS、博客到微博，当大量的文章、信息、帖子和评论成了我日常最主要的阅读内容时，当网上形形色色的弄潮儿以前所未有的方式激发我去独立思考时，我才深深意识到，原来需要补的课太多太多。

2014 年我再次辞去事业编制，进入凤凰网，参与策划华人国学大典，并于次年创办国学频道。因此机缘，我有幸结识了更多深耕于传统文化的学者，这才知道，原来在北京有一所当代书院，曾经引领过八九十年代的学术思潮与文化风尚，名叫中国文化书院；而它的院长，竟是大名鼎鼎的汤一介先生。也就是说，从本人念大学算起，到第一次接触中国文化书院，花了二十一年！套用前面所引的话，我"奋斗了二十一年"，才有机会和中国文化书院中人"坐在一起喝咖啡"。

<h2 style="text-align:center">（二）</h2>

不得不说，中国文化书院给我的最初印象，是落寞的。当然，这只是我作为一个媒体人的肤浅感觉。

十年前，也就是 2014 年，凤凰网与岳麓书院联合策划首届全球华人国学大典时，我曾先后请教过岳麓书院的李兵教授、时任院长朱汉民教授，以及有"邓书院"之称的邓洪波教授。除了散布于各省的传统书院，最有名或者最有符号意义的当代书院有哪些？他们不约而同提到汤一介先生主持的中国文化书院。可当我在网络上检索这家书院的相关资讯时，却发现新近报道或者活跃内容寥寥无几。

2014 年教师节当天，国内外众多媒体刊发了一则新闻：国学泰斗汤一介先生于 9 月 9 日晚 8 时 56 分逝世，享年 87 岁。汤先生的生平简介中，"北京大学哲学系教授""《儒藏》总编纂"的标签非常突出，后者大概与当年 5 月份习近平到北大并向他了解《儒藏》编纂情况有关。至于他长期担任的"中国文化书院院长"，则淹没在一大堆社会兼职的条目中，很多媒体干脆略过不提。

2016 年的教师节，我作为凤凰网国学频道主编，受邀参加并报道了在武汉经心书院举行的一场书院活动，主题为"中华国学传统与当代书院建设研讨会暨第二届全国书院高峰论坛"。这是时任武汉大学国学院院长、经心书院山长郭齐勇先生组织的，与会者有来自海峡两岸数十家高校和研究机构的学者专家，以及全国四十家书院负责人。郭先生的旧雨新知相聚，气氛自然很热烈。我印象最深的，是四十家书院代表在一张大宣纸上联名签署《东湖宣言》，大有书院归来之豪气。我之所以带编辑去做报道，目的有三：一是想借此了解当时书院研究与民间实践的整体面貌；二是当年举办第二届全球华人国学大典，我需要找参会的部分国学名家做专访、录视频；三是想结识各路高人。北大的王守常教授，是我的重点目标之一，因为他还有个身份，是中国文化书院院长。

这是我第一次接触守常先生。相比于其他活跃的"山长"，他貌似热情并不高。会议间隙，我见他独坐一隅吸烟，便凑了过去，边吸烟边套近乎。我问他怎么看当下的"国学热"？他先是反问，热就一定好吗，继而像是自问自答，说热的时候需要冷静思考。我又问，这一波国学热潮是搭载着互联网而来的，中国文化书院对此持何种态度？他说，我不愿意拿着话筒面对喧闹的人群去讲国学。这句话，我用作了专访标题。

后来，守常先生参加过我组织的研讨会，出席过国学大典的好几次活动，也应邀到岳麓书院讲过学，接受过我的专访。随着接触的增加，我对他的"冷"与"热"有了更多理解。从八十年代过来的人，曾经引领一时之风气，也曾经历过大潮起落，再看时下之新潮，我想他会有比我这代人更冷静也更深切的体悟吧。有限的几次小范围聚会上，当酒杯端起时，我看见了他炽热的一面，倍感亲切。

同样是 2016 年，春节过后，我带着两位同事，跟随著名诠释学家洪汉鼎先生和岳麓书院李清良教授，前往余敦康先生家录制访谈。其时他大病初缓，口齿不太清楚。大半天的对话，在我看来效果谈不上好，只能算抢救性拍摄。次日上午十点，在洪汉鼎先生的促成下，我有幸走进北大朗润园，到乐黛云先生的家里做了一次专访。

见到老朋友洪汉鼎先生，八十五岁的乐先生很是高兴，对我这个无名晚辈也亲切有加。差不多两个小时，她就坐在带有小阳台的会客室，跟我聊了很多，从与父母相处之道，到家庭教育问题，从她与汤一介先生的人生际遇、家里的"儒道互补"，到中国文化如何与世界对话、年轻人如何承担文化使命。老太太的精神状态特别好，总是笑眯眯地看着我，像是端详自家孩子。访谈过程中，她还时不时拿出笔来做记录。

我们的对话，从她的生活起居开始。汤先生去世后，由于子女都在国外，乐黛云先生的生活全靠保姆小刘照顾。以我的理解，如果儿女不在身边，年迈的老人应该会很孤独，也许还有很强的不安全感。可乐先生并不认同，说他们家就这样，相互留有一定的空间，这一点很重要，无论做父母的，还是做子女的，不能太依附、太黏着抓着，这样不好。我说自己在这方面就很纠结，不放心远离父母乃至岳母。乐先生说你还那么小，我说我都四十啦，她笑着说四十岁还很年轻嘛。随后又补充道，一个人总应该有自己生活的轨道，适应它并从中找到乐趣，才会活得轻松。子女与父母，尊重彼此的生活轨道和生活自由，而不是将看望父母当成情感负担，这样才会相安无事。这里面其实包含着中国文化中的"极高明而道中庸"，儒道两家在这方面很一致，都强调一个"度"。

我注意到会客室的墙上，挂着汤先生编纂《儒藏》的工作照，书桌上的键盘下还压着一张他俩的合影，便问乐先生与汤先生在家里是如何"儒道互补"的。她便说起了老汤家的种种包容故事："他（汤一介）从来不去要求孩子做什么事情，他父亲（汤用彤）对他也是这样的，他们家的家教就是很奇怪，我觉得汤家的家教最根本的一个词就是：自由。发挥自己的思想，你想做什么你就做什么，只要不是出格的。"

从家教家风聊到子女考大学时远离文科的选择，再聊到乐先生和老汤家曾经的劫难，她总是带着笑，仿佛那些发生在自己和家人身上的不是伤痛，只是一段荒唐的剧情。

后来，我们回到了中国文化与诠释学这个话题上。我问她如何从跨文化研究的视角看中国传统文化"走出去"的问题，是不是外国人对中国文化最感兴趣的，诸如中国功夫、京剧、麻将，更适合对外传播？乐先生说，中国文化"走出去"，千万不能急功近利，不要觉得外国人喜欢什么，我们就做什么，而应该更深入地研究不同文化的缘起和差别，诠释学就应该研究这些核心问题。当然，研究一种文化，首先是从感性着手，但跨文化研究不能只研究浅层次的现象，而应该深入到研究对象的内部，在比较中互相理解，通过对话建立互相体谅的共同体。要解决文化冲突论，中国文化所讲究天与人的"合一"、人与人的"和而不同"等，就蕴含着非常重要的方法论。

关于中国的跨文化研究，乐黛云先生是扛大旗的，起步之艰难、过程之复杂、现状之不足，她谈了很多。可惜这对当时的我来说还相当陌生，没能接住话头再往深处问。坐在一旁的洪汉鼎先生跟她交流诠释学的发展问题，我也只能姑且听之，不知其所以然。

访谈进行到最后，我意外地发现，耄耋的乐先生竟然也用微信。于是我立马要过手机，把自己扫进了她的朋友圈。然后，便收到了她发来的表情包。后来，我将访谈实录整理成上下两篇发表在凤凰网，刊载前请乐先生审定，她很快通过微信发来了反馈意见。如今看来，漏掉了中国文化书院这个话题，特别遗憾，只怪我事前功课做得不足，完全不知道中国文化书院对于汤先生和她来说意味着什么。

也许，很多人就像我这样，对中国文化书院的存在毫无知觉，不了解曾经的它有多风光，更不知道它对于转型期的中国以及中国文化，究竟意味着什么。

（三）

终于，2018 年 8 月，时任中国文化书院副院长、浙江敦和基金会理事长的陈越光先生送给我一本他的新著，让我得以系统了解这所书院的前世今生。

越光先生是我非常钦佩敬服的前辈。如果没记错的话，我第一次拜访他是在 2016 年 9 月 27 日，大清早我从长沙飞北京，专程而来，见完即返。在此之前，我对他毫无了解，不知道这位神秘人物，曾是"走向未来丛书"的常务副主编，更不知道他曾经参与或者操盘过中国青少年发展基金会、中华古诗文经典诵读工程等。

凤凰网同事、全球华人国学大典总召集人侯春艳告诉我，正在与浙江的敦和基金会洽谈合作，希望邀请他们作为联合主办方，支持国学大典的奖金池。由于该基金会的理事会和秘书处还在调整中，陈越光先生尚未正式加盟该会，但实际有了相当重的话语权，他需要在详细了解国学大典这个项目后才能做出是否支持的决定。所以，凤凰网最好是派我这个负责内容策划的人，去给他当面介绍情况。就这样，在什刹海一个雅致的四合院里，我见到了越光先生。

过程不必细说，我不属于巧言善辩型，除了老实回答他的每一个问题，最多只能谈谈自己对传统文化当代使命的肤浅理解，以及国学大典之缘起、理念与文化情怀。他总是笑眯眯地盯着我，不时地替我总结归纳，然后又抛出下一个不太好回答的问题。比如，他问国学大典的引领性在哪里，我个人对国学大典有何期望？我不知天高地厚地说，希望通过这样的现象级文化事件（也许说的是"运动"），影响到国家层面对传统文化传承与传播的重大决策，最好能推动有关部门出台一些政策。他笑了笑，不置可否。他还问我创办国学频道为了什么，想要做到什么程度，我应该谈了人文再启蒙的时代意义，具体怎么答的，早已记不得了，估计也是热情有余、思考不足吧。

两天后，春艳告诉我，敦和基金会愿意合作参与国学大典，很快，合作协议便签了下来。一个月后，第二届全球华人国学大典的颁奖盛典在岳麓书院圆满举行，影响之大，远超我的预期。陈越光先生以敦和基金会理事的身份，参加了期间的"重建斯文"跨界峰会。重建斯文，是国学大典的核心宗旨之一。他说，重建斯文的提法很有冲击力，也亟需核心理论。斯文的重建，中国历史上有过三次。我们要问，今天为什么要提"重建"？今天的重建和历史上的重建有什么区别？谁来重建？论坛上他的谈吐、他的思想穿透力，给我留下了极深的印象。只是，我并不知道，当时的他还有一个身份，是中国文化书院副院长。

所以两年后，当《八十年代的中国文化书院》这本书摆在我面前时，朴素无华的封面设计、翔实而缜密的档案梳理、纪录片式的叙事风格、理性却难掩温情的事件人物评点，以及六十多幅历史照片、五百多条注释、五个历史文件附录，才为我徐徐展开一幅宏阔而密布细节的画卷。

八十年代中期横空出世的中国文化书院，带着那个时代的启蒙光辉、改革激情、澎湃的理想主义，以及惊心动魄的曲折，姗姗向我走来。它既像一艘冒着浓烟的巨轮，在恣肆的浪涛间航行；又像一颗高傲的头颅，不肯为骤雨疾风而暂屈。

它的诞生，源于1984年鲁军、李中华、王守常、魏常海、田志远等几个北大青年教师的头脑风暴，而梁漱溟、冯友兰、季羡林、张岱年、任继愈等鸿儒耆宿，竟然乐意集体为之"站台"，汤一介、庞朴、孙长江、乐黛云等"中年一代"，竟然就挑起了大梁，连接老少，沟通上下。三代人重新定义了"书院"之名，并以此为舞台，纵横捭阖，将其办成了集研究、教学、出版、经营、国际交流于一体，且有国际影响的实体组织。1987 到 1989 年，鼎盛时期的中国文化书院，仅仅一个为期两年的"中外比较文化研究班"，全国学员竟高达 1.2 万人，仿佛要完成"一个时代的补课"（陈越光语）。仅仅是 1987 年，中国文化书院的年收入就高达 303 万元，相当于某知名出版社全年经费的十倍。这一阶段，书院的导师阵容无与伦比，书院举办或参与举办的国际学术会议，规格之高和影响之大无与伦比。

意气风发的中国文化书院，甚至开始准备购置院舍，对创建自己的大学进行远景筹划。然而，就在它最风光的时候，一场源自内部的分裂，严重伤害了它的元气，深刻改变了中国文化书院的气运。九十年代到新世纪，因为外部气候与文化土壤的大变化，中国文化书院的光芒已不复当年炫目，甚至是隐而不彰。

我通读这本书不下三遍，从中翻查资料的次数就更多。每读一遍，都带着不一样的目的，读完是不一样的心情。陈方正先生在此书序言中说："陈越光兄不甘任其精魂风飘云散，以近乎白头宫女的心情，为它整理尘封旧档，树碑立传，由是有本书之作，以期对后来者有所启迪。"我深以为然，所受的启迪也非常之多，尤其是将自己的人生规划与文化传播、与国学大典项目等放在一起思考时，我总要翻翻这本书，遥想当年那群三四十岁的年轻人、那些六十出头的中年人，是如何寻找思想文化的引领性意义，如何在书生意气与入世事功中找平衡，如何一边高举理想主义旗帜，一边又敏锐地捕捉市场机会，又是如何在规则与利益的失衡下爆发争执的。

如果以传统的"天时、地利、人和"而论，八十年代的中国文化书院，之所以能在诞生后不久即迎来"黄金时代"（陈越光语），既有"新气"，又有"老气"，还很"洋气"，是因为它孕育于百废将兴、人心思变之时，降诞于北大的摇篮，在一众老先生的无私护持下，在相对开明的政治环境中，在媒体、社会精英、企业，以及海外同仁等多方共力下，乃得上接"五四"之余响，下开时代之先风。

站在今天，回望三十年前的"文化热"，那些引领潮头的人和事，究竟该如何评价？2018 年 10 月 16 日，重阳节前夕，中国艺术研究院艺术与人文高等研究院举办第四场艺术与人文高端讲座，陈越光先生携这本新著作了主题演讲，题目是"汤一介与中国文化书院"，陈方正、刘梦溪、梁治平、余世存参与讨论。

汤一介对中国文化书院意味着什么？越光先生用"至关重要""定海神针"来形容，认为汤先生为中国文化书院事业付出了一生中最重要的"黄金时间"，视其为值得尽心尽力去做的"自己的事业"。秉承"事不避难，义不逃责"的家训，在中国文化书院的创建和发展中，他起着至关重要的作用，是中国文化书院的"定海神针"和代表符号，是中枢之轴和精神领袖。

反过来看，中国文化书院对汤一介又意味着什么？陈越光认为，中国文化书院的事业补全了汤一介人生中的"事功"方面，延续了其家族的传统。以中国文化书院为平台所开展的众多国内外学术交流活动，也为他奠定了从北大名教授到学界领袖的基础。其学术思想的演变深受中国文化书院的影响，比如帮助乐黛云先生设计中国文化书院跨文化研究院、九十年代末提出一系列关于新轴心时代的思考，为跨文化学在中国的创立奠定了基础。

在整个九十年代，中国文化书院和其他民间文化团体一样，逐渐淡出公众视线，但汤先生念念不忘要由书院创办一所小而精的民办综合性大学。在陈越光看来，汤一介先生的身上，"是那种不需要以成功作为背书、作为接力，不需要以外在给予的那些东西作为台阶，所谓看透生活而毅然热爱生活的英雄主义"。

"寂寂寥寥扬子居，年年岁岁一床书"，曾经辉煌的中国文化书院，有如涛声渐远的前浪，它的狂欢，年轻一辈没来得及目睹，而它的落寞，后浪们又未必感兴趣。但是，中国文化书院秉持着"让中国优秀传统文化走向世界，让世界优秀文化走进中国"的信念，至今依然活着，而且是八十年代有全国性重要影响的民间文化团体中唯一活动至今的，它代表了那个时代的精神和思想之延续，它体现了中国知识分子对学术尊严与文化理想的坚守与传承。所以，2020 年的第四届全球华人国学大典，在面向海内外的公开评选中，中国文化书院以高票获得"全球华人国学传播奖"之"公共建设力奖"。

这年的 11 月 28 日，颁奖盛典在中国历史研究院里隆重举行。当大屏幕上缓缓滚动着颁奖辞时，当书院历史上的许多珍贵影像和照片随着音乐闪现时，作为这份致敬文案的撰写者，我的眼泪还是没忍住，夺眶而出。其辞曰：

> 这是一面飘了三十多年的旗帜，这是一座立于浪涛风雨的灯塔。
>
> 它创办于 1984 年 10 月，由老中青三代学者共同发起，大陆、港澳台及海外众多学者同声相应。在上世纪末席卷中国的文化热潮中，它成为引领大陆思想启蒙的高地，沟通海外文化交流的桥梁。从设坛讲学到编书办学，从学术研究到人文教育，从本体溯源到文明对话，顺现代化、全球化之大势，既"请进来"，也"走出去"；既"照着讲"，更"接着讲"。三十六年弹指间，昔日大儒次第归山，曾经华发今已苍颜，而这一套套文集论丛、皇皇巨著，还在陆续刊刻；这一盏盏烛光星影、园丁公益，还在南北接力。阐旧邦以辅新命。
>
> 致敬"第四届全球华人国学传播奖·公共建设力奖"获得者——中国文化书院。

作为一个后知后觉者，我从未想过，这辈子会以上述方式走近中国文化书院，亲炙书院的众多先生。我更没想到，2023 年自己竟有幸成为中国文化书院的正式会员。能够与众多的明师益友为伍，接力思考中国文化书院的大旗如何举、灯塔如何照亮文化夜行人，幸何如哉！

只是，这个时代的领航者与同行者啊，还有没有四十年前的热情，重新引领新一轮的文化思想启蒙？还有没有四十年前的机会，再度点燃新一代的理想主义激情？我们如何告别这个平庸的时代？

四十年很远，书院很近

李海波

李海波（1975—　），中国文化书院科学人文分院秘书长，书院主办的《湖上》杂志主编，中国文化书院会员。

那天接到陈院长的电话，说书院成立四十周年了，嘱我写点文字，以作纪念。这篇文章是对一个阶段的回顾，也是一个新的开篇，我以为。

我与书院结缘是在 2009 年，中国文化书院已成立 25 年之时。那一年我从北京南下杭州，算是告别从前，重新开始自己的人生。因为沈善洪先生年事已高，书院李林老师便向他介绍了我。沈先生希望我能重启中国文化书院杭州分院，这算是一种缘分，更是一种使命。那时，我不知道书院应该做些什么，心里挥之不去的就是梁漱溟、冯友兰、季羡林、汤一介等诸位老先生们"薪尽火传"的寄望。文化是我自己的喜好，无论前途怎样，终归是要选择一条自己喜欢的赛道，不仅终身受益，而且能与名师相伴，何乐而不为？所以，我以湘人的"霸蛮"性格接下了这一任务，前途光明，路在何方？

接下来的一段期间里，我负责杭州分院的重启工作，首先是制作一本宣传册，里面有书院简介、分院特色、名师介绍、课程建设等。那时的我对书院的理解没有今时深刻，社会上又正时兴办班，我和范老师以及肖笛等同事们就参照起来，心想：办书院应该不复杂，不就是请老师们来给组织好的学员们讲讲课吗？手册做好了，自认为还行，那时汤先生送来几本他的著作，《郭象与魏晋玄学》《返本开新》等，我在杭州分院宣传册的扉页上稍加修改，写下"立本开新"四字。所谓"本立而道生"，继往开来，只有把本立住了，源头活水才能涌流。汤先生与乐先生春风化雨，对于分院的工作总是倾尽全力地帮助，非常不易。在接下来的讲座过程中，我们有幸请到了王尧先生、楼宇烈先生以及宗萨蒋扬钦哲仁波切等诸位先生。汤、乐两位先生先后来过两次，十几年过去，今日忆起，犹如昨天。楼先生今已年至九旬，他讲汉传佛教史，深蓝色外套口袋里总会装着一条手帕，老先生是浙江嵊州人，幽默风趣、和蔼可亲。依稀记得宗萨过来的时候，是赖声川与丁乃竺夫妇做翻译，那天人很多，宗萨受欢迎程度很高，一大群人把现场围得水泄不通。我不禁感慨：信仰的力量总是伟大的！宗萨给分院书写了一个种子字，后来收拾时不知去向，听杨哥说，可能是被老鼠把纸啃碎了，着实可惜。接下来，我对书院的印象渐渐模糊，偶尔会听到一些人在议论，偶尔我也会去网上看看书院的新闻，看看老先生们的动静，依稀能感受到它遥远的心跳。

　　早在 2000 年，李林老师就曾与我在广州从化温泉策划一起做一本顶级的人文杂志，但后来由于繁杂事务，这一念头始终没有付诸行动。2011 年，我开始琢磨如何将这一尘封的计划付诸实践，于是我开始琢磨创办《湖上》人文杂志。我以为，"独立之精神，自由之思想"在时下的中国愈发珍贵。如何让传统文明去对接现代文明、走向世界？我也在以记者的视角在思考和探索。2012 年的初夏第一期《湖上》应运而生，第一、二期的摸索，从 2013 年第三期开始，我开始为每期设立一个主题，第三期为金石专刊，接下来的主题有民国教育、笔墨纸砚等，到最近几期则为空间有美、幽漆重光、大邦惟屏、惠风在衣，以及以城市文化性格为主题的杭州专刊。一路艰辛，一路收获，幸赖众多专家学者们的指导与支持，特别是在杭州专刊这一期，能让《湖上》回归中国文化书院大家庭，让它在 13 年后终于成为书院主办的刊物。有了书院这一强大的专业后援团，期待《湖上》能做成真正的第一流优质刊物，不辱书院之名。是以为志！

分院找到柳暗花明的转折处，是在去年的夏天，还是李林老师，让我见到了陈越光院长，陈院接过了守常老师的接力棒。积淀深厚的中国文化书院，每一位导师都是那么优秀与强大，中国文化书院一旦健康运转起来，当仁不让会是文化自信时代的最强音。记得那些年去李泽厚先生家聊天时，还跟他说起过书院的一些事情，他问我，知道的我就答，不知道的，我也就说不知道。聊天中，常见他额头略带弯曲的头发，颤动一下、两下，低头，沉默。哲人爱思，话本不多，我不知道他在追忆北大往事还是选择遗忘，他的思想世界，外人难懂，他的肢体语言也许给出了答案。

那一夜在山房与陈院的畅聊，推动了新的科学人文分院的诞生，陈院话也不多，提问却很多，首先是对中国文化书院的看法，二是想法，三是如何重拾信心。那天尹捷老师在，卜天也在，因为卜天的到来，让陈院更坚信，杭州分院是时候告别过去，由科学人文分院来重启了。科学人文，用后来吴国盛老师的解释似乎最佳：科学与人文，科学加人文，科学或者人文，三重理解，涵盖面广，外延性强。打那晚确定要成立科文分院之后，我们就开始了新的分院的筹备工作。以《湖上》杂志团队为班底，在陈院的指导下，我们一项一项地进行，一件事一件事去落地，在林泉山房，在西湖大学，开会讨论。讨论的内容有：机构如何设置，做到不走寻常路，简洁而又能高效运转；邀请谁来出任科文的首任院长；谁出任学术委员会主任、副主任；院务委员会应该由几人组成，具体负责什么事务；分院的管理如何规范，如何对接总院。最终，经过卜天的不懈努力，邀请到清华大学科学史系主任、他的导师吴国盛教授出任首任院长。吴老师15岁入北大，博士毕业后执教于北大，后应邀赴清华大学成立科学史系，吴老师也是清华大学科学博物馆馆长。卜天邀请来著名哲学家陈嘉映老师和中科院刘钝老师出任科文分院的学术委员会主任。至此，学术委员会第一阶段的成员基本确定，分别是：陈嘉映、刘钝、张文江、吴国盛、孙向晨、渠敬东、张卜天。筹备期间，我给陈院与卜天介绍了同济大学的张文江教授，我是在世纪初就开始读文江师的《〈管锥篇〉解读》，那时我还不知道他是潘雨廷先生弟子，但被文江师的深厚学术功底折服。我认识文江师十余年，也深知他对于科学人文领域的重要性，于是力邀文江师这次能出山一起为分院做点事，在几次电话沟通以后，我带卜天去上海拜访了文江师。两位大学者第一次见面，相谈甚欢，彼此给对方留下了深刻的印象。文江师行事低调、务实、求真，心中却蕴藏着一团期望文化复兴的火焰，西窗寄望或者指点江山，他都随心所欲而不逾矩。感谢他对科文分院从筹备到成立再到出席活动，不遗余力而又不无关心与信任。这些学者的加入，用陈院的话说：这应该是科文分院的学术天团啦。经过半年多的努力，科学人文分院终于在今年三月宣布成立，从杭州分院到科学人文分院，这段路一走就是十五年，人生有多少个十五年？我也马上到知天命之年了，能与大师同行，幸甚至哉！

科学乃自由之路，吴院长如是说；人文为成长必经，文江师有此言。路漫漫其修远兮，从纯粹人文到科学人文，中国文化书院走过了四十年，这四十年对于国家，在历史长河中可谓短暂，但对于一个人而言，已是步入不惑之年。沿着老一辈学人所开辟的道路，我们依然坚守立本开新，依然坚信文明的力量。新的起点，新的征程，一代一代人的薪火相传，我有信心，科文一定不辱使命，会给我们奔向文明与自由世界以力量！

六月廿四日写于海口飞杭州途中

中国文化书院的继承与传递者

纳兰宜秀

　　纳兰宜秀（1977—　　），迈宝嘉成（苏州）网络科技有限公司的董事长和总经理，常熟市政协委员，中国文化书院理事、会员。

　　我曾接触过不少行业，后来有个说法叫做"斜杠青年"，就是可以在一个人的介绍后面画几个斜杠，标注上他涉猎的行业，我想我因为旺盛的好奇心而形成的简历后面可以加上七八个斜杠了，但在我认识的人里面，知识面更为广泛的要数中国文化书院的李林老师，他的斜杠远比我的多得多。刚认识时我以为他是金融行业的前辈，对企业管理、投资并购如数家珍，再深入聊起来才发现他在文化方面的经历更加丰富，比如他曾告诉我，经商要注重复利，而最大的复利是思想复利，月映千川。这些新鲜独特的观点是我以前在商学院各种高管培训中接触不到的。

　　我与中国文化书院结缘正是因为李林老师，李林老师时任中国文化书院副院长，我因为喜欢中国文化，当时正在思考如何将中国传统文化与我所投资的一些消费品牌相结合，于是经常向他请教经商、从业的经验、对时事的看法和人生的哲理，李林老师也从来不吝赐教。对我们都当晚辈小友看待，李林老师为人赤诚率真，从来不摆架子，他的茶室里可谓"谈笑有鸿儒，往来无白丁"，时常有商界、文化界好友过来喝茶、聊天、小聚。李林老师涉猎颇广，他往往能将几个方面的事情组合到一起，产生奇妙的化学反应。比如，我们虽因金融投资行业而认识，却在第一次见面时就听他提及中国文化书院及梁漱溟、冯友兰、季羡林、汤一介先生，其后他介绍我认识了陈越光院长，陈院长赠送我《八十年代的中国文化书院》一书，这本书我分两次在出差途中看完，"三十年前的灯塔，仍在照亮我们的路"这段话给我留下极深刻的印象。

2022年夏天，陈越光院长、李林老师、周默老师带领我们在湖州、常熟、杭州进行了一次游学访问活动，这次行程虽然时间不长，但各位老师为人处世的很多细节给我留下了深刻的印象。在湖州参观当地民营企业家投建的古木博物馆时，陈越光院长仔细询问了该馆的运营主体、归属关系和管理架构，一样的问题在参观常熟我们开办的一个民办非企业单位时也问了我。改革开放以来，民营经济发展的大潮中最先富起来的一些人开始追求金钱之外的东西，有些搞收藏，有的做公益，江浙、福建一带民营博物馆尤其多。但这些场馆大部分从一开始就没有想好经营策略和管理方式，有些规模也极大，耗费巨资，最后成为创始人一个负担。我还是第一次听到有人平和从容地引导大家来思考，一个合格的场馆该如何搭建，它应该归谁管理，它是什么，它的最终目的何在。我们之前见过这些社会现象，只是凭直觉知道它不行，活下去会很困难，但从来没有从底层架构去看它为什么不行，所理解的也只是表象，

2022年夏陈院长考察常熟世界联合学院

这种管理思维是非常重要的。

我从陈院长身上首要学到了做人做事的规矩和章法，他不像有些长辈一样，反复强调你该怎样怎样，而是以身作则，谦和而坚定地履行着他的职责。在常熟时，近40度的高温天气，他拒绝我们安排的贵宾待遇，在石梅小学广场上和当地居民一起顶着烈日排队做核酸，汗水打湿了衬衫；每次座谈，他会建议服务的小助理也坐过来一起交流。能让人发自内心敬重的往往不是什么丰功伟业，而是这些细节和自然流露的风度，可谓君子如玉。陈院长的思想是不受时代束缚的，他坚定而温和的建议，至今仍让我受益。

那次游学，同行的周默老师亦是中国文化书院的会员，他是林木专家，《木鉴》一书的作者。同行至梁太子读书台，他居然清楚地记得公园里有哪些树木，都多大年龄了，一棵棵如数家珍，这些树木像是他的老朋友，而实际距上次他来常熟考察已经快15年了。正是有周默老师这些前辈珠玉在先，当李林老师邀请我加入中国文化书院时，我首先是惊讶的，我觉得自己在学术方面、社会成就方面很不够格，没资格与先生们同行，当然作为新会员为各位老师牵马执鞭，做好保障服务还是可以的。

回京不久，陈院长找我长谈了一次，我自己将此理解为加入书院前的"考核"，对我的学习历程和思想变化进行了一次全面复盘。好的老师应当是特别会提问题的老师，陈院长不只会提问，还会引导我思考，找寻答案，陈院长问我：你做企业的，未来是为了什么？这个问题是直击我灵魂的。

创业以来，这个问题一直令我非常困惑，在中国做企业的终点是什么？我的生意伙伴、投资人们都在告诉我，是要赚钱，做大规模，或者上市。我却认为这些只是过程，不是目标。时代的洪流浩浩荡荡，一切都在改变，上一刻还是众人仰望学习的榜样，转眼又被扬弃和遗忘。商界规则没有定式，中国的聪明人如此之多，勤奋者比比皆是，大部分商业模式都处于极度竞争中，很容易就成为消散的泡沫，这一切都非常磨砺道心。我记得陈院长曾数次提起，中国文化欠中国的企业家一个说法，中国经济与文化之间的契合关系与发展脉络，在当代中国研究得是不够深刻的。我想加入中国文化书院也是为了去找寻这个答案，这个答案我认为不只对于我，对于社会和国家都很重要。陈院长对我提出两个期许：一是希望我能从一个企业家转变为社会创新者；二是希望我能从一个对中国文化有兴趣的人转变为主动承担助力中国文化发展责任的人，同时邀请我加入书院。我认为，只要是将来所做的事有助于消弭误解、减少破耗摩擦、提升生命维度、助力社会发展，我认为就是有意义的，也愿意为中国文化书院的传承和发展贡献一点绵薄之力，如果没有能力做点亮火炬的人，那么参与传递也足够光荣。

我做公益恰好也是从 2008 年开始，那一年我们为汶川地震捐了款，之后我们每年都会在经济方面支持一点公益事业。从杭州游学回来不久，李林老师问我可否支持中国文化书院的事业，我回复：义不容辞。

当时有个有趣的小细节，李林老师以为我们企业会更加希望通过民政部设立的基金会进行捐赠，那样会更加正规，所以特意请中华社会文化发展基金会代收款项，后来经常有人讲到纳兰的企业给书院捐了一百万元，而书院收到的资金准确的数字应该是 93 万元，有 7 万元是中华社会文化发展基金会的手续费。中国文化书院对这笔捐赠的使用与管理非常规范认真，一年后，还出具了项目成果报告书给我，详细列明了每一笔款项的

迈宝国际向中国文化书院捐赠签约仪式

用途，让我感觉到书院的管理像陈院长的风格一样，踏实细致，令人非常安心。

对于中国文化书院，我是有所期望，不求回报，因为我的付出比之各位老师实不足道。

时至今日，我仍是中国文化书院的一个新学生，跟在各位导师身后学习。在仰之弥高的中国文化高山上采撷先圣前辈的思想火种，通过各种方式进行传递，希望中国文化书院的光辉在一代代的努力下能保留下去，希望三十年后的灯塔，仍能照亮后人的路。

偶然望见必然

——中国文化书院 40 周年散记

曾繁田

曾繁田（1983—　　），善品堂新媒体部总编辑，中国文化书院会员。

1984 年，汤一介等前辈先生发起、创立中国文化书院。彼时思想文化领域有三大民间团体，唯有中国文化书院延续至今。2024 年，中国文化书院迎来 40 周年庆典。

前些天得知，陈越光院长命我写一篇短文，回忆与书院前辈先生的点滴过往。适逢我正在读一本书，即陈少明先生所著《〈齐物论〉及其影响》。该书的讲解明彻清晰，引人入胜，原是陈先生早年的博士论文。而《重版后记》中则提及，这本书一开始，并非作为学位论文来构思：

　　它源于台湾黄顺德先生的学术基金资助的道家研究课题，课题的总主持人则是汤一介和陈鼓应两位先生。那是 20 世纪 90 年代中期的某一天，陈先生在我家里，简单交代几句话后，就从一个布包里拿出用报纸包着的一厚沓人民币，作为我的课题费。具体数目记不清，大约是一万或者八千元。总之，在当时，它对没出息如我者，是很诱人的。更特别的是，这笔经费既不用报销，也不需要课题进展报告。除了起初拟个简易提纲上报，且得到汤先生来信指教外，就没有下文了。以至于我书稿完成时，两先生主编的丛书计划已经结束。因此，这本书只好另谋出路。我后来听说，先生们这样做有两点考虑，一是在新儒学声势日炽的情况下，为道家研究积聚力量；一是给还愿意在教书岗位上苦苦支撑的年轻人一点鼓励。当然，这种意图只有在20世纪90年代的背景下才能理解。至少对我而言，这是能够感受到的温暖。而且，它促使我一本正经地研读起《庄子》来。

除了汤一介、陈鼓应两位先生予以勉励和指教，该书的写作、修改、出版，得到众多师友指导、评阅、帮助，其中包括冯达文、杜维明、庞朴、许抗生、陈方正、金观涛、郭齐勇、杨国荣、陈平原等先生。陈少明先生写道："书和人一样，有它的命运。""回首往事，依然历历在目。"

读着《重版后记》中的那段话，想象着20世纪90年代汤一介先生与陈鼓应先生的一项作为。我反复想：三十年前汤先生与陈先生的这项作为，有多少人了解？时至今日，如果没有面前这三百余字记述，又有多少人留意？然而正是那些容易被时间遗忘的作为，鼓励着陈少明先生写出《〈齐物论〉及其影响》，也鼓励着其他前辈学者写出更多精深著作。

对于我来说，《〈齐物论〉及其影响》是尤其重要的一本书，书中传授的是阅读《庄子》的方法、面向经典的方式。因此，兜兜转转三十年，20世纪90年代汤一介先生与陈鼓应先生的一项作为，于我也便成为尤其珍贵的一个偶然。

一项作为，有如一颗珍珠，被时间夹进了褶皱，在某个时刻脱显出来。对于后辈学子而言，或是偶然。对于前辈先生而言，却是必然。因为，这是他们的意愿、他们的选择——面向遗忘，留下期待。

中国文化书院创立40年来，承载着众多前辈先生的研究、著述、讲授、心志、作为、期望，承载一脉必然。那是自觉创造的必然，必然地超越时间。

书院汇聚前辈先生众多，其中我曾有接触、略有了解的其实挺少。过往有幸求教于诸位先生，主要是借由采访的机缘。因此我所能记录的点滴过往，属实是点点滴滴，并且是边边角角。写下来未见得有多少意义，只能说，这些偶然是活生生的。

汤一介先生 2003 年开始主持编纂《儒藏》，2010 年担任北京大学儒学研究院院长。2013 年我进入编辑部之前，《儒风大家》已经采访过汤先生，而我后来也未曾有机会得见汤先生一面。只是几次想过，假如向汤先生求教，最想问的是：严复论说"自由为体，民主为用"，汤先生屡次加以申述，先生怎样看待现代中国的儒学，怎样定义当代中国的儒家？

2015 年赴京采访乐黛云先生，见到"乐先生很爱笑，她笑起来无声，但目光里满是笑声"。整个谈话过程中，感受到乐先生性情中的宽容与坦率，认知上的包容与明晰。那天采访结束后，我记录道："提出为乐先生拍照，她欣然同意，还伸手捋了捋耳际的头发。乐先生选择坐在客厅的沙发上，她说自己喜欢坐在沙发这一侧。她所坐的位置挨着小圆桌，桌面立着一个相框，那是汤一介先生的彩色照片。请乐先生换个位置再拍几张，她便走到书桌前坐了下来，仍然开朗地笑着。书桌上方挂着一个大的相框，那是汤先生的大幅的彩色照片。"彩色，许是乐先生心底的眷念与坚持。

2018 年我再次看望乐黛云先生，将八年访谈合集《弦歌代起》敬奉先生审正。那次拜访时间较短，谈话间乐先生几次望着我说："还是要做事啊！"蓦然听一位耄耋之年的学者、一位女性知识分子，反复说着这句话，让我一时间不知如何回应。如今从三十多岁迈进四十岁，回顾最近这六年当中自己做过哪些事，对于乐先生那句话，仍然不知如何回应。做了点有意义的事，也做了些喜欢的事，大多时候只是糊口而已。

2005 年起，庞朴先生任山东大学儒学研究中心主任，2010 年受聘山东大学终身教授。我因为常在山东大学校园里游荡，屡屡听闻老师同学谈起庞先生，他们的目光中、语气里，无不流露着崇敬。

有教授回忆：20 世纪 80 年代，挤在山东大学文史楼的教室里听庞朴先生的讲座。庞先生讲一个"無"字，讲了三个小时，论据充实、论证严密，令听众震惊不已。

有学生讲述，某次庞先生住院打吊瓶，几名学生前去看望他。他就在病床上教学生怎样读古文，举出《论语》中的一段话开始讲解，医护人员也忘了打针，过来听他讲课。

2014年庞朴先生患病住院期间，我与李主编随冯建国教授到病房探望，那是我唯一一次见到庞先生。当天上午庞先生较为清醒，但是望着我们没有说话。往返的路上，冯教授谈及：80年代末，庞先生作为知识分子，有风骨、有担当，那以后他的境遇始终有些压抑。庞先生对自己的学术成就并不满意，本该有更多建树却未能达成，他常常为此感到遗憾，慨叹时代背景下的学术命运。

后来读到王学典教授的纪念文章，文中写道：最后的四五年，庞先生饱受幻觉困扰，有时清醒，有时被阴影笼罩，"感觉家里每件家具上都装满窃听器"，"晚上睡觉的时候，感觉窗口上站有警察"。

2014年底，我参加了中国文化书院成立30周年庆典，在屏幕上看见庞朴先生早年的影像，依稀记得是：黑发中间夹着白发，眼睛里满是畅快，穿着笔挺的西装，右手举起红酒杯，一派潇洒俊逸！

知识界对于当代儒学的质疑或批评，集中在"惯唱赞歌""喜当国师"这方面。对此，我一方面充分理解，一方面认真回应，我认为，以汤一介先生、庞朴先生等众位前辈学者为例，"唱赞歌"绝不是全貌，亦不是代表。采访中，我想到拜访袁伟时先生、钱理群先生的情形。袁先生欣然接受采访，并建议继续采访周有光先生、资中筠先生。钱先生则回信婉拒，表示谈鲁迅与孔子这个话题必须严谨，而他当时正在写一部大书，尽管不知道将来能否面世。还要感谢钱理群先生的是，我也是众多与钱先生有过书信往来的青年中的一个。当时考研从工科转到文科，就是希望将来到中小学当一名语文教师，想象着既能有些时间读书写作，又能每天看着孩子们成长。尽管几经波折未能如愿，但是钱先生亦曾给予我鼓励和支持。

我所接触过的老一辈学者中间，自己感到尤为亲近的，一位是罗宗强先生，一位是陈鼓应先生，两位先生都酷爱《庄子》，也都仰慕嵇康。陈鼓应先生青年时期追随殷海光先生，受到"五四"精神的激励，作为知识分子仗义执言，一生四次被大学解聘。

陈先生题签的《庄子今注今译》，后来成为我尤其钟爱的案头书。该书清要明畅，充分引入近现代研究成果。我首先希望自己对《庄子》文本足够熟悉、基本明晓，因此对我而言，《庄子今注今译》的重要性不亚于历代注疏。书中对《庄子》通行本凡有删订取舍，无不注明理据，供读者参考判断。

2014 年，我两次赴京采访陈鼓应先生。尤记得访谈过后，陈先生穿上明黄色的运动款外套，引我们穿过小路，去附近的餐厅吃烤鸭。当时走在陈先生身旁，望着他的步态，似乎感到有种少年气。后来看到 1960 年他与友人的合影，才发觉彼时陈先生的目光神情，与学生时代几乎一样，真挚、热忱、明朗，一如既往。

今时今日，回想与陈先生短暂的接触：他谈到殷海光先生，语气里满是敬慕与怀念；他想起远在美国的妻子身患重疾，站在路边摘下眼镜用手掌拭去泪水；他在电话里说到"余敦康身体不太好，现在去看余先生"时的那种关切之意；他在电话里提起"诶，今天杨立华来了"时的那种喜悦之情。

此刻翻看当初所写的采访笔记，其中有这样一句话：在谈话过程中，陈先生望着我的眼睛，轻语道："也许我是一个性情中人吧。"

如今陈鼓应先生年近九十，一直守在北京大学，尽管我与陈先生见面仅有四次，通话不超过五次，加起来不足 12 个小时，但是连我也知道，他是在守着道家文化研究中心，是在守着《道家文化研究》学刊。

2016 年冬天，赴京拜访刘梦溪先生。由于自身才性学养的缺欠，我对于刘先生的研究领域所知极少，采访没能抓住重点。刘先生对此非常宽和，而我却从那次访谈中受到感染和教益，回看当时所写的采访笔记："刘先生治学著书，也是性情使然，其胸怀间既有文人的意趣，更有士人的心态。近年来，刘先生倾注心力阐扬'六经'的价值伦理。他主张：承继万古不磨的精神价值，形成现代的文化自觉，以恢复人之所以为人的本然之善。"饶宗颐先生有两句诗："万古不磨意，中流自在心。"在我的理解当中，某一意念方一产生，可消逝于物理，可沉寂于人文，无需物质载体或精神载体，而不灭不坏，是谓"不磨意"。人人皆有"万古不磨意"，或自觉，或不自觉。像是楼下冬天卖烤地瓜、夏天卖冰棍的大姐，某时某刻挂念她的儿子，即是"万古不磨意"。再对照刘梦溪先生的主张，方想到：正是万古不磨的价值自觉，支撑着"人之所以为人"，护持着不自觉的"万古不磨意"。

第二次受刘先生教益，则是更为直接的指导。2017 年至 2019 年，我大致写成一首现代诗《活泼》，觉得思想上有点新意，但是表现力有些问题，便拜呈师长友人予以指正点拨。刘先生看罢，建议删去重复出现的两个短句，共十二行。当时我以为，删去短句便无从表达直接的感会。敬谢刘先生之后，遂将此条标记下来。

此后五年略多了些积累，多次修改这首诗，而此条仍然标记在文档中。直到前两个月再度修改时，顿然意识到，确实应该删掉。个中取舍非三言两语说得清楚。那日想通之后，又反复想了几天，最终明晓刘先生当年所言确当。

自初中开始，我尤其喜爱数学，喜爱简洁、明确、优美。大学没能考入数学系，和舍友打篮球、打游戏、打扑克之余，仍喜欢自修数学分析。两年后，因为自己始终无法领会"极限"这个基础概念，最终放弃了学习数学。人在青少年时期，都会考虑类似这样的问题：我为什么活着？或者说，人活着什么最重要？对于我来说，那个答案从来不是数学，是感情。

大学期间，遇到思想政治、弹性力学、有机化学、机械设计等课程，我都是等老师点完名就跑。逃课除了打游戏，有时也会读人文社科的书籍，或去山东大学旁听文学史、哲学史课程。已经记不得是什么机缘，读到李泽厚先生所著《论语今读》一书。我最初读《论语》，读的便是《论语今读》，因此孔子及其弟子的思想言行，李先生的"情本体"说，是一并了解而涌入心胸的。读过《论语今读》，便开始读李先生的其他著作。那时候读书，既"不贪多"，又"嚼不烂"，只顾一时欢喜。也未曾设想过，十多年以后有机会向李先生求教。

2017 年夏天，我将一封邮件发送到李泽厚先生的电子邮箱。其中附有一份采访提纲，按照乐感文化、实用理性、度、工具本体、情本体、巫史传统、有情宇宙观等范畴加以归类，总共三万六千余字，更像是读书笔记。一则期望征得李先生同意做一篇访谈，一则终于有机会向未曾见面的先生表达私淑弟子的敬意。

这两个愿望，实际上以后者为主，因为李先生早已公开表示，不接受任何采访。呈上书信之前，我从济南赶到北京，在东厂北巷社科院宿舍李泽厚先生旧居门前，站了一夜，但是没有敲门，因为先前得知李先生已经很少回国。

李泽厚先生在回信中说：如今视力欠佳，勉力看完了采访提纲，并嘱我加上他的微信，"随便聊几句"。过了几天，李先生忽然用微信打来视频电话。我没怎么接过视频电话，第一反应还是把手机放在耳边。当时正光着膀子吹电扇，倒也没顾上尴尬，就上镜了。几分钟后，李先生跟我说，"这样就见过面了"。随后转成语音通话，李先生说，咱们聊聊天，不是采访，只是谈一谈。我便没有录音，也没有记录。

我首先向李先生说起，当初阅读《论语今读》的经历。那时笃信人是为了感情而活着，读到李先生阐说"情感本体"，论述"主体间性"，提示我是我与你，遂拳拳服膺。李先生在电话里说："你是重感情的人。"后来李先生与我交谈了三四个小时，从电话这头能明显地感受到他对于思考问题、讨论问题抱有近乎本能的敏锐和热情。但是我所学所思，却不足以与李先生讨论。先生和我谈了许久，挺多时候好像是在照顾我的情绪。

那次通话之后，我找到增订版《人类学历史本体论》，边读边作笔记，希望写出一篇述评。述评至今没能完成，已写出的四万四千余字搁置已久，仍然像是读书笔记。《人类学历史本体论》之动人心魄，不在于精深微妙，而在于厚重博大。

2018年秋，承蒙陈越光先生题赠《八十年代的中国文化书院》一书。通过此书，我开始对中国文化书院的具体工作和一贯精神有所了解：在80年代的思想背景下，书院作为"传统派"，又绝不是"复古派"，主张"让中国文化走向世界，让世界文化走向中国"。陈先生指出：这是一个时代命题，把这个命题提出来，就是认为中国文化不但能够适应现代世界，并且具有普遍价值。

注重代际传承，是中国文化书院的重要特征。正如陈先生于书院 30 周年庆典所言："中国文化书院汇合了自'五四'以来历经各种政治风霜的几代学者，它代表了中国知识分子一百年来追求学术尊严和学术梦想的精神传统。"

2018 年冬，我赴京采访陈越光先生。陈先生在谈到汤一介先生筹划多年，希望创办一所民办大学时，他评价说：这一努力在当时不可能取得现实的成果，但是汤先生把一盏灯挂了上去，那就会成为一种力量，后来人会接续这力量继续前行。

谈到中国文化书院的传统，陈先生回忆道："在梁漱溟先生之后，季羡林先生接任中国文化书院院务委员会主席。我被任命为副院长之前，曾随汤一介先生去拜访季羡林先生，季先生突然问我：'从梁先生以来，你看到书院的传统是什么？'我没有想到初次见面季先生会这样问我，还在考虑这个传统是什么。季先生看我没说话，他就说了两个字——骨气。"

《八十年代的中国文化书院》一书记载：1985 年 3 月，中国文化书院邀请时年 92 岁的梁漱溟先生演讲，梁先生坚持站着讲，并且在演讲中高声说："我是一个拼命干的人，我一生都是拼命干。"

当我问及梁漱溟先生"拼命干"这三个字时，陈越光先生引述了王船山的一段话作答："直致之而已矣。可为者为之，为之而成，天成之也；为之而败，吾之志初不避败也。如行鸟道者，前无所畏，后无所却，旁无可迤，唯遵路以往而已尔。"所谓"直致之"，所谓"不避败"，可能会跌倒，跌倒了爬起来接着走，在自己所选择的这个方向上，只有前行和跌倒，没有其他。

2022 年 6 月，陈越光先生当选中国文化书院院长。2023 年 5 月，中国文化书院会员大会举办。会上陈先生发表简短致辞，表明出任院长具有"过渡"的性质。在我的理解中，前有继承，后有延续，从接受托付到给予托付，便是"过渡"。陈先生兼具行动力与感召力，接任院长深孚众望。我甚至觉得，陈先生之"过渡"，有可能为中国文化书院未来 60 年的发展打下基础。

2018 年，杨立华先生出版《一本与生生：理一元论纲要》一书：作为对朱子理学的阐释和重构，接续两宋道学的根本思理与核心问题，致力于建构理一元论体系，为儒家价值找寻当代哲学的表达形态和理论基础。

在北大博雅酒店大堂采访杨立华先生，即围绕这本书展开。所使用的采访方式，是对照该书文本，一段一段、一句一句地发问，那些问题非常坦率，包括启示也包括疑问。这种提问方式有时会令人不快，而杨先生却流露出喜悦，一一作答，从容而恳切。

其间杨先生谈起这本书的写作经历：很多时候每天晚上只能写出一两百字、几十字，就这样持续写了几年时间。因为自己喜爱写作，所以我对这个细节印象很深。杨先生选择艰辛的写作，必定是为了承载艰深的思考。采访过程中，杨立华先生两次对我说："繁田，这本书只有你认真看了。"

不过据我所知，杨先生的著作在青年学生中间广为流传，总有不同学科、不同专业的同学在读《宋明理学十五讲》。我有两位朋友，夫妻二人当年都是练田径考上财经大学金融专业的。某次聊天中得知，他们在 B 站订阅了杨先生讲授庄子哲学的课程，一家三口共同观看。

杨先生在 B 站（本名哔哩哔哩，是一个深受年轻人欢迎和喜爱的文化社区和视频网站）讲庄子哲学，一开始就告诉大家：讲这门课，我没打算降低难度，就课程自身的难易程度来说，在 B 站讲庄子与在北大讲庄子基本相当。整个课程中，杨先生辨析文本，阐释思想，传授方法。二十余节课听下来，感到酣畅淋漓。例如杨先生讲到至人、真人、神人，无一例外在经典中都没有发言，甚至没有出场，只出现在别人的对话当中，由此阐发言说与真知的关系。

想想杨立华先生那句话，在 B 站讲庄子，在北大讲庄子，程度基本相当。有时候甚至觉得，B 站岂不是一所没有围墙的民办大学。当初汤一介先生挂起的那盏灯，这里的年轻人或许尚未注意到，但是年轻人聚在哪里，哪里就会亮起灯。

2023 年中国文化书院会员大会上，陈越光院长半开玩笑地说："我们也不要总是谈八十年代了。"如今中国文化书院已经走过四十个年头，相信书院将会汇聚起一代又一代的先生，也期待书院能够聚集起一届又一届的学生。有先生，有学生，就有感召，就有传承。

回看陈少明先生《〈齐物论〉及其影响》一书中的那段记述，回想汤一介先生、陈鼓应先生在 20 世纪 90 年代的那项作为。我没有问过杨立华先生，当初是否也曾受益于汤先生、陈先生的鼓励和支持。但是据我所知，2012 年至今，杨立华先生与李猛先生、干春松先生等共同推动"士恒青年学者支持计划"，十二年当中已有 119 位青年学者入选，相信其中定会有人写出更优秀的著作。那些著作的流传过程中，会有许多偶然；而那些作者的心中，已有一脉必然。偶然总有偶然来丰富，必然自有必然来接续。

最后，衷心祝愿我们的中国文化书院：峥嵘而活泼，长久而蓬勃。

我们与中华文化结缘

崔晋生

崔晋生（1960—　　），山西中华文化促进会常务副主席兼秘书长，晋豪学府创办者。

我的学生时代在"文革"十年中度过，1970年上小学三年级时，随父母"干部下放"到了农村。当时我念的学校就在村边一座古老的文昌庙里，照明靠油灯，一块三米多长的木板，两头几块砖头支起来，就是五六个同学的"课桌"，农忙时节半天上课半天劳动。初中、高中到了县城中学，条件好了些，但也是随着"反潮流"、"交白卷"运动和学工、学农、学军的潮流度过。1977年高中毕业，作为应届生参加高考，也实实在在地交过"白卷"。

后来，到农村插队，参军当兵，在企业干过司机、机关当过干事、国企任过领导。1989年还赶潮流，创办了自己的私营公司，俗话讲"亦工亦农，赛过富农"。可总觉得，虽有四十年的丰富人生，但在圣贤和几千年的中华文化面前，我就是个实实在在的"文盲"。

文化启蒙

2003 年下半年，随着 MBA 学习热潮的出现，各种"总裁班""学历班"层出不穷，同时，自己在工作、生活中也深感知识匮乏、见识不足，于是便主动报名参加了北京大学哲学系主办的"中国管理哲学与企业经营谋略董事长高级研修班"，开始了对中华传统文化和中国哲学的认知与探究。正是这段启蒙经历，使我深深感知了中华文化的源远流长、体悟了中华思想的博大精深。当时，绵密厚重的中华文明史迅速为我打开了通往智慧的大门，从此，我的人生仿佛也进入了新阶段。

当时我们班上的同学有国企的"老总"，有民企的"老板"，还有从政府机关下海的"弄潮儿"。同班同学中还有两位山西老乡，他们是交城义望铁合金公司的总经理康国柱和省属某化工集团的经理侯忠德。我们三人正反映出我们班上的人员结构，康国柱是纯粹的民营企业"老板"，完全靠自己创业，发展成为全国范围内该行业的龙头老大；侯忠德是国有企业的干部，靠自己努力和组织培养，走上了管理岗位；我是"半公半民"，既是国企（实业公司）的"总经理"，又是私营企业的"董事长"。

我们三人虽然所处环境不尽相同，阅历各异，但我们和班上绝大多数同学一样，在中华传统文化的熏陶下，对学习的重要性认知一致，交流讨论的氛围融洽，日常相处其乐融融。大家都是在学习、思考中，逐渐更深入地发现了自身的先天不足与后天失养，尤其是我，更深深地感受到自己的一大短板——遇事一知半解，还往往自以为是。

课堂上先生循循善诱，深入浅出地讲解，常常使我有种悲喜交集之感。悲的是不仅自己知识匮乏，还由于受"文革"教育影响多年，已经形成某种程度上的认知畸形；喜的是自己虽已进入中年，还有机会幸蒙时雨、如坐春风，得以面对面聆听老先生们对中华传统文化的深刻解读，使我每有醍醐灌顶、茅塞顿开之慨。

先生们讲的许多道理，有些已在中华文明长河中存在几千年，而我已过不惑之年却从未目遇耳闻，着实羞愧难当。

书院结缘

一年多的学习时间转瞬即逝。2004 年底，在北大哲学系的学习就要结业了，同学们都觉得这人生觉醒之门刚刚打开，对中华圣贤的经典思想文化也才摸到个边儿，就这么结束了吗？同学们都不甘心，于是，我和几个热心同学主动找到了时任中国文化书院院长的王守常教授寻求帮助，向他倾诉心结，表达心愿。

守常先生既是我们的恩师，也是我们的益友，他非常了解我们对传统文化学习的渴望，毫不犹豫地专为我们开设了"中国文化书院古典哲学研修班"。于是，我们在北大结业后，集体转班来到中国文化书院，继续深入系统地学习，2005 年 5 月 13 日开班，2006 年 9 月 17 日结业。幸运的是，这段经历让我们对中华经典文化爱得更深。

据悉，书院创办初期就曾开办过"中国传统文化讲习班"和"中外文化比较研修班"，并通过《中国文化书院学报》函授指导学习，报名的学员遍布全国各地，人数达数万人之多，助推了当时波澜壮阔的文化热潮，只是后来因种种原因暂停了十余年。

因此书院专为我们开班，也是具有历史性的。据说以这种面向社会、合作办班、集中授课的开班形式，也是书院十几年后的首次恢复，由此又开启了中国文化书院面向社会，对中国传统文化和古典哲学的深入研究与广泛传播。也就是从那时起，我和我们班全体同仁与中国文化书院结下了一生的不解之缘。

师生雅集

书院每年都要组织一次年度雅集。我们"中国文化书院古典哲学研修班"非常荣幸地承办了 2007 年的雅集活动，并设立专场，为 85 岁高龄的美学大家杨辛老先生和建筑学泰斗、清华大学建筑系主要创建者吴良镛老先生，以及 80 岁高龄的哲学家、国学大师、中国文化书院创院院长汤一介先生庆生祝寿，从而现场感受老先生们的修德雅仪。

让人终生难忘的是吴良镛老先生的即兴表达，他说："今天书院组织雅集为我们庆生祝寿，我深感不安！在座的诸位都是文化界的大家，你们在自己的研究领域各领风骚，桃李满园。我们这些搞建筑的自愧不如！尤其是近些年来，改革开放发展很快，可很多建筑既没特色，又没文化，千篇一律，没有新意，没有创新，实在惭愧！今后中国建筑一定要虚心向文化界的诸位学习，一定要搞出些有文化、有品质、有特色，且与我们这个伟大时代相匹配的东西来，向祖国和人民汇报！"

大师的谦和与自省让我们敬重，大师的言语和激情令我们心灵震颤。如此振聋发聩的发言让我们长久反思：在这样的大师面前，我们是什么？我们此生又能为祖国和人民做些什么？

几点感悟

1. 人生需要补课

十几年前，正当我对人生极度迷惘之时，有幸走进了精深绍述中华文化的殿堂，开始了对中华传统文化和中国古典哲学的深入学习之旅，真是荣幸之至。先生们对中国经典思想文化的精彩讲解，深入浅出、高屋建瓴，深深地震撼了我。甚至使我对工作、生活、生存和生命的意义都有了全新的认识。

通过这两年多的学习，我认识到：中国传统文化、东方古典哲学思想是开启智慧的金钥匙，是老来幸福生活的资粮，是使生命美好的必需品！它包含了天人合一的智慧、知行合一的诚笃以及义利合一的品格，只有不断学习、追本溯源、深入探究、广泛弘扬传承中华传统文化的经典思想，把东方哲学智慧化为行动，才能有效提升人民的素质，使国家更加富强，推动文明的传承、发展。

中华经典文化是我们伟大祖先留给我们最宝贵的精神财富，而在学文化、长知识、形成世界观的最重要的人生阶段，我们这代人偏偏在少年时期遭遇了十年"文革"，致使我们对存在了数千年的中华文明成果知之甚少，这是时代的遗憾，更是我们人生的悲哀。面对人生的"应知而未知"，就应该及时补上这一课，我们今天对传统文化和经典哲学的系统学习，就是为自己应知而未知和应得而未得的人生"补课"。

2. 学习可以有"捷径"

有一次在课堂上师生互动，有同学向先生请教："通过近期的学习，我们知道了中华传统文化博大精深、源远流长，非常渴望能学到更多的经典哲学思想，可我们大多年过中年，深感时间紧迫，我想知道：在学习古典哲学思想方面有没有捷径可走？"

当时，课堂上同学们哄堂大笑，议论纷纷。这时，先生非常严肃认真地回答道："大家通常都认为学习没有捷径可走，只有刻苦钻研、踏踏实实才能学到真东西，但是，学习是有捷径的，现在你们不是在走捷径吗？只要你们认真听讲，深入感悟就是最好的学习捷径！因为，今年我已七十多岁了，我从六七岁开始读《论语》，至今已读了六十多年的《论语》，今天给大家讲的内容，都是我通过六十多年的学习所提炼出来的精华，可以说我已替你们读了六十多年的《论语》，对你们而言，用这一天多的时间，就学到了我六十多年的积累，这难道不是最好的学习捷径吗！"

由此，我们也深深地感悟到：听名家、大师讲课，就是学习中华经典文化最好的"捷径"。

3. 人须"以文化人"

楼宇烈老先生在一次授课中讲道：汉语中有"人不为己，天诛地灭"这样一句成语。按现代绝大多数人的理解是：人性是自私的，人要处处为自己着想。如果一个人不为自己着想，天地难容。

其实，在中国古代经典中"为己之学"是非常重要的修身思想，此处的"为"应念作 wéi，是"修养、修炼、修为"的意思。这里讲"为己"，是"修为自己"，而不是"为自己谋私利"。

儒家思想的基本精要是以"人"为中心，讲"修身齐家治国平天下"，讲"修己安人"，讲"为政以德"，讲"正己正人"。我们每个人出生时只是一个自然人，要想真正地会讲人话、会做人事，就必须用圣贤思想提升自己的修为，用社会文明约束自己，用人的文化提升自己，真正学会"讲人话、做人事"，才能成为一个合格的人！

所以，一个人来到这个世界，如果不懂得"修己"，不讲人话，不做人事，那么就会遭天谴，为天地所不容，就不能成为一个真正的"人"。

4. 独乐乐不如众乐乐

反观过去的迷茫，再联系当下的现实，我更加充分地理解了工作与生命的意义，更加深入地看到了一些社会弊端，理解了身边朋友们的一些困惑。当我的人生被"经典"重塑之后，一个念头油然而生：既然我自己通过这几年的"补课"，有所收获和进步，那何不让更多的人有所收获和进步呢？独乐乐不如众乐乐！

其实，我们身边有太多的人都需要"补上这一课"，所以，我急切地想把自己对中华传统文化和古典哲学的热爱，传递给更多的亲朋好友和更多需要"补课"的人们，尤其是身边那些中青年企业家们。让更多的同学、同事、同仁们能够沐浴中国古典智慧的阳光，感受中华经典文化的精义，提升文化涵养，解除精神困惑，进而能审时度势、进退有据。

于是，我想到了把书院的学习环境移植到太原，邀请书院的导师们直接来太原授课，请他们把研究了几十年的最核心、最精髓的成果直接传授给太原的同仁，让更多的人都能直接补上这一课。使大家不仅能够现场聆听大师们的传道授业，把所学所悟运用于各自的企业管理中，还能把这份智慧传递到企业的每位员工和家人中，让所有人用中国古典哲学思想文化去修身、齐家，共创文明社会。

此想法，又一次得到了书院王守常院长的高度赞许和热情支持。2007 年我们创立了以讲授中国传统文化、古典管理哲学和为人之道为主要内容的晋豪人文学社，不定期邀集书院著名学者和知名导师开展讲座教学。

随着学习的深入，2008 年"中国文化书院管理哲学与企业文化高级研修班"又在太原隆重开班，并为此专门注册成立了"晋豪学府"，它也成为中国文化书院在山西推广、传授中华传统文化和中国经典哲学的平台。

经过十几年的努力与坚持，"晋豪学府"聚集了国内众多的名家学者，形成了一套完整、科学的课程体系，构建了一种将中国书院与西方学院相结合的特色教学模式，为学员建设儒雅而睛朗的精神家园提供服务。到 2019 年底前，"晋豪学府"已开设五个专业，共有十几个班级，入册学员达千余人，受众人群达数万人。

回顾来路，我想说："晋豪学府"之所以能够坚持办下来且取得社会影响与一定声誉，取决于中国文化书院的全力支持，取决于各位德高望重的专家导师对我们办学理念的认可，取决于各位学员孜孜不倦的努力学习以及所给予的帮助支持，同时也与有关领导和朋友的关心、帮助分不开，在此真诚致谢。

5. 弘道必须隆师

守常先生是带领我认识中华文化的启蒙老师，是我引领践行中华文化精神的人生导师，是我组织晋豪学府绍述中华文化精髓的关键推动者。可以说，他既是我的人生导师，又是我的人生益友，他对我而言如兄如父。

我们在北大哲学系学习期间，守常先生给我们讲授"中华文化概论"，他对中华文化的核心思想如数家珍，每每娓娓道来，深深滋润着我们久旱的心灵。在他的帮助指导下，我们集体转班到中国文化书院继续深入系统学习中国哲学，才能有机会在博大精深的东方文史哲中探究，在浩如江河的中华百家圣哲思想中溯洄。

应该说，没有他就没有中国文化书院对晋豪学府的全力支持，也没有我们十几年如一日的文化坚守；没有他就没有山西近百场的文化公益讲座，也没有近千名学员文化素养的明显提升。他对我们晋豪学府的课程安排和主讲内容系统研究，亲力亲为；对每位授课导师的邀请不辞辛劳，亲自沟通，尽可能地邀请并安排各学科德高望重的名家教授乃至权威为我们亲自授课，还亲自组织并参与我们的课后讨论交流，组织我们外出体验游学。

十几年间，书院的导师们热情正足，我们的学员们志气更盛。汉代刘向在《说苑·建本篇》中记载盲人乐师师旷的话说："少而好学，如日出之阳；壮而好学，如日中之光；老而好学，如炳烛之明。"我们的学员大都是中青年企业家，我们的学习正处在能够大放光芒的极佳时期。我们要做"风声雨声读书声声声入耳，家事国事天下事事事关心"的社会中坚，而通过学习我们更加懂人道、明事理，更加明晰生命、生活、生存的真谛，变得更包容、更坚韧、更智慧、更豁达，我们应当为实现中华民族的伟大复兴作出更多、更大的贡献。

最后，我想用一句话感恩中国文化书院、感恩诸位导师，这也是此刻我最想表达的一句话，那就是：济世必先弘道，弘道必先隆师。

随行感言

陈　浩　谢远谋　赖　智　吕　建

陈浩（1961—　），广东侨兴集团发展有限公司董事总经理，肇庆市心连心慈善会理事长。谢远谋（1949—　），肇庆市星岩书院院长。赖智（1971—　），肇庆市星岩书院秘书长，肇庆市道教协会副会长兼秘书长。吕健（1962—　），五色时空人居环境科技发展（广东）有限公司研究院院长。四位作者是中国文化书院岭南分院的创办者。

跟随着中国文化书院的稳健步伐，我们岭南分院师生趋前挈后，至今已走过了整整十二年的历程。

肇庆是一座有着 2 200 多年历史的文化名城，既是岭南文化的发源地，也是广府文化的发祥地。秦汉时期，中原文化与百越文化相互交融，孕育成至今流布世界各地以粤语为代表的广府文化；唐代，六祖慧能生于新州（今广东新兴），曾在肇庆隐居山野十五年亲民弘法，形成了他的禅宗理论和思想体系，对后世影响至大；明代，肇庆接纳意大利人利玛窦，首开中西方文化交流新篇；肇庆还是端砚的故乡，位列中国文房四宝名砚之首的端砚，历经千年传承发展，蔚为独特的端砚文化使肇庆赢得了"中国砚都"称号。众多闪耀着中国文化之光的亮色，都昭示了肇庆是中国文化发展史上的一座重镇。

为此，中国文化书院决定在肇庆设立岭南直属分院。期望岭南分院立足肇庆，面向全国，努力整合文化资源，培育文化人才，成为传扬中国传统文化、推进中西文化对话的高地。

肩负重任，2013 年春中国文化书院苑天舒秘书长专程南下，就岭南分院落户事宜与肇庆市政府有关领导面议，彼此志同道合，旋即启动筹办机制。王守常院长闻讯后，亲笔题书"中国文化书院岭南分院"的匾额寄赠过来，助力岭南分院筹备组成立。我们几个因热衷传统文化传承事业的共愿，受命成为筹备组的主要成员，全程参与了岭南分院的组建及后续发展工作。虽才疏学浅，却倍觉欣慰。

岭南书院开办之初，本部选址在肇庆城区东郊的鼎湖御品山庄。承蒙中国文化书院的指导与当地社会各界的支持，在收集整理典籍资料、延师开班讲授经史课程、参与相关社会文化活动诸方面都做了有益的尝试，并渐次得到了上级主管部门与社会民众的认可。岭南分院的名望，也在省内及本地文化教育界蒸蒸日上。

2017 年春，趁着举国全面复兴优秀传统文化的大潮兴起，中共肇庆市委宣传部、市政府决议重兴北宋名臣包拯主政端州时创办的星岩书院，并将岭南分院与这所具有千年历史的府学合为一体，以彰显本土历史文化特色，大力扶持民间传统文化教育的群众性开展。同年初夏，岭南分院从市郊迁到城区内新修缮竣工的高要学宫，统称肇庆市星岩书院。从此，书院的日常教研业务与管理工作步入正轨，得以有序顺利开展，迅速成为肇庆民间传统文化教育的首要基地。

书院的名称变了，办学初衷却未改。重兴后的星岩书院始终遵循中国文化书院"让中国走向世界，让世界走向中国"的宗旨，坚守"为天地立心，为生民立命，为往圣继绝学，为万世开太平"的岭南分院院训，带领全体师生努力继承与弘扬中国传统文化，依然是我们的办学方针。与此同时，中国文化书院也一如既往关心肇庆分院的工作，给予我们很大的支持和指导，上下联系从未间断。2020 年冬，苑天舒秘书长再次率队莅临肇庆，不仅带来了中国文化书院领导、师长们的关爱，还向我们推介了中国文化书院各分院的办学经验。在考察星岩书院的教研活动及设施后，谆谆嘱咐我们"要认真夯实基础，不断提高理论水平，注意发扬中国文化书院的治学精神与在当地的表率作用"。言简意赅的鼓励，令人难忘。

非常值得庆贺的是，为了贯彻落实 2021 年广东省十件民生实事关于打造十家岭南书院的有关要求，以书院模式建设传承发展优秀传统文化高地，探索文化惠民新途径，推动岭南优秀传统文化的创造性转化、创新性发展，省委宣传部于同年 8 月发文公布了全省重点打造的十家岭南书院建设名单。肇庆市星岩书院因建立历史悠久，坚持公益办学而忝列其中。牌匾颁挂当日，目睹"岭南"二字再耀门墙，书院人奔走相告，无不热泪盈眶。

如今又三年过去，喜值中国文化书院成立四十周年庆典。回顾多年的砥砺前行，前瞻此后的中国传统文化复兴大成，我们心中的万千感慨难以尽表，由衷祝愿——

祝中国文化书院越办越好！

祝中国文化书院的前辈师长与诸位同仁健康长寿！

岭南书院图片集

图 1　2013 年春，苑天舒秘书长会见肇庆市陈宣群副市长与陈义副秘书长，共商岭南分院落户肇庆大计

图 2　岭南分院筹备组成员合照，左起：赖智、吕健、苑天舒、陈浩、谢远谋

图 3　书院的古典诗词写作与赏析课堂

图 4　2021 年 8 月，中共广东省委宣传部颁布全省重点建设的十家"岭南书院"，肇庆市星岩书院名列其一

大得之所 温馨家园

——我与中国文化书院 18 年的记忆

王明亮

王明亮（1962—　　），《精品购物指南》报社常务副总编。

　　敬爱的汤先生手书墨宝横渠四句"为天地立心，为生民立命，为往圣继绝学，为万世开太平"，自 2011 年始，一直作为座右铭悬挂在我办公室。桌前是 2011 年 3 月，汤先生在北京大学《儒藏》编纂与研究中心为我赠送至圣先师孔子纪念雕像的纪念照。办公桌的左前方悬挂着守常老师题词"此心光明"。这是我生命中最宝贵的财富与前行的动力。

　　我是一名媒体人，2006 年从长江商学院毕业后，由"商"转"哲"，到北京大学学习传统文化。在《孙子兵法》的课堂上有幸遇到恩师中国文化书院院长王守常教授。自此，开始了我与中国文化书院 18 年的缘分。

　　之前，我心目中，国学老师、哲学教授是殿堂级高不可攀的人物，而守常老师给我的印象如一位慈祥、睿智、充满关爱的家中长辈。课堂上的板书与娓娓道来的"中国智慧"，是老师精准的 IP，课外闲暇时光更是同学与老师最好的互动时间。历史与现实、智慧与问题，一聊一壶酒。

　　与守常老师的结缘也是与中国文化书院的结缘，从此治贝子园成为众多门生顶礼膜拜之地。门前 2 米高的老子像见证了小院的门庭若市，同学与老师品茶论道，高兴之余守常老师常常挥毫泼墨为大家留下墨宝。十多年间，我见证了小院玉兰花开花落，欣赏过春天嫩芽与冬日白雪。西厢房常常宾朋满座，课堂上没了的话题茶桌继续，课件中的主题在此升华。一个开放的书院，一个精英荟萃之地。

接触诸多国学大师后，我心中萌生念头：能否在我负责的当时中国最具影响力的时尚媒体《精品购物指南》报纸上，开设专版来向广大读者介绍中国文化书院的国学大师并传播国学智慧。此想法得到了汤先生及守常老师的肯定与支持。于是我史无前例地在一份时尚媒体上开辟了"国学专栏"。

2009 年 8 月 17 日《精品购物指南》上，《21 世纪初叶是中国文艺复兴的前夜——专访北京大学哲学系教授、博士生导师汤一介》《希望国学能带来一丝清新空气——专访北京大学教授、中国文化书院院长王守常》，两篇重磅报道发表了。

文章中，记者提出"随着中国经济的发展、经济实力的提升，很多人开始去寻找主体意识。他们发现，其实他们寻找的是在中国文化中能让自己、让国家、让民族安身立命的东西。对这样的观点，您怎么看"。先生回答："这当然是一方面，在自身文化里寻找力量当然没有问题，但现在是一个全球化的时代，如果不吸收别人文化的长处，就不能适应整个世界发展的节奏和要求。从现代来看，其实文化的发展既是民族的，也应该是世界的。如果仅是民族的，不可能解决全球化的问题，但全球化已经把世界各个国家联系到一起了，不解决全球化的问题，民族化也就得不到真正的发展，我们的文化也不可能被其他国家所接受。因此，文化实际上有一个'源'和'流'的关系。我们的文化有很长的文化流程，同时也有源头，我们的源头就是夏、商、周三代文化，也就是现在的'五经'，《易》《诗》《书》《礼》和《春秋》（《乐经》丢失了），这是我们文化的源头。如果一条大河从源头开始流，一定要有很多支流丰富它才行。长江之所以为长江，是因为有嘉陵江、汉水等各个支流，才可以变得越来越宽阔。从文化上讲，中国在春秋战国时代，文化就已经具有多元性，齐鲁文化、三晋文化、秦文化、楚文化，还有吴越文化，等等，这些文化组成了春秋战国时期的文化，到汉朝才把它们统一成庞大的汉文化，后来，佛教进入，如今则是西方文化的进入。我们的文化从源头流下来，也正在变得越来越广阔。"

守常老师在专访中特意强调"中国文化的发展要返本开新"。记者问："很多人说书院与现代的对接也可以说是传统文化与现代的对接，您怎么看？"老师回答："这肯定是对接，肯定要传统文化与现代对接，但是同时也要学习外来文化。在 30 年代有一个学派——学衡派，陈寅恪在《学衡》杂志上说：'一方面不忘记本民族的传统，一方面向西方学习。'可概括成四个字'返本开新'。这个学派的陈寅恪、汤用彤等都是在学界建立典范的人。他们有很好的传统文化的基础，又都在国外留过学，受到西学的训练。比如，季羡林先生的治学方法立意都非常高，都是怎么让中国接受世界文化，又怎么让中国文化走向世界。所以中国文化书院有一个坚持了将近 25年的宗旨，就是让世界文化走进中国，让中国文化走向世界。二位先生不约而同地展现了世界的格局，提出了中国传统文化与世界的融合与交流。"

有幸走近汤先生是从了解《儒藏》开始的。通过先生介绍，我们了解到《儒藏》工程是新中国成立以来最大的由中外学者在人文领域进行实质性合作的学术文化工程，是首次对中国儒学的成果和史料进行系统收集、整理的大型文化工程，被列为国家"211 工程""985 工程"以及中国孔子基金会"重大项目"。《儒藏》将与《大藏经》《道藏》成为中国文化儒、释、道三大文化体系的三座丰碑，它必将对中华民族的伟大复兴发挥重要的作用，并有益于东亚地区乃至全世界的和平与发展，可谓功德无量！

为支持《儒藏》工程，我与另两位长江商学院校友张志峰、冯建新同学率先捐款，并发出为《儒藏》工程捐款的倡议书。倡议发出后，同学们积极响应，纷纷慷慨解囊。之后又通过拍卖会的形式动员更多同学捐款支持，共为《儒藏》捐款近 500 万元。2011 年 3 月 30 日下午，北京大学《儒藏》编纂与研究中心在北京大学一百周年纪念讲堂会议室召开会议，举行了表彰与赠书仪式。汤一介先生亲自向三智道商国学院校友会赠送了《儒藏》精华编部分分册，并向我及张志峰、冯建新赠送了限量定制的钧窑陶瓷孔子雕像各一尊。北京大学校长周其凤向张志峰、冯建新同学颁发了教育奖。

在之后的岁月里，随着接触的增多，汤先生的学识与品格深深教育了我们。"事不避难，义不逃责，素位而行，随适而安"是现代国学大师汤用彤之父汤霖传下的汤氏家训。通过与汤先生的接触，我们深深感受到了这一传承以及家国情怀。汤先生为人做事清正廉洁，也让我们深受感动。有件小事，由于汤先生家里装的铝合金门门槛导致乐先生几次摔倒，我们同学中有做家装工程的，于是我们就帮改装了一下。汤先生坚持自己付费，又请帮忙的几名同学在北大博雅酒店就餐表示感谢，还将亲笔题词送给每个人，题词也非常用心。考虑到我是办时尚报刊的，给我的题词是"追求真善美"，先生用心可见一斑！

从 2006 年开始，十几年间，是我与中国文化书院相识了解、学习受益的时期。除了汤先生与守常院长，天舒秘书长、江力老师、若邻姐都在各方面给予我们很多的关爱与正能量。让我们每次到书院都深感宾至如归。怀念治贝子园，怀念小院的石凳及玉兰树，怀念充满书卷气的小屋。

2022 年，风度翩翩、儒雅睿智的陈越光院长又带来了清爽与生机勃勃的气息。有幸认识陈院长是在 2018 年《八十年代的中国文化书院》出版时。之后，在一次聚会上，陈院长亲自赠送了签名本，这成为我难得的珍藏。李林副院长是一位思考型学者，也是一位会带着答案与建议跟朋友沟通的智者。我与李林副院长是 2014 年 11 月 28 日，在我主编的《优品》杂志在 798 艺术街区举办的"黄金时代俄罗斯艺术家 9 人作品展"上认识的，多年后在他的办公室我再次看到他在展览上收藏的油画时，他对艺术的挚爱与修养再次给我以震撼。

就在这篇文章收尾之际，2024 年 6 月 6 日，在善品堂国学馆见到了张军秘书长。当我表达 2018 年没能拜见秘书长的遗憾时，张军秘书长说："我 23 年前就认识你了，那一年你帮书院找了好多媒体做过宣传报道！"对此事我脑子里是一片空白，秘书长竟然这么好的记性！接下来谈了很多话题，如老友重逢。

书院是什么？从古至今有众多解释，也有诸多权威定义。而在我心目中，书院首先是名"师"之所，是传道授业解惑之所。中国文化书院云集了国内众多国学大师，成为国内书院的象牙之塔，成为传承中国优秀文化遗产、进行国际性学术交流活动、促进中国文化现代化的文化主阵地。而我，一个国学热爱者，有幸与师同行，不负光阴，享受终生。

人文的眷恋

谢咏和

谢咏和（1963—　），中国宗教学会副秘书长，中国社科院世界宗教研究所特聘研究员，苏州"幸福岛"人文修习社主理人。

大概在 2008 年，我参加了中国社科院世界宗教研究所的一次学习活动，一位年过古稀的白发苍苍的学者和我们讲授了"走近藏传佛教"的课程，他是中国文化书院导师、中央民族大学藏学院教授、藏学家王尧老先生。直到我最近真正走进了西藏，才真正感受到王尧老先生当年的描述和解读是多么地深刻与恰如其分。正如王尧老先生所说的，西藏是一个全民信仰佛教的地区，有机会至少要去一次的，从"佛的视角"看一看西藏，那些"没有精神病的人"是如何生活的。当来到藏地，我才明白，西藏文化之所以让许多人感到神秘，一个很重要的原因就是藏传佛教的存在，这片雪域高原上的寺院、佛塔、金幡，无处不在的六字箴言、咒语，吸引着海内外众多人们的目光。而我从藏族同胞清澈的眼光、虔诚的行止中，触达了人类灵魂的呼唤和生命信仰的力量。

二十多年前不明白，因为自己的精神、目标仅仅局限在这世间的繁杂事务中，至于老师当年谈到的人类共同体的命运、心灵与宇宙的连接、生命和解读规律的领会等问题时，认为它们离自己太遥远，因为自己既不需要他人的慈悲，也缺乏悲悯心，说到底自己的觉知能力很弱，不可能去深究心灵与生命的规律。直到经历了二十年的起起伏伏，又来到藏地，才真切地感受到导师们这些用生命体验践行出来的真知灼见，实在是疗愈灵魂的良方啊。

我和王尧老先生确实很有缘，在北京的课程结束后，2009年在无锡第二届世界佛教论坛上我们又相聚了。他是以专家学者的身份应邀参加，我是因组织赞助了一百多辆奥迪贵宾接送用车而被邀请参加的。这是我与老先生第二次比较深入的接触，期间免不了聊到佛教的话题。王尧老师又给了我一句修正我学习路径的精妙之谈："学习佛教乃至其他的人文学养，还是要看你的因缘半径。你在汉地，建议你先打好显学的基础，法理先要搞通，先读通最有影响的大乘经典，有机缘再扩大半径范围，再显密双修什么的。"这些话成了我后面学习佛教，包括儒家、道家思想的一条根本路径——先从经典开始。

王尧老师顺便聊到一个小心愿，他说他很想到江南走走，当即我们做了约定。两个月后我们来到了太湖之畔的鼋头渚、蠡园，效仿范蠡，也乘游船泛舟蠡湖。后来又约了我的朋友杨骏一起到南京观赏了秦淮河的夜景，感受了南京初夏的林荫大道。这样自然就和老先生有非常深的缘分了。

另，因曾在社科院一起学习哲学的同学"老虎"（张志峰）的推荐，我加入了在北大由中国文化书院主理的三智书院，见到了久仰的中国文化书院院长王守常老师，也听了他的课。巧的是，在一次国学院举办的拜师典礼上，我又一次见到了王尧老先生。老先生见到我非常开心，专门走过来一手握着我的手，另一手拉着王守常老师，并把我的手放到王守常老师手上，而他的那双手又紧紧地捧住我和王守常老师握着的手，然后认真地对守常老师说："这个是咏和，是一个有情怀和人文追求的企业家，是我的学生，介绍给你，以后好好带带他。"王尧老先生这一牵手，似乎是两代学者间在后学培养上的交接，让我有缘和王守常院长建立深厚绵长的师生情谊。它又是一种力量，更是一种传承，还是一种永远不能忘怀的眷恋。

后来我常去北京学习，也会去拜访王尧老先生并到他家里做客。老先生亲手送给我的当年他在藏地搜集到的用藏文写的佛经，我至今还珍藏着。老先生作为中国著名的藏学家，竟如此地平易近人，如此地契理契机，如此地与人为善，至今都对我有着深刻的影响。

与中国文化书院结缘，尤其是拜守常老师为师以后的岁月，是我人生意义体系逐渐完备的关键所在。当然此前在中国社科院学习，在王志远教授的指导和引荐下也遇到一些给我破蒙的明师，比如中国社科院的老一辈学者杜继文、余敦康、牟钟鉴、卓新平、刘荫柏等，开启了我生命中解读人文经典的扉页。而中国文化书院的教导更多的是让我去领会和践行生命的意义。

追随王守常老师参加中国文化书院相关的学习活动期间，有幸见证了一批将"为天地立心，为生民立命，为往圣继绝学，为万世开太平"的使命与务实相结合的中国学者的精神风貌。当时中国文化书院的荣誉院长汤一介老先生正在呕心沥血地编纂《儒藏》，让我等学子深为感动。虽然我们只给予了一点微薄的支持，但老先生时刻记着，在一次年会上，他亲自给我们授证、表达感谢。我们还听到过乐黛云先生关于中西文化汇通的思想，陈鼓应先生关于道家思想之当下应用的观点，杜维明教授对"自由与自在关系"的现场解答，李中华先生深入浅出地讲解中国哲学史的理解路径……

印象最深的还是恩师王守常先生，他温暖的胸怀、自由的精神、务实的作风和坦荡的心态。他的"中国智慧"课程，海纳百川却条分缕析，让我们对中国几千年的思想智慧形成了一条非常清晰的思维导图；他关于《孙子兵法》的讲座紧扣现实，可用于生活的方方面面。守常老师根据我愚钝的根基，经常私下指导并提供多方面的帮助，比如应该如何解读和比较《杨伯峻四书全译》和朱熹的《四书章句集注》，还根据我的情况专门给出了一批书单，而且十分强调事上磨炼，并且直接支持具体事务的落实和具体困难的解决。比如应我的请求希望中国文化书院能够落地江南，在守常老师和当时的秘书长苑天舒老师等的支持下，2012 年"万和书院"在无锡挂牌（本拟成立"中国文化书院太湖分院"，因政策所限，并未真正注册）。从此在江苏，尤其是无锡、苏州的一群"中国盛和塾"（日本企业家稻盛和夫经营学的学习组织，笔者是当年的会长）企业家朋友就多了一个开启人文智慧的道场。

在中国文化书院的支持下，我们在江南开设了诸多人文课程：李中华老师的"道德经""易经"，董平教授的"阳明心学"，王守常老师的"中国思想特征""孙子兵法"，苑天舒老师的"管子"，张学智老师的"论语"，林安梧老师的"孟子"，王小甫教授"一带一路的缘起与发展"，吴飞老师的"西方哲学简史"……使一大批企业家经营者受惠。

中国文化书院的导师们，用出世的精神办入世的事情，用深在的理论指导具体的实践，这种精进求真、务实求存的精神，成为我面对森罗万象现实世界的定海神针。

今天我已到了退休年龄，但是对人文的追求，对与我有同样经历的经营者的帮助，却成了我未来唯一想做的事。而此时此刻中国文化书院的导师们，依然不离不弃，身体力行地支持着我，在我奔赴使命的路途中，王守常、李中华、苑天舒、王小甫、董平等老师依然是我的坚强后盾。

由衷地感恩中国文化书院给予我人文的关怀，启发我对生命意义的认识，我必将孜孜不倦地把这种爱传递下去。

2024 年 7 月 20 日

三智书院与中国文化书院

高　斌

高斌（1967—　），三智书院理事长。

1984 年，中国文化书院在北京成立，历经了 40 年的风雨曲折，今年，中国文化书院迎来其发展的第四十个年头。可喜可贺，可期可待！中国文化书院以其深厚的文化底蕴和颇具前瞻性的视野，见证并推动了三智书院的成立、发展及繁荣。三智书院的成长与壮大，都离不开中国文化书院的支持与指导。回顾过往，我们深感与中国文化书院的交流与合作，不仅深化了我们对传统文化的理解，更激发了我们在继承中创新、在发展中前行的动力。在中国文化书院 40 周年之际，我代表三智书院对中国文化书院的发展表达衷心的祝愿。

我与中国文化书院之间有着一段特殊的不解之缘。这段缘分，既是对中国传统文化的共同热爱，也是对学术传承的执着追求。三智书院与中国文化书院之间存在密切的联系，这种联系不仅体现在文化、学术的传承上，更在于两者在推动中国传统文化的研究与传播方面的共同使命和目标。

中国文化书院是一个汇聚了众多文化精英、专注于中国传统文化研究与传播的重要机构，自成立以来，一直致力于深入挖掘中国传统文化的精髓，并通过各种方式将其传承和发扬光大。这种努力不仅体现在学术研究上，更在于将传统文化的智慧和价值传递给更多的人，以促进社会的和谐与发展。

三智书院的成立和发展紧密依托于中国文化书院。汤一介先生是我们三智书院的创始院长，三智书院在继承和发展中国文化书院传统的基础上，更加注重将传统文化的智慧与现代社会的需求相结合，推动传统文化的创新和发展。通过举办各种学术活动以促进文化交流等方式，三智书院努力将传统文化的智慧和价值传递给更多的人，并推动其在现代社会中的应用和实践。

一、与中国文化书院结缘

回顾我与中国文化书院的结缘之路，那是一段充满启迪与收获的时光。2004 年 10 月 8 日至 2005 年 10 月 16 日，我怀揣着对传统文化的深厚兴趣和敬畏之心，踏入了北京大学哲学系"管理哲学与企业竞争谋略董事长高级研修班"。这段学习经历如同一扇打开的窗，让我得以窥见中国传统文化的博大精深。2005 年 10 月开始，我跟随北大哲学系的传统文化游学班游学，足迹遍布浙江大学、山东大学、湖南大学、武汉大学、四川大学、南京大学、厦门大学等十几所国内著名高校，聆听各地名师的教诲，与众多志同道合者一同深入学习传统文化。

这段游学经历对我产生了深远的影响。我深切地感受到传统文化的独特魅力和无尽价值，它不仅是中华民族的精神瑰宝，更是人类文明的宝贵财富。在这段学习过程中，我坚信，这样的文化财富应该得到更广泛的传承和发扬，惠及更多的人。正是基于这样的信念和决心，我与中国文化书院结下了不解之缘。

在这段求学期间，我不仅领略到了中国传统文化的博大精深，也有幸结识了中国文化书院的汤一介先生、王守常老师等诸多文化巨擘。他们的学术造诣深厚，对传统文化的理解独到而深刻。在从学过程中，我深受启发，获得了宝贵的学术资源和精神支持。这些经历为我后来创办三智书院打下了坚实的师资基础。三智书院的师资不仅在学术上有着卓越的成就，更在传承和发扬传统文化方面有着坚定的信念和执着的追求。他们传道授业解惑，为三智书院构筑起了一座辉煌的文化殿堂。

与中国文化书院的交往，让我更加深刻地认识到传统文化的独特魅力和无尽价值。它不仅是中华民族的精神瑰宝，更是人类文明的宝贵财富。正是基于这样的认识和信念，我决心要将这份文化财富传承下去，让更多的人受益。我坚信，只有深入挖掘和传承传统文化的精髓，才能为现代社会的发展提供源源不断的动力和支持。

于是，在汤一介先生、守常老师、中华老师、魏老师等众多前辈的指导和支持下，三智书院诞生了。

二、中国文化书院与三智书院

三智书院依托于中国文化书院成立、发展，自 2009 年创办以来，始终深植于中国文化书院这片沃土之中，从深厚的文化底蕴和无尽的智慧中汲取滋养。在中国文化书院"让中国文化走向世界，让世界文化走向中国"的宗旨基础上，三智书院以"为天地立心，为生民立命，为往圣继绝学，为万世开太平"为办院宗旨，矢志不渝地致力于传统文化的继承、发展和复兴。在创院院长和永远的名誉院长汤一介先生的哲学思想维度下，在王守常院长、乐黛云顾问、楼宇烈、杜维明、陈鼓应、李中华、徐小跃等书院名誉院长及导师的支持下，一直以继承、发展和复兴传统文化为己任。

早在 2006 年，三智书院的雏形就已孕育。当时，我与几位在北大哲学系读书的同学一起同王守常老师探讨如何同"中国文化书院"合作，开展一些公益活动，弘扬和推广中国传统文化。后经守常老师提议，我们便注册了文化发展公司开始运作，守常老师当场为这个即将诞生的、承载传统文化发展厚望的书院题字"读万卷书，行万里路"，寓意着书院将致力于学术与实践的结合，引领学员们深入探索传统文化的精髓。同时，将未来的工作宗旨定为：能够使参加培训的人达到"致虚极则守静笃，极高明而道中庸"的境界。

　　后来，守常老师带着我到中国文化书院创院院长汤一阶先生家拜访，先生得知我们要做的事情后很是高兴，表示愿意担任我们的名誉院长，并为我们题写了第一幅字——"传承中华传统文化、振兴民族精神"。之后，先生又对三智进行了思考，题写了两幅字专门送给我们，一幅是从儒释道角度诠释"三智"——"止于至善、转识成智、大美不言"，一幅是三智书院的办学理念——"为天地立心，为生民立命，为往圣继绝学，为万世开太平"。这些题词不仅凝聚了汤一介先生对传统文化的深厚感情和独特理解，也为书院的发展提供了重要的精神指引。从此，三智书院与先生结下了不解之缘。

　　2009 年 6 月 17 日，我与守常老师商议成立三智道商国学院的相关事宜，开始展开筹备工作。6 月 23 日，中国文化书院与北京三智国际文化有限公司签署了合作协议，成立三智道商国学院，并授权北京三智国际文化有限公司独立运营"中国文化书院三智道商国学院"。这一里程碑式

2009 年 8 月 18 日，中国文化
书院三智道商国学院揭牌成立

的事件标志着三智书院正式踏上了传承和发扬传统文化的征程。

8月18日，三智与中国文化书院携手合作，在北京大学成立"中国文化书院三智道商国学院"，并举办新闻发布会。中国文化书院导师王尧、余敦康、谢龙、王守常、陈越光等教授出席新闻发布会并发表了热情洋溢的讲话。中国文化书院的宗旨之一便是致力于通过对中国传统文化的研究和教学活动，继承和发扬中国的优秀文化遗产，希望让中国文化走向世界，让世界文化走向中国。三智道商国学院则将努力与中国文化书院一同实现这一宗旨，并将致力于将中国传统文化儒、释、道三家智慧与企业经营管理结合起来，推动中国企业家人文素质的提升。

与中国文化书院的紧密合作和交流，使得三智得以在短短的时间内取得了显著的成绩。三智在文化传承和发扬方面做出了积极的贡献，成为中国传统文化传承与发扬的重要平台。2013年9月16日，北京文旅局作为业务主管，民政局正式批准设立北京三智文化书院；同年10月20日，星云大师和汤一介先生共同为书院揭牌，三智书院的发展进入了一个新的阶段。我们深知，这份成绩离不开中国文化书院的支持和帮助，也离不开

2013年10月20日，北京三智文化书院正式揭牌，汤一介先生、星云大师、王守常教授、杜维明教授、陈鼓应教授、王尧教授等人为"北京三智文化书院"揭牌

我们共同的努力和追求。

三智书院与中国文化书院的发展是一脉相承的。多年来，三智积极参与中国文化书院举办的各种活动，从多方面加强与中国文化书院的合作。

在中国古老而深邃的文化脉络中，中国文化书院如同一颗璀璨的明珠，自其创立之初，就继承了诸多崇高的传统。其中，尤为引人注目的是每年岁末的雅聚盛事。这不仅是对书院师生一年辛勤付出的总结与回顾，更是对书院精神的一种弘扬与传承。

在这庄严而温馨的雅聚中，有一个特别的环节，它凝聚了书院师生们的深厚情感与敬意，那就是为导师中那些年届八旬、即将迎来九秩大寿，以及已跨越百岁高龄的长者们祝寿。这是一个充满敬意与祝福的时刻，每一位长者都是书院历史的见证者，他们的智慧与经验为书院的发展注入了源源不断的动力。

作为中国文化书院的长期合作方代表，我有幸自 2007 年起，与三智的工作人员一同，连续多年参与这一雅聚活动。每年此刻，我们都会精心准备，以最诚挚的祝福和最深情的敬意，向那些为书院付出毕生心血的师长们表达我们的崇敬与感激。通过祝寿的方式，我们向他们传递着书院年轻一代的敬意与祝福，同时也汲取着他们智慧的养分，为书院未来的发展注入新的活力。每一次的雅聚，都让我们更加深刻地感受到书院文化的魅力与底蕴，也让我们更加坚定地走在传承与弘扬中华文化的道路上。

三、汤一介先生与三智书院

汤一介先生八十年代组织创办中国文化书院，注重学者对传统文化的研究与教学；后面又创办什刹海书院，注重对宗教的研究与传播；在 21 世纪初期，汤先生又主持创办了三智书院，注重中国传统文化的现代化与实践，并亲自为三智书院确定办学理念：传承"儒、释、道"，体悟"空、假、中"，弘扬"中、西、印"，追求"真、善、美"，圆融"天、地、人"。汤先生将三智书院的使命定义为要把全人类向往的真、善、美的美妙境界普及于人间！对"三智"的诠释，是汤一介先生融合了他一生学识，凝聚了儒释道三家智慧，跨越了古今之别，打通了政商学并三力合一，追求真善美的人生境界的过程。

    2009 年 8 月 27 日，三智道商国学院国学首期班举行了开班典礼，汤先生在百忙之中特地安排出时间来参加，并在开班典礼上为首期班 60 多名企业家学员做了讲话。先生对三智做了两点诠释。他说"三智"可以从两个方面来考虑，一是中国传统文化是由儒、释、道三种大智慧组成。在历史上，儒家、道家、佛家三家并称，对中国文化有着巨大影响。中国传统文化中的儒、道、释都把提高自我的精神境界作为第一要务。儒、道、释三家在中国历史上已形成互补的态势，所以有"三教归一"的说法。二是当今世界全球化形势下，"三智"是指中国文化、印度文化和西方（欧洲）文化，它们虽说是三种不同的智慧，但这三种文化也可以形成互补。我们在重视自身"三智（即儒、道、释三种大智慧）"的情况下，也应注重中国、印度、欧洲三大文明中的大智慧之间的沟通。这是先生最初为"三智"所做的诠释。

    2014 年是三智道商国学院成立五周年，先生得知我们在拍一个视频短片，便表示很愿意讲讲他最近的思考。那时候，先生的身体已经很不好了，但汤先生和乐先生还是很高兴，并早早地做了准备。7 月 20 日上午我们到先生家，考虑到先生身体不好，原计划是请先生说几句话就可以了，可是先生说他想讲讲最近关于真善美，关于"三智"的最新思考。先生那天精神很好，言辞流利地讲了近二十分钟。先生说，关于"三智"的解释，从儒释道角度和中西印角度来说都是非常重要的，但是他更想从另一个方面即人类最早追求的真善美这一层面来谈。人类追求的最根本的道理是真善美，三智可以从真善美这个方面了解。先生在录制祝福短片的时候说道："祝福三智越办越好，三智国学院已经办了五年了，我想它绝对不止办五年，它可以办五十年，可以办五百年，可以五千年地传承下去，把全人类所向往的真、善、美的美妙境界普及于人间。"先生的话掷地有声，让现场工作人员很是感动。

    在先生最后的那段日子里，他反复思考真善美的哲学命题。2014 年 8 月 22—24 日我们在北京举办了第七届三智论坛。先生在论坛前还说，如若身体允许自己要去参加，后因身体状况没有成行，但先生通过视频的方式为现场的企业家们做了简短的演讲。先生在开头说："因为身体原因，很久没有跟大家见面了，我问候大家。"先生跟谁说话都像是在跟老朋友聊天，永远让人觉得那么亲切与随和。他接着说道："三智从更大的范围来讲，包含了全世界范围的文化，是真善美。从有人类文明以来，所有的文化都在追求真善美。实现了真善美，我们的社会就会真的好了。真的好了，那就是一个美德社会，一个幸福的社会，就是一个人类美好的社会。"先生希望日后有机会了，还可以再详细论述关于真善美的相关思考。可这一次的视频讲话竟成了他生命中最后的演讲。在这之后的第 19 天，先生便永远地离开了我们。

先生对儒释道、中西印、真善美的诠释，正是先生毕生思考和研究的结晶。我想先生在他生命的最后，到达了他所说的真善美的美好境界。他也用自己的生命向我们展示了人生可以达到真善美的境界。

四、中国文化书院与三智论坛

三智书院与中国文化书院从多方面开展合作，三智论坛就是其中的一个重要方面。三智书院邀请中国文化书院共同创办高端国学论坛——三智论坛，旨在传承和弘扬中国优秀传统文化，深入实践汤一介先生提出的政、商、学三智合一的理念，推动社会的和谐发展。论坛定期举办，汇聚了政界、商界、学界的精英，共同就传统文化的传承与发展、中西文化的交流与融合等议题展开深入研讨。

在汤一介先生的参与和指导下，三智论坛充分发挥了政商学的综合力量，不仅在国内产生了广泛的影响，更成为国内传统文化研究与交流的重要平台。论坛已成功举办了多届，包括"国学的春天""中西方文化碰撞与融合""文化中国""中国传统文化与商业文明"等一系列主题鲜明、内涵丰富的活动。

三智论坛作为一个"对话"平台，秉持"求同存异，取长补短，和而不同"的准则，邀请社会各界人士共同参与，旨在通过交流与合作，为解决全球化时代下的各种问题贡献智慧和力量。论坛不仅践行了汤一介先生关于政、商、学三智合一共同推动社会健康发展的理念，更成为推动传统文化与现代社会融合发展的重要力量。

2010 年 1 月，三智与中国文化书院联合举办了主题为"国学的春天"的第一届三智论坛，汤一介先生与释永信大师、张继禹道长首次聚首，弘法论道。伴随着经济的高度发展与对外开放的广度与深度的不断拓展，越来越多的国人开始注重精神文明的建设，认识到中华文化的地位与重要性。此后，三智与中国文化书院共举办了 13 届的三智论坛。每一届三智论坛都以传统文化为基础，结合社会大事件与大家普遍关注的话题，如"全球视野下的中国传统文化""中国历史与世界大势""碰撞与融合——中西文化的对话""中国的智慧""人为邦本，道行天下""中国传统文化与商业文明""共享心时代——中华文化的基本精神与瞻望新轴心时代""新时代新文化新经济——2019 三智·金融客跨界论坛"等。

2013 年 10 月 20 日，"人为邦本　道行天下"第六届三智论坛，汤一介先生与星云大师见面，并向星云大师赠送《儒藏》

其中，第六届三智论坛以"人为邦本，道行天下"为主题，实现了汤一介先生与星云大师的线下联动，两位泰斗的交流与对话，使论坛更具思想深度和文化内涵。当汤先生与星云大师共同坐着轮椅，跨越宗教与哲学、世纪与年龄的间隙展开对话时，场下一千多人无不倍受感动与鼓舞。也许就是大师的人格魅力和智慧光芒让三智论坛这个平台成为大家愿意参与和分享的思想家园吧。

可以看出，看似独立的三智论坛，实则与传统文化有着深刻的内在联系，这也是三智论坛能够成为大家喜爱和认可的文化交流平台的原因之一。三智论坛的最终目的就在于，以弘扬传统文化为己任，关注社会民族发展。从对三智学员的影响扩大到更广泛的社会群体，打开人们的视野、格局和境界，实现对人心性和社会的终极关怀。

此外，中国文化书院为三智书院举办的中国阳明心学高峰论坛、生命文化养生论坛、庐山（佛教）论坛等多场主题深刻、影响广泛的论坛活动提供了重要的学术支持，这些活动均吸引了众多专家学者、宗教领袖和企业精英的参与。这些论坛在更大范围和更广阔的平台上传播了儒释道文化，努力实现传统文化的创造性转化和创新性发展。其中，在汤一介先生思想精神指导下开展的"中国阳明心学高峰论坛"也得到了社会各界的广泛关注和认可。论坛深入探讨了阳明心学的核心理念和现代价值，为推动传统文化的现代转化和创新发展提供了重要思路和实践路径。目前，该论坛已成为国内规格最高、规模最大、影响最广的阳明心学专题论坛之一。

文化薪传千载道　人生境拓几重天

赵敬丹

赵敬丹（1968—　），靖安县退休干部。

　　有幸与中国文化书院结缘是在十年前的 2014 年 6 月，缘起是"宝峰讲堂"。

　　宝峰禅寺是禅宗八祖马祖道一的归骨福地，原中国佛教协会会长一诚长老重建该寺并任方丈。为更好弘扬中国传统文化、服务建设人文靖安，构建和谐、融洽的文明社会，中共靖安县委、靖安县人民政府于 2012 年 8 月决定在江西佛学院、宝峰禅寺内开办"宝峰讲堂"。以"弘扬传统文化，培育人文精神，共享文明成果，提升城市品位"为宗旨，以靖安县宝峰禅寺为主体，邀请全国著名专家学者，定期开展专题讲座，为广大听众能经常聆听大师教诲、领略名家风采、接受思想文化熏陶、享受智慧人生提供平台。2012 年 9 月起，"宝峰讲堂"正式向大众免费开讲。

　　我当时在靖安县政府办工作，2012 年 8 月初，在县长办公会上，决定由我协助做好"宝峰讲堂"的联络服务及文字、照片整理等工作。

"宝峰讲堂"第一期邀请的是我国著名学者、北京大学教授、北京大学宗教研究所所长楼宇烈先生，先生讲座的题目是"佛学与人生"。

　　在讲座中，楼宇烈教授从西方文化、印度文化的背景阐述了佛教"诸恶莫作，众善奉行，自净其意"的教义，让大家知道在现实生活中如何用善法来改善生活和社会风气，做到"勿以善小而不为，勿以恶小而为之"，这样才能更好地认识人生，立身处世，从而改善和把握自己的命运，提升人生境界，净化美化心灵。

　　楼宇烈教授是中国传统文化最真诚的倡导者、实践者之一，他创立了北大国艺院，并兼任校内外几十家中国文化社团的顾问和指导，退休后依然常年奔波于各地讲学，是当代中国传统文化的中流砥柱。

　　继楼先生后，"宝峰讲堂"每月开讲一次。先后邀请了中国人民大学温金玉教授、清华大学邱才桢教授、台湾学者朱高正先生、山东大学陈坚教授、中央美术学院罗世平教授、北京科技大学黄钢汉教授、北京林业大学朱建军教授、厦门市两岸经贸文化交流协会张国雄先生、中国社会科学院金融研究中心鄢维民先生、中国佛教文化研究所李家振先生等专家、学者来讲堂讲授。所讲内容涉及中国传统文化诸多方面，主讲者不仅有名家巨擘，也有研有独专的后起之秀。主讲者在人生感悟、文化阐释、历史研究以及心灵启迪等方面都有非常独到、精辟的见解，使听众受益无穷。

　　2013 年后，"宝峰讲堂"渐渐成为一张文化名片，成为人们茶余饭后津津乐道的高雅话题，"到宝峰禅寺听讲座"已逐步成为寻常百姓的一种时尚。

　　时任靖安县纪委书记徐云珍把"宝峰讲堂"讲座相关情况向省纪委书记周泽民汇报，周泽民同志说，现任中国文化书院院长王守常教授是我北京大学哲学系的同学，我将讲堂的情况告之，看守常教授能不能来靖安"宝峰讲堂"讲课。

　　时间凑巧，因缘具足，2014 年 6 月 13 日，中国文化书院院长王守常先生、秘书长苑天舒先生来到靖安。王先生是研究中国哲学史、思想史与宗教学的学者，作为影响二十世纪八十年代"文化热"的三大团体之一"中国文化书院"的早期参与者与现任"掌门人"，是中国新时期"国学"教育的倡导者与实践者。王守常教授曾以"中国文化特质""论语讲读""中国智慧""往返佛儒""孙子兵法再认识""行走在道与术的边沿""国学智慧与养生文化"等为题，在多所院校、国家政府机关、海内外企业授课，广受欢迎。守常教授在"宝峰讲堂"开讲，为靖安的文化增添了鲜亮的颜色，为讲堂增添了活力，扩大了影响。

王守常教授决定 6 月 14 日在"宝峰讲堂"以"中国智慧"为题开展讲座。

王先生用了两个半小时，领着听众一起探究中国智慧，带大家一同寻找"一分为三"的思维方式。何为"中国"？如何理解"中国"？王先生说，"中国"这个概念，它不只是一个地理概念，更不是种族概念，而是文化和文明的概念。后来又有了一个叫"华夏"的概念。"华夏"在文献里面有解释，有章服之美谓之华，有礼仪之大谓之夏。章服指服装，有了服装的美丽，称为华，服装也是一种文化表征。在古代，夏是雅的意思，所以"中国"有大雅之国的意思。

《论语》中有句话，孔子曾表扬管子，说假如没有管子，我们恐怕要"披发左衽"了。有文化的族群强调"右衽"。著名诗画家于右任，他的名字就是这个"衽"字改了下。礼仪之大不是光指行为举止，还要"克己复礼"，他说得非常清楚，"君君臣臣、父父子子"为礼。

魏晋南北朝时的王弼说，道是了解中国文化和哲学的一把钥匙，其中牵涉了两个概念：道和气。最早出现在《易经》里，形而上者谓之道，形而下者谓之气。道和气的关系是道在气中，气不离道，说起来复杂，实际上是生活中的哲学问题。

《论语》中有"仁者寿"一语，出现了 103 次，清代晚期桐城派的著名学者方苞对"仁者寿"进行了注释，他说："气之温和者寿，质之慈良者寿，量之宽宏者寿，言之简默者寿。"就这么三个字，做了这么多注释，气之温和，质之慈良，量之宽宏，言之简默，你能做到四点，就会长寿，"故仁者寿"。

关于"仁者寿"，王先生举了北京大学哲学系老师们的例子，哲学系是长寿系，他们那个圈子里面规定 80 岁才可以做寿。所以如活不到80 岁，在我们看来一般是夭折。启功先生过 80 大寿的时候高兴地说：

"哎呀，我终于加入了小弟弟的行列。"这个群体90多岁的人非常多，也数不清。王先生列举了几个人物。

在这个群体中，有两个代表性人物。一个是我的老师张岱年，张先生早年被打成右派，到九十五岁过世，没有任何的抱怨。另一个是梁漱溟先生，1953年他和毛主席争辩，后来历史结论出来了：毛泽东晚年犯了历史错误。他有没有说自己是对的，毛主席是错的？没有。我去问梁先生，他说："不能那么说，我说了很多的过激话，让毛先生说了很多的过激话，毛先生不在世了，我很想念他。"他没有任何抱怨，这是一个非常明白的人。所以我们说一个很平和的人他就能长寿，但是他的生活习惯你远远不能接受。我的先生中午吃完饭就得马上回房间躺着，晚上吃完饭也马上回房间躺着。我说："您九十多岁了吃那么多东西，我陪您散散步行吗？散散步消化得快点。"他说："你不懂，动就是静，静也是动，一静一动，我就喜欢躺着。"我说："您躺，您躺。"十多年来一直保持着这个生活习惯，吃饱了就得躺着，不能动，最终活到95岁。

还有杨宪益老先生，他把中国四大名著翻译到国外，是国际著名的翻译家。你知道他有什么生活习惯吗？他抽烟，每天抽三包，还抽不带过滤嘴的，有固定的牌子——春城牌。后来春城牌没了，就把云南烟的过滤嘴揪掉抽，每天三包烟，每天四两二锅头，所以我去他家一般会带两瓶酒，一瓶洋酒给师母喝，一瓶二锅头我们俩喝。我要是跟先生抗议喝酒这件事情，他就给我倒杯茶，把玻璃的高脚杯倒满，杨先生九十四岁的时候烟就不抽了，酒还喝点。我说："先生，你给我个养生的秘诀吧。"先生说："这有什么秘诀呀，就是抽烟喝酒不运动。"

王先生还讲到读经典不能断章取义，举了"以德报怨""唯小人与女子难养也""存天理、灭人欲"等名句来加以说明。

"和同之辩"，也在这次讲课当中被多次提到，"和"到底是什么意思。

这个"和"强调多元性，强调多样性，不是抹杀差异性。

因为时间有限，王先生这次讲的"中国智慧"只讲到一半，什么时间再继续开讲呢？"宝峰讲堂"可是每月一次的。令我惊讶的是，2014年7月19日，王守常先生和苑天舒先生再次来到靖安，7月20日，守常先生继续开讲"中国智慧"。

此次的讲座把"一分为三"的思维方式讲得清楚明白。

> 儒家讲的中庸，意思是"叩其两端而执中，执中无权，犹执一也"，这里的两端不是平面意义上的A端和B端，两端指的是两个完全不同的事物，也就是说研究两个性质完全不同的事物的时候，这个"中"不是50%的"中"，如果推理会觉得比较麻烦，一定要在语句上找到概念，这个"中"就是"三"，就是从第三个角度思考问题，或者说中国的"三"不是"一二三"的"三"，而是多的意思，"一生二、二生三、三生万物"。思考问题的时候，要将其放在具体的时空里。举个通俗的例子：交通信号灯现在靠数据管理，过马路的时候有一句话叫"宁停三分、不抢一秒"，在这个时空是对的，可是你不能认为这句话具有普遍性，比如放到生产车间，就不合适，生产车间是争分夺秒的。
>
> 孟子说"叩其两端而执中"，他举了舜的例子，舜是一个大孝子，他的继母、父亲、兄弟姐妹对他不好，但他努力耕种养育着全家。以下我讲的不是舜的真实经历，而是基于他做一个讨论。这个大孝子做了一件什么事？他娶了老婆而不告诉父母。他为什么不告父母？他不告而娶，这不是历史的真实，而是传说，但这并不重要，重要的是那个问题：你要娶还是不娶？如果你坐到两端思考问题，会不会很纠结？所以应该从第三个角度去思考。

这次讲座还着重介绍了儒家、道家、兵家、墨家、法家的主要思想。

最后，王先生说：全民回到自己的文化传统上去学习，这是重建核心价值观念和信仰体系的一个必需的阶段。

王守常教授和苑天舒秘书长两次来靖，我参与工作并全程陪同。讲座之余，去了耕香寺、蓝孔雀山庄、靖窑等地。

每到一处，王教授都挥毫泼墨，留下墨宝。我印象最深的是在靖窑，为靖窑的伍映方留下了"道法自然""坐下便放下"的字句。而伍映方也是如此做的，在"凤凰卫视"的王鲁湘先生采访他的过程中，他说在做作品的时候，几乎达到了物我两忘的境界，因此伍先生的黑釉瓷谱写出了"植物釉""和柴烧"的艺术传奇，达到了自然天成、天人合一、玄妙天定的境界。他亦传承古法，用靖安本地陶土，恢复黑陶技艺，用柴窑烧出蛋壳黑陶瓠，坯体最薄处仅 0.2 mm，佐证了国家重点文物保护单位老虎墩遗址出土的蛋壳黑陶为本地生产，为南方地区 5 000 年文明史探源工程做出贡献。伍映方先生也因此获得了许多国家级的荣誉：2020 年 11 月，荣获"全国劳动模范"称号；2021 年 9 月，荣获"中国质量奖提名奖（个人）"；2022 年 12 月，荣获"全国技术能手"荣誉称号；2023 年，当选第十四届全国人大代表。

王守常先生给我的墨宝是"以戒为师"，我装裱后，挂在办公室最显眼处。因为工作原因，我 2013 年 10 月调至县人防办担任主要领导。在任上，我一直以此为座右铭。"戒"就是遵守党纪国法，培养良善的品德。"止持作犯，束敛初心"。从身、语、意上严格要求自己，做一个有惭愧心的人，做一个心灵干净的人。仰不愧于天，俯不怍于地，清清白白做人，坦坦荡荡做事。

心灵干净的人，即使历尽沧桑，也依旧能在沉淀中净化灵魂，守住了初心，活得纯粹，活得清白。

哪怕世界纷纷扰扰，也要在内心留一块净土，不为名所累，不为利所役，如素色的荷花，出淤泥而不染，见过世间黑暗，内心依然澄澈；遍历风雨坎坷，依旧保持初心与善意。那一抹干净，是生命最真的底色，也是岁月中最美的留白。心安，则身安。正因为有此底气，我面对世间风雨雷电时，内心也如明镜一般，光明磊落。

守常先生在"中国智慧"讲座中讲到"孝"，他引用曾子说的"孝有三：大孝尊亲，其次不辱，其下能养"来具体阐述孝的内涵。

为弘扬中华传统文化，传承敬老、孝老、爱老的传统美德，用德孝文化提升社会文明，实践社会主义核心价值观。从 2015 年开始，每年的重阳佳节期间，中国文化书院都会在靖安县主办以"你的孝、我的笑"为主题的"宝峰孝文化庙会"。

2015 年 10 月 21 日，第一届"宝峰孝文化庙会"举办，王守常院长出席开幕式并宣布庙会开幕。开幕式上，王先生把"中国文化书院宝峰讲堂"匾牌赠予时任靖安县政府县长江伟斌同志；时任县委书记田辉同志把在宝峰镇六和街的办公室的钥匙交给王守常教授，办公室门前张挂着王守常教授书写的"中国文化书院宝峰讲堂"牌匾。至此，2012 年创办的"宝峰讲堂"成了中国文化书院设置在靖安的一个弘扬传统文化、净化人们心灵的平台。

每年的"宝峰孝文化庙会"都有许多精彩纷呈的活动：中华礼孝大典、靖安十大孝子评选、中老年才艺大赛（决赛）、庙会开幕式（礼孝活动仪式表演）、祈福之旅嘉宾团首发仪式、特色文化踩街活动、六和街庙会（靖安非遗展示、体验及庙会表演、千"孝"同书创上海大世界吉尼斯纪录）、宝峰法会（祈福法会）、宝峰讲堂（以"孝"文化为主题，邀请知名学者授课）、宝峰重阳义诊（邀请上海专家进行义诊）、国企招商推介会（邀请省内外知名国企及客商举办招商推介会）、"孝行天下、爱满靖安"文艺晚会、千叟宴、千子诵孝道等。

"宝峰孝文化庙会"活动的成功举办，吸引了来自海内外众多游客的参与并收到了他们的好评，并获得社会各界的广泛关注与赞誉，孝文化在全县蔚然成风，成为推动靖安旅游与商贸交流的一张金色名片。

王守常教授在宝峰讲堂授课后，书院的秘书长苑天舒老师来"宝峰讲堂"的次数明显增多，我也渐渐地和天舒老师熟悉起来。在我眼里，他是一个真正的文人。在中国文化传统里，有一个理想的身份叫文人，无论是帝王将相还是村妇农夫，都以这个角色为傲。在文人的内心，总能感到那份独与天地万物精神往来的洒脱自在，那种个体圆满与兼济天下的境界。而快乐也总是简简单单的，退到自己那间小小的书屋里，那个让身心两安快乐俱足的所在。闭门即深山，读书即净土。"宠辱不惊，看庭前花开花落；去留无意，望天上云卷云舒。"

"宝峰讲堂"举办了四十六期，苑老师在"宝峰讲堂"做了八次讲座，是讲堂讲课最多的先生。这八次课分别是：

第十六期"中国智慧——《管子》篇"；

第十七期"中国智慧——《管子》篇之二"；

第二十一期"孝者，德之本"；

第二十七期"德义可尊，作事可法——《孝经》章句精读"；

第二十九期"命自我立——《了凡四训》与'天人合一'"；

第三十三期"读《颜氏家训》"；

第三十七期"诸子百家之法家源流"；

第四十六期"读《论语》"。

从这些讲座的题目就可以窥见中国文化书院的办院宗旨：通过对中国文化的教学和研究，继承和发扬中国文化的优良传统，做到天人合一、知行合一、情景合一。

我记得有一次上课前，老师用微信问我课堂的一些情况，我告诉老师之后，发了一句"读经去"。其实是告诉老师，我要读诵经典了。但是早餐见面时，苑老师说："敬丹，我听了你的话，马上读了经典。"我会心一笑。那个时候，苑老师每天用微信公众号"乾坤坎离"发一篇《经典金句》，白天太忙，晚上到深夜也会发出来，从不间断。《经典金句》里的句子都很短，经过老师的解读后，通俗易懂。这些句子是列祖列宗留下的，两千多年来一直被反复读诵。2019 年开始，《经典金句》以日历的形式出版，每天翻一页，每天读经典，至今为止《经典金句》已经有 1 200 多句。

黄庭坚说："士大夫三日不读书，则义理不交于胸中，对镜觉面目可憎，向人亦语言无味。"后来便简化为"三日不读书，便觉面目可憎"。网上流行的一句话是"好看的皮囊千篇一律，有趣的灵魂万里挑一"。如果每天读诵这些经典，一定会变成有趣的灵魂，即使青春已逝，亦是风韵独特，可爱丰盈。

苑先生在全国各地有许多读书会，每天诵读经典；有"天舒老师四书五经课堂"等，通过网络传播中国传统文化，尽量让每个人用传统文化武装起来，厚重起来。"腹有诗书气自华"，书卷气是最高的素养。书卷气是一种饱读诗书后长出来的儒雅与风度，是一个人精神面貌的显现，以阅读的名义，让生命美容。

愿以书卷气，行我千里路。在苑老师的影响下，我也组织了两个读书会，一个是"上弦月书友会"，另外一个是"牧心斋读书"。这两个读书会，在疫情期间发挥了很大的作用。大家困在家里，开始背诵诗词，一周一首。大家背诵了《诗经》里的《关雎》《蒹葭》《无衣》，憨山大师的《醒世歌》，百丈大智禅师《丛林要则二十条》，李商隐、王维、李白、杜甫、刘眘虚、温庭筠、李清照、苏东坡等的代表作。在"牧心斋读书"群里，全国劳模舒敏璋，竟然把《道德经》《金刚经》等经典全部背诵出来。在那些日子里，大家诵读经典，心灵充盈，生活也慢起来。"行到水穷处，坐看云起时""吃饭时便吃饭，睡觉时便睡觉"，身体与灵魂同步。

"宝峰讲堂"第三十九期值得一提，主讲老师是苑天舒老师邀请而来的，内容是"赏析昆曲电影《十五贯》"。她就是昆曲"传"字辈第三代传人、北方昆曲剧院创研中心主任、国家一级演员周好璐女士。

古代三大清官之一的况钟是靖安高湖人，在西头村土生土长，他从西头走向靖安，从靖安走向北京，从北京空降到苏州，任苏州知府长达十三载，在任上减官租、理军籍、废杂税、捕兵痞、设济农仓，以政声卓然垂名后世，至有"青天"之誉，成为清正、清明、清廉、清敏四大要素兼备的清官典范，与包拯、海瑞称古代"三大青天"。

许多人都对况公有所了解是通过《十五贯》。况钟，不就是昆剧《十五贯》中的"算命先生"吗？年纪稍长的人都知道"一出戏救活一个剧种"的赞誉，这出戏就是《十五贯》；这个剧种，就是昆剧。戏中表现了苏州知府况钟断案的智慧，他避免冤假错案，还无辜者清白，将真正的罪犯绳之以法。

昆曲《十五贯》扮演况钟的就是周好璐女士的祖父周传瑛先生，周先生当时是浙江昆剧团团长。周先生在世时有一个心愿：到况钟的老家看看。可是直到 1988 年，周先生离世，这个愿望也没有实现。

好璐老师来到高湖西头崖口，坐在已经长满青草的况钟老宅前的石头上潸然泪下，或许她在思念祖父；或许她在欣慰，终于实现祖父的愿望；或许她在回想昆曲如何以血缘的方式在她身上流淌……

我只能用"悲欣交集"来形容当时的好璐老师。

周好璐，走好路。一个家族，一辈子，一件事。

中国文化书院宝峰讲堂至今为止，一共举办了四十六期，出版《宝峰讲堂文集》三本。

依惯例，讲堂每十期结集出版一本文集，到 2018 年底，由于某种原因，我不再从事讲堂工作，从三十期到四十六期就没有结成文集，留下些许遗憾。

根据录音整理专家、学者们的讲座，并非易事。一是需要文字录入听打快；二是需要高度的政治敏锐性；三是需要博览群书，对儒、释、道、易等传统文化以及心理学、美术、音乐、书法等有足够的了解；四是需要奉献精神，因为整理文稿是没有任何报酬的。那些年，我几乎把所有的空闲时间都花在编辑整理文稿上面。

《宝峰讲堂文集》的整理缘于我听了第一堂楼宇烈先生的讲座后，想要让有些想来听讲但是因为种种原因没有办法来听讲的人能读到讲座内容。

想法付诸实施的辛劳可想而知，参加文字整理的工作人员是政府办、人防办和宝峰镇的干部，他们平时工作很忙，只能利用休息时间进行整理，十分钟的录音往往要花上一个多小时甚至更长时间来完成。

最后的编辑校对工作全落在我身上，我不仅要尽量让文字没有错误，还要对口语进行修改，使之变成书面语言，对讲课当中涉及的敏感话题要把握有度，适当删改；校对需要我知识渊博，懂国学（儒、释、道、《周易》等），还要懂音乐、美术、太极等领域的知识，要不然遇上专业术语只能干瞪眼。校对最考验的是我的眼睛和颈椎，经常看电脑，让我的眼睛受到严重伤害，有时编辑完一篇讲稿后，看东西模糊，眼睛莫名流泪，颈椎疼痛是经常的事情。即使如此，我依旧觉得这件工作很有意义，有人看到书，这一本书当中有一句话能让他受益，我就认为很值得。

第一本文集出版前，有些人看到上面全是工作人员的名字，我的名字没有出现时，觉得不可思议，多次建议我把自己的名字加上去。我没有动摇，因为要成就一件事情，需要各种因缘，并不是我一个人可以做到的，宝峰讲堂委员会的成员因为分工不同，有的负责接待，有的负责讲堂的布置，有的负责音响，我的能力只能是做编辑整理的工作，这也只是这项工作的一部分而已。

生命路上的故事就是这样，许多都是在不经意间完成，如同春天院子里，不经意间，花儿就盛开。

"亲近善友，听闻正法，如理作意，法随法行。"在人生的道路上，亲近善友至关重要，这些善友就是善知识，也就是名师。

善知识很多时候是以你不喜欢的模样出现，甚至是棒喝的形式，如临济义玄禅师问黄檗希运禅师"什么是祖师西来意"，三问三次挨打。这个时候，如果抬脚走人，那横遍十方的临济宗派会如何？真真是受得一份委屈，消得一分业障，开得一分智慧。

当然，善知识也有很多是以你喜欢的模样出现。我从事"宝峰讲堂"工作七年来，最大的收获是经常和善知识在一起，特别是和中国文化书院的老师在一起，和他们交谈，受益良多。"亲附善者，如雾露中行，虽不湿衣，时时有润。"

善知识，是传统文化薪火传道人，若有缘相逢，受教得益，将会获得超越物质的精神享受，灵魂得到净化。感谢中国文化书院和教授传统文化的老师们，他们的学识和人品，使我倍觉岁月温暖，人生眼界和境界不断得到拓展和提升。

2024 年 6 月

后　记

呈现在读者面前的这本书汇集了 55 人的文章，讲述着中国文化书院 40 年来的人和事。

2023 年末，书院院务会作出决议：出版一本回忆性文集，纪念书院成立 40 周年，主题为"我与中国文化书院"，作为纪念书院 40 周年系列活动的一项。2024 年 2 月起，我们着手列出邀约名单，向书院的创院导师们、20 世纪 80 年代在书院工作的员工们、书院的老学员们、书院新一代导师们以及陪伴书院走过 40 年的众多友人、合作者们，发出约稿函。

2024 年 5 月至 8 月，我们陆续收到稿件 50 余篇，同时我们选取了创院导师的文章 7 篇。本书大体分为六个部分。前面两部分为书院导师及现任工作者所写，包括评述性文章、回忆性文章，分别放在第一部分、第二部分；第三部分是曾经的书院员工回忆在书院工作的往事；第四部分是学员们在书院受教的经历与收获；第五部分汇集了书院会员撰写的文章；第六部分为书院友人及合作者的来稿。每一部分内的文章大体按照作者年龄排序。

成书过程历时十个月，我们得到了各方的帮助与鼓励。

感谢陈鼓应、金春峰、魏常海、陈战国、王守常、林娅等先生们在炎热的夏季为本书撰稿；特别感谢李中华先生，给予我们悉心的指导并接受了专访。感谢陈越光院长对我们工作的全程帮助，并为本书撰写《序》。

感谢书院所有老师们的关注与积极参与，特别是江力老师提供了珍贵的资料，并向多位作者约稿；王阳老师为本书的编辑提供了许多技术支持；衣海曼老师协助完成了分院的约稿。书院同仁的齐心合力，才有了这本书的出版。

本书也有一些遗憾。邀约名单曾几经扩充、修改，直到 2024 年 6 月份，还有新加入的撰稿人。但有些书院导师因年事已高，未能为本书撰稿，又因年代久远，有些书院的老员工、合作者、友人，我们失去了联络方式，未能邀约。这成为本书的憾事。

马明方　刘若邻

2024 年 8 月 31 日